Bodo Pieroth
Recht und Literatur

Bodo Pieroth

Recht und Literatur

Von
Friedrich Schiller
bis
Martin Walser

C.H.BECK

www.beck.de

ISBN 978 3 406 68191 2

© 2015 Verlag C. H. Beck oHG
Wilhelmstraße 9, 80801 München

Druck und Bindung: GGP Media GmbH
Karl-Marx-Straße 24, 07381 Pößneck

Umschlag: fernlicht kommunikationsdesign, Gauting
Satz: Fotosatz H. Buck
Zweikirchener Str. 7, 84036 Kumhausen

Gedruckt auf säurefreiem, alterungsbeständigem Papier
(hergestellt aus chlorfrei gebleichtem Zellstoff)

Vorwort

Dieses Buch hatte eine lange Inkubationszeit. In meiner Jugend habe ich unzählige belletristische Werke verschlungen und in der Oberstufe darüber Rezensionen verfasst. Deutsch war mein liebstes Fach auf dem Gymnasium, und ich wurde im Abitur 1965 mit dem Scheffelpreis belohnt. Mein Deutschlehrer verstand nicht, warum ich nicht Germanistik studieren wollte, und ich verstand Jura nur langsam. In den 1980er und 1990er Jahren habe ich meine Literaturbegeisterung dadurch für meinen Beruf als Professor für Öffentliches Recht nutzbar gemacht, dass ich 42 Kolumnen über „Das juristische Studium im literarischen Zeugnis" in der Zeitschrift „Juristische Ausbildung" veröffentlicht habe. Ein weiterer Entwicklungsschritt ergab sich Mitte der 2000er Jahre durch die Anfrage von Thomas Vormbaum nach einem Kommentar zu Georg Büchners „Danton's Tod".

Den ersten Anstoß zu dem vorliegenden Buch hat ein Seminar zum Thema „Recht und Literatur" gegeben, das ich gemeinsam mit Bernhard Schlink und Richard Weisberg im Sommersemester 2010 im Marburger Haus im Kleinwalsertal veranstaltet habe. Mehrere Seminare zu diesem Thema habe ich seither allein geleitet. Gestalt gewonnen hat das Buch in einem weiteren Seminar, das Bernhard Schlink und ich mit ehemaligen Stipendiaten der Studienstiftung des Deutschen Volkes im Sommer 2013 in der Burg Gemen im Münsterland veranstaltet haben. Angesichts des großen Einflusses, den Bernhard Schlink auf das Konzept dieses Buches gehabt hat, ist es schade, dass seine anderen schriftstellerischen Projekte die ursprünglich vorgesehene gemeinsame Autorenschaft nicht zugelassen haben. Für seine Anregungen, auch während der Niederschrift, danke ich ihm sehr herzlich.

Dankbar bin ich auch für die hervorragenden Arbeitsbedingungen nach meinem Eintritt in den Ruhestand, die mir mein Nachfolger als Direktor des Instituts für Öffentliches

Recht und Politik an der Westfälischen Wilhelms-Universität Münster, Fabian Wittreck, die Rechtswissenschaftliche Fakultät und die Universitäts- und Landesbibliothek Münster ermöglichen, für die jahrzehntelange sehr gute Zusammenarbeit mit dem Beck-Verlag, namentlich dem Leitenden Redakteur Dr. Johannes Wasmuth, für die kompetente Herstellung der Druckvorlage durch meine frühere, langjährige Sekretärin Ramona Möllers und für die Nachdruckgenehmigungen durch den Aufbau- und den Suhrkamp Verlag (Kapitel 5, 6 und 7b).

Last but not least danke ich meiner Familie, Uli, Roman, Nora und Alexa, für die beständige, liebevolle Unterstützung meiner Arbeit.

Münster, Mai 2015   *Bodo Pieroth*

Inhalt

Einleitung IX

Erster Teil. Recht und Staat

Kapitel 1. Ist der Tyrannenmord gerechtfertigt?
  Friedrich Schiller: Wilhelm Tell. Schauspiel, 1804 .   3

Kapitel 2. Kann aus Gewalt Recht entstehen?
  (a) Georg Büchner: Danton's Tod. Drama, 1835 . .   33
  (b) Joseph von Eichendorff: Das Schloß Dürande.
      Novelle, 1837   53

Kapitel 3. Kann das Recht die Macht begrenzen?
  Franz Kafka: Der Process, 1915/1925   75

Kapitel 4. Schafft staatliches Recht Gerechtigkeit?
  Werner Bergengruen: Der Großtyrann und das
  Gericht. Roman, 1935   99

Kapitel 5. Wirkt Recht im Krieg?
  Arnold Zweig: Der Streit um den Sergeanten
  Grischa. Roman, 1927 113

Kapitel 6. Braucht der Staat Streitkräfte?
  Wolfgang Koeppen: Das Treibhaus. Roman, 1953 . 135

Zweiter Teil. Mensch und Gericht

Kapitel 7. Was hilft gegen Rechtsverweigerung?
  (a) Heinrich von Kleist: Michael Kohlhaas, 1810 . . 155
  (b) Martin Walser: Finks Krieg. Roman, 1996 177

Kapitel 8. Kann arm gegen reich Recht bekommen?
  (a) Gerhart Hauptmann: Die Weber. Schauspiel
      aus den vierziger Jahren, 1892 193
  (b) Bertolt Brecht: Der kaukasische Kreidekreis,
      1954 213

Kapitel 9. Wie findet der Richter die Wahrheit?
E.T.A. Hoffmann: Das Fräulein von Scuderi.
Erzählung aus dem Zeitalter
Ludwig des Vierzehnten, 1819/1821 227

Kapitel 10. Wer ist zurechnungsfähig?
Robert Musil: Der Mann ohne Eigenschaften.
Roman, 1930/1932 247

Kapitel 11. Welche Tat ist zurechenbar?
Friedrich Dürrenmatt: Die Panne. Eine noch
mögliche Geschichte, 1956 273

Bibliographischer Anhang 285

Personen- und Sachregister 321

Einleitung

Die Diskussion über das Verhältnis von Recht und Literatur ist in Deutschland fast 200 Jahre alt. Da sowohl die Literatur als auch das Recht die Sprache zur Verarbeitung der gesellschaftlichen Realität nutzen, hat *Jacob Grimm* 1816 in seinem Aufsatz „Von der Poesie im Recht" formuliert, „dass Recht und Poesie miteinander aus einem Bette aufgestanden waren". Eine eindrucksvolle Reihe deutscher Rechtswissenschaftler, darunter *Robert von Mohl, Rudolf von Jhering, Georg Jellinek, Josef Kohler, Gustav Radbruch, Carl Schmitt, Erik Wolf, Ernst Rudolf Huber, Peter Schneider* und *Arthur Kaufmann* – um nur nicht mehr Lebende zu nennen – hat sich mit einzelnen Schriftstellern und ihren rechtshaltigen Werken und teilweise auch schon mit dem Verhältnis von Recht und Literatur beschäftigt.

Für zwei Rechtshistoriker war das Thema Recht und Literatur in der ersten Hälfte des 20. Jahrhunderts ihr Lebenswerk. *Hans Fehr* hat zwei grundsätzlich unterschiedliche Blickweisen mit seinen Büchern über „Das Recht in der Dichtung" und „Die Dichtung im Recht" festgehalten und für die Zeit nach dem Ersten Weltkrieg „eine Verrechtlichung der deutschen Dichtung" konstatiert. *Eugen Wohlhaupter* hat drei Bände über die Dichterjuristen geschrieben, mit Kapiteln über: Johann Wolfgang Goethe, Franz Grillparzer, Heinrich von Kleist, Zacharias Werner, E.T.A. Hoffmann, Joseph Freiherr von Eichendorff, Ludwig Uhland, Christian Dietrich Grabbe, Karl Immermann, Heinrich Heine, Friedrich Hebbel, Fritz Reuter, Theodor Storm, Gottfried Keller, Joseph Viktor von Scheffel, Felix Dahn und Timm Kröger. *Wohlhaupter* konzentrierte sich auf die Frage nach dem Recht in der Dichtung, unterschied aber von der Rolle, die das Recht und gegebenenfalls der Staat oder – hier wird die zeitgenössische Prägung des Autors sichtbar – das Volk in dem jeweiligen Werk spielten, den Einfluss, den das Recht durch das Jurastudium und den Beruf als Richter, Rechtsanwalt, Verwaltungsbeamter oder Politiker auf den Dichter ausübte.

In den letzten Jahrzehnten hat die deutsche Diskussion neuen Auftrieb aus den USA bekommen. Das dortige Law and Literature Movement ist aus dem Critical Legal Studies Movement hervorgegangen, das die herkömmliche Jurisprudenz als scheinrational kritisiert und die subjektive Prägung jeglichen Rechtshandeln herausgearbeitet hat. Damit ging einher, dass die für das Recht und seine Interpretation relevanten Faktoren, die im anglo-amerikanischen Fallrecht eh schon umfangreicher als im kontinentaleuropäischen Systemrecht sind, nochmals erweitert wurden: Vorstellungen, Gedanken, Argumente aus der Literatur sind danach für eine juristische Entscheidung ebenso legitim wie Einsichten aus der Literaturwissenschaft für die rechtswissenschaftliche Theoriebildung.

Heute wird das Verhältnis von Recht und Literatur unter folgenden Gesichtspunkten betrachtet: Als Law in Literature wird untersucht, wo und wie die Literatur das Recht thematisiert. So unterschiedlich wie das Recht nach Zeit und Ort und Gegenständen der zu lösenden sozialen Konflikte ist, so umfassend ist auch die für die Untersuchung in Betracht kommende Literatur. Aber so uninteressant manche überholte oder periphere Rechtseinrichtung ist, so wenig spricht eine Literatur auf Dauer an, die bei derartigen Partikularitäten stehen bleibt. Es sind also die Grundfragen des Rechts, nach Recht und Gerechtigkeit, Verbrechen und Schuld, Rechtsstaat und politischer Macht, Gewalt und Friedensordnung, die für die Suche nach dem Recht in der Literatur im Mittelpunkt stehen.

Unter dem umgedrehten Etikett Literature in Law werden folgende Fragestellungen erfasst: Zum einen sind im Mittelalter Rechtssätze in Versform oder in rhythmische Sprache gegossen worden. Zum anderen fallen hierunter alle Bereiche, in denen der Werk- und der Wirkbereich von Literatur zum Gegenstand rechtlicher Regelungen gemacht werden (Law of Literature). Das reicht von der Entstehung von Literatur bis zu ihrer Nutzung und Verwertung, also vom Urheber-, Verlags-, Presse- und Theaterrecht über Zivil- und Strafrecht, beispielsweise wenn Literatur gegen das Persönlichkeitsrecht oder Staatsschutzvorschriften verstößt, bis hin zum Medien-, Bildungs-, Bibliotheks- und Archivrecht. Auch wenn zu einer sachgerechten Beurteilung derartiger Rechtsfragen literaturwissenschaftlicher Sachverstand unabdingbar ist, ist der Ertrag derartiger interdisziplinärer Bemühungen doch im Wesentlichen auf das jeweilige spezielle Rechtsgebiet beschränkt. Da dieses Buch von allgemeinem Interesse sein möchte, wird Law of Literature hier nicht berücksichtigt.

Besonders populär ist gegenwärtig die Spielart Law as Literature oder, was mit dem „as" als gleichbedeutend ausgewiesen ist, Literature as Law. Die Aufhebung des Gegensatzes zwischen Recht und Literatur ist ja auch das Hauptmerkmal des Law and Literature Movement. Das wissenschaftliche Interesse richtet sich hier vor allem darauf, strukturelle Entsprechungen zwischen Recht und Literatur zu entdecken, herauszuarbeiten und nutzbar zu machen. Dies setzt zum einen, wie dies schon *Jacob Grimm* tat, bei der fundamentalen Funktion der Sprache an. Ein Beispiel für linguistische und semantische Untersuchungen ist die Sprechakttheorie von *John Austin* und *John Searle,* deren Hervorhebung der performativen Rede von großer Bedeutung auch für die Rechtswissenschaft ist. Auf diese Weise sollen Erkenntnisse für die Interpretation von literarischen wie von rechtlichen Texten gewonnen werden. Das scheint im amerikanischen Rechtssystem erfolgversprechender als im deutschen; jedenfalls ist es nicht Gegenstand dieses Buchs.

Der zweite Ansatzpunkt für Law as Literature ist die zentrale Rolle von Erzählungen (Law as Narrative). Sie spielen offensichtlich eine sehr große Rolle in der Literatur; die meisten der in diesem Buch herangezogenen literarischen Werke gehören der erzählenden Literatur (Romane, Novellen, Geschichten) an. Aber auch in rechtlichen Zusammenhängen wird erzählt, bei Sachverhaltsschilderungen in Anträgen und Klagen, bei Beweisaufnahmen, insbesondere Zeugenvernehmungen, vor Gericht und bei Ausführungen zum Tatbestand in Voten, Vorlagen und Entscheidungen von Behörden und Gerichten. Auch Rechtsnormen können Formen nicht-literarischen Erzählens enthalten, etwa in Präambeln.

Hier lassen sich in der Tat Einsichten gegenseitig frucht-
bar machen. Der Jurist kann einiges über die Risiken
und Gefahren seines Hauptgeschäfts, der Auslegung von
Rechtstexten, lernen sowie darüber, wie ihnen entgegenge-
wirkt werden kann; *Michael Stolleis* spricht von „Bewusst-
seinsschärfung", *Bernhard Schlink* von größerer „Sensi-
bilität" der Juristen. Aber beide betonen auch mit vollem
Recht die Grenze solcher Entsprechungen: Während Juristen auf die Bestimmtheit von Normtexten und die richtige
Falllösung hinarbeiten, ist Mehrdeutigkeit und Vielfalt der
Interpretationsmöglichkeiten ein Kennzeichen der Lite-
ratur, der auch die Interpreten verpflichtet bleiben. In der
Literaturwissenschaft geht es (nur) um das Verstehen; im
Recht geht es darüber hinaus um Verbindlichkeit und bei
Zuwiderhandlungen um Sanktionen bis hin zur lebenslan-
gen Freiheitsstrafe.

Hiernach ist deutlich geworden, dass dieses Buch sich als
Beitrag zum Thema Recht in der Literatur versteht. Damit stellt sich die Kardinalfrage: Warum und mit welchem
Ziel befasst sich der Jurist mit der Literatur und was kann
er dabei lernen? Wenn die Literatur eine „Goldmine" für
das Recht ist (*Richard Weisberg*) – was macht man mit dem
Gold? Die Antwort fällt uns heute nicht so leicht wie Friedrich Schiller, der es für eine Aufgabe der Literatur hielt, die
Defizite der Justiz wettzumachen.

Am geringsten dürfte der Ertrag für das heute geltende
nationale Recht sein. Es ist auf fast allen Teilgebieten zu
speziell und zu komplex, als dass ein Schriftsteller – und
sei er auch ausgebildeter Jurist – intensiv eindringen und
den jeweiligen Fachleuten etwas beibringen oder konkrete Rechtsfragen lösen könnte. Doch kann die Literatur
ähnlich wie die Rechtsvergleichung die rechtspolitische
Debatte beleben. Besonders die politische Literatur kann
zu einer „Reaktivierung ausgeschalteter Possibilitäten"
(*Niklas Luhmann*) beitragen, d.h. wenn nicht gar Utopien
so doch Alternativen gesellschaftlichen Zusammenlebens,
die das geltende Recht verbietet, verdrängt oder vergisst,
wieder bewusst, denkbar und diskutierbar zu machen. Das
juristische Argument kann durch seine Anfechtung in der

Literatur kritisch überprüft werden. Das ist besonders auf Rechtsgebieten, wo die Grenzen zwischen Recht und Politik durchlässig sind, nicht gering zu achten.

Einen höheren Wert hat das Studium der Literatur für die Rechtsgeschichte; auf die wegweisenden älteren Forschungen der Rechtshistoriker ist schon hingewiesen worden. Aber auch hier ist die Aussagekraft literarischer Werke über historische Vorgänge wegen der Subjektivität und mangelnden Nachprüfbarkeit gering. Die Bedeutung, die Rechtstexte aus dem Mittelalter früher deshalb hatten, weil sie in vielen Fällen die einzige erhaltende schriftliche Quelle waren, ist durch moderne naturwissenschaftliche Erkenntnismöglichkeiten geringer geworden. Zudem ist es eher die zweit- und drittklassige Literatur, die für rechtshistorische Zwecke etwas hergeben könnte; von Interesse ist aber doch eher die erstklassige Literatur. So bleibt auch insofern im Wesentlichen nur ein indirekter Effekt der Literatur: Sie bereichert den Fundus von Erfahrungen, die für die Kritik und die Fortentwicklung des heute geltenden Rechts genutzt werden können. Ähnliches dürfte für Rechtssoziologie, Rechtspsychologie und Kriminologie gelten.

Am meisten dürfte wohl die Rechtsphilosophie von der Literatur profitieren; nicht zufällig befinden sich unter den Rechtswissenschaftlern, die zum Thema Recht und Literatur veröffentlicht haben, viele Rechtsphilosophen. Ebenso wie die erstklassige Literatur über eine allzu enge Anlehnung an bestimmte historische Geschehnisse hinausgeht, erhebt sich die Rechtsphilosophie über die Verästelungen des jeweils geltenden Rechts und widmet sich den Grundfragen des Rechts. Es ist ein Charakteristikum erstklassiger Literatur, dass sie solche Fragen stellt und in ihrer ganzen Problematik entfaltet. Man attestiert ihr „poetische Gerechtigkeit" (*Hartmut Bleumer*).

Grundfragen haben viele Aspekte und kennen keine schneidige Lösung. Sie gedanklich immer aufs Neue zu durchdringen, bedarf es vielfältigen Anschauungsmaterials und großer menschlicher Erfahrung; beides kann die Literatur in hervorragender Weise zur Verfügung stellen. Aber auch insoweit gibt es Grenzen, die *Bernhard Schlink* klar markiert hat: „Literatur darf Gedanken zu Ende denken, aber sie muss es nicht; sie darf mit dem Problem, dem Konflikt, dem Dilemma enden. Philosophie handelt zwar von Problemen, Konflikten und Dilemmata, endet mit ihnen aber nicht, sondern gibt ihnen einen systematischen Ort in einem größeren Kontext."

Unabhängig von der unmittelbaren Verwertbarkeit in den einzelnen Bereichen der Rechtswissenschaft vermittelt die Literatur Bildung über den Menschen und die Welt. Es ist die von der Literatur erfasste und in ihr gespiegelte unendliche Vielfalt von Lebenslagen und -erfahrungen, die gerade dem Juristen, der es stets mit den Menschen und der Gesellschaft in der Realität zu tun hat, sehr nützlich sind. Nicht ohne Grund ermuntern wir unsere Studierenden immer, über den juristischen Tellerrand hinauszublicken. Wer liest, verfeinert seine Urteilsmaßstäbe und stärkt seine Urteilskraft und damit auch seine Befähigung zum Richteramt. Vielleicht wird er dadurch sogar ein offenerer und menschlicherer oder auch nur ein weniger furchtbarer Jurist.

Es ist also die Veranschaulichung, die den größten Wert der Beschäftigung des Juristen mit der Literatur darstellt (man könnte daher auch von „Rechtsanschauung" sprechen, wäre dieser Begriff nicht unter Juristen in einem anderen Sinn gebräuchlich). *Peter Schneider* hat es das „rechtspädagogische Interesse" der Rechtswissenschaft genannt, *Bernhard Schlink* sieht in der Literatur „das Bilderbuch des Rechts", und *Andreas Voßkuhle* spricht von der „Verbesserung der Befähigung zur eigenen Welterschließung". Es gibt eben, abgesehen vom Film, keine interessantere, weil fesselndere und ergreifendere Weise der Illustration der Vielfalt des Lebens und damit auch der vom Recht zu lösenden sozialen Konflikte als die Literatur. Das gilt grundsätzlich für alle genannten Disziplinen der Rechtswissenschaft, erweist sich aber in erster Linie für die Grundfragen des Rechts als ertragreich. Diese werden deshalb im vorliegenden Buch gestellt.

Ihren Ort findet die Veranschaulichung zunächst einmal in der Lehre an der Universität. Folgerichtig hat das Law and Literature Movement zu einer Institutionalisierung des Fachs Recht und Literatur und zu einer Aufnahme in die Lehrpläne an vielen Law Schools in den USA geführt. Auch für das Jurastudium in Deutschland wäre die Einführung von Recht und Literatur als Grundlagenfach wünschenswert. Doch erscheint mir die Realisierungschance unter den gegenwärtigen Bedingungen des zunehmenden Zeitdrucks, der frühzeitigen Spezialisierung, des überwiegenden Praxisbezugs und der ausgeprägten Karriereorientierung auf Seiten der Studierenden sowie der Bewahrung von Besitzständen und Fachgebietshoheiten auf Seiten der Professoren als gering.

Aber das Nachdenken über die Grundfragen des Rechts, das die Literatur wunderbar befeuern kann, ist ja nicht auf die Festschreibung in den Studienplänen der juristischen Fakultäten angewiesen. Es findet auch unabhängig davon in vielen Lehrveranstaltungen statt; so bemerkte ein Kollege einmal, die Auseinandersetzung zwischen Luther und Kohlhaas, die auch in diesem Buch behandelt wird, gehört zum Pflichtstoff seiner Anfängervorlesung. Jura-Studierende bedürfen besonders am Anfang ihres Studiums, konfrontiert mit der Fülle des Rechtsstoffs und den Finessen der Rechtsdogmatik, der grundsätzlichen Orientierung in zugänglicher Weise. Literatur holt sie überdies auf einem Feld ab, auf dem sie – anders als auf dem Gebiet des Rechts – in der Schule schon unterwegs waren. Im Übrigen versteht sich, dass das Nachdenken über die Grundfragen des Rechts mit der Ablegung der juristischen Prüfungen nicht zu Ende sein sollte.

Der vorrangige Zweck des Buchs, Juristen, besonders jungen Juristen, aber auch andere an Literatur Interessierte zum Nachdenken über Grundfragen des Rechts in Werken der Literatur zu bringen, kann nur erreicht werden, wenn die Schriftsteller zu Wort kommen, d.h. die literarischen Texte auch gelesen werden. Die Kenntnis der meisten Werke, selbst von Klassikern der Weltliteratur, kann heute nicht mehr vorausgesetzt werden. Außerdem sind viele der hier herangezogenen Werke so häufig und vielfältig interpretiert worden – das prominenteste Beispiel dürfte Kafkas „Process" sein –, dass der Text dahinter zu verschwinden droht.

Daher wird hier der Inhalt aller herangezogenen Werke zusammengefasst, in den meisten Fällen mit den für die rechtlichen Zusammenhänge zentralen Passagen im Wortlaut; leider ließ sich teilweise Letzteres aus urheberrechtlichen Gründen nicht realisieren (I.). Außerdem wird kurz der Autor vorgestellt und auf die Entstehung und meistens auch die Wirkung des Werks eingegangen (II.). Die anschließende Kommentierung konzentriert sich auf das juristische Problem in dem Werk (III.) und stellt keine umfassende Interpretation des Werks dar; sie will den Literaturwissenschaftlern keine Konkurrenz machen, sondern baut auf deren Arbeit auf und ergänzt diese um die zentrale rechtliche Problematik. Um den Vorwurf vordergründiger Aktualisierung des literarischen Werks zu vermeiden, wird getrennt davon anschließend auf das geltende Recht zu dem juristischen Problem in dem Werk eingegangen (IV.). Dieser Abschnitt ist bewusst knapp gehalten; weiterführende Literatur findet der Leser im Bibliographischen Anhang. Es soll aber doch die andauernde Aktualität von Rechtsfragen und ihre teilweise Lösung im Staat des Grundgesetzes erkennbar werden.

Das Buch ist aber nicht nur für Juristen und an Literatur Interessierte gedacht; denn von Nutzen kann die Untersuchung des Rechts in der Literatur auch für die Literaturwissenschaft sein. Das beginnt schlicht damit, dass rechtliche Gegebenheiten korrekt erfasst werden. Weitergehend können rechtliche Gegebenheiten relevant für die Interpretation werden. Wenn sich etwa Schriftsteller, insbesondere die sog. Dichterjuristen, in einem Werk intensiv mit dem Recht befassen, ermöglichen erst die Kenntnisse des Juristen das volle Verständnis dieses Werks. Es kann zu einem wechselseitigen Aufeinandereinwirken von literarischem und juristischen Diskurs kommen. Auch ich möchte in diesem Buch durch die Herausarbeitung des zentralen juristischen Problems der vorgestellten Werke deren Interpretation befruchten. So erhoffe ich mir, dass nach der Lektüre sowohl Juristen wie Literaturwissenschaftler und -interessenten bereichert sind.

Erster Teil.
Recht und Staat

Kapitel 1.
Ist der Tyrannenmord gerechtfertigt?

Friedrich Schiller: Wilhelm Tell. Schauspiel, 1804

I. Inhalt und Text

Historischer Hintergrund des Schauspiels ist die Erringung und Festigung der Unabhängigkeit der Schweiz. Im 13. Jahrhundert erstrebten die Schweizer Städte und kleinen regionalen Einheiten, später Kantone genannt, die Reichsunmittelbarkeit, die ihnen anders als bei der Unterstellung unter einen (Kur-)Fürsten (Mediatisierung) weitgehende Autonomie im Innern beließ; sie waren dann dem Reich nur zins- und wehrpflichtig. So erhielten Uri 1231 die verbriefte Reichsunmittelbarkeit und die Schwyz 1240 einen Freiheitsbrief als Gegenleistung für die dem Kaiser Friedrich II. bei der Belagerung von Faenza („Favenz") geleisteten Dienste. Nach dem Tod des Habsburger Königs Rudolf I. im Jahr 1291 schlossen Uri, Schwyz und Unterwalden sich zum Bund der drei Waldstätten zusammen. Er soll auf dem Berg Rütli mit dem Inhalt beschworen worden sein, die Reichsunmittelbarkeit gemeinsam gegen die Habsburger zu verteidigen, die ihre Territorialherrschaft über Schweizer Gebiete ausbreiten wollten; so war bereits der Nordosten der heutigen Schweiz seit Mitte des 13. Jahrhunderts eine habsburgische Grafschaft.

Nachdem Rudolfs Nachfolger als deutscher König, Adolf von Nassau, 1297 die Freiheitsbriefe für Uri und Schwyz bestätigt hatte, verfolgte der 1298 an die Macht im Reich gekommene Albrecht I. von Österreich die Politik territorialer Expansion weiter und verweigerte die Bestätigung der Freiheitsbriefe. Es kam zur Einsetzung von Reichsvögten, die die höchste Gerichtsbarkeit („Blutbann") in den reichsunmittelbaren Gebieten ausüben sollten. Als Albrecht 1308 einem Mordanschlag seines Neffen Johann von Schwaben (Johannes Parricida), der einen Erbanteil reklamierte, zum Opfer fiel, kam es in den Waldstätten

zum gewaltsamen Aufstand gegen die Reichsvögte; einige
Burgen wurden geschleift. Durch die folgenden Herrscher
im Reich, die Gegner der Habsburger waren, wurde die
Reichsunmittelbarkeit nunmehr aller drei Waldstätten bestätigt. Kriegerische Interventionen der Habsburger wurden durch Schweizer Siege in den Schlachten von Mor-
garten 1315, Sempach 1386 und Näfels 1388 abgewehrt.
Bis Ende des 15. Jahrhunderts war die Unabhängigkeit der
Schweiz völkerrechtlich anerkannt. Im Westfälischen Frieden von 1648 wurde sie auch vertraglich besiegelt.

Die historischen Ereignisse von 1291 und 1308 werden
im Schauspiel „Wilhelm Tell" auf den Zeitraum von Ende
1306 bis Mitte 1308 zusammengezogen. Im ersten Aufzug
wird an mehreren Vorfällen gezeigt, wie tyrannisch die in
Uri, Schwyz und Unterwalden eingesetzten Reichsvögte,
insbesondere Hermann Gessler in Altdorf, dem Hauptort
von Uri, herrschten. Sie vergreifen sich an den Frauen der
freien Bauern, verwehren diesen die freie Verfügung über
Grund und Boden, erniedrigen sie durch den Zwang, unter
der Drohung von Todesstrafe einen Hut auf einer Stange
„mit entblößtem Haupt" zu verehren, und verstümmeln
Unschuldige. Sie verletzen also aufs Schwerste, was wir
heute als besonders gewichtige Grundrechte normiert
haben: Menschenwürde, Leben und Gesundheit, Freiheit und Eigentum. Angesichts dessen beschließen drei
führende Männer, Walther Fürst aus Uri, Werner Stauffacher aus Schwyz und Arnold von Melchthal aus Unterwalden, den kollektiven Widerstand in den drei Ländern
zu organisieren. Wilhelm Tell, der Schwiegersohn von
Walther Fürst, steht der Verschwörung ablehnend gegenüber; er stellt aber seine Hilfe in Aussicht: „Bedürft' ihr
meiner zu bestimmter Tat/Dann ruft den Tell, es soll an
mir nicht fehlen."

Der zweite Aufzug konfrontiert zunächst den Freiherrn
von Attinghausen, der für die Sache der Unabhängigkeit
der Waldstätten eintritt, mit seinem Neffen Ulrich von Rudenz, der für den Anschluss an Österreich plädiert. Es folgt
die Szene mit dem Rütlischwur, zu dem sich 33 Männer –
elf aus jeder Waldstätte – versammeln:

Friedrich Schiller

Walther Fürst, Rösselmann der Pfarrer, Petermann der Sigrist,
Kuoni der Hirt, Werni der Jäger, Ruodi der Fischer und noch fünf
andere Landleute, alle zusammen, drei und dreißig an der Zahl,
treten vorwärts und stellen sich um das Feuer.

WALTHER FÜRST So müssen wir auf unserm eignen Erb'
Und väterlichen Boden uns verstohlen
Zusammen schleichen wie die Mörder tun,
Und bei der Nacht, die ihren schwarzen Mantel
Nur dem Verbrechen und der sonnenscheuen
Verschwörung leihet, unser gutes Recht
Uns holen, das doch lauter ist und klar,
Gleichwie der glanzvoll offne Schoß des Tages.
MELCHTHAL
Laßt's gut sein. Was die dunkle Nacht gesponnen,
Soll frei und fröhlich an das Licht der Sonnen.
RÖSSELMANN
Hört was mir Gott in's Herz gibt Eidgenossen!
Wir stehen hier statt einer Landsgemeinde,
Und können gelten für ein ganzes Volk,
So laßt uns tagen nach den alten Bräuchen
Des Lands, wie wir's in ruhigen Zeiten pflegen,
Was ungesetzlich ist in der Versammlung,
Entschuldige die Not der Zeit. Doch Gott
Ist überall, wo man das Recht verwaltet,
Und unter seinem Himmel stehen wir.
STAUFFACHER Wohl, laßt uns tagen nach der alten Sitte,
Ist es gleich Nacht, so leuchtet unser Recht.
MELCHTHAL Ist gleich die Zahl nicht voll, das Herz ist hier
Des ganzen Volks, die B e s t e n sind zugegen.
KONRAD HUNN Sind auch die alten Bücher nicht zur Hand,
Sie sind in unsre Herzen eingeschrieben.
RÖSSELMANN Wohlan, so sei der Ring sogleich gebildet,
Man pflanze auf die Schwerter der Gewalt.
AUF DER MAUER Der Landesammann nehme seinen Platz,
Und seine Weibel stehen ihm zur Seite!
SIGRIST Es sind der Völker dreie. Welchem nun
Gebührt's, das Haupt zu geben der Gemeinde?
MEIER Um diese Ehr' mag Schwytz mit Uri streiten,
Wir Unterwaldner stehen frei zurück.
MELCHTHAL Wir steh'n zurück, wir sind die Flehenden,
Die Hülfe heischen von den mächtgen Freunden.
STAUFFACHER So nehme Uri denn das Schwert, sein Banner
Zieht bei den Römerzügen uns voran.
WALTHER FÜRST
Des Schwertes Ehre werde Schwytz zu Teil,
Denn seines Stammes rühmen wir uns alle.

RÖSSELMANN
Den edeln Wettstreit laßt mich freundlich schlichten,
Schwytz soll im Rat, Uri im Felde führen.
WALTHER FÜRST *reicht dem Stauffacher die Schwerter:*
So nehmt!
STAUFFACHER
Nicht mir, dem Alter sei die Ehre.
IM HOFE Die meisten Jahre zählt Ulrich der Schmidt.
AUF DER MAUER
Der Mann ist wacker, doch nicht freien Stands,
Kein eigner Mann kann Richter sein in Schwytz.
STAUFFACHER
Steht nicht Herr Reding hier der Altlandammann?
Was suchen wir noch einen würdigern?
WALTHER FÜRST Er sei der Ammann und des Tages Haupt!
Wer dazu stimmt erhebe seine Hände.
Alle heben die rechte Hand auf.
REDING *tritt in die Mitte:*
Ich kann die Hand nicht auf die Bücher legen,
So schwör' ich droben bei den ew'gen Sternen,
Daß ich mich nimmer will vom Recht entfernen.
*Man richtet die zwei Schwerter vor ihm auf, der Ring bildet sich um
ihn her, Schwytz hält die Mitte, rechts stellt sich Uri und links
Unterwalden. Er steht auf sein Schlachtschwert gestützt.*
Was ist's, das die drei Völker des Gebirgs
Hier an des See's unwirtlichem Gestade
Zusammenführte in der Geisterstunde?
Was soll der Inhalt sein des neuen Bunds,
Den wir hier unterm Sternenhimmel stiften?
STAUFFACHER *tritt in den Ring:*
Wir stiften keinen neuen Bund, es ist
Ein uralt Bündnis nur von Väter Zeit,
Das wir erneuern! Wisset Eidgenossen!
Ob uns der See, ob uns die Berge scheiden,
Und jedes Volk sich für sich selbst regiert,
So sind wir Eines Stammes doch und Bluts,
Und Eine Heimat ist's, aus der wir zogen.
WINKELFRIED So ist es wahr, wie's in den Liedern lautet,
Daß wir von fern her in das Land gewallt?
O teilt's uns mit, was euch davon bekannt,
Daß sich der neue Bund am alten stärke.
STAUFFACHER Hört, was die alten Hirten sich erzählen.
– Es war ein großes Volk, hinten im Lande
Nach Mitternacht, das litt von schwerer Teurung.
In dieser Not beschloß die Landsgemeinde,
Daß je der zehnte Bürger nach dem Los

Der Väter Land verlasse – das geschah!
Und zogen aus, wehklagend, Männer und Weiber,
Ein großer Heerzug, nach der Mittagsonne,
Mit dem Schwert sich schlagend durch das deutsche Land,
Bis an das Hochland dieser Waldgebirge.
Und eher nicht ermüdete der Zug,
Bis daß sie kamen in das wilde Tal,
Wo jetzt die Muotta zwischen Wiesen rinnt –
Nicht Menschenspuren waren hier zu sehen,
Nur eine Hütte stand am Ufer einsam,
Da saß ein Mann, und wartete der Fähre –
Doch heftig wogte der See und war
Nicht fahrbar; da besahen sie das Land
Sich näher und gewahrten schöne Fülle
Des Holzes und entdeckten gute Brunnen,
Und meinten, sich im lieben Vaterland
Zu finden – Da beschlossen sie zu bleiben,
Erbaueten den alten Flecken S c h w y t z,
Und hatten manchen sauren Tag, den Wald
Mit weitverschlungnen Wurzeln auszuroden –
Drauf als der Boden nicht mehr Gnügen tat
Der Zahl des Volks, da zogen sie hinüber
Zum schwarzen Berg, ja bis an's Weißland hin,
Wo hinter ewgem Eiseswall verborgen,
Ein andres Volk in andern Zungen spricht.
Den Flecken S t a n z erbauten sie am Kernwald,
Den Flecken A l t o r f in dem Tal der Reuß –
Doch blieben sie des Ursprungs stets gedenk,
Aus all den fremden Stämmen, die seitdem
In Mitte ihres Lands sich angesiedelt,
Finden die Schwytzer Männer sich heraus,
Es gibt das Herz, das Blut sich zu erkennen.
reicht rechts und links die Hand hin.
AUF DER MAUER Ja wir sind eines Herzens, eines Bluts!
ALLE *sich die Hände reichend:*
Wir sind Ein Volk, und einig wollen wir handeln.
STAUFFACHER Die andern Völker tragen fremdes Joch,
Sie haben sich dem Sieger unterworfen.
Es leben selbst in unsern Landesmarken
Der Sassen viel, die fremde Pflichten tragen,
Und ihre Knechtschaft erbt auf ihre Kinder.
Doch wir, der alten Schweizer echter Stamm,
Wir haben stets die Freiheit uns bewahrt.
Nicht unter Fürsten bogen wir das Knie,
Freiwillig wählten wir den Schirm der Kaiser.

RÖSSELMANN
Frei wählten wir des Reiches Schutz und Schirm,
So steht's bemerkt in Kaiser Friedrichs Brief.
STAUFFACHER Denn herrenlos ist auch der Freiste nicht.
Ein Oberhaupt muß sein, ein höchster Richter,
Wo man das Recht mag schöpfen in dem Streit.
Drum haben unsre Väter für den Boden,
Den sie der alten Wildnis abgewonnen,
Die Ehr' gegönnt dem Kaiser, der den Herrn
Sich nennt der deutschen und der welschen Erde,
Und wie die andern Freien seines Reichs
Sich ihm zu edelm Waffendienst gelobt,
Denn dieses ist der Freien einzge Pflicht,
Das Reich zu schirmen, das sie selbst beschirmt.
MELCHTAL Was drüber ist, ist Merkmal eines Knechts.
STAUFFACHER Sie folgten, wenn der Heribann erging,
Dem Reichspanier und schlugen seine Schlachten.
Nach Welschland zogen sie gewappnet mit,
Die Römerkron' ihm auf das Haupt zu setzen.
Daheim regierten sie sich fröhlich selbst
Nach altem Brauch und eigenem Gesetz,
Der höchste Blutbann war allein des Kaisers.
Und dazu ward bestellt ein großer Graf,
Der hatte seinen Sitz nicht in dem Lande,
Wenn Blutschuld kam, so rief man ihn herein,
Und unter offnem Himmel, schlicht und klar,
Sprach er das Recht und ohne Furcht der Menschen.
Wo sind hier Spuren, daß wir Knechte sind?
Ist einer, der es anders weiß, der rede!
IM HOFE Nein, so verhält sich alles wie ihr sprecht,
Gewaltherrschaft ward nie bei uns geduldet.
STAUFFACHER Dem Kaiser selbst versagten wir Gehorsam,
Da er das Recht zu Gunst der Pfaffen bog.
Denn als die Leute von dem Gotteshaus
E i n s i e d e l n uns die Alp in Anspruch nahmen,
Die wir beweidet seit der Väter Zeit,
Der Abt herfürzog einen alten Brief,
Der ihm die herrenlose Wüste schenkte –
Denn unser Dasein hatte man verhehlt –
Da sprachen wir: „Erschlichen ist der Brief,
Kein Kaiser kann was unser ist verschenken.
Und wird uns Recht versagt vom Reich, wir können
In unsern Bergen auch des Reichs entbehren."
– So sprachen unsre Väter! Sollen wir
Des neuen Joches Schändlichkeit erdulden,
Erleiden von dem fremden Knecht, was uns
In seiner Macht kein Kaiser durfte bieten?

– Wir haben diesen Boden uns e r s c h a f f e n
Durch unsrer Hände Fleiß, den alten Wald,
Der sonst der Bären wilde Wohnung war,
Zu einem Sitz für Menschen umgewandelt,
Die Brut des Drachen haben wir getötet,
Der aus den Sümpfen giftgeschwollen stieg,
Die Nebeldecke haben wir zerrissen,
Die ewig grau um diese Wildnis hing,
Den harten Fels gesprengt, über den Abgrund
Dem Wandersmann den sichern Steg geleitet,
Unser ist durch tausendjährigen Besitz
Der Boden – und der fremde Herrenknecht
Soll kommen dürfen und uns Ketten schmieden,
Und Schmach antun auf unsrer eignen Erde?
Ist keine Hülfe gegen solchen Drang?
eine große Bewegung unter den Landleuten
Nein, eine Grenze hat Tyrannenmacht,
Wenn der Gedrückte nirgends Recht kann finden,
Wenn unerträglich wird die Last – greift er
Hinauf getrosten Mutes in den Himmel,
Und holt herunter seine ewgen Rechte,
Die droben hangen unveräußerlich
Und unzerbrechlich wie die Sterne selbst –
Der alte Urstand der Natur kehrt wieder,
Wo Mensch dem Menschen gegenüber steht –
Zum letzten Mittel, wenn kein andres mehr
Verfangen will, ist ihm das Schwert gegeben –
Der Güter höchstes dürfen wir verteid'gen
Gegen Gewalt – Wir stehn vor unser Land,
Wir stehn vor unsre Weiber, unsre Kinder!
ALLE *an ihre Schwerter schlagend:*
Wir stehn vor unsre Weiber, unsre Kinder!
RÖSSELMANN *tritt in den Ring:*
Eh' ihr zum Schwerte greift, bedenkt es wohl.
Ihr könnt es friedlich mit dem Kaiser schlichten.
Es kostet euch ein Wort und die Tyrannen,
Die euch jetzt schwer bedrängen, schmeicheln euch.
– Ergreift, was man euch oft geboten hat,
Trennt euch vom Reich, erkennet Oestreichs Hoheit –
AUF DER MAUER
Was sagt der Pfarrer? Wir zu Oestreich schwören!
AM BÜHEL Hört ihn nicht an!
WINKELRIED Das rät uns ein Verräter,
Ein Feind des Landes!
REDING Ruhig Eidgenossen!
SEWA Wir Oestreich huldigen, nach solcher Schmach!

VON DER FLÜE Wir uns abtrotzen lassen durch Gewalt,
Was wir der Güte weigerten!
MEIER Dann wären
Wir Sklaven und verdienten es zu sein!
AUF DER MAUER
Der sei gestoßen aus dem Recht der Schweizer,
Wer von Ergebung spricht an Österreich!
– Landammann, ich bestehe drauf, dies sei
Das erste Landsgesetz, das wir hier geben.
MELCHTHAL
So sei's. Wer von Ergebung spricht an Oestreich,
Soll rechtlos sein und aller Ehren bar,
Kein Landmann nehm' ihn auf an seinem Feuer.
ALLE *heben die rechte Hand auf:*
Wir wollen es, das sei Gesetz!
REDING *nach einer Pause:* Es ist's.
RÖSSELMANN
Jetzt seid ihr frei, ihr seid's durch dies Gesetz,
Nicht durch Gewalt soll Österreich ertrotzen
Was es durch freundlich Werben nicht erhielt –
JOST VON WEILER Zur Tagesordnung, weiter.
REDING Eidgenossen!
Sind alle sanften Mittel auch versucht?
Vielleicht weiß es der König nicht, es ist
Wohl gar sein Wille nicht, was wir erdulden.
Auch dieses letzte sollten wir versuchen,
Erst unsre Klage bringen vor sein Ohr,
Eh' wir zum Schwerte greifen. Schrecklich immer
Auch in gerechter Sache ist Gewalt,
Gott hilft nur dann, wenn Menschen nicht mehr helfen.
STAUFFACHER *zu Konrad Hunn:*
Nun ist's an euch, Bericht zu geben. Redet.
KONRAD HUNN Ich war zu Rheinfeld an des Kaisers Pfalz,
Wider der Vögte harten Druck zu klagen,
Den Brief zu holen unsrer alten Freiheit,
Den jeder neue König sonst bestätigt.
Die Boten vieler Städte fand ich dort,
Vom schwäbschen Lande und vom Lauf des Rheins,
Die all' erhielten ihre Pergamente,
Und kehrten freudig wieder in ihr Land.
Mich, E u r e n Boten, wies man an die Räte,
Und die entließen mich mit leerem Trost:
„Der Kaiser habe diesmal keine Zeit,
Er würde sonst einmal wohl an uns denken."
– Und als ich traurig durch die Säle ging
Der Königsburg, da sah ich Herzog Hansen

In einem Erker weinend stehn, um ihn
Die edeln Herrn von Wart und Tägerfeld.
Die riefen mir und sagten: „Helft euch selbst,
Gerechtigkeit erwartet nicht vom König.
Beraubt er nicht des eignen Bruders Kind,
Und hinterhält ihm sein gerechtes Erbe?
Der Herzog fleht' ihn um sein Mütterliches,
Er habe seine Jahre voll, es wäre
Nun Zeit, auch Land und Leute zu regieren.
Was ward ihm zum Bescheid? Ein Kränzlein setzt ihm
Der Kaiser auf: das sei die Zier der Jugend."
AUF DER MAUER Ihr habt's gehört. Recht und Gerechtigkeit
Erwartet nicht vom Kaiser! Helft euch selbst!
REDING Nichts andres bleibt uns übrig. Nun gebt Rat,
Wie wir es klug zum frohen Ende leiten.
WALTHER FÜRST *tritt in den Ring*
Abtreiben wollen wir verhaßten Zwang,
Die alten Rechte, wie wir sie ererbt
Von unsern Vätern, wollen wir bewahren,
Nicht ungezügelt nach dem Neuen greifen.
Dem Kaiser bleibe, was des Kaisers ist,
Wer einen Herrn hat, dien' ihm pflichtgemäß.
MEIER Ich trage Gut von Österreich zu Lehen.
WALTHER FÜRST
Ihr fahret fort, Oestreich die Pflicht zu leisten.
JOST VON WEILER Ich steure an die Herrn von Rappersweil.
WALTHER FÜRST Ihr fahret fort, zu zinsen und zu steuern.
RÖSSELMANN Der großen Frau zu Zürich bin ich vereidet.
WALTHER FÜRST Ihr gebt dem Kloster was des Klosters ist.
STAUFFACHER Ich trage keine Lehen als des Reichs.
WALTER FÜRST
Was sein muß, das geschehe, doch nicht drüber.
Die Vögte wollen wir mit ihren Knechten
Verjagen und die festen Schlösser brechen,
Doch wenn es sein mag, ohne Blut. Es sehe
Der Kaiser, daß wir notgedrungen nur
Der Ehrfurcht fromme Pflichten abgeworfen.
Und sieht er uns in unsern Schranken bleiben,
Vielleicht besiegt er staatsklug seinen Zorn,
Denn billge Furcht erwecket sich ein Volk,
Das mit dem Schwerte in der Faust sich m ä ß i g t.
REDING Doch lasset hören! Wie vollenden wir's?
Es hat der Feind die Waffen in der Hand,
Und nicht fürwahr in Frieden wird er weichen.
STAUFFACHER Er wirds, wenn er in Waffen uns erblickt,
Wir überraschen ihn, eh er sich rüstet.

MEIER Ist bald gesprochen, aber schwer getan.
Uns ragen in dem Land zwei feste Schlösser,
Die geben Schirm dem Feind und werden furchtbar,
Wenn uns der König in das Land sollt' fallen.
Roßberg und Sarnen muß bezwungen sein,
Eh man ein Schwert erhebt in den drei Landen.
STAUFFACHER
Säumt man so lang, so wird der Feind gewarnt,
Zu viele sinds, die das Geheimnis teilen.
MEIER In den Waldstätten findt sich kein Verräter.
RÖSSELMANN Der Eifer auch, der gute, kann verraten.
WALTHER FÜRST
Schiebt man es auf, so wird der Twing vollendet
In Altorf und der Vogt befestigt sich.
MEIER Ihr denkt an e u c h.
SIGRIST Und ihr seid ungerecht.
MEIER *auffahrend:*
Wir ungerecht! Das darf uns Uri bieten!
REDING Bei eurem Eide! Ruh!
MEIER Ja, wenn sich Schwytz
Versteht mit Uri, müssen wir wohl schweigen.
REDING Ich muß euch weisen vor der Landsgemeinde,
Daß ihr mit heftgem Sinn den Frieden stört!
Stehn wir nicht alle für dieselbe Sache?
WINKELRIED
Wenn wirs verschieben bis zum Fest des Herrn
Dann bringts die Sitte mit, daß alle Sassen
Dem Vogt Geschenke bringen auf das Schloß,
So können zehen Männer oder zwölf
Sich unverdächtig in der Burg versammeln,
Die führen heimlich spitzge Eisen mit,
Die man geschwind kann an die Stäbe stecken,
Denn niemand kommt mit Waffen in die Burg.
Zunächst im Wald hält dann der große Haufe,
Und wenn die andern glücklich sich des Tors
Ermächtiget, so wird ein Horn geblasen,
Und jene brechen aus dem Hinterhalt,
So wird das Schloß mit leichter Arbeit unser.
MELCHTHAL Den Roßberg übernehm ich zu ersteigen,
Denn eine Dirn' des Schlosses ist mir hold,
Und leicht betör ich sie, zum nächtlichen
Besuch die schwanke Leiter mir zu reichen,
Bin ich droben erst, zieh ich die Freunde nach.
REDING Ist's aller Wille, daß verschoben werde?
die Mehrheit erhebt die Hand
STAUFFACHER *zählt die Stimmen:*
Es ist ein Mehr von zwanzig gegen zwölf!

WALTHER FÜRST
Wenn am bestimmten Tag die Burgen fallen,
So geben wir von einem Berg zum andern
Das Zeichen mit dem Rauch, der Landsturm wird
Aufgeboten, schnell, im Hauptort jedes Landes,
Wenn dann die Vögte sehn der Waffen Ernst,
Glaubt mir, sie werden sich des Streits begeben,
Und gern ergreifen friedliches Geleit,
Aus unsern Landesmarken zu entweichen.
STAUFFACHER
Nur mit dem Geßler fürcht ich schweren Stand,
Furchtbar ist er mit Reisigen umgeben,
Nicht ohne Blut räumt er das Feld, ja selbst
Vertrieben bleibt er furchtbar noch dem Land,
Schwer ists und fast gefährlich, ihn zu schonen.
BAUMGARTEN Wo's halsgefährlich ist, da stellt m i c h hin,
Dem Tell verdank ich mein gerettet Leben,
Gern schlag ichs in die Schanze für das Land,
Mein' Ehr hab ich beschützt, mein Herz befriedigt.
REDING Die Zeit bringt Rat. Erwartets in Geduld.
Man muß dem Augenblick auch was vertrauen.
– Doch seht, indes wir nächtlich hier noch tagen,
Stellt auf den höchsten Bergen schon der Morgen
Die glüh'nde Hochwacht aus – Kommt, laßt uns scheiden,
Eh uns des Tages Leuchten überrascht.
WALTHER FÜRST
Sorgt nicht, die Nacht weicht langsam aus den Tälern.
Alle haben unwillkürlich die Hüte abgenommen und betrachten
mit stiller Sammlung die Morgenröte.
RÖSSELMANN Bei diesem Licht, das uns zuerst begrüßt
Von allen Völkern, die tief unter uns
Schweratmend wohnen in dem Qualm der Städte,
Laßt uns den Eid des neuen Bundes schwören.
– Wir wollen sein ein einzig Volk von Brüdern,
In keiner Not uns trennen und Gefahr.
alle sprechen es nach mit erhobenen drei Fingern
– Wir wollen frei sein wie die Väter waren,
Eher den Tod, als in der Knechtschaft leben.
wie oben
– Wir wollen trauen auf den höchsten Gott
Und uns nicht fürchten vor der Macht der Menschen.
wie oben. Die Landleute umarmen einander.
STAUFFACHER Jetzt gehe jeder seines Weges still
Zu seiner Freundschaft und Genoßame,
Wer Hirt ist, wintre ruhig seine Herde,
Und werb' im Stillen Freunde für den Bund,

– Was noch bis dahin muß erduldet werden,
Erduldets! Laßt die Rechnung der Tyrannen
Anwachsen, bis Ein Tag die allgemeine
Und die besondre Schuld auf einmal zahlt.
Bezähme jeder die gerechte Wut,
Und spare für das Ganze seine Rache,
Denn Raub begeht am allgemeinen Gut,
Wer selbst sich hilft in seiner eignen Sache.
Indem sie zu drei verschiednen Seiten in größter Ruhe abgehen,
fällt das Orchester mit einem prachtvollen Schwung ein, die leere
Szene bleibt noch eine Zeitlang offen und zeigt das Schauspiel
der aufgehenden Sonne über den Eisgebirgen.

Im dritten Aufzug kommt es zu der berühmten Apfelschussszene. Nachdem Tell achtlos an dem Hut auf der
Stange vorbeigegangen ist, erlässt ihm Gessler die deswegen verwirkte Todesstrafe für den Fall, dass Tell mit seiner
Armbrust „auf hundert Schritte" einen Apfel auf dem Kopf
seines Sohnes trifft. Selbst die Beschwörung seines engsten
Gefolges und das Angebot Tells, sein Leben zu opfern statt
schießen zu müssen, können Gessler nicht von seinem unmenschlichen Ansinnen abbringen. Als Tell wider Erwarten den Apfel trifft, fragt Gessler ihn, warum er sich einen
zweiten Pfeil in den Köcher gesteckt habe. Auf die ehrliche
Antwort, der sei für Gessler bestimmt gewesen, wenn er
seinen Sohn statt des Apfels getroffen hätte, wird Tell verhaftet. Es gelingt ihm jedoch, von dem Boot, das ihn nach
Küßnacht bringen soll, zu fliehen.

Im vierten Aufzug verbündet sich Rudenz am Sterbebett
seines Onkels mit den Gegner Gesslers und erschießt Tell
den Gessler, nachdem er dies vor sich gerechtfertigt hat:

Die hohle Gasse bei Küßnacht. Man steigt von hinten zwischen
Felsen herunter und die Wanderer werden, ehe sie auf der Szene
erscheinen, schon von der Höhe gesehen. Felsen umschließen
die ganze Szene, auf einem der vordersten ist ein Vorsprung mit
Gesträuch bewachsen.
TELL *tritt auf mit der Armbrust:*
    Durch diese hohle Gasse muß er kommen,
Es führt kein andrer Weg nach Küßnacht – Hier
Vollends ichs – Die Gelegenheit ist günstig.
Dort der Hollunderstrauch verbirgt mich ihm,

Von dort herab kann ihn mein Pfeil erlangen,
Des Weges Enge wehret den Verfolgern.
Mach deine Rechnung mit dem Himmel Vogt,
Fort mußt du, deine Uhr ist abgelaufen.

Ich lebte still und harmlos – Das Geschoß
War auf des Waldes Tiere nur gerichtet,
Meine Gedanken waren rein von Mord –
Du hast aus meinem Frieden mich heraus
Geschreckt, in gährend Drachengift hast du
Die Milch der frommen Denkart mir verwandelt,
Zum Ungeheuren hast du mich gewöhnt –
Wer sich des Kindes Haupt zum Ziele setzte,
Der kann auch treffen in das Herz des Feinds.

Die armen Kindlein, die unschuldigen,
Das treue Weib muß ich vor deiner Wut
Beschützen, Landvogt – Da, als ich den Bogenstrang
Anzog – als mir die Hand erzitterte –
Als du mit grausam teuflischer Lust
Mich zwangst, aufs Haupt des Kindes anzulegen –
Als ich ohnmächtig flehend rang vor dir,
Damals gelobt' ich mir in meinem Innern
Mit furchtbarm Eidschwur, den nur Gott gehört,
Daß meines n ä c h s t e n Schusses e r s t e s Ziel
Dein Herz sein sollte – Was ich mir gelobt
In jenes Augenblickes Höllenqualen,
Ist eine heilge Schuld, ich will sie zahlen.

Du bist mein Herr und meines Kaisers Vogt,
Doch nicht der Kaiser hätte sich erlaubt
Was d u – Er sandte dich in diese Lande,
Um Recht zu sprechen – strenges, denn er zürnet –
Doch nicht um mit der mörderischen Lust
Dich jedes Greuels straflos zu erfrechen,
Es lebt ein Gott zu strafen und zu rächen.

Komm du hervor, du Bringer bittrer Schmerzen,
Mein teures Kleinod jetzt, mein höchster Schatz –
Ein Ziel will ich dir geben, das bis jetzt
Der frommen Bitte undurchdringlich war –
Doch d i r soll es nicht widerstehn – Und du
Vertraute Bogensehne, die so oft
Mir treu gedient hat in der Freude Spielen,
Verlaß mich nicht im fürchterlichen Ernst.
Nur jetzt noch halte fest du treuer Strang,

Der mir so oft den herben Pfeil beflügelt –
Entränn er jetzo kraftlos meinen Händen,
Ich habe keinen zweiten zu versenden.
Wanderer gehen über die Szene.

Auf dieser Bank von Stein will ich mich setzen,
Dem Wanderer zur kurzen Ruh bereitet –
Denn hier ist keine Heimat – Jeder treibt
Sich an dem andern rasch und fremd vorüber,
Und fraget nicht nach seinem Schmerz – Hier geht
Der sorgenvolle Kaufmann und der leicht
Geschürzte Pilger – der andächtge Mönch,
Der düstre Räuber und der heitre Spielmann,
Der Säumer mit dem schwer beladnen Roß,
Der ferne her kommt von der Menschen Ländern,
Denn jede Straße führt ans End der Welt.
Sie alle ziehen ihres Weges fort.
An ihr Geschäft – und Meines ist der Mord!
setzt sich

Sonst wenn der Vater auszog, liebe Kinder,
Da war ein Freuen, wenn er wieder kam,
Denn niemals kehrt' er heim, er bracht' euch etwas,
Wars eine schöne Alpenblume, wars
Ein seltner Vogel oder Ammonshorn,
Wie es der Wandrer findet auf den Bergen –
Jetzt geht er einem andern Waidwerk nach,
Am wilden Weg sitzt er mit Mordgedanken,
Des Feindes Leben ists, worauf er lauert.
– Und doch an e u c h nur denkt er, liebe Kinder,
Auch jetzt – Euch zu verteidgen, eure holde Unschuld
Zu schützen vor der Rache des Tyrannen
Will er zum Morde jetzt den Bogen spannen!
steht auf

Ich laure auf ein edles Wild – Läßt sichs
Der Jäger nicht verdrießen, Tage lang
Umher zu streifen in des Winters Strenge,
Von Fels zu Fels den Wagesprung zu tun,
Hinan zu klimmen an den glatten Wänden,
Wo er sich anleimt mit dem eignen Blut,
– Um ein armselig Grattier zu erjagen.
Hier gilt es einen köstlicheren Preis,
Das Herz des Todfeinds, der mich will verderben.
Man hört von ferne eine heitre Musik, welche sich nähert.

Mein ganzes Lebenlang hab ich den Bogen
Gehandhabt, mich geübt nach Schützenregel,
Ich habe oft geschossen in das Schwarze,
Und manchen schönen Preis mir heimgebracht
Vom Freudenschießen – Aber heute will ich
Den Meisterschuß tun und das Beste mir
Im ganzen Umkreis des Gebirgs gewinnen.

Im fünften Aufzug trifft Tell, nachdem die Burgen der Vögte ohne Blutvergießen erobert und zerstört worden sind und er zu Frau und Kindern heimgekehrt ist, auf den Kaisermörder Johannes Parricida. Tell will ihn zunächst aus dem Haus werfen, weil er dessen Tat, die um des eigenen Vorteils der Erbeinsetzung begangen worden war, für unvergleichlich mit seinem Mord am Tyrannen hält: „Darfst du der Ehrsucht blutge Schuld vermengen/Mit der gerechten Notwehr eines Vaters?/Hast du der Kinder liebes Haupt verteidigt?/Des Herdes Heiligtum beschützt? das Schrecklichste,/Das Letzte von den deinen abgewehrt?" Aus Mitleid weist Tell dem Parricida schließlich den Weg über den Gotthardt nach Italien, wo er dem Papst in Rom beichten soll. In der letzten Szene feiert das ganze Volk Tell, „der Schütz und der Erretter". Den letzten Satz spricht Rudenz: „Und frei erklär' ich alle meine Knechte."

II. Der Autor und sein Werk

Friedrich Schiller (1759–1805) ist einer der großen klassischen Autoren der deutschen Literatur. Er wurde in Marbach am Neckar als Sohn eines württembergischen Offiziers geboren. 1773 kam er auf die herzogliche Militärakademie; er studierte ein Jahr Jura und ab 1776 Medizin, beschäftigte sich aber in Wirklichkeit hauptsächlich mit Lesen und Schreiben. 1780 wurde er im dritten Anlauf promoviert und als Regimentsmedikus bei kärglichem Lohn in Stuttgart angestellt. Als ihm nach dem Erfolg der Aufführung seines Schauspiels „Die Räuber" in Mannheim die Schriftstellerei verboten wurde, floh er aus Württemberg und lebte in prekären finanziellen Verhältnissen an unterschiedlichen Orten Deutschlands mit kurzfristigen Engagements als Theaterdichter und Zeitschriftenredakteur, bis er 1789 vom Weimarer Herzog Karl August zum außerordentlichen Professor in Jena und 1790 zum Hofrat mit auskömmlichem Einkommen ernannt wurde. Schon seit 1791 aus gesundheitlichen Gründen von universitären Verpflichtungen befreit konnte Schiller sich ganz seinen Studien und Dichtungen, seinen Freundschaften, namentlich mit Goethe, Körner und Wilhelm von Humboldt, sowie seiner Familie widmen. Nachdem ihm am 1. Januar 1792 von der Französischen Nationalversammlung das Bürgerrecht verliehen worden war, plante er Ende 1792 eine Reise nach Paris, um gegen die Hinrichtung des Königs Ludwig XVI. zu plädieren, die durch dessen tatsächliche Hinrichtung im Januar 1793 hinfällig wurde. Von 1798 bis zu seinem Tod lebte er in Weimar.

Auf die „Fabel vom Tell" als schönes literarisches Sujet hatte Goethe Schiller schon 1797 hingewiesen. 1802 erhielt Schiller Anfragen, ob er nicht ein Tell-Schauspiel schreiben wollte. Der Stoff war aus mehreren Gründen sehr aktuell: Wilhelm Tell wurde von den französischen Revolutionären hoch verehrt: Im Jakobiner-Club hatte seine Büste einen Ehrenplatz neben Brutus und Marat; in der Nationalversammlung gab es eine Sektion „Guillaume Tell", St. Just bezog sich in seinen Reden gern auf ihn, und Aufführungen von Dramatisierungen des Tell-Stoffs wurden einmal wöchentlich „auf Kosten der Republik" gegeben. Der weitere Verlauf der Französischen Revolution, mit der Hinrichtung des Königs, der Schreckensherrschaft und schließlich der Hinrichtung von Robespierre und seinen Anhängern, wühlte die Intellektuellen in ganz Europa auf.

1798 war zudem in revolutionärer Weise die Helvetische Republik gegründet worden, die einen Zentralstaat mit allgemeinem Wahlrecht und einem parlamentarischen Regierungssystem schuf und das Feudalsystem abschaffte. Allerdings marschierten bald darauf Truppen der Französischen Republik ein, die einerseits die Revolution in der Schweiz gegen Konterrevolutionäre unterstützten, andererseits aber die Schweiz für ihre imperialistischen Ziele missbrauchten und zum Kriegsschauplatz machten. 1802 kam es zum Bürgerkrieg zwischen den Republikanern und den „Altgesinnten", der von Napoleon durch die Mediationsakte von 1803

politisch beendet wurde. Diese stellte das vorrevolutionäre
politische System weitgehend wieder her, behielt aber ähnlich wie in Frankreich einige wesentliche Errungenschaften
der Revolution bei.

Seit Ende 1801 betrieb Schiller Studien über die Geschichte
und die Landeskunde der Schweiz. Als wichtigste Quelle
für die Tell-Geschichte diente ihm das aus der Mitte des
16. Jahrhunderts stammende, aber erst 1734–36 veröffentlichte Chronicon Helveticum von Aegidius Tschudi, doch
ist die Geschichte seit dem 15. Jahrhundert in Liedern,
Schauspielen und Chroniken weitergetragen worden. Auch
die 1778 erschienenen „Geschichten Schweizerischer Eid-
genossenschaft" von Johannes von Müller, die Schillers
zweite wichtige Quelle waren, stützten sich im Wesentlichen auf Tschudi. Heute wird überwiegend angenommen,
dass es sich bei Wilhelm Tell um eine legendäre, d. h. nicht
in der geschichtlichen Wirklichkeit nachgewiesene Figur
handelt. Andere glauben aber doch an irgendeine Person,
die letztlich das Fanal zum Aufstand gegeben hat. Schiller
hat das Schauspiel in einem halben Jahr von August 1803
bis Februar 1804 ausgearbeitet. Die Uraufführung fand mit
großem Erfolg im März 1804 in Weimar statt. Die Buchaus-
gabe erschien im Oktober 1804.

Friedrich Schiller gilt als *der* Dichter der Freiheit. Sein
Denken war von der Aufklärung bestimmt, die nach der
berühmten Formel von Immanuel Kant „der Ausgang des
Menschen aus seiner selbst verschuldeten Unmündigkeit"
ist. Während die frühen Werke Schillers die aufklärerischen Gedanken begeistert und bruchlos transportierten,
zeigen die späteren Werke unter dem Eindruck des Verlaufs
der Französischen Revolution auch kritische Reflexionen
und eine desillusionierte Haltung zur Französischen Revolution. Doch hat sich Schiller nie von ihren Grundgedanken distanziert und blieb die Befreiung der Menschen aus
Abhängigkeit und Fremdbestimmung sein beherrschendes
Thema und die Republik sein politisches Ideal. Eine „damals emanzipatorische Kraft" (*Peter André Bloch*) hatte
auch „Wilhelm Tell". Es sei daran erinnert, dass das Schauspiel in dem Jahr erschien, als im letzten der acht nördlichen

Staaten der USA ein Gesetz zur schrittweisen Abschaffung der Sklaverei erlassen wurde.

Bevorzugter Schauplatz der Suche nach Freiheit war für Schiller die Geschichte. Man denke nur an seine berühmte Antrittsvorlesung in Jena zum Thema: „Was heißt und zu welchem Ende studiert man Universalgeschichte?" Die Tell-Geschichte ist der markanteste Ausdruck der Schweizer Befreiungstradition, die über die genannten Schriften hinaus im Volk bewahrt und gepflegt wurde. So ist die erste Tellskapelle aus dem frühen 16. Jahrhundert belegt ebenso wie Tellenspiele in der Tradition der Fasnachtsspiele. Tell galt als Stifter der eidgenössischen Freiheit. So konnte er Ende des 18. Jahrhunderts auch zum Freiheitshelden der Revolutionen in Nordamerika und Frankreich werden, 1848 dann auch in Deutschland. Schillers Schauspiel „Wilhelm Tell" stieß denn auch auf begeisterte Zustimmung in der Schweiz und avancierte im 19. und 20. Jahrhundert gewissermaßen zum Nationalschauspiel, in dem allerdings der universale Anspruch auf Freiheit hinter dem nationalen Alpenmythos zurückzutreten drohte, bis dieser Mythos in jüngerer Zeit zerstört wurde. Schiller ging es dagegen in erster Linie um die allgemeine Frage der Voraussetzungen und Bedingungen der Erringung und Erhaltung menschlicher Freiheit.

III. *Das juristische Problem*

Das juristische Problem lautet: Ist zur Erringung von Freiheit von Gewaltherrschaft der Mord des Tyrannen gerechtfertigt? Da es um die Freiheit des Menschen in der Gesellschaft geht, muss zum einen die Gesellschaft frei von Fremdbestimmung durch äußere Mächte und müssen zum anderen die Menschen frei von Unterdrückung durch die eigene Obrigkeit sein. Folgerichtig entfaltet Schiller das Problem auf zwei Ebenen mit zunächst deutlich unterscheidbaren Handlungssträngen: Den kollektiven Widerstand der Bürger der drei Waldstätten gegen die Bedrohung ihrer Unabhängigkeit durch Österreich zeigt vor allem der Rütli-Schwur. Der individuelle Widerstand bis hin zur äußersten Tat des Tyrannenmordes wird von Wilhelm Tell

repräsentiert. Aber diese unterschiedlichen Aspekte bleiben im Schauspiel nicht unverbunden, wenngleich eine solche Verbindung historisch nicht nachgewiesen ist. Schiller selbst hat dies in einem Brief so ausgedrückt, dass die
Privatsache des Tell „am Schluß mit der öffentlichen Sache
zusammengreift". Ob und wie das gelingt, wird noch zu
zeigen sein.

Betrachten wir zunächst die Szene mit dem Rütli-Schwur.
Die führenden Männer der drei Urkantone kommen zusammen, um gemeinsam etwas gegen die politischen Bestrebungen des Hauses Habsburgs zu unternehmen. Diese
Bestrebungen gehen dahin, die Kantone ihrer Territorialherrschaft zu unterstellen und damit deren Reichsunmittelbarkeit aufzuheben. Repräsentanten der Habsburger
sind die Reichsvögte, die in den Kantonen die kaiserliche
Gerichtsbarkeit innehaben, aber mit despotischen Mitteln
die Interessen des Hauses Habsburg durchsetzen wollen.
Besonders brutal tritt Hermann Gessler, der Reichsvogt in
Uri, auf, der in dessen Hauptort Altdorf für seine Zwecke
eine „Zwingburg" errichten lässt. Das menschenverachten-
de Wirken Gesslers wird an den schweren Grundrechtsverletzungen, die im ersten Akt geschildert werden, und
später an der Apfelschussszene deutlich gemacht.

Von den auf dem Rütli versammelten 33 Männern wird
dies vor allem als Angriff auf bestehende (Freiheits-)Rech-
te empfunden. Sie berufen sich auf „unser gutes Recht",
„die alten Bräuche des Lands", „die alte Sitte", „eigenes
Gesetz", „tausendjährigen Besitz der Boden" und nochmals „die alten Rechte". Die Verankerung in bestehendem
Recht geht so weit, dass man sich für etwaige Ungesetz-
lichkeiten durch die verschwörerische Versammlung auf
ein Notwehrrecht beruft. Mit den Rechten sind sowohl solche der Individuen als auch der politischen Gemeinschaft
gemeint, und zwar nicht nur der drei Gebiete je für sich,
sondern auch ihren Zusammenschluss, wie von Stauffacher betont wird: „Wir stiften keinen neuen Bund, es ist/
Ein uralt Bündnis nur von Väter Zeit,/Das wir erneuern!"
Die Bewahrung des bestehenden Rechtszustands bedeutet
nicht die vollständige Unabhängigkeit; die Oberhoheit des

Heiligen Römischen Reiches, das damals noch nicht den Zusatz „Deutscher Nation" trug, wird akzeptiert: „Nicht unter Fürsten bogen wir das Knie,/Freiwillig wählten wir den Schirm der Kaiser."

Die Verschwörung zum Aufstand wird mit den schwerwiegenden Rechtsverletzungen gerechtfertigt. Auch dieses Widerstandsrecht wird zunächst als althergebracht dargestellt: „Gewaltherrschaft ward nie bei uns geduldet." Stauffacher bringt ein historisches Beispiel für Widerstand gegen den Kaiser, als „er das Recht zu Gunst der Pfaffen bog". Dann aber werden in anachronistischer Weise Gedanken der Aufklärung beschworen: Die „ewgen Rechte" sind die „unalienable rights" der amerikanischen Unabhängigkeitserklärung von 1776 und die „natürlichen, unveräußerlichen und heiligen Menschenrechte" der Französischen Erklärung der Menschen- und Bürgerrechte von 1789. „Der alte Urstand der Natur kehrt wieder", weil der Despot und Gewaltherrscher den Gesellschaftsvertrag gebrochen hat, der geschlossen worden ist, damit der Herrscher die Macht im Interesse der Menschen und nicht in seinem eigenen Interesse ausübt. In dieser Situation kann Widerstand berechtigt oder sogar zur Pflicht werden. Jean-Jacques Rousseau, der mit seinem Werk „Über den Gesellschaftsvertrag" den allergrößten Einfluss auf die Französische Revolution hatte, hat den Urzustand in einer idyllischen Weise beschrieben; im „Wilhelm Tell" ist dieser durch die immer wieder präsenten Fischer, Jäger und Hirten symbolisiert.

Obwohl der Widerstand der Eidgenossen gegen den Feudalabsolutismus Österreichs von Schiller grundsätzlich gerechtfertigt wird, stellt dieser die Rütli-Verschwörer als äußerst besonnen dar. In heutigen Begriffen wahren sie in jeder Hinsicht die Verhältnismäßigkeit. Zunächst prozedural: „Sind alle sanften Mittel auch versucht?" Erst nachdem berichtet worden ist, dass alle Versuche, zum König vorzudringen, gescheitert sind, wird Gewaltanwendung befürwortet, weil anders der Bedrohung nicht begegnet werden kann, und zwar nicht nur der Bedrohung durch die Politik der Habsburger allgemein, sondern gerade auch durch Gessler: Es wäre „gefährlich, ihn zu schonen". Immer wieder kommt dabei zum Ausdruck, dass Gewalt das „letzte Mittel" sein soll und man sich in einem moralischen Dilemma befindet: „Schrecklich immer/Auch in gerechter Sache ist Gewalt". Daher auch die Appelle, Blutvergießen möglichst zu vermeiden und nicht übers Ziel hinauszuschießen: „Dem Kaiser bleibe, was des Kaisers ist,/Wer einen Herrn hat, dien' ihm pflichtgemäß." Die im alten Recht begründeten Abhängigkeitsverhältnisse sollen also keineswegs beseitigt werden.

Bemerkenswert ist auch der Weg, auf dem man den Beschluss zum Widerstand fasst und am Ende feierlich beschwört: „Wir stehen hier statt einer Landsgemeinde,/Und können gelten für ein ganzes Volk". Die 33 Männer als „die Besten" repräsentieren das ganze Volk, weil eine vollständige Volksversammlung („Landsgemeinde") unter den gegebenen Verhältnissen nicht möglich ist. Aus dem gleichen Grund sind auch Adelige, die überwiegend auf Seiten der Habsburger stehen, nicht vertreten. Die Beschlussfassung folgt dann aber den demokratischen Prinzipien des gleichen Zähl- und Erfolgswerts der Stimmen bei den Grundsatzentscheidungen und des Mehrheitsprinzips bei der Frage des Zeitpunkts des Aufstands. Dass zu Beginn das im Völkerrecht noch heute herrschende Einstimmigkeitsprinzip befolgt wird (es heißt zweimal: „Alle heben die rechte Hand auf"), ist wohl der Tatsache geschuldet, dass erst drei unabhängige Gemeinschaften das gemeinsame Vorgehen verabreden müssen. Auch Gleichheit ist noch nicht umfassend hergestellt, wie man daran erkennt, dass ein Teilnehmer „nicht freien Stands" ist und daher nicht Richter sein kann; immerhin hat er in der Versammlung das gleiche Stimmrecht. Frauen nehmen an der Versammlung nicht teil; doch haben sie im Schauspiel großen Einfluss, so dass Schiller als Befürworter der Frauenemanzipation gelten kann.

Interpretationsbedürftig sind die bekanntesten Worte (unter den vielen anderen zu geflügelten Worten gewordenen Versen) dieses Schauspiels: „Wir wollen sein ein einzig Volk von Brüdern". Der Einheitsaspekt wird noch verstärkt durch die letzten beiden Verse dieser Szene und zugleich des ganzen Akts, die eine Absage an Selbsthilfe zu

Gunsten des „allgemeinen Guts", d.h. des Gemeinwohls, beinhalten. Es wäre ein Missverständnis, die Worte als Aufruf zum völkischen Staat oder zur Einheitsnation zu lesen. Schiller hatte die föderale Schweiz vor Augen, in der der Anlauf zum Einheitsstaat in der Helvetischen Republik gerade gescheitert war. Der Hauptakzent liegt auf der Brüderlichkeit – einem der drei Leitbegriffe der Französischen Revolution –, die gerade auch in einem Bundesstaat erforderlich ist; wir sprechen heute von Solidarität, das Bundesverfassungsgericht von „solidargemeinschaftlicher Mitverantwortung".

Neben der Brüderlichkeit geht es Schiller in dem Stück offensichtlich auch um Freiheit und Gleichheit, den anderen beiden Leitbegriffen der Französischen Revolution. Deren Werte und Ziele sind auch seine Werte und Ziele. In der Rütli-Szene erkennt man das insbesondere an der demokratischen Willensbildung, der Berufung auf die Menschenrechte, der Befürwortung des Widerstandsrechts gegen Tyrannen und der Einhegung der Macht durch das Recht bis hin zur Szenenanweisung „Morgenröte", war doch die aufgehende Sonne Symbol der „aufklärenden" Französischen Revolution. Häufig werden auch die Parallelen zwischen der Rütli-Versammlung und der Erklärung der Generalstände zur Nationalversammlung und zwischen der Schleifung der Zwingburgen und der Erstürmung der Bastille gezogen. Allerdings war Schiller wie die meisten Intellektuellen in Europa entsetzt über die Schreckensherrschaft von 1793/1794 in Frankreich.

So wie sein Blick auf die Französische Revolution differenziert ist, lassen sich auch gegenläufige Elemente im „Wilhelm Tell" finden. Während die Französische Revolution den traditionellen Rechtszustand, namentlich die Feudalherrschaft beseitigt hat, übten die Rütli-Verschwörer Widerstand zur Aufrechterhaltung ihres traditionellen Rechtszustands; das schloss die Beibehaltung feudaler Abhängigkeiten ein, auch wenn das Ideal ihrer Überwindung, die Ablösung des Adels durch die Menschen als Gleiche im letzten Vers des Schauspiels hell aufleuchtet. Der Rütli-Schwur wird vom Pfarrer gesprochen und im Namen Gottes abgelegt.

Darüber hinaus hat die Trennung in zwei Handlungssträn-
ge wohl auch die Funktion, einen allzu direkten Bezug zur
Französischen Revolution zu vermeiden, so „daß die Gewalt nicht den Akt der politischen Gründung heimsucht
und delegitimiert" (*Albrecht Koschorke*). Es erstaunt nicht,
dass die Hervorhebung des Überkommenen den kommunistischen Philosophen *Friedrich Engels* sehr gestört hat,
der den Aufstand der Eidgenossen als „reaktionär" bezeichnet hat, als einen „Kampf störrischer Hirten gegen
den stabilen Anfang der geschichtlichen Entwicklung".
Auch der Schweizer Schriftsteller *Max Frisch* hat verächt-
lich von einer „Verschwörung von Grundeigentümern" gesprochen.

Will man den kollektiven Aspekt des Schauspiels ausgewogen zusammenfassen, zeigt Schiller im „Wilhelm Tell"
eine „konservative Revolution mit progressiven Elemen-
ten" (*Peter-André Alt*), in der sich rückwärtsgewandte und
vorwärtsgewandte Prinzipien mischen. Als ideal erscheint
ein republikanisches Staatswesen, ein genossenschaftli-
cher Bundesstaat, in dem Freiheit und Gleichheit sowie
repräsentative demokratische Verfahren politischer Willensbildung im moderaten Umfang gelten. Nur in diesem
Umfang lässt sich das Werk als eine „Vorwegnahme ver-
fassungsstaatlicher Werte" (*Yvonne Nilges*) deuten. Für die
damalige Zeit war das immerhin so anstößig, dass in den
Aufführungen häufig die allzu progressiven Passagen ge-
strichen wurden.

Der individuelle Handlungsstrang gipfelt in dem Hohle-
Gasse-Monolog Tells, den Schiller selbst für „das beste im
ganzen Stück" gehalten hat. Es ist eine Rechtfertigungs-
und Verteidigungsrede, die sich an wechselnde imaginäre
Adressaten wendet. Tell rechtfertigt den Mord, den er als
solchen viermal ausdrücklich benennt, mit dem Schutz seiner Familie, insbesondere seiner Kinder, vor den Gräuelta-
ten des Reichsvogts, des Tyrannen. Ausschließlich dieses
private Motiv wird hier angesprochen; bezeichnenderweise
heißt es kurz vor Ende des Monologs: Todfeind, „der mich
(und nicht etwa: uns) will verderben". Tell mordet den
Tyrannen ganz auf eigene Rechnung. Das hatte schon der

Rezensent *Ludwig Börne* kritisiert: Die Erschießung Gesslers habe mit dem Widerstand der Eidgenossen nichts zu
tun. Das stimmt aber nur bis zu diesem Zeitpunkt.

Tell begeht die Tat keineswegs leichtfertig. Wie schwer sie
ihm fällt, zeigt sich schon daran, dass der Gedankengang
sprunghaft ist; Tell muss sich offensichtlich selbst in dieser „fürchterlichen" Situation Mut machen. Das moralische
Dilemma, in dem er sich befindet, verursacht ein laten-
tes Schuldbewusstsein, das ihn wohl bis zum Schluss des
Stücks nicht ganz verlässt; insoweit hat *Karl S. Guthke* von
einem „Fluch der guten Tat" gesprochen. Dieses Zweifeln
und Zögern, diese mühsame Überwindung von Skrupeln
vermag auch die Frage zu beantworten, derentwegen *Norbert Oellers* das Schauspiel für „nicht ganz überzeugend"
gehalten hat: „Warum aber brachte er Gessler nicht um,
als dieser ihm befahl, auf das Haupt seines Sohnes zu zielen?" Andererseits scheint es deutlich überzogen, den Tell
als „säkularisierten Heiligen und Märtyrer" (*Gert Ueding*)
oder „Erlöserfigur mit Christuszügen" (*Peter-André Alt*)
zu bezeichnen.

Das „Zusammengreifen" zwischen kollektiver und indi-
vidueller Ebene geschieht erst nach dem Tyrannenmord.
Die Tat des Wilhelm Tell löst nämlich den Aufstand und
damit den kollektiven Widerstand aus. Das wird im Schauspiel zwar nicht direkt ausgesprochen, ergibt sich aber aus
dem Gesamtzusammenhang sowie daraus, dass Tell von
Stauffacher „unserer Freiheit Stifter" und „Retter von uns
allen" genannt wird. Tell selbst erkennt den Zusammenhang, wenn er im fünften Akt seiner Frau, die zögert, seine
(Mörder-)Hand zu fassen, „herzlich und mutig" entgegnet:
Diese Hand „Hat euch verteidigt und das Land gerettet".
Eine Volksbewegung kann eben nur erfolgreich sein, wenn
Einzelne zur mutigen Tat bereit sind. Erst der Sturm auf
die Bastille hat den Weg zur Demokratie eröffnet. Weil
also der Einzelne auf die Gemeinschaft und die Gemeinschaft auf die Tat des Einzelnen angewiesen ist, lässt sich
dessen Verantwortung nicht von dessen gemeinschaft-
lichen Verantwortung trennen. Der „Rückzug ins Private
ist keine Lösung" (*Peter Schneider*). So steht am Ende der

„Einklang zwischen geschichtsmächtigem Individuum und historischem Prozess" (*Gert Ueding*).

Schillers Antwort auf die Ausgangsfrage lautet daher: Der Tyrannenmord ist gerechtfertigt, allerdings nur im äußersten Notfall und mit dem Ziel, dadurch wieder eine gerechte Ordnung herzustellen. Das wird dadurch unterstrichen, dass Tell seinem Sohn am Ende verspricht, die Armbrust nicht mehr anzurühren. Insgesamt ist Schillers Schauspiel „Wilhelm Tell" eine „politische Parabel von beispielloser staatsphilosophischer Kühnheit" (*Dieter Borchmeyer*).

IV. Das geltende Recht

Für die Beurteilung der Tat des Wilhelm Tell nach geltendem Recht ist nicht das Widerstandsrecht des Art. 20 Abs. 4 GG einschlägig, weil Tell nicht handelt, um den Reichsvogt an einem Umsturz von oben, einem Staatsstreich, zu hindern oder um einen Aufstand von unten, eine Revolution, voranzutreiben. Bis zu diesem Zeitpunkt stehen die öffentliche und die private Sache noch unverbunden nebeneinander. Tell handelt einzig und allein, um sich und seine Familie gegen die ihn persönlich treffenden Gewaltmaßnahmen zu verteidigen. Deshalb stellt sich als erstes die Frage, ob die Tötung Gesslers durch Notwehr, d. h. eine „Verteidigung, die erforderlich ist, um einen gegenwärtigen rechtswidrigen Angriff von sich oder einem anderen abzuwehren" (§ 32 Abs. 2 StGB), gerechtfertigt ist. Dieser Gesichtspunkt wird auch im Stück mehrfach angesprochen, insbesondere als Tell gegenüber Parricida sein Handeln als „gerechte Notwehr eines Vaters" kennzeichnete.

Es ist schon sehr fraglich, ob Tell durch den Apfelschuss einen gegenwärtigen rechtswidrigen Angriff auf sich und seinen Sohn abgewehrt hat, weil nach herrschender Meinung die Verteidigungshandlung sich gegen den Angreifer selbst (Gessler) statt gegen Dritte (Tells Sohn) richten muss. Selbst wenn man insoweit einen Angriff bejaht, fragt sich, ob er bei der Begegnung in der hohlen Gasse noch gegenwärtig ist. Dafür müsste der Angriff noch andauern, was allein schon wegen des längeren Zeitablaufs sehr zweifelhaft erscheint. Gleichwohl ist die Gegenwärtigkeit von

Klaus Lüderssen unter Hinweis auf die durchgängig feindselige Haltung Gesslers gegenüber Tell bejaht worden. Die Erforderlichkeit, d.h. dass kein milderes Mittel zur Verfügung stehen durfte, wäre dann kein Problem mehr.

Verneint man eine Rechtfertigung durch Notwehr, lässt sich mit *Günter Spendel* ein entschuldigender Notstand gem. § 35 StGB annehmen, wonach ohne Schuld handelt, „wer in einer gegenwärtigen, nicht anders abwendbaren Gefahr für Leben, Leib oder Freiheit eine rechtswidrige Tat begeht, um die Gefahr von sich, einem Angehörigen oder einer anderen ihm nahestehenden Person abzuwenden". Für Leben und Freiheit Tells und seiner Familie war Gessler als grausamer Gewalthaber und rachsüchtiger Feind in der Tat eine Dauergefahr, die nicht anders abgewehrt werden konnte.

In einem modernen Rechtsstaat gibt es keine grausamen Gewalthaber à la Gessler und kann die Gefahr, dass sich Menschen zu einem solchen entwickeln, auch anders abgewehrt werden. Deshalb kommt ja auch dem Widerstandsrecht des Art. 20 Abs. 4 GG hauptsächlich symbolische Funktion zu. Aber gerade die deutsche Geschichte des 20. Jahrhunderts hat gezeigt, dass aus einem Rechtsstaat der Weg in die Tyrannei und Barbarei führen kann. Der Tyrannenmord des Wilhelm Tell wirft daher die Frage auf, wie der Widerstand der Männer des 20. Juli 1944 und insbesondere das Attentat von Graf von Stauffenberg auf Hitler, ein versuchter Tyrannenmord, rechtlich zu beurteilen sind. Dass die Widerstandshandlungen damals als Hochverrat betrachtet und rund 180 Beteiligte ohne Prozess ermordet oder auf Grund eines Urteils des Volksgerichtshofs hingerichtet worden sind, hindert nicht eine neue Bewertung nach der Wiederherstellung des Rechtsstaats durch das Grundgesetz von 1949.

Während im ersten Jahrzehnt nach Kriegsende die Auffassung, dass es sich bei den Männern des 20. Juli 1944 um Verräter handelte, noch weit verbreitet war, hat sich seitdem auf Grund besserer Einsicht, aber auch begünstigt durch den nicht ausschließlich wirtschaftlichen Erfolg der Bundesrepublik Deutschland und das Aussterben der Kriegsgeneration, die Auffassung durchgesetzt, dass der Versuch, den Massenmörder Hitler zu töten, nicht nur ehrenvoll und rechtens war, sondern sein Scheitern ein großes Unglück war, das u.a. noch Millionen von Menschen das Leben gekostet hat. Einen frühen juristischen Ausdruck gefunden hat dies in der Präambel des Bundesentschädigungsgesetzes vom 29. Juni 1956 (BGBl. I S. 562), wo es heißt, „daß der aus Überzeugung um des Glaubens oder des Gewissens Willen gegen die nationalsozialistische Gewaltherrschaft geleistete Widerstand ein Verdienst um das Wohl des deutschen Volkes und des Staates war".

Das Bundesentschädigungsgesetz sah Entschädigungsleistungen für aus politischen, rassischen und religiösen Gründen Verfolgte und ihre Hinterbliebenen vor, schloss aber Kommunisten, Asoziale, Zwangssterilisierte und Homosexuelle aus dem Kreis der Berechtigten aus. Als Folge hatten Angehörige des kommunistischen Widerstands gegen das nationalsozialistische Regime keinen Anspruch auf Entschädigung. Auch der Bundesgerichtshof legte das Bundesentschädigungsgesetz zunächst sehr eng aus. In seiner Rechtsprechung, die erst ab 1966 schrittweise revidiert wurde, hielt er den Widerstand gegen den Nationalsozialismus nur für entschädigungsfähig, wenn eine Handlung nach ihren Beweggründen, Zielsetzungen und Erfolgsaussichten als ein ernsthafter und sinnvoller Versuch gewertet werden konnte, den bestehenden Unrechtsstaat zu beseitigen. Die meisten der 1956 noch von der Entschädigung Ausgeschlossenen wurden seither nach und nach auf verschiedene Weise doch bei der Wiedergutmachung berücksichtigt.

Wenn eine Freiheitsentziehung, die zur Entschädigung führen konnte, auf einer strafgerichtlichen Verurteilung beruhte, mussten die Entschädigungsbehörden prüfen, ob das Strafurteil wegen politischer Verfolgung ergangen war. Im praktisch nicht seltenen Fall eines Zweifels konnte die Entschädigung gem. §44 BEG davon abhängig gemacht werden, dass die Verurteilungen im Wiederaufnahmeverfahren oder nach den Rechtsvorschriften über die Wiedergutmachung nationalsozialistischen Unrechts in der

Strafrechtspflege aufgehoben oder geändert wurden. Ein Wiederaufnahmeverfahren war aber schwer in Gang zu setzen, und einschlägige Rechtsvorschriften waren nur partiell und punktuell vor Gründung der Bundesrepublik Deutschland in den Ländern bzw. Besatzungszonen erlassen worden. Erst das Gesetz zur Aufhebung nationalsozialistischer Unrechtsurteile in der Strafrechtspflege vom 25. August 1998 (BGBl. I S. 2501) hob alle Urteile auf, die „zur Durchsetzung und/oder Aufrechterhaltung des nationalsozialistischen Unrechtsregimes aus politischen, militärischen, rassischen, religiösen oder weltanschaulichen Gründen ergangen sind". Dazu zählten gem. § 2 Nr. 1 dieses Gesetzes auch die Entscheidungen des Volksgerichtshofs. Daher haben die am versuchten Tyrannenmord Beteiligten nichts Strafwürdiges begangen.

Kapitel 2.
Kann aus Gewalt Recht entstehen?

(a) Georg Büchner: Danton's Tod. Drama, 1835

I. Inhalt und Text

Das Drama spielt Ende März 1794. Die Französische Revolution war fast fünf Jahre alt. Sie hatte damit begonnen, dass die noch vom König einberufenen Generalstände sich am 6. Juli 1789 zur Verfassunggebenden Nationalversammlung erklärten und so die absolute Herrschaft des Königs beseitigten. Sinnfälliger Ausdruck des neuen Herrschaftsprinzips war der Sturm des Volkes auf die Bastille, das königliche Gefängnis, am 14. Juli 1789.

Zum Zeitpunkt des Dramas waren die dauerhaften Errungenschaften der Französischen Revolution für den Verfassungsstaat der Moderne schon erreicht: Am 4. August 1789 beschloss die Verfassunggebende Nationalversammlung, die Feudalherrschaft samt aller Vorrechte des Adels abzuschaffen; am 26. August 1789 verabschiedete sie die Erklärung der Menschen- und Bürgerrechte, die die heute weltweit anerkannten Freiheits- und Gleichheitsrechte sowie die für die Verfassungsbewegung des 19. Jahrhunderts grundlegenden staatsorganisatorischen Prinzipien der Volkssouveränität, des Parlamentarismus, des allgemeinen Wahlrechts, der Gewaltenteilung und weitere rechtsstaatliche Garantien enthielt.

Nachdem die auf diesen Prinzipien beruhende Verfassung von 1791 noch eine konstitutionelle Monarchie vorgesehen hatte, radikalisierte sich die revolutionäre Bewegung im Kampf gegen die Reaktion von außen (Kriege gegen die Koalitionen der Monarchien von Großbritannien, Österreich, Preußen und Russland) und innen (Aufstände der Royalisten vor allem in Lyon und der Vendée). Nach Aufhebung der Verfassung wurde ein neues verfassunggebendes Gremium, der Konvent, gewählt, der zunächst die Abschaffung des Königtums und sodann die Hinrichtung

des Königs Ludwigs XVI. beschloss, die am 21. Januar
1793 erfolgte. Unter dem Justizminister Georges Danton
wurden 1.300 Insassen der Pariser Gefängnisse ermordet
(„Septembermassaker" von 1792).

Mitte 1793 gewannen die radikalen Jakobiner unter Führung von Maximilien Robespierre die Mehrheit im Konvent und in den die Regierungsgewalt ausübenden Ausschüssen (Wohlfahrts- und Sicherheitsausschuss), nachdem
sie die gemäßigten und bis dahin tonangebenden Girondisten hatten hinrichten lassen. Einerseits schufen sie die
fortschrittliche, konsequent egalitär-demokratische Verfassung des Jahres I (1793), die sogar soziale Rechte, wie das
Recht auf Bildung und auf Hilfe in Not, und das allgemeine
Wahlrecht sogar für Ausländer, aber nicht auch für Frau-
en garantierte, und schafften die Sklaverei in den Kolonien
ab. Andererseits suspendierten sie die Verfassung „bis zum
Frieden" unmittelbar nach ihrer Annahme in der Volksabstimmung und errichteten eine fürchterliche Diktatur, die
Schreckensherrschaft (la terreur): Von März 1793 bis Juli
1794 wurden zwischen 35.000 und 50.000 Menschen zu-
meist mit der Guillotine hingerichtet. Dies waren nicht nur
Gegner der Revolution, sondern im März 1794 auch Hébert
und seine Anhänger, die noch radikaler als Robespierre
waren („les enragés") und für wirtschaftlichen Dirigismus
sowie die Bekämpfung der Katholischen Kirche eintraten.

Im Drama attackiert Robespierre nunmehr Danton und
seine Anhänger, die er für zu nachsichtig und langmütig
hält („les indulgents"). Im ersten Akt werden zunächst die
Revolutionäre um Danton mit ihren Zweifeln am Zustand
des revolutionären politischen Prozesses und ihre Sorgen
um Dantons Privatleben vorgestellt und sodann Robespierre als vermeintlicher Heilsbringer des darbenden Volkes und führender Kopf im Jakobinerklub:

Der Jacobinerklubb.

Ein Lyoner. Die Brüder von Lyon senden uns um in eure Brust
ihren bittern Unmuth auszuschütten. Wir wissen nicht ob der
Karren, auf dem Ronsin zur Guillotine fuhr, der Todtenwagen
der Freiheit war, aber wir wissen, daß seit jenem Tage die Mörder
Chalier's wieder so fest auf den Boden treten, als ob es kein Grab

Georg Büchner

für sie gäbe. Habt Ihr vergessen, daß Lyon ein Flecken auf dem Boden Frankreichs ist, den man mit den Gebeinen der Verräther zudecken muß? Habt Ihr vergessen, daß dieße Hure der Könige ihren Aussatz nur in dem Wasser der Rhone abwaschen kann? Habt Ihr vergessen, daß dießer revolutionäre Strom die Flotten Pitts im Mittelmeere auf den Leichen der Aristocraten muß stranden machen? Eure Barmherzigkeit mordet die Revolution. Der Athemzug eines Aristocraten ist das Röcheln der Freiheit. Nur ein Feigling stirbt für die Republik, ein Jacobiner tödtet für sie. Wißt, finden wir in Euch nicht mehr die Spannkraft der Männer des zehnten August, des September und des 31. May, so bleibt uns, wie dem Patrioten Gaillard nur der Dolch des Cato. (Beifall und verwirrtes Geschrei)

Ein Jacobiner. Wir werden den Becher des Socrates mit Euch trinken.

Legendre.(schwingt sich auf die Tribüne.) Wir haben nicht nöthig unsere Blicke auf Lyon zu werfen. Die Leute, die seidne Kleider tragen, die in Kutschen fahren, die in den Logen im Theater sitzen und nach dem Dictionnär der Academie sprechen, tragen seit einigen Tagen die Köpfe fest auf den Schultern. Sie sind witzig und sagen man müsse Marat und Chalier zu einem doppelten Märtyrerthum verhelfen und sie in effigie guillotiniren.

(heftige Bewegung in der Versammlung)

Einige Stimmen. Das sind todte Leute, Ihre Zunge guillotinirt sie.

Legendre. Das Blut dießer Heiligen komme über sie. Ich frage die anwesenden Mitglieder des Wohlfahrtsausschusses, seit wann ihre Ohren so taub geworden sind –

Collot d'Herbois (unterbricht ihn) Und ich frage Dich Legendre, wessen Stimme solchen Gedanken Athem giebt, daß sie lebendig werden und zu sprechen wagen. Es ist Zeit die Masken abzureißen. Hört! die Ursache verklagt ihre Wirkung, der Ruf sein Echo, der Grund seine Folge. Der Wohlfahrtsausschuß versteht mehr Logik, Legendre! Sey ruhig. Die Büsten der Heiligen werden unberührt bleiben, sie werden wie Medusenhäupter die Verräther in Stein verwandlen.

Robespierre. Ich verlange das Wort.

Die Jacobiner. Hört, hört den Unbestechlichen!

Robespierre. Wir warteten nur auf den Schrei des Unwillens, der von allen Seiten ertönt, um zu sprechen. Unsere Augen waren offen, wir sahen den Feind sich rüsten und sich erheben, aber wir haben das Lärmzeichen nicht gegeben, wir ließen das Volk sich selbst bewachen, es hat nicht geschlafen, es hat an die Waffen geschlagen. Wir ließen den Feind aus seinem Hinterhalt hervorbrechen, wir ließen ihn anrücken, jetzt steht er frei und ungedeckt in der Helle des Tages, jeder Streich wird ihn treffen, er ist todt, sobald ihr ihn erblickt habt.

Ich habe es Euch schon einmal gesagt: in zwei Abtheilungen, wie in 2 Heereshaufen sind die inneren Feinde der Republik zerfallen. Unter Bannern von verschiedener Farbe und auf den verschiedensten Wegen eilen sie alle dem nämlichen Ziele zu. Die eine dießer Factionen ist nicht mehr. In ihrem affectirten Wahnsinn suchte sie die erprobtesten Patrioten als abgenuzte Schwächlinge bey Seite zu werfen um die Republik ihrer kräftigsten Arme zu berauben. Sie erklärte der Gottheit und dem Eigenthum den Krieg um eine Diversion zu Gunsten der Könige zu machen. Sie parodirte das erhabne Drama der Revolution um dieselbe durch studirte Ausschweifungen bloß zu stellen. Hebert's Triumph hätte die Republik in ein Chaos verwandelt und der Despotismus war befriedigt. Das Schwert des Gesetzes hat den Verräther getroffen. Aber was liegt den Fremden daran, wenn ihnen Verbrecher einer anderen Gattung zur Erreichung des nämlichen Zwecks bleiben? Wir haben nichts gethan, wenn wir noch eine andere Faction zu vernichten haben.

Sie ist das Gegentheil der vorhergehenden. Sie treibt uns zur Schwäche, ihr Feldgeschrei heißt: Erbarmen! Sie will dem Volk seine Waffen und die Kraft, welche die Waffen führt, entreißen um es nackt und entnervt den Königen zu überantworten.

Die Waffe der Republik ist der Schrecken, die Kraft der Republik ist die Tugend. Die Tugend, weil ohne sie der Schrecken verderblich, der Schrecken, weil ohne ihn die Tugend ohnmächtig ist. Der Schrecken ist ein Ausfluß der Tugend, er ist nichts anders als die schnelle, strenge und unbeugsame Gerechtigkeit. Sie sagen der Schrecken sey die Waffe einer despotischen Regierung, die unsrige gliche also dem Despotismus. Freilich, aber so wie das Schwert in den Händen eines Freiheitshelden dem Säbel gleicht, womit der Satellit der Tyrannen bewaffnet ist. Regiere der Despot seine thierähnlichen Unterthanen durch den Schrecken, er hat Recht als Despot, zerschmettert durch den Schrecken die Feinde der Freiheit und ihr habt als Stifter der Republik nicht minder Recht. Die Revolutionsregierung ist der Despotismus der Freiheit gegen die Tyrannei.

Erbarmen mit den Royalisten!, rufen gewisse Leute. Erbarmen mit Bösewichten? Nein! Erbarmen für die Unschuld, Erbarmen für die Schwäche, Erbarmen für die Unglücklichen, Erbarmen für die Menschheit. Nur dem friedlichen Bürger gebührt von Seiten der Gesellschaft Schutz. In einer Republik sind nur Republicaner Bürger, Royalisten und Fremde sind Feinde. Die Unterdrücker der Menschheit bestrafen ist Gnade, ihnen verzeihen ist Barberei. Alle Zeichen einer falschen Empfindsamkeit, scheinen mir Seufzer, welche nach England oder nach Oestreich fliegen.

Aber nicht zufrieden den Arm des Volkes zu entwaffnen, sucht man noch die heiligsten Quellen seiner Kraft durch das Laster

zu vergiften. Dieß ist der feinste, gefährlichste und abscheulich-
ste Angriff auf die Freiheit. Das Laster ist das Kainszeichen des
Aristocratismus. In einer Republik ist es nicht nur ein morali-
sches sondern auch ein politisches Verbrechen; der Lasterhafte ist
der politische Feind der Freiheit, er ist ihr um so gefährlicher je
größer die Dienste sind, die er ihr scheinbar erwiesen. Der gefährlichste Bürger ist derjenige, welcher leichter ein Dutzend rothe
Mützen verbraucht, als eine gute Handlung vollbringt.

Ihr werdet mich leicht verstehen, wenn ihr an Leute denkt,
welche sonst in Dachstuben lebten und jezt in Karossen fahren
und mit ehemaligen Marquisinnen und Baronessen Unzucht treiben. Wir dürfen wohl fragen ist das Volk geplündert oder sind die
Goldhände der Könige gedrückt worden, wenn wir Gesetzgeber
des Volks mit allen Lastern und allem Luxus der ehemaligen Höf-
linge Parade machen, wenn wir dieße Marquis und Grafen der Revolution reiche Weiber heirathen, üppige Gastmähler geben, spielen, Diener halten und kostbare Kleider tragen sehen. Wir dürfen
wohl staunen, wenn wir sie Einfälle haben, schöngeistern und so
etwas vom guten Ton bekommen hören. Man hat vor Kurzem auf
eine unverschämte Weise den Tacitus parodirt, ich könnte mit
dem Sallust antworten und den Catilina travestiren; doch ich denke, ich habe keine Striche mehr nöthig, die Portraits sind fertig.

Keinen Vertrag, keinen Waffenstillstand mit den Menschen
welche nur auf Ausplünderung des Volkes bedacht waren, welche
dieße Ausplünderung ungestraft zu vollbringen hofften, für welche die Republik eine Speculation und die Revolution ein Hand-
werk war. In Schrecken gesezt durch den reißenden Strom der
Beispiele suchen sie ganz leise die Gerechtigkeit abzukühlen. Man
sollte glauben, jeder sage zu sich selbst: wir sind nicht tugendhaft
genug um so schrecklich zu seyn. Philosophische Gesetzgeber erbarmt Euch unsrer Schwäche, ich wage Euch nicht zu sagen, daß
ich lasterhaft bin, ich sage Euch also lieber, seyd nicht grausam!

Beruhige dich tugendhaftes Volk, beruhigt Euch Ihr Patrioten, sagt Euern Brüdern zu Lyon, das Schwert des Gesetzes roste
nicht in den Händen, denen Ihr es anvertraut habt. – Wir werden
der Republik ein großes Beispiel geben ...

(Allgemeiner Beifall, viele Stimmen: es lebe die Republik, es
lebe Robespierre)
Praesident. Die Sitzung ist aufgehoben.

Am Ende des ersten Akts prallen die unterschiedlichen
Anschauungen Dantons und Robespierres aufeinander und
entsteht bei Robespierre unter dem Einfluss von St. Just das
Vorhaben, Danton und seine Anhänger aus dem Weg zu
räumen:

Ein Zimmer.
Robespierre, Danton, Paris.

Robespierre. Ich sage dir, wer mir in den Arm fällt, wenn ich das Schwert ziehe, ist mein Feind, seine Absicht thut nichts zur Sache, wer mich verhindert mich zu vertheidigen, tödtet mich so gut, als wenn er mich angriffe.

Danton. Wo die Nothwehr aufhört fängt der Mord an, ich sehe keinen Grund, der uns länger zum Tödten zwänge.

Robespierre. Die sociale Revolution ist noch nicht fertig, wer eine Revolution zur Hälfte vollendet, gräbt sich selbst sein Grab. Die gute Gesellschaft ist noch nicht todt, die gesunde Volkskraft muß sich an die Stelle dießer nach allen Richtungen abgekitzelten Klasse setzen. Das Laster muß bestraft werden, die Tugend muß durch den Schrecken herrschen.

Danton. Ich verstehe das Wort Strafe nicht.

Mit deiner Tugend Robespierre! du hast kein Geld genommen, du hast keine Schulden gemacht, du hast bey keinem Weibe geschlafen, du hast immer einen anständigen Rock getragen und dich nie betrunken. Robespierre du bist empörend rechtschaffen. Ich würde mich schämen 30 Jahre lang mit der nämlichen Moralphysiognomie zwischen Himmel und Erde herumzulaufen bloß um des elenden Vergnügens willen Andre schlechter zu finden, als mich.

Ist denn nichts in dir, was dir nicht manchmal ganz leise, heimlich sagte, du lügst, du lügst!

Robespierre. Mein Gewissen ist rein.

Danton. Das Gewissen ist ein Spiegel vor dem ein Affe sich quält; jeder puzt sich wie er kann und geht auf seine eigne Art auf seinen Spaß dabey aus. Das ist der Mühe werth sich darüber in den Haaren zu liegen. Jeder mag sich wehren, wenn ein Andrer ihm den Spaß verdirbt. Hast du das Recht aus der Guillotine einen Waschzuber für die unreine Wäsche anderer Leute und aus ihren abgeschlagnen Köpfen Fleckkugeln für ihre schmuzzigen Kleider zu machen, weil du immer einen sauber gebürsteten Rock trägst? Ja, du kannst dich wehren, wenn sie dir drauf spucken oder Löcher hineinreißen, aber was geht es dich an, so lang sie dich in Ruhe lassen? Wenn sie sich nicht geniren so herum zu gehen, hast du deßwegen das Recht sie in's Grabloch zu sperren? Bist du der Policeysoldat des Himmels? Und kannst du es nicht eben so gut mit ansehn, als dein lieber Herrgott, so halte dir dein Schnupftuch vor die Augen.

Robespierre. Du leugnest die Tugend?

Danton. Und das Laster. Es giebt nur Epicuräer und zwar grobe und feine, Christus war der feinste; das ist der einzige Unterschied, den ich zwischen den Menschen herausbringen kann. Jeder handelt seiner Natur gemäß d. h. er thut, was ihm wohl thut.

Nicht wahr Unbestechlicher, es ist grausam dir die Absätze so
von den Schuhen zu treten?

Robespierre. Danton, das Laster ist zu gewissen Zeiten Hoch-
verrath.

Danton. Du darfst es nicht proscribiren, um's Himmelswillen
nicht, das wäre undankbar, du bist ihm zu viel schuldig, durch
den Contrast nämlich.

Uebrigens, um bey deinen Begriffen zu bleiben, unsere Streiche müssen der Republik nützlich seyn, man darf die Unschuldigen nicht mit den Schuldigen treffen.

Robespierre. Wer sagt dir denn, daß ein Unschuldiger getroffen worden sey?

Danton. Hörst du Fabricius? Es starb kein Unschuldiger!
(er geht, im Hinausgehen zu Paris)
Wir dürfen keinen Augenblick verlieren, wir müssen uns zeigen!
(Danton und Paris ab)

Robespierre, allein.
Geh nur! Er will die Rosse der Revolution am Bordel halten machen, wie ein Kutscher seine dressirten Gäule, sie werden Kraft
genug haben, ihn zum Revolutionsplatz zu schleifen.

Mir die Absätze von den Schuhen treten!

Um bey deinen Begriffen zu bleiben!

Halt! Halt! Ist's das eigentlich? Sie werden sagen seine gigan-
tische Gestalt hätte zuviel Schatten auf mich geworfen, ich hätte
ihn deßwegen aus der Sonne gehen heißen.

Und wenn sie Recht hätten?

Ist's denn so nothwendig? Ja, ja! die Republik! Er muß weg.

Es ist lächerlich wie meine Gedanken einander beaufsichti-
gen. Er muß weg. Wer in einer Masse, die vorwärts drängt stehen
bleibt, leistet so gut Widerstand als trät' er ihr entgegen; er wird
zertreten.

Wir werden das Schiff der Revolution nicht auf den seichten
Berechnungen und den Schlammbänken dießer Leute stranden
lassen, wir müssen die Hand abhauen, die es zu halten wagt und
wenn er es mit den Zähnen packte!

Weg mit einer Gesellschaft, die der todten Aristocratie die
Kleider ausgezogen und ihren Aussatz geerbt hat.

Keine Tugend! die Tugend ein Absatz meiner Schuhe! Bey meinen Begriffen!

Wie das immer wieder kommt.

Warum kann ich den Gedanken nicht los werden? Er deutet
mit blutigem Finger immer da, da hin! Ich mag soviel Lappen darum wickeln als ich will, das Blut schlägt immer durch. – (Nach
einer Pause) Ich weiß nicht, was in mir das Andere belügt.
(Er tritt an's Fenster.)

Die Nacht schnarcht über der Erde und wälzt sich im wüsten Traum. Gedanken, Wünsche kaum geahnt, wirr und gestaltlos, die scheu sich vor des Tages Licht verkrochen, empfangen jezt Form und Gewand und stehlen sich in das stille Haus des Traums. Sie öffnen die Thüren, sie sehen aus den Fenstern, sie werden halbwegs Fleisch, die Glieder strecken sich im Schlaf, die Lippen murmeln. – Und ist nicht unser Wachen ein hellerer Traum, sind wir nicht Nachtwandler, ist nicht unser Handeln, wie das im Traum, nur deutlicher, bestimmter, durchgeführter? Wer will uns darum schelten? In einer Stunde verrichtet der Geist mehr Thaten des Gedankens, als der träge Organismus unsres Leibes in Jahren nachzuthun vermag. Die Sünde ist im Gedanken. Ob der Gedanke That wird, ob ihn der Körper nachspielt, das ist Zufall.

(S t. J u s t, tritt ein)

R o b e s p i e r r e. He, werda im Finstern? He Licht, Licht!

S t. J u s t. Kennst du meine Stimme?

R o b e s p i e r r e. Ah, du St. Just!

(eine Dienerin bringt Licht.)

S t. J u s t. Warst du allein?

R o b e s p i e r r e. Eben gieng Danton weg.

S t. J u s t. Ich traf ihn unterwegs im palais royal. Er machte seine revolutionäre Stirn und sprach in Epigrammen; er duzte sich mit den Ohnehosen, die Grisetten liefen hinter seinen Waden drein und die Leute blieben stehn und zischelten sich in die Ohren, was er gesagt hatte.

Wir werden den Vortheil des Angriffs verlieren. Willst du noch länger zaudern? Wir werden ohne dich handeln. Wir sind entschlossen.

R o b e s p i e r r e. Was wollt ihr thun?

S t. J u s t. Wir berufen den Gesetzgebungs, den Sicherheits und den Wohlfahrtsausschuß zu feierlicher Sitzung.

R o b e s p i e r r e. Viel Umstände.

S t. J u s t. Wir müssen die große Leiche mit Anstand begraben, wie Priester, nicht wie Mörder. Wir dürfen sie nicht zerstücken, all ihre Glieder müssen mit hinunter.

R o b e s p i e r r e. Sprich deutlicher.

S t. J u s t. Wir müssen ihn in seiner vollen Waffenrüstung beisetzen und seine Pferde und Sclaven auf seinem Grabhügel schlachten. Lacroix –

R o b e s p i e r r e. Ein ausgemachter Spitzbube, gewesner Advokatenschreiber, gegenwärtig Generallieutnant von Frankreich. Weiter.

S t. J u s t. Hérault-Séchelles.

R o b e s p i e r r e. Ein schöner Kopf.

S t. J u s t. Er war der schöngemalte Anfangsbuchstaben der Constitutionsacte, wir haben dergleichen Zierrath nicht mehr nöthig, er wird ausgewischt. Philippeau, Camille

Robespierre. Auch den?

St. Just. (überreicht ihm ein Papier) Das dacht' ich. Da lies!

Robespierre. Aha, der alte Franziskaner, sonst nichts? Er ist ein Kind, er hat über Euch gelacht

St. Just. Lies, hier! hier! (er zeigt ihm eine Stelle.)

Robespierre. (liest) „Dießer Blutmessias Robespierre auf seinem Kalvarienberge zwischen den beyden Schächern Couthon und Collot, auf dem er opfert und nicht geopfert wird. Die Guillotinenbetschwestern stehen wie Maria und Magdalena unten. St. Just liegt ihm wie Johannes am Herzen, und macht den Convent mit den apokalyptischen Offenbarungen des Meisters bekannt, er trägt seinen Kopf wie eine Monstranz."

St. Just. Ich will ihn den seinigen wie St. Denis tragen machen.

Robespierre. (liest weiter) „Sollte man glauben, daß der saubre Frack des Messias das Leichenhemd Frankreichs ist und daß seine dünnen auf der Tribune herumzuckenden Finger, Guillotinmesser sind?

„Und du Barrère, der du gesagt hast, auf dem Revolutionsplatz werde Münze geschlagen. Doch – ich will den alten Sack nicht aufwühlen. Er ist eine Wittwe, die schon ein halb Dutzend Männer hatte und sie begraben half. Wer kann was dafür? Das ist so seine Gabe, er sieht den Leuten ein halbes Jahr vor dem Tode das hippocratische Gesicht an. Wer mag sich auch zu Leichen setzen und den Gestank riechen?"

Also auch du Camill?

Weg mit ihnen! Rasch! nur die Todten kommen nicht wieder. Hast du die Anklage bereit?

St. Just. Es macht sich leicht. Du hast die Andeutungen bey den Jacobinern gemacht.

Robespierre. Ich wollte sie schrecken.

St. Just. Ich brauche nur durchzuführen, die Fälscher geben das Ey und die Fremden den Apfel ab. Sie sterben an der Mahlzeit, ich gebe dir mein Wort.

Robespierre. Dann rasch, morgen. Keinen langen Todeskampf! Ich bin empfindlich seit einigen Tagen. Nur rasch!

St. Just, ab.

Robespierre allein.

Ja wohl, Blutmessias, der opfert und nicht geopfert wird. –

Er hat sie mit seinem Blut erlöst und ich erlöse sie mit ihrem eignen. Er hat sie sündigen gemacht und ich nehme die Sünde auf mich. Er hatte die Wollust des Schmerzes und ich habe die Quaal des Henkers.

Wer hat sich mehr verleugnet, Ich oder er? –

Und doch ist was von Narrheit in dem Gedanken. –

Was sehen wir nur immer nach dem Einen? Wahrlich des Menschensohn wird in uns Allen gekreuzigt, wir ringen Alle im Gethsemanegarten im blutigen Schweiß, aber es erlöst Keiner den Andern mit seinen Wunden. – Mein Camille! – Sie gehen Alle von mir – es ist Alles wüst und leer – ich bin allein.

In den weiteren Akten wird ein Bilderbogen unterschiedlicher Schauplätze und einer Vielzahl von Akteuren entrollt. Im zweiten Akt wird die Resignation Dantons durch seinen Verzicht auf eine Flucht und seine Albträume wegen der von ihm zu verantwortenden „Septembermassaker" deutlich und legitimieren Robespierre und St. Just die erfolgte Verhaftung Dantons und seiner Anhänger; St. Just vergleicht die Revolution mit einer Naturkatastrophe, in der die Individuen notwendig untergehen. Im dritten Akt stehen die Verhandlungen vor dem Revolutionstribunal und die Prozessmanipulationen durch die Anhänger Robespierres im Mittelpunkt. Nachdem Danton zunächst wenig Kampfesmut zeigt, appelliert er schließlich eindringlich an seine Richter, seine Verdienste zu würdigen und die Unterdrückung der Menschen zu beenden. Das Volk erscheint als äußerst wankelmütig. Im vierten Akt warten die Verurteilten im Gefängnis, schwankend zwischen Selbstvergewisserungen und Angst, auf ihre Hinrichtung. Sie sterben unter der Guillotine. Die Frau eines der Verurteilten nimmt sich das Leben mit Gift; Dantons Frau provoziert mit dem Ruf „Es lebe der König!" ihre Verhaftung. Damit endet das Drama.

Kurze Zeit später wurde vielen Abgeordneten des Konvents die Tyrannei des Wohlfahrtsausschusses unerträglich. So wurde Robespierre einen Tag nach der einstimmig im Konvent angenommenen Anklage ohne Urteil am 9. Thermidor (27. Juli 1794) zusammen mit 90 Gefolgsleuten, darunter St. Just, guillotiniert. Die im Stück auftretenden Revolutionäre Legendre, Collot d'Herbois und Barrère überlebten die Schreckensherrschaft, im Gegensatz zu den mit Danton hingerichteten Lacroix, Hérault-Séchelles und Philippeau. St. Just hatte in seinem posthum veröffentlichten Werk über die „Republikanischen Institutionen" folgende weitgehenden, teils utopischen, teils ganz modernen Forderungen aufgestellt: eine Obergrenze für alles Eigentum, eine allgemeine Arbeitsverpflichtung und die Einschränkung des Geldverkehrs, die Einschränkung des Erbrechts, staatliche Kindererziehung ab dem fünften Lebensjahr sowie wesentliche Modifikationen des Eherechts („Ehegatten sind der Mann und die Frau, die sich lieben.")

II. Der Autor und sein Werk

Georg Büchner (1813–1837) entstammte einer bildungsbürgerlichen Familie und wuchs in Darmstadt auf. Er begeisterte sich schon als Schüler für die Französische Revolution. In der späten Gymnasialzeit sollen sein engster Freund und er sich stets mit den Worten begrüßt haben: „Bonjour citoyen". Als er in Straßburg Medizin studierte, stand er unter dem Einfluss der später verbotenen sozialrevolutionären „Société des Droits de l'homme et du citoyen"; ein Freund aus jener Zeit charakterisierte ihn als einen leidenschaftlichen Vergötterer („idolâtre") der Französischen Revolution. In der anschließenden Gießener Studienzeit schloss er sich mit anderen oppositionell und revolutionär Gesinnten zur Gießener Gesellschaft der Menschenrechte zusammen und verfasste mit Friedrich Ludwig Weidig die Flugschrift „Der Hessische Landbote", die mit den berühmten Worten beginnt: „Friede den Hütten! Krieg den Palästen!" und die scharf die politischen, sozialen und wirtschaftlichen Verhältnisse in Deutschland geißelt. Büchner wollte über die liberal-demokratische Opposition hinausgehen und sozialrevolutionär agieren. Vor der drohenden Verhaftung flüchtete er nach Straßburg, schrieb vorher aber noch in wenigen Wochen das Drama „Danton's Tod", das als einziges Drama unter seinem Namen zu Lebzeiten 1835 veröffentlicht wurde. Bis zum Ende seines kurzen Lebens studierte er tagsüber in Zürich Medizin und Naturwissenschaften und dichtete nachts.

Obwohl Büchner, der dem dramatischen Dichter als höchste Aufgabe zuschrieb, der Geschichte, wie sie sich wirklich begeben hat, so nahe wie möglich zu kommen, ein intensives und systematisches Quellenstudium zur Französischen Revolution betrieben hat und dieses Studium und das

Schreiben als eng zusammenhängende Teile eines einzigen Arbeitsprozesses anzusehen sind, sollte „Danton's Tod" nicht als verlässliche Quelle für die historischen Daten, Ereignisse, Personen und Orte gelesen werden. Denn zum einen hat sich Büchner an den *damaligen* historischen Werken orientiert; seither hat aber eine äußerst umfassende, tiefdringende und subtile Forschung stattgefunden, die die von Büchner benutzten Quellen als teilweise überholt erscheinen lässt. Zum anderen ist Büchners Blick auf die Französische Revolution subjektiv, von seinen persönlichen Erfahrungen und seinem politischen Vorverständnis geprägt und trotz des Willens zur historischen Genauigkeit von künstlerischem Gestaltungswillen überlagert; „Danton's Tod" ist zugleich Trauerspiel, Parodie und Farce. Das Stück gilt als *das* Revolutionsdrama in deutscher Sprache.

Es ist unklar, wem die größeren Sympathien Büchners galten: Robespierre oder Danton? Einerseits sprach Robespierre mit dem Satz „Die sociale Revolution ist noch nicht fertig" Büchner sicher aus dem Herzen, weshalb man aus der Clubrede Robespierres Büchner selbst hat sprechen hören und das Drama insgesamt als „jakobinisches Palimpsest" (*Bodo Morawe*) bezeichnet hat. In seiner Verzweiflung über die politischen Zustände seiner Zeit hat sich Büchner auch immer wieder zu sehr drastischen Äußerungen und Forderungen hinreißen lassen. So schrieb er in einem Brief vom April 1833 an seine Eltern: „Wenn in unserer Zeit etwas helfen soll, so ist es Gewalt."

Andererseits lehnte Büchner in Übereinstimmung mit Danton den andauernden Terror ab. Er wurde nämlich in seiner Straßburger Zeit stark von den Kritikern der Neojakobiner beeinflusst, die darin übereinstimmten, dass die Jakobinerdiktatur nicht die Republik gewesen sei, sondern eine vorübergehende revolutionäre, diktatorische Regierung, deren furchtbare Verlängerung damals niemand gewünscht habe. In diesem Sinn wandte er sich gegen die Propaganda der Regierungen seiner Zeit und die „Ammenmährchen in unseren Zeitungen", die Republik und Terror miteinander identifizierten. „Weil die Leute sich gewöhnlich nicht anders zu helfen wissen, als dass sie sagen, jede Republik sei unmöglich, so erzählen sie den guten Deutschen jeden Tag von Anarchie, Mord und Todtschlag".

Diese Unklarheit bietet zugleich einen möglichen Interpretationsansatz: Danach stellt Büchners Drama „eine Auseinandersetzung mit sich selbst" dar, „ein kritisches Durchexperimentieren eigener Positionen und Neigungen" (*Gerhard Kurz*). Sein Hin- und Hergerissensein kommt in einem Brief vom Januar 1834 an seine Verlobte wie folgt zum Ausdruck: „Ich gewöhne mein Auge ans Blut. Aber ich bin kein Guillotinenmesser." Auch mit Blick hierauf habe ich meinen verfassungsgeschichtlichen Kommentar zu Danton's Tod „Dramatisches Labor der Politik" betitelt. Es erscheint daher müßig zu versuchen, die persönliche Haltung Büchners dingfest zu machen. „Danton's Tod" ist eine Erinnerung an die Revolution, aber kein Brechtsches Lehrstück. Büchner sah und verarbeitete die ganze Komplexität der Situation, und Ambivalenz und Ironie gehören zu den künstlerischen Gestaltungsmitteln des Dramas.

III. Das juristische Problem

Das juristische Problem lautet: Kann aus Gewalt Recht entstehen? Und wie schafft eine Revolution eine neue Rechts- und Staatsordnung? Dass Revolutionen dazu in der Lage sind, zeigt die Geschichte zur Genüge. Die Französische Revolution ist ein hervorragendes Beispiel; ihr und der Nordamerikanischen Revolution, diesen „revolutionären Urzeugungen" (*Jürgen Osterhammel)*, verdanken das moderne Verfassungsrecht und der heutige Verfassungsstaat ihre Entstehung. Insbesondere die geschriebene Verfassung mit der Gewährleistung von Grund- und Menschenrechten und den staatsorganisatorischen Grundsätzen von Demokratie und Rechtsstaat hat hier ihren Ursprung. Die Bedeutung dieser Verfassung für das gesamte politische und gesellschaftliche Leben und für das Recht, das von den durch die Verfassungen legitimierten Organen hervorgebracht wird, ist einhellig anerkannt. Der Begriff der Revolution bezeichnet also nicht nur einen historischen Vorgang, sondern zugleich den Beginn einer neuen Ära: Mit den genannten Revolutionen hat sich der westliche Verfassungsstaat etabliert.

Eine Revolution ist *politisch* charakterisiert durch eine plötzliche Veränderung der grundlegenden Staats- und Rechtsverhältnisse, *sozial* durch das offene Auftreten widerständiger Gruppen oder auch Massen und *ideell* durch programmatische Forderungen und Ziele. Es muss um grundstürzende Veränderungen gehen; tiefgreifende Veränderungen innerhalb des bestehenden Rechts- und Verfassungsrahmens reichen nicht aus. Das offene Auftreten widerständiger Gruppen und Massen ist regelmäßig mit Gewaltanwendung verbunden, obwohl „unblutige Revolutionen" nicht ausgeschlossen sind. Zugleich weist dieses Merkmal darauf hin, dass Revolutionen solche „von unten" sind; Revolutionen „von oben" sind Staatsstreich, Putsch oder Coup. Die Revolutionen und die in ihnen verfochtenen Ideen der letzten zwei Jahrhunderte lassen gesellschaftlichen Fortschritt assoziieren, es waren „linke Revolutionen".

Klassischen Ausdruck hat dem heutigen Verständnis politischer Revolutionen *Gerhard Anschütz* in seinem Kommentar zur Weimarer Reichsverfassung gegeben: „Personen, Parteien, Klassen, die auf dem Boden des geltenden Rechts nicht an das Ziel ihres politischen Strebens gelangen können, verlassen diesen Boden, schreiten zur Gewalt und erobern sich die Herrschaft im Staat. Dadurch werden, im Falle des Gelingens, neue Machtverhältnisse geschaffen, und als deren formaler Ausdruck, ein neues Staatsrecht." Zu ergänzen ist: Wenn es nicht gelingt, verloren die Revolutionäre in früheren Zeiten ihr Leben und verlieren sie heute jedenfalls für lange Zeit ihre Freiheit.

Damit eine Revolution gelingt, ist die Anwendung von Gewalt durch die Revolutionäre regelmäßig unvermeidlich. Das Gelingen der Revolution rechtfertigt so die Gewaltanwendung. Dass 1789 eine Befreiung politischer Gefangener nicht ohne Erstürmung der Gefängnisse und 1792/1793 eine Republik nicht ohne Tod des Königs zu haben war, ist daher auch für Büchner nicht das Problem. Die entscheidende weitere Frage lautet vielmehr: Wie weit darf die Gewaltanwendung gehen? Wann verlieren Revolution und revolutionäre Gewaltanwendung ihre Legitimität? Die Ge-

fahr, die hier besteht und sich im Verlauf vieler Revolutionen gezeigt hat, wurde schon 1793 von einem Girondisten
im Konvent beschworen und wird von Büchner Danton in
den Mund gelegt: „Die Revolution ist wie Saturn, sie frisst
ihre eigenen Kinder."

Die im Drama dargestellte Auseinandersetzung zwischen
Robespierre und Danton gilt der Frage, ob in dem erreichten Stadium der Revolution weiter Gewalt eingesetzt
werden muss – nicht Gewalt zur Aufrechterhaltung der
öffentlichen Sicherheit und Ordnung und normalen Staats-
tätigkeit, sondern la terreur, massenhafte Hinrichtungen.
Für Robespierre ist die Revolution mit der verabschiede-
ten Verfassung, mit den Proklamationen von Freiheit und
Gleichheit und mit der Einrichtung der Republik und der
dem allgemeinen Willen (volonté générale) Ausdruck ver-
leihenden Gesetzgebung noch nicht vollendet. Diese bisher
erreichten Errungenschaften sind für Robespierre nicht
nur bedroht von den äußeren Feinden und den mit ihnen
verbündeten Royalisten; sie sind auch bedroht von Revolutionären, die auf halbem Weg Halt machen wollen: „Wer
eine Revolution zur Hälfte vollendet, gräbt sich selbst sein
Grab."

Aber worin besteht die Vollendung der Revolution? Robespierre nennt sie „die sociale Revolution". Das bedeutet
zum einen, dass die rechtlichen Umwälzungen, die stattgefunden haben, noch nicht gesellschaftlich wirksam geworden sind, noch nicht zu gesellschaftlichen Umwälzungen
geführt haben. Es herrscht immer noch Unterdrückung
und „Ausplünderung des Volkes"; „das Volk ist materiell
elend". Von einer wirklichen Gleichheit aller Menschen,
die auch den Armen, den Sansculotten, die Ausübung ihrer
Freiheit ermöglicht, ist man noch weit entfernt; dement-
sprechend spielt auch das hungernde und notleidende Volk
eine wichtige Rolle in dem Drama. Auch das bürgerliche
Eigentum ist noch nicht abgeschafft und zementiert die
gesellschaftlichen Verhältnisse. Robespierre ist ganz der
Schüler von Jean-Jacques Rousseau, der in seinem Buch
„Vom Gesellschaftsvertrag" die Gleichheit in der bürgerlichen Rechtsordnung als „nur scheinbar und vorgespie-

gelt" bezeichnet hat, weil „sie nur dazu dient, dass der Arme in seinem Elend und der Reiche bei seiner Aneignung verbleibt".

Die soziale Revolution bedeutet zum anderen, dass die Tugend herrschen soll, d. h. ein Gemeinwesens geschaffen wird, in dem alle, Herrschende wie Beherrschte, sich tugendhaft, wir würden heute sagen: gemeinwohlorientiert, verhalten. In diesem Sinn hat Robespierre geäußert: „ich meine die öffentliche Tugend, welche in Griechenland und Rom soviel Wunder bewirkte … [und] … welche nichts anders als Liebe für das das Vaterland und die Gesetze ist." Er hatte das Bild eines Menschen vor Augen, dem er, „der Unbestechliche" und „der Tugendhafte" genannt, in seiner persönlichen Lebensführung vielleicht nahe kam und das angestrebt werden mag, aber so schwer zu erreichen ist, dass es nicht gefordert und zur Voraussetzung des gesellschaftlichen Zusammenlebens gemacht werden kann.

Dieses irreale Ziel sollte die Schreckensherrschaft rechtfertigen: „Die Waffe der Republik ist der Schrecken, die Kraft der Republik ist die Tugend, – die Tugend, weil ohne sie der Schrecken verderblich, – der Schrecken, weil ohne ihn die Tugend ohnmächtig ist. Der Schrecken ist ein Ausfluß der Tugend, er ist nichts anders als die schnelle, strenge und unbeugsame Gerechtigkeit." Der Einsatz des Schreckens durch die Revolutionäre soll sich von entsprechendem Handeln eines Despoten grundlegend dadurch unterscheiden, dass es den Revolutionären eben um die Tugend geht; rhetorisch zugespitzt: „Die Revolutions-Regierung ist der Despotismus der Freiheit gegen die Tyrannei."

Die Gegner der Republik müssen nach Robespierre um der Vollendung der Revolution willen zu Feinden erklärt und vernichtet werden: „Erbarmen mit Bösewichtern? Nein! Erbarmen für die Unschuld, Erbarmen für die Schwäche, Erbarmen für die Unglücklichen, Erbarmen für die Menschheit! In einer Republik sind nur Republikaner – Bürger; Royalisten und Fremde sind Feinde. Die Unterdrücker der Menschheit bestrafen ist Gnade, ihnen verzeihen ist Barbarei." Zugrunde liegt auch hier eine These Jean-Jacques Rousseaus, dass sich der Kriminelle durch

seine Tat aus der Republik ausschließe und entweder ver-
bannt werden müsse oder aber als Feind unter das Kriegsrecht falle.

Es sind die Dantonisten, denen Robespierre „Erbarmen",
gefährliche Milde mit den Feinden der Republik vorwirft.
Danton bestreitet die Notwendigkeit weiterer Gewaltanwendung: „Wo die Nothwehr aufhört fängt der Mord an,
ich sehe keinen Grund, der uns länger zum Tödten zwänge." Kein Grund ist für Danton jedenfalls die Verwirklichung der Tugend. Er wirft Robespierre vor, „empörend
rechtschaffen" zu sein und reklamiert für alle Menschen,
den „Genuss", wir würden heute sagen: die Freiheit indi-
vidueller Entfaltung: „jeder puzt sich wie er kann und geht
auf seine eigne Art auf seinen Spaß dabei aus." Statt eines
idealistisch utopischen verkörpert Danton ein realistisch
nüchternes Menschenbild.

Ausgeschmückt wird dieses Recht auf individuelle Entfaltung und privaten Genuss im Drama durch den Sensualis-
mus und Epikureismus Dantons und seiner Anhänger und
die Derbheit bis Obszönität vieler Dialoge. Zeitgenössische
Stimmen nahmen Anstoß an der offenen Darstellung des
Sansculottischen und Libertinen sowie am „Zotenreißen".
Heute wird dagegen das Sexus-Motiv als ganz wesentlich
für das Drama angesehen: Es sei die menschliche Analogie
zur politischen Revolution. Daher kann die Deutung des
Schlusses des Dramas als „eine radikale Absage" an die Revolution (*Cornelie Ueding*) nicht überzeugen.

Für die Ausgangsfrage nach den Voraussetzungen der
Rechtsentstehung durch revolutionäre Gewalt ist festzu-
halten, dass entscheidend das Gelingen der Revolution
ist, eine Revolution aber nicht gelingen kann, wenn sie
utopische Ziele verfolgt, besonders wenn sie einen neuen
Menschen schaffen will. Sie muss Ziele verfolgen, die die
Menschen überzeugen und nicht überfordern. Aber zugleich gilt, dass eine Revolution die gesellschaftlichen Verhältnisse nicht verändern kann, wenn sie die Menschen so
leben lässt, wie sie sich in der Gesellschaft eingerichtet haben und wie ihnen zu leben vertraut und teuer geworden
ist. Die Französische Revolution wurde denn auch keine

soziale Revolution; sie hat das ökonomisch erstarkte Bürgertum zu entsprechender politischer Stärke gebracht, aber die Lage des vierten Stands nicht verändert. Dies ist die Tragik der Revolution und auch die Tragik des Konflikts zwischen Danton und Robespierre, die es Büchner verbietet, sich einfach auf die Seite des einen oder anderen zu schlagen: Die Revolution läuft die doppelte Gefahr, an den fortbestehenden gesellschaftlichen Verhältnissen aufzulaufen oder im Strudel des Terrors unterzugehen. So oder so kann sie scheitern, obwohl sie insofern gelingt, als sie eine alte Herrschaftsordnung durch eine neue ersetzt.

In ihrem Gelingen gewinnt das Faktische normative Kraft. In diesem Sinn hat die Rechtsprechung nach der Revolution von 1918 in Deutschland geurteilt. Für das Reichsgericht waren die Anordnungen des Rats der Volksbeauftragten und der preußischen Revolutionsregierung „gültig und für das Reich verbindlich, da die Regierung, welche sie erlassen hat, ihren Bestand zwar einer gewaltsamen Umwälzung verdankt, sich aber mit Erfolg in ihrer Machtstellung behauptet hat, ihre Regierungsgewalt daher staatsrechtlich anzuerkennen ist". Das Preußische Oberverwaltungsgericht hat sich dieser Auffassung angeschlossen: „Sie stimmt überein mit der in der historischen und rechtswissenschaftlichen Literatur von jeher vertretenen Auffassung, dass auch durch politische Tatsachen Recht geschaffen werden kann, insbesondere Staatsgewalten entstehen und Staatsverfassungen geändert werden können."

Der Einwand, dann würden auch die Befehle einer brutalen Partei- oder Militärdiktatur neues Recht schaffen, liegt auf der Hand. Gegen ihn kann ein rechtsstaatliches und ein demokratisches Argument geltend gemacht werden. Das rechtsstaatliche Argument klingt schon in *Augustins* berühmter rhetorischen Frage an: „Was sind Staaten ohne Recht anderes als große Räuberbanden?" *Gerhard Anschütz*, die Revolution von 1918 vor Augen, hat im gleichen Sinn eine Revolution dann als Quelle neuen Rechts anerkannt, „wenn sie es sein will und es ihr gelingt, diesen Willen durchzusetzen". Neben das objektive Element des Faktischen tritt also das subjektive Element des Willens zum Recht. Auch das Gewohnheitsrecht zeigt, dass von Anbeginn des Rechtsdenkens an zum Recht mehr als nur Faktizität gehört. Seit den Römern muss die „opinio juris" mit dem objektiven Element des Faktischen, der „longa consuetudo", zusammen kommen, um die Voraussetzungen der Bildung von Gewohnheitsrecht zu erfüllen. Dieses Gewohnheitsrecht kann sich gegen bestehendes Recht durchsetzen; neues völkerrechtliches Gewohnheitsrecht entsteht immer im Widerspruch zum bisherigen Völkerrecht. Das demokratische Argument lautet, dass sich seit der Anerkennung der Volkssouveränität im modernen Verfassungsstaat keine Staatsgewalt, die nicht von den Menschen unterstützt wird, dauerhaft durchsetzen kann.

(b) Joseph von Eichendorff: Das Schloß Dürande. Novelle, 1837

I. Inhalt und Text

Die Novelle beginnt in einem Tal der „schönen Provence" am Vorabend der Französischen Revolution. Der im Dienste der Grafen von Dürande stehende Jäger Renald Dübois lebte nach dem Tod der Eltern mit seiner jungen Schwester Gabriele zusammen, für die ihm der Vater die Verantwortung übertragen hatte. Als er feststellte, dass Gabriele abends regelmäßig Besuch von dem jungen Grafen Dürande bekam, versuchte er, ihn zu erschießen; doch der konnte unverletzt entkommen. Daraufhin veranlasste er die Unterbringung Gabrieles, die die Identität ihres „Liebsten" nicht kannte, in einem nahe gelegenen Kloster, in dem ein idyllisches Leben herrschte. Während einer nächtlichen Störung durch einen unerkannten Mann ließ Gabriele versehentlich ihr Schnupftuch aus dem Fenster fallen, das anschließend nicht wiedergefunden werden konnte. Bei der jährlichen Weinlese begegnete Gabriele dem jungen Grafen und „stand wie verblendet".

Nachdem Renald erfahren hatte, dass der junge Graf wieder nach Paris gereist war, „um dort lustig durchzuwintern", wollte er seine Schwester aus dem Kloster zurückholen. „Aber da war Gabriele heimlich verschwunden, man hatte einmal des Nachts einen fremden Mann am Kloster gesehen; Niemand wußte, wohin sie gekommen." Daraufhin nahm Renald beim alten Grafen Urlaub, der wie ein aus der Zeit Gefallener („eine geputzte Leiche") in seinem Schloss residierte. Dieser durchschaute den Anlass für das Urlaubsbegehren und verwies Renald auf eine Geldabfindung für seine vermeintlich enthrte Schwester: „Die Dürandes sind in solchen Affären immer splendid." Noch am selben Tag reiste Renald nach Paris ab.

Es war ein schöner blanker Herbstabend, als er in der Ferne Paris erblickte; die Ernte war längst vorüber, die Felder standen alle leer, nur von der Stadt her kam ein verworrenes Rauschen

über die stille Gegend, daß ihn heimlich schauerte. Er ging nun
an prächtigen Landhäusern vorüber durch die langen Vorstädte
immer tiefer in das wachsende Getöse hinein, die Welt rückte immer enger und dunkler zusammen, der Lärm, das Rasseln der Wagen betäubte, das wechselnde Streiflicht aus den geputzten Laden
blendete ihn; so war er ganz verwirrt, als er endlich im Wind den
roten Löwen, das Zeichen seines Vetters, schwanken sah, der in
der Vorstadt einen Weinschank hielt. Dieser saß eben vor der Tür
seines kleinen Hauses und verwunderte sich nicht wenig, da er
den verstaubten Wandersmann erkannte. Doch Renald stand wie
auf Kohlen. War Gabriele bei dir? fragte er gleich nach der ersten
Begrüßung gespannt. – Der Vetter schüttelte erstaunt den Kopf,
er wußte von nichts. – Also doch! sagte Renald, mit dem Fuß auf
die Erde stampfend; aber er konnte es nicht über die Lippen bringen, was er vermute und vorhabe.

Sie gingen nun in das Haus und kamen in ein langes wüstes
Gemach, das von einem Kaminfeuer im Hintergrunde ungewiß
erleuchtet wurde. In den roten Widerscheinen saß dort ein wilder
Haufe umher: abgedankte Soldaten, müßige Handwerksbursche
und dergleichen Hornkäfer, wie sie in der Abendzeit um die großen Städte schwärmen. Alle Blicke aber hingen an einem hohen,
hagern Manne mit bleichem, scharfgeschnittenem Gesicht, der,
den Hut auf dem Kopf und seinen langen Mantel stolz und vor-
nehm über die linke Achsel zurückgeschlagen, mitten unter ihnen
stand. – Ihr seid der Nährstand, rief er soeben aus; wer aber die
Andern nährt, der ist ihr Herr; hoch auf, Ihr Herren! – Er hob
ein Glas, Alles jauchzte wild auf und griff nach den Flaschen, er
aber tauchte kaum die feinen Lippen in den dunkelroten Wein, als
schlürft' er Blut, seine spielenden Blicke gingen über dem Glase
kalt und lauernd in die Runde.

Da funkelte das Kaminfeuer über Renald's blankes Bande-
lier, das stach plötzlich in ihre Augen. Ein starker Kerl mit ro-
tem Gesicht und Haar wie ein brennender Dornbusch, trat mit
übermütiger Bettelhaftigkeit dicht vor Renald und fragte, ob er
dem Großtürken diene? Ein Anderer meinte, er habe ja da, wie
ein Hund, ein adeliges Halsband umhängen. – Renald griff rasch
nach seinem Hirschfänger, aber der lange Redner trat dazwischen, sie wichen ihm scheu und ehrerbietig aus. Dieser führte
den Jäger an einen abgelegenen Tisch und fragte, wohin er wolle.
Da Renald den Grafen Dürande nannte, sagte er: Das ist ein altes
Haus, aber der Totenwurm pickt schon drin, ganz von Liebschaften zerfressen. – Renald erschrak, er glaubte, Jeder müßte ihm
seine Schande an der Stirn ansehn. Warum kommt Ihr grade auf
die Liebschaften? fragte er zögernd. – Warum? erwiderte Jener,
sind sie nicht die Herren im Forst, ist das Wild nicht ihre, hohes
und niederes? Sind wir nicht verfluchte Hunde und Lecken die

Joseph von Eichendorff

Schuh, wenn sie uns stoßen? – Das verdroß Renald; er entgegnete kurz und stolz: der junge Graf Dürande sei ein großmütiger Herr, er wolle nur sein Recht von ihm und weiter nichts. – Bei diesen Worten hatte der Fremde ihn aufmerksam betrachtet und sagte ernst: Ihr seht aus wie ein Scharfrichter, der, das Schwert unter'm Mantel, zu Gerichte geht; es kommt die Zeit, gedenkt an mich, Ihr werdet der Rüstigsten einer sein bei der blutigen Arbeit. – Dann zog er ein Blättchen hervor, schrieb etwas mit Bleistift darauf, versiegelte es am Licht und reichte es Renald hin. Die Grafen hier kennen mich wohl, sagte er; er solle das nur abgeben an Dürande, wenn er einen Strauß mit ihm habe, es könnte ihm vielleicht von Nutzen sein. – Wer ist der Herr? fragte Renald seinen Vetter, da der Fremde sich rasch wieder wandte. – Ein Feind der Tyrannen, entgegnete der Vetter leise und geheimnisvoll.

Dem Renald aber gefiel hier die ganze Wirtschaft nicht, er war müde von der Reise und streckte sich bald in einer Nebenkammer auf das Lager, das ihm der Vetter angewiesen. Da konnte er vernehmen, wie immer mehr und mehr Gäste nebenan allmählich die Stube füllten; er hörte die Stimme des Fremden wieder dazwischen, eine wilde Predigt, von der er nur einzelne Worte verstand, manchmal blitzte das Kaminfeuer blutrot durch die Ritzen der schlechtverwahrten Tür; so schlief er spät unter furchtbaren Träumen ein.

Der Ball war noch nicht beendigt, aber der junge Graf Dürande hatte dort so viel Wunderbares gehört von den feurigen Zeichen einer Revolution, vom heimlichen Aufblitzen kampffertiger Geschwader, Jakobiner, Volksfreunde und Royalisten, daß ihm das Herz schwoll wie im nahenden Gewitterwinde. Er konnte es nicht länger aushalten in der drückenden Schwüle. In seinen Mantel gehüllt, ohne den Wagen abzuwarten, stürzte er sich in die scharfe Winternacht hinaus. Da freute er sich, wie draußen fern und nah die Turmuhren verworren zusammenklangen im Wind, und die Wolken über die Stadt flogen und der Sturm sein Reiselied pfiff, lustig die Schneeflocken durcheinander wirbelnd: Grüß' mir mein Schloß Dürande! rief er dem Sturme zu; es war ihm so frisch zu Mut, als müßt' er, wie ein lediges Roß, mit jedem Tritte Funken aus den Steinen schlagen.

In seinem Hotel aber fand er Alles wie ausgestorben, der Kammerdiener war vor Langeweile fast eingeschlafen, die jüngere Dienerschaft ihren Liebschaften nachgegangen, Niemand hatte ihn so früh erwartet. Schauernd vor Frost, stieg er die breite, dämmernde Treppe hinauf, zwei tief herabgebrannte Kerzen beleuchteten zweifelhaft das vergoldete Schnitzwerk des alten Saales, es war so still, daß er den Zeiger der Schloßuhr langsam fortrücken und die Wetterfahnen im Winde sich drehen hörte. Wüst und überwacht warf er sich auf eine Ottomane hin. Ich bin so müde, sagte er, so

müde von Lust und immer Lust, langweilige Lust! ich wollt', es
wäre Krieg! – Da war's ihm, als hört' er draußen auf der Treppe
gehn mit leisen langen Schritten, immer näher und näher. Wer ist
da? rief er. – Keine Antwort. – Nur zu, mir eben recht, meinte
er, Hut und Handschuh wegwerfend, rumor' nur zu, spukhafte
Zeit, mit deinem fernen Wetterleuchten über Stadt und Land, als
wenn die Gedanken aufstünden überall und schlaftrunken nach
den Schwertern tappten. Was gehst du in Waffen rasselnd um und
pochst an die Türen unserer Schlösser bei stiller Nacht; mich ge-
lüstet mit dir zu fechten; herauf, du unsichtbares Kriegsgespenst!

Da pocht' es wirklich an der Tür. Er lachte, daß der Geist die
Herausforderung so schnell angenommen. In keckem Übermut
rief er: herein! Eine hohe Gestalt im Mantel trat in die Tür; er erschrak doch, als diese den Mantel abwarf und er Renald erkannte,
denn er gedachte der Nacht im Walde, wo der Jäger auf ihn gezielt.
– Renald aber, da er den Grafen erblickte, ehrerbietig zurücktre-
tend, sagte: er habe den Kammerdiener hier zu finden geglaubt,
um ihn anzumelden. Er sei schon öfters zu allen Tageszeiten hier
gewesen, jedesmal aber, unter dem Vorwand, daß die Herrschaft
nicht zu Hause oder beschäftigt sei, von den pariser Bedienten
zurückgewiesen worden, die ihn noch nicht kannten; so habe er
denn heut auf der Straße gewartet, bis der Graf zurückkäme.

Und was willst du denn von mir? fragte der Graf, ihn mit un-
verwandten Blicken prüfend.

Gnädiger Herr, erwiderte der Jäger nach einer Pause, Sie wissen wohl, ich hatte eine Schwester, sie war meine einzige Freude
und mein Stolz – sie ist eine Landläuferin geworden, sie ist fort.

Der Graf machte eine heftige Bewegung, faßte sich aber gleich
wieder und sagte halb abgewendet: Nun, und was geht das mich
an?

Renald's Stirn zuckte wie fernes Wetterleuchten, er schien mit
sich selber zu ringen. Gnädiger Herr, rief er darauf im tiefsten
Schmerz, gnädiger Herr, gebt mir meine arme Gabriele zurück!

Ich? fuhr der Graf auf, zum Teufel, wo ist sie?

Hier – entgegnete Renald ernst.

Der Graf lachte laut auf und, den Leuchter ergreifend, stieß
er rasch eine Flügeltür auf, daß man eine weite Reihe glänzender
Zimmer übersah. Nun, sagte er mit erzwungener Lustigkeit, so
hilf mir suchen. Horch, da raschelt was hinter der Tapete, jetzt
hier, dort, nun sage mir, wo steckt sie?

Renald blickte finster vor sich nieder, sein Gesicht verdunkel-
te sich immer mehr. Da gewahrte er Gabrielens Schnupftuch auf
einem Tischchen; der Graf, der seinen Augen gefolgt war, stand
einen Augenblick betroffen. – Renald hielt sich noch, es fiel ihm
der Zettel des Fremden wieder ein, er wünschte immer noch, Alles in Güte abzumachen, und reichte schweigend dem Grafen das

Briefchen hin. Der Graf, an's Licht tretend, erbrach es schnell, da flog eine dunkle Röte über sein ganzes Gesicht. – Und weiter nichts? murmelte er leise zwischen den Zähnen, sich die Lippen beißend. Wollen sie mir drohen, mich schrecken? – Und rasch zu Renald gewandt, rief er: Und wenn ich deine ganze Sippschaft hätt', ich gäb' sie nicht heraus! Sag deinem Bettler-Advokaten, ich lachte sein und wär zehntausendmal noch stolzer als er, und wenn ihr Beide euch im Hause zeigt, lass' ich mit Hunden euch vom Hofe hetzen, das sag' ihm; fort, fort, fort! – Hiermit schleuderte er den Zettel dem Jäger in's Gesicht, und schob ihn selber zum Saal hinaus, die eigene Tür hinter ihm zuwerfend, daß es durch's ganze öde Haus erschallte.

Renald stand, wild um sich blickend, auf der stillen Treppe. Da bemerkte er erst, daß er den Zettel noch krampfhaft in den Händen hielt; er entfaltete ihn hastig und las an dem flackernden Licht einer halbverlöschten Laterne die Worte: „Hütet Euch. Ein Freund des Volks."

Unterdes hörte er oben den Grafen heftig klingeln; mehre Stimmen wurden im Hause wach, er stieg langsam hinunter wie in's Grab. Im Hofe blickte er noch einmal zurück, die Fenster des Grafen waren noch erleuchtet, man sah ihn im Saale heftig auf und nieder gehen. Da hörte Renald auf einmal draußen durch den Wind singen:

Am Himmelsgrund schießen
So lustig die Stern',
Dein Schatz läßt dich grüßen
Aus weiter, weiter Fern!

Hat eine Zitter gehangen
An der Tür unbeacht,
Der Wind ist gegangen
Durch die Saiten bei Nacht.

Schwang sich auf dann vom Gitter
Über die Berge, über'n Wald –
Mein Herz ist die Zitter,
Gibt einen fröhlichen Schall.

Die Weise ging ihm durch Mark und Bein; er kannte sie wohl. – Der Mond streifte soeben durch die vorüberfliegenden Wolken den Seitenflügel des Schlosses, da glaubte er in dem einen Fenster flüchtig Gabrielen zu erkennen; als er sich aber wandte, wurde es schnell geschlossen. Ganz erschrocken und verwirrt warf er sich auf die nächste Tür, sie war fest zu. Da trat er unter das Fenster und rief leise aus tiefster Seele hinauf, ob sie drin wider ihren Willen festgehalten werde? so solle sie ihm ein Zeichen geben, es sei keine Mauer so stark als die Gerechtigkeit Gottes. – Es rührte sich nichts als die Wetterfahne auf dem Dach. – Gabriele, rief er nun lauter, meine arme Gabriele, der Wind in der Nacht weint um dich an den Fenstern, ich liebte dich so sehr, ich lieb' dich noch immer, um Gottes willen komm herab zu mir, wir wollen miteinander fortziehen, weit, weit fort, wo uns Niemand kennt, ich will für dich betteln von Haus zu Haus, es ist ja kein Lager so hart, kein Frost so scharf, keine Not so bitter als die Schande.

Er schwieg erschöpft, es war Alles wieder still, nur die Tanz-musik von dem Balle schallte noch von fern über den Hof her-über; der Wind trieb große Schneeflocken schräg über die harte Erde, er war ganz verschneit. – Nun, so gnade uns Beide Gott! sagte er, sich abwendend, schüttelte den Schnee vom Mantel und schritt rasch fort.

Als er zu der Schenke seines Vetters zurückkam, fand er zu seinem Erstaunen das ganze Haus verschlossen. Auf sein heftiges Pochen trat der Nachbar, sich vorsichtig nach allen Seiten umse-hend, aus seiner Tür, er schien auf des Jägers Rückkehr gewartet zu haben und erzählte ihm geheimnisvoll: das Nest nebenan sei ausgenommen, Polizeisoldaten hätten heute Abend den Vetter plötzlich abgeführt, Niemand wisse wohin. – Den Renald über-raschte und verwunderte nichts mehr, und zerstreut mit flüchti-gem Danke nahm er Alles an, als der Nachbar nun auch das geret-tete Reisebündel des Jägers unter dem Mantel hervorbrachte und ihm selbst eine Zuflucht in seinem Hause anbot.

Gleich am andern Morgen aber begann Renald seine Runde in der weitläuftigen Stadt, er mochte nichts mehr von der Großmut des stolzen Grafen, er wollte jetzt nur sein *Recht*! So suchte er un-verdrossen eine Menge Advokaten hinter ihren großen Dintenfäs-sern auf, aber die sahen's gleich alle den goldborrnen Rauten sei-nes Rockes an, daß sie nicht aus seiner eigenen Tasche gewachsen waren; der eine verlangte unmögliche Zeugen, der andere Doku-mente, die er nicht hatte, und alle foderten Vorschuß. Ein junger reicher Advokat wollte sich totlachen über die ganze Geschichte; er fragte, ob die Schwester jung, schön, und erbot sich, den gan-zen Handel umsonst zu führen und die arme Waise dann zu sich ins Haus zu nehmen, während ein andrer gar das Mädchen selber heiraten wollte, wenn sie fernerhin beim Grafen bliebe. – In tief-ster Seele empört, wandte sich Renald nun an die Polizeibehörde; aber da wurde er aus einem Revier ins andere geschickt, von Pon-tius zu Pilatus, und Jeder wusch seine Hände in Unschuld, Nie-mand hatte Zeit, in dem Getreibe ein vernünftiges Wort zu hören, und als er endlich vor das rechte Bureau kam, zeigten sie ihm ein langes Verzeichnis der Dienstleute und Hausgenossen des Grafen Dürande: seine Schwester war durchaus nicht darunter. Er habe

Geister gesehen, hieß es, er solle keine unnützen Flausen machen; man hielt ihn für einen Narren, und er mußte froh sein, nur ungestraft wieder unter Gottes freien Himmel zu kommen. Da saß er nun todmüde in seiner einsamen Dachkammer, den Kopf in die Hand gestützt; seine Barschaft war mit dem frühzeitigen Schnee auf den Straßen geschmolzen, jetzt wußt' er keine Hülfe mehr, es ekelte ihm recht vor dem Schmutz der Welt. In diesem Hinbrüten, wie wenn man beim Sonnenglanz die Augen schließt, spielten feurige Figuren wechselnd auf dem dunkeln Grund seiner Seele: schlängelnde Zornesblitze und halbgeborne Gedanken blutiger Rache. In dieser Not betete er still für sich; als er aber an die Worte kam: „vergib uns unsere Schuld, als auch wir vergeben unseren Schuldnern," fuhr er zusammen; er konnte es dem Grafen nicht vergeben. Angstvoll und immer brünstiger betete er fort.

Renald wollte nunmehr dem König Ludwig XVI. selbst in Versailles eine Bittschrift übergeben, der das „himmelschreiende Unrecht" dadurch beenden sollte, dass Renald seine Schwester wiedergegeben würde. Er wurde jedoch auf Intervention des jungen Grafen als „Wahnsinniger" in ein Irrenhaus eingewiesen. Als Renald daraus nach einigen Monaten entkommen konnte, kehrte er in seine Heimat zurück. „Man sah es hier und da brennen in der Ferne; der Aufruhr schritt wachsend schon immer näher über die stillen Wälder von Schloß zu Schloß." Angesichts dessen starb der kranke alte Graf nach kurzem heftigem Aufbäumen, und der junge Graf kehrte aus Paris zurück, wobei er „mehrmals verworrenen Zügen von Edelleuten begegnet (war), die schon damals flüchtend die Landstraßen bedeckten".

Indes war es beinahe Abend geworden, da hieß der Graf noch sein Pferd satteln, die Diener verwunderten sich, als sie ihn bald darauf so spät und ganz allein noch nach dem Walde hinreiten sahen. Der Graf aber schlug den Weg zu dem nahen Nonnenkloster ein, und ritt in Gedanken rasch fort, als gölt' es, ein lange versäumtes Geschäft nachzuholen; so hatte er in kurzer Zeit das stille Waldkloster erreicht. Ohne abzusteigen, zog er hastig die Glocke am Tor. Da stürzte ein Hund ihm entgegen, als wollt' er ihn zerreißen, ein langer, bärtiger Mann trat aus der Klosterpforte und stieß den Köter wütend mit den Füßen; der Hund heulte, der Mann fluchte, eine Frau zankte drin im Kloster, sie konnten lange nicht zu Worte kommen. Der Graf, befremdet von dem seltsamen

Empfang, verlangte jetzt schleunig die Priorin zu sprechen. – Der
Mann sah ihn etwas verlegen an, als schämte er sich. Gleich aber
wieder in alter Roheit gesammelt, sagte er, das Kloster sei aufgehoben und gehöre der Nation; er sei der Pächter hier. Weiter
erfuhr nun der Graf noch, wie ein pariser Kommissär das Alles
so rasch und klug geordnet. Die Nonnen sollten nun in weltli-
chen Kleidern hinaus in die Städte, heiraten und nützlich sein; da
zogen alle in einer schönen stillen Nacht aus dem Tal, für das sie
so lange gebetet, nach Deutschland hinüber, wo ihnen in einem
Schwesterkloster freundliche Aufnahme angeboten worden.

Der überraschte Graf blickte schweigend umher, jetzt bemerkte er erst, wie die zerbrochenen Fenster im Winde klappten; aus
einer Zelle unten sah ein Pferd schläfrig ins Grün hinaus, die
Ziegen des Pächters weideten unter umgeworfenen Kreuzen auf
dem Kirchhof, Niemand wagte es, sie zu vertreiben; dazwischen
weinte ein Kind im Kloster, als klagte es, daß es geboren in dieser
Zeit. Im Dorfe aber war es wie ausgekehrt, die Bauern guckten
scheu aus den Fenstern, sie hielten den Grafen für einen Herrn
von der Nation. Als ihn aber nach und nach Einige wiedererkann-
ten, stürzte auf einmal Alles heraus und umringte ihn, hungrig,
zerlumpt und bettelnd. Mein Gott, mein Gott, dachte er, wie wird
die Welt so öde! – Er warf alles Geld, das er bei sich hatte, unter
den Haufen, dann setzte er rasch die Sporen ein und wandte sich
wieder nach Hause.

Es war schon völlig Nacht, als er in Dürande ankam. Da bemerkte er mit Erstaunen im Schloß einen unnatürlichen Aufruhr,
Lichter liefen von Fenster zu Fenster, und einzelne Stimmen
schweiften durch den dunkeln Garten, als suchten sie Jemand.
Er schwang sich rasch vom Pferde und eilte ins Haus. Aber auf
der Treppe stürzte ihm schon der Kammerdiener mit einem ver-
siegelten Blatte atemlos entgegen: es seien Männer unten, die es
abgegeben und trotzig Antwort verlangten. Ein Jäger, aus dem
Garten hinzutretend, fragte ängstlich den Grafen, ob er draußen
dem Gärtnerburschen begegnet? der Bursch habe ihn überall gesucht, der Graf möge sich aber hüten vor ihm, er sei in der Dämmerung verdächtig im Dorf gesehen worden, ein Bündel unterm
Arm, mit allerlei Gesindel sprechend, nun sei er gar spurlos verschwunden.

Der Graf, unterdes oben im erleuchteten Zimmer angelangt,
erbrach den Brief und las in schlechter, mit blasser Dinte mühsam gezeichneter Handschrift: Im Namen Gottes verordne ich
hiermit, daß der Graf Hippolyt von Dürande auf einem, mit dem
gräflichen Wappen besiegelten Pergament die einzige Tochter des
verstorbenen Försters am Schloßberg, Gabriele Dübois, als seine
rechtmäßige Braut und künftiges Gemahl bekennen und annehm-
men soll. Dieses Gelöbnis soll heute bis elf Uhr Nachts in dem

Jägerhause abgeliefert werden. Ein Schuß aus dem Schloßfenster
aber bedeutet: Nein. Renald.

Was ist die Uhr? fragte der Graf. – Bald Mitternacht, erwi-
derten Einige, sie hätten ihn so lange im Walde und Garten vergeblich gesucht. – Wer von euch sah den Renald, wo kam er her?
fragte er von Neuem. Alles schwieg. Da warf er den Brief auf den
Tisch. Der Rasende! sagte er, und befahl für jeden Fall die Zug-
brücke aufzuziehen, dann öffnete er rasch das Fenster, und schoß
ein Pistol, als Antwort in die Luft hinaus.

Inzwischen waren die „Rebellen" von einem Bediensteten
in den Keller des Schlosses eingelassen worden. Sie drangen
„unaufhaltsam empor, braune verwilderte Gestalten, mit
langen Vogelflinten, Stangen und Brecheisen, als wühlte
die Hölle unter dem Schlosse sich auf". In dem „Getüm-
mel" wurde vom „raubgierigen Gesindel", den „Plünde-
rern" auf eine Gestalt in den Kleidern des jungen Grafen
geschossen, die dieser als Gabriele erkannte, die sich für
ihren „Liebsten" opfern wollte. Selbst von einer Kugel des
Renald getroffen, gestand er ihr seine Liebe und schleppte
die Verblutende nach draußen in einen „heimlichen Hinterhalt", wo sie sich noch verlobten und dann gemeinsam
starben. Renald, der mit der Tötung des jungen Grafen sein
„Richteramt" als „vollbracht" und das Recht wiederherge-
stellt sah, musste nun vom alten Schlosswart Nicolo erfahren, dass der junge Graf Gabriele gar nicht entführt hatte,
sondern dass diese ihm unerkannt gefolgt war und im Pariser Palast der Grafen sich als Gärtnerbursche verkleidet
hat anstellen lassen, um dem jungen Grafen nahe zu sein.
Außerdem erfuhr er vom Tod beider.

Renald war über diesen Worten ganz still geworden, er horchte
noch immer hin, aber Nicolo schwieg auf ewig, nur die Gründe
rauschten dunkel auf, als schauderte der Wald.

Da stürzte auf einmal vom Schloß die Bande siegestrunken
über Blumen und Beete daher, sie schrien Vivat und riefen den
Renald im Namen der Nation zum Herrn von Dürande aus.
Renald, plötzlich sich aufrichtend, blickte wie aus einem Traum
in die Runde. Er befahl, sie sollten schleunig alle Gesellen aus
dem Schlosse treiben und keiner, bei Lebensstrafe, es wiederbe-
treten, bis er sie riefe. Er sah so schrecklich aus, sein Haar war
grau geworden über Nacht, Niemand wagte es, ihm jetzt zu

widersprechen. Darauf sahen sie ihn allein rasch und schweigend
in das leere Schloß hineingehen, und während sie noch überlegen, was er vorhat und ob sie ihm gehorchen oder dennoch folgen
sollen, ruft Einer erschrocken aus: Herr Gott, der rote Hahn ist
auf dem Dach! und mit Erstaunen sehen sie plötzlich feurige Spit-
zen, bald da bald dort, aus den zerbrochenen Fenstern schlagen
und an dem trocknen Sparrwerk hurtig nach dem Dache klettern. Renald, seines Lebens müde, hatte eine brennende Fackel
ergriffen und das Haus an allen vier Ecken angesteckt. – Jetzt,
mitten durch die Lohe, die der Zugwind wirbelnd faßte, sahen
sie den Schrecklichen eilig nach dem Eckturme schreiten, es war,
als schlüge Feuer auf, wohin er trat. Dort in dem Turme liegt das
Pulver, hieß es auf einmal, und voll Entsetzen stiebte Alles über
den Schloßberg auseinander. Da tat es gleich darauf einen furchtbaren Blitz und donnernd stürzte das Schloß hinter ihnen zusammen. Dann wurde Alles still; wie eine Opferflamme, schlank,
mild und prächtig stieg das Feuer zum gestirnten Himmel auf,
die Gründe und Wälder ringsumher erleuchtend – den Renald sah
man nimmer wieder.

　　Das sind die Trümmer des alten Schlosses Dürande, die
weinumrankt in schönen Frühlingstagen von den waldigen Bergen schauen. – Du aber hüte dich, das wilde Tier zu wecken in der
Brust, daß es nicht plötzlich ausbricht und dich selbst zerreißt.

II. Der Autor und sein Werk

Joseph Freiherr von Eichendorff (1788–1857) stammte aus
einer katholischen Adelsfamilie in Oberschlesien, wo er
auch aufwuchs. Er studierte von 1805–1812 Jura in Hal-
le, Heidelberg, Berlin und Wien, unterbrochen von Reisen
und Aufenthalten auf den Gütern der Familie, die in den
1820er Jahren zwangsversteigert werden mussten. Außerdem arbeitete Eichendorff an Dichtungen, die seit 1808
veröffentlicht wurden. In den Freiheitskriegen meldete er
sich zum Lützowschen Corps und nahm am Einmarsch in
Paris teil, wo er bis Ende 1815 blieb. 1816 wurde er in den
preußischen Staatsdienst aufgenommen und arbeitete bis
zu seiner vorzeitigen Versetzung in den Ruhestand 1844
als Verwaltungsbeamter in Breslau, Danzig, Königsberg
und Berlin. Als Angehöriger der katholischen Minderheit
wurde er bei Beförderungen öfters übergangen, und er litt
unter dem mäßigen beruflichen Erfolg; immerhin brachte
er es bis zum Geheimen Regierungsrat. Die letzten Jahre
arbeitete er an Gedichten, Versepen, Prosatexten, unter an-

derem einer nicht abgeschlossenen Autobiographie, Übersetzungen aus dem Spanischen und literaturgeschichtlichen Darstellungen.

Eichendorff hat in seinen autobiographischen Aufzeichnungen von dem Schrecken berichtet, den die Französische Revolution in den adeligen Kreisen seiner Heimat hervorgerufen hatte. Die Juli-Revolution in Frankreich 1830 leitete auch in Deutschland eine neue Phase des politischen und gesellschaftlichen Aufbruchs ein und führte zu heftigen Auseinandersetzungen über die Ziele der Französischen Revolution von 1789: Freiheit, insbesondere Pressefreiheit, Gleichheit, insbesondere Überwindung fortbestehender feudaler Strukturen, rechtsstaatliche und demokratische Verfassungen. Diese Forderungen wurden besonders auf dem Hambacher Fest 1832 wirkungsvoll artikuliert, worauf der Deutsche Bund mit einer Reihe von Unterdrückungsmaßnahmen reagierte. Eichendorff bemerkte zur Juli-Revolution von 1830: „Vor allem behüte uns Gott vor einem deutschen Paris."

Vor diesem zeitgeschichtlichen Hintergrund nahm Eichendorff eine Bitte des Verlegers F. A. Brockhaus vom Oktober 1835 um eine Novelle zur Veröffentlichung im Taschenbuch „Urania" gern an und schrieb „Das Schloß Dürande" bis März 1836. Die für Eichendorff kurze Entstehungszeit erklärt sich auch dadurch, dass er viele Motive und Passagen aus früheren Werken in der Novelle wiederverwendet hat. Sie erschien zur Herbstmesse 1836 mit der Jahreszahl 1837.

III. Eine andere Antwort

Eichendorff gibt eine entschieden andere Antwort als Büchner auf die Frage nach der Entstehung von Recht aus Gewalt. Insbesondere sieht er in der Französischen Revolution alles andere als die Initialzündung für den Beginn einer neuen Ära und den Aufstieg des Verfassungsstaates, nämlich eine ungeheure Katastrophe für die Menschheit. Dafür ist die Novelle „Das Schloß Dürande" ein guter Beleg. Zwar beginnt sie wie eine typische romantische Geschichte, erzählt eine unerhörte Begebenheit und rührt den

Leser. Aber im weiteren Verlauf wird immer deutlicher, dass das Romantische mit den historischen Vorgängen und deren zeitgeschichtlichen Wirkungen eng verwoben ist. Das eigentliche Thema der Novelle sind die Entstehung und die Folgen der Französischen Revolution, weshalb sie mit Recht als „Revolutionsnovelle" (*Helmut Koopmann*) und als „Dichtung umgestürzter Ordnung" (*Dieter Heim-böckel*) bezeichnet worden ist. Die meisten Zeitgenossen Eichendorffs haben das allerdings interessanterweise nicht erkannt, weshalb man eine „gescheiterte Kommunikation zwischen Autor und Leser" (*Regina Hartmann*) konsta-tiert hat.

Den konkreten historischen Umständen nähert sich Ei-chendorff nur behutsam. Zunächst ist nur von einem „fer-nen Wetterleuchten über Stadt und Land" und häufig von Gewittern die Rede, die aber unterschwellig schon auf das Unheil der Revolution hindeuten. In Paris werden es dann „feurige Zeichen der Revolution" und ein „fressend Feuer". Mit dem „Nährstand" wird auf den Dritten Stand ange-spielt, der die entscheidende Rolle bei der rechtlichen Um-gestaltung des politischen Systems gespielt hat. Der An-führer in der Weinschänke lässt wenn nicht an Mephisto so doch an Robespierre denken, und mit den „kampffertigen Geschwadern, Jakobinern, Volksfreunden und Royalisten" werden die Kontrahenten in den damaligen Auseinander-setzungen genau benannt; „Der Volksfreund" hieß eine wichtige revolutionäre Zeitschrift. Die Flucht der Edelleu-te, denen der junge Graf begegnete, war Folge der ersten ra-dikalen Maßnahme der Verfassunggebenden Nationalver-sammlung, die Feudalherrschaft samt aller Vorrechte des Adels abzuschaffen. Die Aufhebung des Klosters beruhte auf der Säkularisierung, die nicht viel später von der Ver-fassunggebenden Nationalversammlung beschlossen wor-den war und die alles kirchliche Vermögen „der Nation zur Verfügung" gestellt hatte.

Dabei lässt Eichendorff keinen Zweifel daran aufkommen, dass er der Revolution ablehnend bis feindlich gegenüber-steht. Das beginnt mit der Beschreibung der Revolutionäre in der Weinschänke als „wilder Haufen" und abwertenden

Adjektiven der genannten Personengruppen. Der Aufrüh-
rer trinkt Wein, „als schlürft' er Blut", und schaut „kalt und
lauernd"; außerdem stellt er „blutige Arbeit" für Renald in
Aussicht. Selbst das Kaminfeuer erscheint als „blutrot".
Das Kloster ist nach der Übernahme durch den „pariser
Kommisär" entgegen der Aussage des neuen Pächters in
einem desolaten Zustand. Zur Entstehungszeit der Novelle hat Eichendorff in der Dichtung „Die stille Gemeinde"
dieselben Auswirkungen wie folgt lyrisch beklagt:

> Denn auf des Kirchhofs schatt'gem Grund
> Die Jakobiner saßen,
> Ihre Pferde alle Blumen bunt
> Von den Grabeshügel fraßen.

> Sie hatten am Kreuz auf stiller Höh'
> Feldflasch' und Säbel hangen,
> Derweil sie, statt des Kyrie,
> Die Marseillaise sangen.

Später im Schloss nennt der junge Graf den Aufstand einen
„rasenden Veitstanz". Die Aufständischen werden von den
Bediensteten noch relativ neutral „Rebellen" genannt, doch
erscheinen sie dem Erzähler nur noch als „raubgieriges Gesindel", „Plünderer" sowie als Ungeziefer aus der „Hölle".
Die Revolution ist eben Teufelswerk.

Entscheidender ist die eindeutige Moral der Geschichte.
Wo anfangs ein idyllisches Leben in einer schönen Land-
schaft sich abspielt, liegt am Ende das Schloss in Schutt und
Asche. Die Revolution hat auch sämtliche Hauptpersonen,
Renald und Gabriele, den alten und den jungen Grafen, ja
selbst den guten alten Schlosswart, der das Vertrauen aller
anderen genoss, in den Tod gerissen. Weil die Revolution
nur Armut und Verzweiflung, Tod und Zerstörung bringt
und dabei vor allem Unschuldige trifft, ist sie nach Eichendorffs Auffassung nur als großes Unglück zu begreifen.

Die Revolution taugt nicht einmal dazu, ein verletztes
Recht wiederherzustellen. Allerdings wird dem Leser über
lange Zeit der Eindruck vermittelt, Renald habe tatsächlich
das Recht, das er immer wieder reklamiert, nämlich seine

Schwester in sein Haus zurückzuholen. Ihm war vom Vater „das Mädchen auf die Seele gebunden", also so etwas wie die Vormundschaft oder Betreuung übertragen worden; genauere rechtliche Angaben fehlen. Gabriele hatte unter den damaligen gesellschaftlichen Verhältnissen mit ihren starren Standesgrenzen keinerlei Aussicht, die rechtmäßige Gemahlin des jungen Grafen zu werden. Vielmehr sprach alles dafür, wie auch die zynischen Bemerkungen des alten Grafen belegen, dass Gabriele zur Mätresse und Konkubine des jungen Grafen in Paris würde. Das aber hätte nicht nur den damals maßgeblichen Besitz eines Mädchens von niederem Stand, ihre Jungfräulichkeit, zerstört, sondern auch die Ehre der Familie Dübois. Der Eindruck, dass sich Renald jedenfalls grundsätzlich im Recht befand, wenn er es mit dem Schuss auf den unbekannten Besucher seiner Schwester auch reichlich exzessiv in Anspruch nahm, wird dann noch durch die Schilderung seiner vergeblichen Rechtssuche in Paris bekräftigt. Das Rechtssystem des Ancien Régime erscheint hier als durch und durch verrottet.

Die vergeblichen Versuche, auf dem vom Recht vorgesehenen Weg sein Recht zu erhalten und durchzusetzen, sind ein wesentlicher Grund dafür, dass „Das Schloß Dürande" immer wieder mit Kleists „Michael Kohlhaas" verglichen wird. Eichendorff war gut vertraut mit Kleists Werken; in seiner „Geschichte der poetischen Literatur Deutschlands" von 1857 hat er die Besprechung von Kleists „Michael Kohlhaas" mit fast den gleichen Worten eröffnet, mit denen „Das Schloß Dürande" schließt: „Hüte jeder das wilde Thier in seiner Brust, daß es nicht plötzlich ausbricht und ihn selbst zerreißt! Denn das war Kleist's Unglück und schwergebüßte Schuld, daß er diese, keinem Dichter fremde, dämonische Gewalt nicht bändigen konnte oder wollte, die bald unverhohlen, bald heimlichleise, und dann nur um so grauenvoller, fast durch alle seine Dichtungen geht. So steigert sich in seiner besten Erzählung ‚Michael Kohlhaas' mit melancholischer Virtuosität, ja mit einer eigensinnigen Konsequenz, die fast an Shyloks bekannten Proceß erinnert, das gekränkte, tiefe Rechtsgefühl eines einfachen Roßkamms bis zum wahnsinnigen Fanatismus, der rachelustig sich und das Land in Mord und Brand stürzt."

In der Tat gibt es einige Parallelen: Sowohl Michael Kohlhaas als auch Renald Dübois bitten zunächst den herrschenden Adeligen um ihr Recht, wenden sich dann an
Rechtsanwälte und schließlich an den Landesherren; auch
ist eine Fristsetzung gegenüber der gegnerischen Partei in
beiden Werken vorhanden. Interessanterweise hat Eichendorff selbst in einer seiner Novelle „Das Schloß Dürande"
geltenden Randnotiz von dem „Kleistschen, gedrungenen
Relationston" gesprochen.

Doch gibt es einen ganz entscheidenden Unterschied:
Michael Kohlhaas war (jedenfalls bis zum Landfriedens-
bruch) im Recht; Renald war dagegen im Unrecht, weil er
irrtümlich eine Entführung und Entehrung seiner Schwester annahm. In Wirklichkeit war Gabriele aus eigenem
Entschluss nach Paris gegangen und auch gar nicht zur
Mätresse und Konkubine des jungen Grafen geworden. Als
Renald erkennen musste, dass er wegen seines Irrtums ur-
sächlich für den Tod seiner Schwester geworden war und
seinen möglichen künftigen Schwager selbst erschossen
hatte, nahm er sich das Leben und verhinderte zudem, dass
die Aufständischen sich in den Besitz des Schlosses setzen
konnten. Nichts Gutes ist aus alldem gekommen.

Die kategorische Ablehnung der Revolution wurzelt in einer zutiefst konservativen Weltsicht Eichendorffs, zu der
wohl maßgeblich seine akademischen Lehrer, Joseph Görres in Heidelberg sowie Adam Müller und Friedrich Schlegel in Wien, beigetragen haben. Die seiner Ansicht nach
über 300jährige unglückliche Entwicklung auf der Welt
hat danach mit der Reformation am Anfang des 16. Jahrhunderts begonnen und über die Aufklärung zur Französischen Revolution geführt. Schon die Reformation war
für Eichendorff ein illegitimer gewaltsamer Umbruch des
Bestehenden. Die Aufklärung hat sodann die Verdrängung
der Religion vorangetrieben, das Individuum und seine
Autonomie ungerechtfertigt in den Mittelpunkt gestellt
und den Verstand verabsolutiert, d. h. das notwendige und
allein humane Gleichgewicht von Verstand und Gefühl,
von Wissen und Glauben zerstört.

Als politisches Ziel ergab sich hieraus das Bestreben, das gestörte Gleichgewicht wiederherzustellen. Hierbei war der Adel ein notwendiges Element als „bevorzugte Klasse, die sich über die Menschen erhebt, um sie zu lenken", wie Eichendorff in dem für die nicht vollendete Autobiographie vorgesehenen Kapitel „Der Adel und die Revolution" geschrieben hat. Die von der Französischen Revolution proklamierte égalité erschien als verderbliche Gleichmacherei. Eichendorff lehnte auch die Forderung der Liberalen nach einer geschriebenen Verfassung ab: Rechtliche Grundlagen des Staates sollten Vertrauen, Liebe und Treue zwischen dem König und seinem Volk statt papierner Rechtsgarantien sein. Auch durfte das traditionelle christliche Denken nicht weiter zurückgedrängt werden.

Verkörperte Eichendorff so einen klassischen Konservativen der Restaurationsära, war er dennoch kein Reaktionär, der eine vollständige Wiederherstellung der vorrevolutionären sozialen und politischen Zustände anstrebte. Vielmehr gab Eichendorff dem Adel eine erhebliche Mitschuld am Ausbruch der Revolution. Man hat ihn deshalb als „Reformkonservativen" (*Wolfgang Frühwald*) bezeichnet, und *Theodor W. Adorno* ging so weit zu sagen, dass er „die Notwendigkeit der Revolution begriff, vor der ihn schauderte". Das kommt auch in „Das Schloß Dürande" zum Ausdruck: Der alte Graf lebt ohne Verständnis für die Bedürfnisse des Landes „wie eine geputzte Leiche" abgeschirmt und verantwortungslos in seinem Schloss, und der junge Graf gibt sich ausschließlich den Vergnügungen in Paris hin; sein Haus dort wird als „ganz von Liebschaften zerfressen" bezeichnet. Seine Beteuerung am Ende, er habe Gabriele „immerdar" geliebt, wirkt denn auch reichlich aufgesetzt.

Welche bessere Rolle Eichendorff dem Adel zudachte, hat er in dem genannten Memoirenkapitel beschrieben, dessen Gedanken nach allgemeiner Meinung in der Novelle dichterisch verarbeitet worden sind: Der Adel „hat die Aufgabe, alles Große, Edle und Schöne, wie und wo es im Volke auftauchen mag, ritterlich zu wahren, das ewig wandelbare Neue mit dem ewig Bestehenden zu vermitteln und somit

erst wirklich lebensfähig zu machen. Mit romantischen
Illusionen und dem bloßen eigensinnigen Festhalten des
Längstverjährten ist also hierbei gar nichts getan."

Vor diesem Hintergrund enthält die Novelle „ein Bekenntnis" Eichendorffs und „eine engagierte Stellungnahme"
(*Helmut Koopmann*), die in der Schlusssentenz als einer
pathetischen Warnung kulminiert. Mit dem „wilden Tier
in der Brust" kann zweierlei gemeint sein: zum einen die
ungezügelten Leidenschaften in der eigenen Brust, die
Maßlosigkeit des reinen Individualismus – dann wird auf
das Verhalten des Renald Bezug genommen: Dieser hat un-
überlegt und vorschnell geschossen und in einem Irrtum
befangen seine Rache bis zum eigenen Untergang und dem
Tod Unschuldiger bedenkenlos vorangetrieben; er hat kein
klärendes Gespräch mit seiner Schwester geführt und ist
auch keineswegs aus Überzeugung zum Revolutionär geworden. Mit der eigenen Brust dürfte Eichendorff wohl
auch sich selbst gemeint haben, da er sein ungestümes
Temperament und aufbrausendes Wesen nur mit eiserner
Selbstdisziplin unter Kontrolle hielt. Zum anderen ist das
„wilde Tier" sicher auch eine Anspielung auf die Revolution
– dann bezieht sich das „wecken" auf die Brust der anderen
Menschen und ist eine Mahnung an die Allgemeinheit, es
nicht zu Zuständen kommen zu lassen, die eine Revolution
auslösen, in der auch der Adel, der doch die Menschen lenken soll, untergeht. Recht kann jedenfalls aus Gewalt nicht
entstehen.

IV. Das geltende Recht

Eine Revolution bricht das geltende Recht. Kann das
Grundgesetz das legitimieren? Eine Revolution bedeutet
immer für viele Menschen Verlust ihrer Habe, oft auch ihres Lebens. Kann eine Rechtsordnung, die die Menschen-
und Grundrechte zum höchsten Maßstab gemacht hat, das
gutheißen? Man hat versucht, ein ius revolutionis, ein Recht
auf Revolution, als Unterfall des Widerstandsrechts, das
seit dem Mittelalter als letztes Mittel gegen Tyrannen und
ungerechte Herrschaft diskutiert wird, zu konstruieren.
Aber im Verfassungsstaat der Moderne kann ein überposi-

tives, d. h. Vorrang vor der Verfassung besitzendes (Natur-) Recht nicht anerkannt werden. Die Verfassungen normieren regelmäßig Möglichkeiten zu ihrer Veränderung, nicht aber zu ihrer Abschaffung. Wohl aber kann durch das Gelingen einer Revolution neues (Verfassungs-)Recht entstehen. Die geschichtlich-moralisch-theoretische Rechtfertigung für die Volkssouveränität und die Menschenrechte ist im Verfassungsstaat der Moderne zur Rechtsfigur der verfassunggebenden Gewalt des Volkes geworden.

Diese Rechtsfigur geht zurück auf die Französische Revolution. Es war der Abbé Sieyès, der in seiner Streitschrift „Qu'est-ce que le Tiers Etat?" von 1788 zwischen der verfassunggebenden Gewalt der Nation („pouvoir constituant") und der verfassten Gewalt des Staates („pouvoir constitué") unterschied. Die Überordnung der verfassunggebenden über die verfasste Gewalt hatte den vornehmlichen Zweck, den König an der Mitwirkung bei der Verfassunggebung zu hindern. Ein Übergang zur Republik lag darin noch nicht, weil der König im Rahmen der konstitutionellen Monarchie Teil der verfassten Gewalt war. Gleichwohl hat die Rechtsfigur mit der Zuweisung der entscheidenden Gewalt an das Volk zunächst in Frankreich und dann auch in anderen Staaten, darunter Deutschland, die Ausbreitung demokratischer und republikanischer Bewegungen gefördert und immer wieder revolutionäre wie nicht-revolutionäre Verfassungsneuschöpfungen legitimiert: in Westdeutschland im Jahr 1949 und in Ostdeutschland im Jahr 1990.

Das Grundgesetz bedient sich dieser Rechtsfigur zunächst in der Präambel, wo es heute heißt, dass „sich das Deutsche Volk kraft seiner verfassungsgebenden Gewalt dieses Grundgesetz gegeben" hat. Einerseits bedeutet das, dass tatsächlich ein Bruch mit der früheren Verfassung festgestellt wird; andererseits wird dieser Bruch durch die verfassunggebende Gewalt gerechtfertigt. Allerdings ist das Grundgesetz nicht in den geschichtlich vorgeprägten Bahnen und vorgegebenen Verfahren entstanden. Es hat keine vom Volk gewählte (National-)Versammlung gegeben. Stattdessen ist das Grundgesetz von einem Parlamentari-

schen Rat erarbeitet worden, dessen 65 Mitglieder von den
Landtagen der ursprünglichen Länder gewählt wurden.
Es hat auch keine Volksabstimmung zur Bestätigung der
Ergebnisse des Parlamentarischen Rats gegeben. Stattdessen ist das Grundgesetz gem. seinem Art. 144 Abs. 1 durch
die Volksvertretungen der Länder angenommen worden.
Selbst wenn man dies als Geburtsfehler ansehen wollte, ist
dieser alsbald durch breite Akzeptanz in der Bevölkerung
und durch die unangefochtene Rechtspraxis behoben worden. Heute zweifelt niemand mehr an der Legitimität der
Entstehung des Grundgesetzes.

Das Grundgesetz ist in der Verrechtlichung der verfassunggebenden Gewalt noch weiter als die anderen Verfassungs-
staaten gegangen. Es hat nämlich in seinem letzten Artikel, dem Art. 146, die eigene Abschaffung oder Ablösung
normiert. Er lautet heute: „Dieses Grundgesetz, das nach
Vollendung der Einheit und Freiheit Deutschlands für das
gesamte deutsche Volk gilt, verliert seine Gültigkeit an dem
Tage, an dem eine Verfassung in Kraft tritt, die von dem
deutschen Volke in freier Entscheidung beschlossen worden ist." Diese Besonderheit hängt mit der ungewöhnlichen
Entstehung unmittelbar zusammen. In der ursprünglichen
Präambel stand die verfassunggebende Gewalt noch neben
dem Ziel der Wiedervereinigung Deutschlands. Um diese
Zieles willen hatte man ja auch die im Vergleich zur Tradition schwächeren Formen der Mitwirkung des Volkes an
der Entstehung – übrigens gegen den anfänglichen Widerstand der Besatzungsmächte – gewählt.

Als 1990 das Ziel der Wiedervereinigung erreicht worden
war, standen die ursprünglichen Fassungen sowohl der Präambel als auch des Art. 146 GG zur Diskussion. Während
die politische Rechte für eine Streichung des Art. 146 GG
eintrat, wollte die politische Linke ihn als normative Verankerung direkter Demokratie und als Ersatz dafür erhalten, dass die Wiedervereinigung sich im Wege des Beitritts
der DDR zur BRD statt durch eine neue Verfassunggebung
vollzogen hatte. Die Einfügung des Nebensatzes nach
den ersten beiden Wörtern war der hieraus resultierende
Kompromiss. Die verfassunggebende Gewalt fungiert im

Grundgesetz so nicht nur als Legitimation für die Vergangenheit, sondern wie alles andere Verfassungsrecht als
Maßstab für die Zukunft. In ihr verbinden sich „die Ideen
der höchsten Staatsgewalt und der höchsten Rechtsquelle"
(*Hasso Hofmann*). Art. 146 GG ermöglicht einen geordneten Übergang zu einer neuen Verfassungs- und Rechtsordnung und versucht, Revolutionen zu vermeiden.

Kapitel 3.
Kann das Recht die Macht begrenzen?

Franz Kafka: Der Process, 1915/1925

I. Inhalt und Text

„Jemand mußte Josef K. verleumdet haben, denn ohne daß er etwas Böses getan hätte, wurde er eines Morgens verhaftet." So beginnt der Roman, der zu den berühmtesten des 20. Jahrhunderts gehört. Die Verhaftung geschieht am 30. Geburtstag des Prokuristen einer Bank durch einen Aufseher und zwei Wächter in dem von ihm bewohnten Zimmer in einer Pension. Gründe werden ihm nicht genannt. Der Erzähler, der durchgängig den Wahrnehmungshorizont Josef K.s einnimmt, sagt nur: „Was waren denn das für Menschen? Wovon sprachen sie? Welcher Behörde gehörten sie an? K. lebte doch in einem Rechtsstaat, überall herrschte Friede, alle Gesetze bestanden aufrecht, wer wagte, ihn in seiner Wohnung zu überfallen?" Trotz der Verhaftung darf K. weiter seinem Beruf und seiner „gewöhnlichen Lebensweise" nachgehen. Doch von nun an beherrscht der Prozess, in den er geraten ist, mehr und mehr sein gesamtes Denken und Handeln.

Ein paar Tage später wird K. telefonisch zu einer „kleineren Untersuchung in seiner Angelegenheit" am nächsten Sonntag in eine entlegene Vorstadtstraße geladen. Er muss aber die Untersuchungskommission/das Gericht/den Untersuchungsrichter erst mühsam ausfindig machen. In einem Zimmer mit vielen Menschen, das auf K. den Eindruck einer „politischen Bezirksversammlung" macht, übt er gegenüber dem Untersuchungsrichter Kritik an seiner Verhaftung, erkennt das Verfahren aber „für den Augenblick jetzt" an. Am Ende sagt der Untersuchungsrichter zu K., dieser habe sich „des Vorteils beraubt …, den ein Verhör für den Verhafteten in jedem Fall bedeutet." Als K. am nächsten Sonntag unaufgefordert wieder dorthin geht, ist der Sitzungssaal leer. Die auf dem Tisch liegenden angeblichen Gesetzbücher enthalten Pornographie und Unterhaltungsliteratur. Es folgen noch seltsame Begegnungen mit dem Gerichtsdiener, seiner Frau und einem „Student der unbekannten Rechtswissenschaft". In den Gerichtskanzleien unter dem Dachboden wird es K. schwindelig, und er muss nach draußen gebracht werden.

Eines Abends entdeckt K. in der Bank in einer Rumpelkammer die beiden Wächter, die ihn verhaftet hatten, wie sie von einem „Prügler" ausgepeitscht werden, weil K. sich angeblich beim Untersuchungsrichter über sie beschwert habe. K. versucht sich für die Wächter einzusetzen, lässt aber angesichts der Gefahr, von Bankdienern entdeckt zu werden, wieder davon ab. K.s Onkel, der von dem „Strafprocess" gegen K gehört hat, geht mit ihm zum Advokaten Huld, wo sie auch den Kanzleidirektor treffen. Statt die Gelegenheit zu nutzen und Unterstützung zu bekommen, lässt sich K. im Nebenzimmer sexuell mit der Pflegerin des Advokaten ein. Später erläutert der Advokat seine bisherige Untätigkeit damit, dass dies kein Prozess „vor einem gewöhnlichen Gericht" sei, die „Anklageschrift dem Angeklagten und seiner Verteidigung unzugänglich" und das ganze Verfahren „nicht öffentlich" seien. Der „Hauptwert der Verteidigung" liege daher in den „persönlichen Beziehungen des Advokaten".

Enttäuscht vom Advokaten beschließt K., selbst eine Eingabe bei Gericht zu machen. Bei dieser Arbeit schwankt er zwischen großer Müdigkeit und Widerstandsgeist: „Das Gericht sollte einmal auf einen Angeklagten stoßen, der sein Recht zu wahren verstand." Auf Hinweis eines Bankkunden wendet sich K. an den Maler Titorelli, der sein Geld durch Porträts der Richter des Gerichts verdient. Auf einem seiner Bilder ist undeutlich eine große Figur zu sehen, mit verbundenen Augen und einer Waage, aber auch mit Flügeln an den Fersen und im Lauf. Sie soll „die Gerechtigkeit und die Siegesgöttin in einem" darstellen, was K. für „keine gute Verbindung" hält.

Der Maler berichtet allerlei Merkwürdigkeiten über das Gericht. Angesichts der von K. behaupteten Unschuld sieht er drei Möglichkeiten der „Befreiung" vom Prozess:

Franz Kafka

die wirkliche Freisprechung, die seines Wissens aber noch nie vorgekommen und bloße „Legende" sei, die scheinbare Freisprechung, die nur durch persönliche Beeinflussung der Richter zu erreichen ist und durch das oberste „für uns alle ganz unerreichbare Gericht" jederzeit wieder aufgehoben werden kann, und schließlich die Verschleppung, zu der schon der Advokat geraten hatte. K. erfasste als „Kern der Sache", dass es nicht zu einer wirklichen Freisprechung kommen kann. Beim Weggehen durch eine Tür oberhalb des Bettes kommt K. seltsamerweise wiederum in Gerichtskanzleien.

Als K. sich zum Advokaten begibt, um ihm zu kündigen, trifft er auf einen Angeklagten, den Kaufmann Block, dessen Prozess schon mehr als fünf Jahre dauert und der, inzwischen vom Advokaten abhängig, von diesem ebenso wie von der Pflegerin vor K. gedemütigt wird. (Dieses Kapitel wurde nicht vollendet.)

K. soll einem italienischen Geschäftsfreund der Bank den Dom zeigen und findet sich zu der verabredeten Zeit dort ein. Der Italiener kommt nicht, und als K. fortgehen will, wird er von einem Geistlichen auf einer Kanzel bei seinem Namen herbeigerufen. Dieser gibt sich als Gefängniskaplan und Angehöriger des Gerichts zu erkennen und teilt K. mit, dass sein Prozess schlecht stehe und das Verfahren allmählich ins Urteil übergehe. Der im Folgenden abgedruckte Text steht am Ende dieses Kapitels „Im Dom". Danach kommt das letzte, mit „Ende" überschriebene Kapitel. In ihm wird K. genau ein Jahr nach seiner Verhaftung von zwei schwarz gekleideten Herren abgeholt und, ohne dass er Widerstand leisten würde, zu einem Steinbruch geführt, wo er durch einen Stich mit einem Messer ins Herz getötet wird.

K. erwartete ihn unten an der Treppe. Der Geistliche streckte ihm schon von einer obern Stufe im Hinuntergehn die Hand entgegen. „Hast du ein wenig Zeit für mich?" fragte K. „Soviel Zeit als Du brauchst", sagte der Geistliche und reichte K. die kleine Lampe damit er sie trage. Auch in der Nähe verlor sich eine gewisse Feierlichkeit aus seinem Wesen nicht. „Du bist sehr freundlich zu mir", sagte K. Sie gingen nebeneinander im dunklen Seiten-

schiff auf und ab. „Du bist eine Ausnahme unter allen, die zum
Gericht gehören. Ich habe mehr Vertrauen zu Dir, als zu irgendje-
manden von ihnen, soviele ich schon kenne. Mit Dir kann ich offen
reden." „Täusche Dich nicht", sagte der Geistliche. „Worin sollte
ich mich denn täuschen?" fragte K. „In dem Gericht täuschst Du
Dich", sagte der Geistliche, „in den einleitenden Schriften zum
Gesetz heißt es von dieser Täuschung: Vor dem Gesetz steht ein
Türhüter. Zu diesem Türhüter kommt ein Mann vom Lande und
bittet um Eintritt in das Gesetz. Aber der Türhüter sagt, daß er
ihm jetzt den Eintritt nicht gewähren könne. Der Mann überlegt
und fragt dann, ob er also später werde eintreten dürfen. ‚Es ist
möglich‘, sagt der Türhüter, ‚jetzt aber nicht.‘ Da das Tor zum Gesetz offensteht wie immer und der Türhüter beiseite tritt, bückt
sich der Mann, um durch das Tor in das Innere zu sehn. Als der
Türhüter das merkt, lacht er und sagt: ‚Wenn es Dich so lockt, versuche es doch trotz meines Verbotes hineinzugehn. Merke aber:
Ich bin mächtig. Und ich bin nur der unterste Türhüter. Von Saal
zu Saal stehn aber Türhüter einer mächtiger als der andere. Schon
den Anblick des dritten kann nicht einmal ich mehr ertragen.‘ Solche Schwierigkeiten hat der Mann vom Lande nicht erwartet, das
Gesetz soll doch jedem und immer zugänglich sein denkt er, aber
als er jetzt den Türhüter in seinem Pelzmantel genauer ansieht,
seine große Spitznase, den langen dünnen schwarzen tartarischen
Bart, entschließt er sich doch lieber zu warten bis er die Erlaubnis zum Eintritt bekommt. Der Türhüter gibt ihm einen Schemel
und läßt ihn seitwärts von der Tür sich niedersetzen. Dort sitzt er
Tage und Jahre. Er macht viele Versuche eingelassen zu werden
und ermüdet den Türhüter durch seine Bitten. Der Türhüter stellt
öfters kleine Verhöre mit ihm an, fragt ihn über seine Heimat aus
und nach vielem andern, es sind aber teilnahmslose Fragen wie
sie große Herren stellen und zum Schlusse sagt er ihm immer
wieder, daß er ihn noch nicht einlassen könne. Der Mann, der
sich für seine Reise mit vielem ausgerüstet hat, verwendet alles
und sei es noch so wertvoll um den Türhüter zu bestechen. Dieser nimmt zwar alles an, aber sagt dabei: ‚Ich nehme es nur an,
damit Du nicht glaubst, etwas versäumt zu haben.‘ Während der
vielen Jahre beobachtet der Mann den Türhüter fast ununterbro-
chen. Er vergißt die andern Türhüter und dieser erste scheint ihm
das einzige Hindernis für den Eintritt in das Gesetz. Er verflucht
den unglücklichen Zufall, in den ersten Jahren laut, später als er
alt wird brummt er nur noch vor sich hin. Er wird kindisch und
da er in dem jahrelangen Studium des Türhüters auch die Flöhe
in seinem Pelzkragen erkannt hat, bittet er auch die Flöhe ihm
zu helfen und den Türhüter umzustimmen. Schließlich wird sein
Augenlicht schwach und er weiß nicht ob es um ihn wirklich
dunkler wird oder ob ihn nur seine Augen täuschen. Wohl aber

erkennt er jetzt im Dunkel einen Glanz, der unverlöschlich aus der Türe des Gesetzes bricht. Nun lebt er nicht mehr lange. Vor seinem Tode sammeln sich in seinem Kopfe alle Erfahrungen der ganzen Zeit zu einer Frage die er bisher an den Türhüter noch nicht gestellt hat. Er winkt ihm zu, da er seinen erstarrenden Körper nicht mehr aufrichten kann. Der Türhüter muß sich tief zu ihm hinunterneigen, denn die Größenunterschiede haben sich sehr zuungunsten des Mannes verändert. ‚Was willst Du denn jetzt noch wissen‘, fragt der Türhüter, ‚Du bist unersättlich.‘ ‚Alle streben doch nach dem Gesetz‘, sagt der Mann, ‚wie so kommt es, daß in den vielen Jahren niemand außer mir Einlaß verlangt hat.‘ Der Türhüter erkennt, daß der Mann schon am Ende ist und um sein vergehendes Gehör noch zu erreichen brüllt er ihn an: ‚Hier konnte niemand sonst Einlaß erhalten, denn dieser Eingang war nur für Dich bestimmt. Ich gehe jetzt und schließe ihn.‘“

„Der Türhüter hat also den Mann getäuscht“, sagte K. sofort, von der Geschichte sehr stark angezogen. „Sei nicht übereilt“, sagte der Geistliche, „übernimm nicht die fremde Meinung ungeprüft. Ich habe Dir die Geschichte im Wortlaut der Schrift erzählt. Von Täuschung steht darin nichts.“ „Es ist aber klar“, sagte K., „und Deine erste Deutung war ganz richtig. Der Türhüter hat die erlösende Mitteilung erst dann gemacht, als sie dem Manne nichts mehr helfen konnte.“ „Er wurde nicht früher gefragt“, sagte der Geistliche, „bedenke auch daß er nur Türhüter war und als solcher hat er seine Pflicht erfüllt.“ „Warum glaubst Du daß er seine Pflicht erfüllt hat?“ fragte K., „er hat sie nicht erfüllt. Seine Pflicht war es vielleicht alle Fremden abzuwehren, diesen Mann aber, für den der Eingang bestimmt war, hätte er einlassen müssen.“ „Du hast nicht genug Achtung vor der Schrift und veränderst die Geschichte“, sagte der Geistliche. „Die Geschichte enthält über den Einlaß ins Gesetz zwei wichtige Erklärungen des Türhüters, eine am Anfang, eine am Ende. Die eine Stelle lautet: ‚daß er ihm jetzt den Eintritt nicht gewähren könne‘ und die andere: ‚dieser Eingang war nur für Dich bestimmt.‘ Bestände zwischen diesen Erklärungen ein Widerspruch dann hättest Du recht und der Türhüter hätte den Mann getäuscht. Nun besteht aber kein Widerspruch. Im Gegenteil die erste Erklärung deutet sogar auf die zweite hin. Man könnte fast sagen der Türhüter gieng über seine Pflicht hinaus, indem er dem Mann eine zukünftige Möglichkeit des Einlasses in Aussicht stellte. Zu jener Zeit scheint es nur seine Pflicht gewesen zu sein, den Mann abzuweisen. Und tatsächlich wundern sich viele Erklärer der Schrift darüber, daß der Türhüter jene Andeutung überhaupt gemacht hat, denn er scheint die Genauigkeit zu lieben und wacht streng über sein Amt. Durch viele Jahre verläßt er seinen Posten nicht und schließt das Tor erst ganz zuletzt, er ist sich der Wichtigkeit seines Diens-

tes sehr bewußt, denn er sagt ‚ich bin mächtig‘, er hat Ehrfurcht
vor den Vorgesetzten, denn er sagt ‚ich bin nur der unterste Türhüter‘, er ist wo es um Pflichterfüllung geht weder zu rühren noch
zu erbittern, denn es heißt von dem Mann ‚er ermüdet den Türhüter durch seine Bitten‘, er ist nicht geschwätzig, denn während der
vielen Jahre stellt er nur wie es heißt ‚teilnahmslose Fragen‘, er ist
nicht bestechlich, denn er sagt über ein Geschenk ‚ich nehme es
nur an, damit Du nicht glaubst etwas versäumt zu haben‘, schließlich deutet auch sein Äußeres auf einen pedantischen Charakter
hin, die große Spitznase und der lange dünne schwarze tartari-
sche Bart. Kann es einen pflichttreueren Türhüter geben? Nun
mischen sich aber in den Türhüter noch andere Wesenszüge ein,
die für den, der Einlaß verlangt, sehr günstig sind und welche es
immerhin begreiflich machen, daß er in jener Andeutung einer
zukünftigen Möglichkeit über seine Pflicht etwas hinausgehn
konnte. Es ist nämlich nicht zu leugnen, daß er ein wenig einfältig
und im Zusammenhang damit ein wenig eingebildet ist. Wenn
auch seine Äußerungen über seine Macht und über die Macht der
andern Türhüter und über deren sogar für ihn unerträglichen Anblick – ich sage wenn auch alle diese Äußerungen an sich richtig
sein mögen, so zeigt doch die Art wie er diese Äußerungen vorbringt, daß seine Auffassung durch Einfalt und Überhebung ge-
trübt ist. Die Erklärer sagen hiezu: Richtiges Auffassen einer Sache und Mißverstehn der gleichen Sache schließen einander nicht
vollständig aus. Jedenfalls aber muß man annehmen, daß jene
Einfalt und Überhebung, so geringfügig sie sich vielleicht auch
äußern, doch die Bewachung des Einganges schwächen, es sind
Lücken im Charakter des Türhüters. Hiezu kommt noch daß der
Türhüter seiner Naturanlage nach freundlich zu sein scheint, er
ist durchaus nicht immer Amtsperson. Gleich in den ersten Augenblicken macht er den Spaß, daß er den Mann trotz des ausdrücklich aufrecht erhaltenen Verbotes zum Eintritt einladet,
dann schickt er ihn nicht etwa fort, sondern gibt ihm wie es heißt
einen Schemel und läßt ihn seitwärts von der Tür sich niedersetzen. Die Geduld mit der er durch alle die Jahre die Bitten des
Mannes erträgt, die kleinen Verhöre, die Annahme der Geschenke, die Vornehmheit, mit der er es zuläßt, daß der Mann neben
ihm laut den unglücklichen Zufall verflucht, der den Türhüter
hier aufgestellt hat – alles dieses läßt auf Regungen des Mitleids
schließen. Nicht jeder Türhüter hätte so gehandelt. Und schließlich beugt er sich noch auf einen Wink hin tief zu dem Mann hinab, um ihm Gelegenheit zur letzten Frage zu geben. Nur eine
schwache Ungeduld – der Türhüter weiß ja daß alles zuende ist –
spricht sich in den Worten aus: ‚Du bist unersättlich‘. Manche
gehn sogar in dieser Art der Erklärung noch weiter und meinen,
die Worte ‚Du bist unersättlich‘ drücken eine Art freundschaftli-

cher Bewunderung aus, die allerdings von Herablassung nicht frei
ist. Jedenfalls schließt sich so die Gestalt des Türhüters anders ab,
als Du es glaubst." „Du kennst die Geschichte genauer als ich und
längere Zeit", sagte K. Sie schwiegen ein Weilchen. Dann sagte K.:
„Du glaubst also der Mann wurde nicht getäuscht?" „Mißverste-
he mich nicht", sagte der Geistliche, „ich zeige Dir nur die Meinungen, die darüber bestehn. Du mußt nicht zuviel auf Meinungen achten. Die Schrift ist unveränderlich und die Meinungen
sind oft nur ein Ausdruck der Verzweiflung darüber. In diesem
Falle gibt es sogar eine Meinung nach welcher gerade der Türhüter
der Getäuschte ist." „Das ist eine weitgehende Meinung", sagte K.
„Wie wird sie begründet?" „Die Begründung", antwortete der
Geistliche, „geht von der Einfalt des Türhüters aus. Man sagt, daß
er das Innere des Gesetzes nicht kennt, sondern nur den Weg, den
er vor dem Eingang immer wieder abgehn muß. Die Vorstellungen die er von dem Innern hat werden für kindlich gehalten und
man nimmt an, daß er das wovor er dem Manne Furcht machen
will, selbst fürchtet. Ja er fürchtet es mehr als der Mann, denn
dieser will ja nichts anderes als eintreten, selbst als er von den
schrecklichen Türhütern des Innern gehört hat, der Türhüter dagegen will nicht eintreten, wenigstens erfährt man nichts darüber.
Andere sagen zwar, daß er bereits im Innern gewesen sein muß,
denn er ist doch einmal in den Dienst des Gesetzes aufgenommen
worden und das könne nur im Innern geschehen sein. Darauf ist
zu antworten, daß er wohl auch durch einen Ruf aus dem Innern
zum Türhüter bestellt worden sein könne und daß er zumindest
tief im Innern nicht gewesen sein dürfte, da er doch schon den
Anblick des dritten Türhüters nicht mehr ertragen kann. Außerdem aber wird auch nicht berichtet, daß er während der vielen
Jahre außer der Bemerkung über die Türhüter irgendetwas von
dem Innern erzählt hätte. Es könnte ihm verboten sein, aber auch
vom Verbot hat er nichts erzählt. Aus alledem schließt man, daß
er über das Aussehn und die Bedeutung des Innern nichts weiß
und sich darüber in Täuschung befindet. Aber auch über den
Mann vom Lande soll er sich in Täuschung befinden, denn er ist
diesem Mann untergeordnet und weiß es nicht. Daß er den Mann
als einen Untergeordneten behandelt, erkennt man an vielem, das
Dir noch erinnerlich sein dürfte. Daß er ihm aber tatsächlich untergeordnet ist, soll nach dieser Meinung ebenso deutlich hervor-
gehn. Vor allem ist der Freie dem Gebundenen übergeordnet.
Nun ist der Mann tatsächlich frei, er kann hingehn wohin er will,
nur der Eingang in das Gesetz ist ihm verboten und überdies nur
von einem Einzelnen, vom Türhüter. Wenn er sich auf den Schemel seitwärts vom Tor niedersetzt und dort sein Leben lang bleibt,
so geschieht dies freiwillig, die Geschichte erzählt von keinem
Zwang. Der Türhüter dagegen ist durch sein Amt an seinen Po-

sten gebunden, er darf sich nicht auswärts entfernen, allem An-
schein nach aber auch nicht in das Innere gehen, selbst wenn er es
wollte. Außerdem ist er zwar im Dienst des Gesetzes, dient aber
nur für diesen Eingang, also auch nur für diesen Mann für den
dieser Eingang allein bestimmt ist. Auch aus diesem Grunde ist er
ihm untergeordnet. Es ist anzunehmen, daß er durch viele Jahre,
durch ein ganzes Mannesalter gewissermaßen nur leeren Dienst
geleistet hat, denn es wird gesagt, daß ein Mann kommt, also jemand im Mannesalter, daß also der Türhüter lange warten mußte
ehe sich sein Zweck erfüllte undzwar solange warten mußte, als es
dem Mann beliebte, der doch freiwillig kam. Aber auch das Ende
des Dienstes wird durch das Lebensende des Mannes bestimmt,
bis zum Ende also bleibt er ihm untergeordnet. Und immer wieder wird betont, daß von alledem der Türhüter nichts zu wissen
scheint. Daran wird aber nichts auffälliges gesehn, denn nach dieser Meinung befindet sich der Türhüter noch in einer viel schwe-
rern Täuschung, sie betrifft seinen Dienst. Zuletzt spricht er nämlich vom Eingang und sagt ‚Ich gehe jetzt und schließe ihn‘, aber
am Anfang heißt es, daß das Tor zum Gesetz offensteht wie immer, steht es aber immer offen, immer d. h. unabhängig von der
Lebensdauer des Mannes für den es bestimmt ist, dann wird es
auch der Türhüter nicht schließen können. Darüber gehn die Meinungen auseinander, ob der Türhüter mit der Ankündigung daß
er das Tor schließen wird, nur eine Antwort geben oder seine
Dienstpflicht betonen oder den Mann noch im letzten Augenblick in Reue und Trauer setzen will. Darin aber sind viele einig,
daß er das Tor nicht wird schließen können. Sie glauben sogar,
daß er wenigstens am Ende auch in seinem Wissen dem Manne
untergeordnet ist, denn dieser sieht den Glanz der aus dem Eingang des Gesetzes bricht, während der Türhüter als solcher wohl
mit dem Rücken zum Eingang steht und auch durch keine Äußerung zeigt, daß er eine Veränderung bemerkt hätte.“ „Das ist gut
begründet“, sagte K., der einzelne Stellen aus der Erklärung des
Geistlichen halblaut für sich wiederholt hatte. „Es ist gut begründet und ich glaube nun auch daß der Türhüter getäuscht ist. Dadurch bin ich aber von meiner frühern Meinung nicht abgekom-
men, denn beide decken sich teilweise. Es ist unentscheidend, ob
der Türhüter klar sieht oder getäuscht wird. Ich sagte, der Mann
wird getäuscht. Wenn der Türhüter klar sieht, könnte man daran
zweifeln, wenn der Türhüter aber getäuscht ist, dann muß sich
seine Täuschung notwendig auf den Mann übertragen. Der Türhüter ist dann zwar kein Betrüger, aber so einfältig, daß er sofort
aus dem Dienst gejagt werden müßte. Du mußt doch bedenken,
daß die Täuschung in der sich der Türhüter befindet ihm nichts
schadet, dem Mann aber tausendfach.“ „Hier stößt Du auf eine
Gegenmeinung“, sagte der Geistliche. „Manche sagen nämlich,

daß die Geschichte niemandem ein Recht gibt über den Türhüter zu urteilen. Wie er uns auch erscheinen mag, so ist er doch ein Diener des Gesetzes, also zum Gesetz gehörig, also dem menschlichen Urteil entrückt. Man darf dann auch nicht glauben, daß der Türhüter dem Manne untergeordnet ist. Durch seinen Dienst auch nur an den Eingang des Gesetzes gebunden zu sein ist unvergleichlich mehr als frei in der Welt zu leben. Der Mann kommt erst zum Gesetz, der Türhüter ist schon dort. Er ist vom Gesetz zum Dienst bestellt, an seiner Würdigkeit zu zweifeln, hieße am Gesetze zweifeln." „Mit dieser Meinung stimme ich nicht überein", sagte K. kopfschüttelnd, „denn wenn man sich ihr anschließt, muß man alles was der Türhüter sagt für wahr halten. Daß das aber nicht möglich ist, hast Du ja selbst ausführlich begründet." „Nein", sagte der Geistliche, „man muß nicht alles für wahr halten, man muß es nur für notwendig halten." „Trübselige Meinung", sagte K. „Die Lüge wird zur Weltordnung gemacht."

K. sagte das abschließend, aber sein Endurteil war es nicht. Er war zu müde, um alle Folgerungen der Geschichte übersehn zu können, es waren auch ungewohnte Gedankengänge in die sie ihn führte, unwirkliche Dinge, besser geeignet zur Besprechung für die Gesellschaft der Gerichtsbeamten als für ihn. Die einfache Geschichte war unförmlich geworden, er wollte sie von sich abschütteln und der Geistliche, der jetzt ein großes Zartgefühl bewies, duldete es und nahm K.'s Bemerkung schweigend auf, trotzdem sie mit seiner eigenen Meinung gewiß nicht übereinstimmte.

II. Der Autor und sein Werk

Franz Kafka (1883–1924) gehört zu den Dichterjuristen im strengsten Sinn, deren literarisches Werk neben der Ausübung eines juristischen Berufes entstanden ist. Kafka studierte von 1901 bis 1906 Jura in Prag und bestand nicht nur die „judizielle Staatsprüfung", sondern erwarb ein halbes Jahr danach auch ohne Dissertation nur mit drei mündlichen Prüfungen (Rigorosum I–III) den juristischen Doktorgrad, allerdings mit der schlechtesten der zum Bestehen noch ausreichenden Note. Nach einem einjährigen Rechtspraktikum am Landgericht in Prag erhielt er mit Hilfe von verwandtschaftlichen und freundschaftlichen Beziehungen zunächst eine Anstellung bei der Prager Niederlassung einer Triester Versicherungsgesellschaft und im Jahr 1908 bei der „Arbeiter-Unfall-Versicherungs-Anstalt für das Königreich Böhmen in Prag", die einen halbstaatlichen Status hatte und für ein Drittel des österreichischen Territoriums zuständig war. Kafka stieg bis 1922, als er aus gesundheitlichen Gründen vorzeitig pensioniert wurde, vom Aushilfsbeamten über vier Ränge zum Obersekretär auf.

Kafkas Einstellung zu seinem Beruf war zwiespältig; er beklagte sein „schreckliches Doppelleben": Einerseits litt er unter der Berufsarbeit, weil sie ihm Zeit und Kraft vom Schreiben wegnahm; denn im Schreiben allein sah er den Sinn seines Lebens: „die ergiebigste Richtung meines Wesens" hieß es im Tagebuch. Andererseits ging er seiner Berufstätigkeit durchaus gewissenhaft nach, engagierte sich in seinen dienstlichen Stellungnahmen für die Belange der Arbeiter und der Kriegsversehrten und erhielt mannigfache Anregungen für sein literarisches Werk.

Bedeutsam für das literarische Werk waren natürlich auch Kafkas private Konflikte. Der Vater-Sohn-Konflikt etwa hat in dem berühmten „Brief an den Vater" literarischen Ausdruck gefunden und wird auch zur Deutung der Übermächtigkeit des Gerichts im „Process" herangezogen. Näher liegt wohl der Schuldgefühle verursachende Konflikt mit Kafkas Verlobter Felice Bauer. Mitte Juli 1914 wurde die Verlobung im Berliner Hotel „Askanischer Hof" gelöst, und zwar unter Umständen, die Kafka im Tagebuch als „Gerichtshof im Hotel" bezeichnete. Kurz darauf begann er mit der Niederschrift, die abends und nachts in zwei insgesamt ein halbes Jahr dauernden Schüben bei weitgehender sozialer Isolation erfolgte. Kafka brach die Arbeit am noch nicht vollendeten Roman ab, als er die Beziehung zu Felice Bauer wieder aufnahm. Durch viele Tagebucheintragungen ist belegt, dass die Bedrohlichkeit des Geschehens im Roman in den Lebensumständen und im Lebensgefühl von Kafka verankert war.

Kafka selbst hat den Roman nicht veröffentlicht, sondern seinen Freund Max Brod sogar angewiesen, alle Manuskripte nach seinem Tod zu vernichten. Brod hat sich in Bewunderung für das Werk darüber hinweg gesetzt und den Roman 1925 veröffentlicht. Dabei verschwieg er den Fragmentcharakter nicht, versuchte aber doch, einen möglichst abgeschlossenen Text zu präsentieren; neuere Editionen haben insoweit einige Korrekturen angebracht.

Während Kafka seinen Roman als „Process" bezeichnete, passte Brod den Titel an die damals gängige Schreibweise „Prozeß" an. Als in den 1990er Jahren eine Kritische Ausgabe erschien, ging man mit dem „c" auf Kafka zurück, beließ es aber beim „ß". Heute steht nichts entgegen, Kafkas eigene Schreibweise zu übernehmen. Zu Lebzeiten Kafkas ist nur die Türhüterlegende erschienen, die den Kern der oben wiedergegebenen Passage aus dem Domkapitel bildet. Sie wurde 1915 unter dem Titel „Vor dem Gesetz" in der unabhängigen jüdischen Wochenschrift „Selbstwehr" veröffentlicht.

Die große Rätselhaftigkeit des Romans „Der Process" hat wie Kafkas andere literarischen Texte zu vielfältigen Interpretationen herausgefordert. Die genannten biographischen Hintergründe haben zu psychologischen und psychoanalytischen Deutungen geführt, etwa dass Kafka im Roman seine Bindungsunfähigkeit verarbeite, den Umschlag von äußerem Zwang in Selbstzwang und die Qualen des Schreibens schildere, bis hin zu der Annahme, dass im Roman ein Krankheitsprozess geschildert werde, mit Josef K. als Opfer eines Verfolgungswahns, oder dass ein Schuldgefühl wegen der eigenen Existenz als Bürokrat verarbeitet werde. Die unsichtbare und unangreifbare Allmacht der Behörden und des Gerichts sowie des Gesetzes hat Anlass für sozialgeschichtliche Deutungen gegeben, die hierin eine Widerspiegelung moderner Bedrohungen des Individuums durch die Mächte der Bürokratie und des Kapitalismus sehen; man hat den „Process" sogar als prophetische Vorwegnahme des Totalitarismus von Nationalsozialismus und Stalinismus gelesen.

Max Brod war der erste, der den Roman religiös interpretiert hat, indem er im Gericht eine Erscheinungsform der „richtenden Gottheit" sah; ähnlich wird heute vom „Inbegriff metaphysischer Tradition" gesprochen (*Frank Schirrmacher*). Inzwischen hat man viele Bezüge zur jüdischen Lebenswelt Kafkas hergestellt und liest den „Process" als literarische Auseinandersetzung mit jüdischen Glaubenstraditionen und ihrer Krise in der Moderne, wenn auch Kafka selbst weder gläubiger Jude noch Zionist war. Weltliche Interpretationen betonen das Gleichnishafte des Romans für die conditio humana insgesamt, für die schuldhafte Verstrickung des Menschen und für seine Sinnsuche in der modernen Welt, die gerade am Anfang des 20. Jahrhunderts von materiellen (Industrieproletariat) und ideellen (naturwissenschaftlicher Positivismus, technische Umwälzungen, Tiefenpsychologie) Erschütterungen geprägt war.

Nach dem Zweiten Weltkrieg wurde Kafka mit seinen absurd wirkenden Schilderungen als Vorläufer des Existenzialismus betrachtet. Neuerdings sind im Anschluss an *Jacques Derrida* dekonstruktivistische Deutungen verbreitet, wonach Texte immer nur (selbstreferenziell, autoreflexiv) vom Schreiben handeln, wofür sich beim „Process" durchaus manche Belege finden, und den Texten kein feststehender Sinn zugewiesen werden kann, sie unzugänglich oder überhaupt uninterpretierbar sind; ein amerikanischer Literaturwissenschaftler hat seinen Aufsatz mit „On Not Understanding Kafka" betitelt. Linguistisch ausgedrückt funktioniert die Sprache im Roman noch als Syntax, aber nicht mehr als Semantik. Auch dies erscheint, überblickt man die Fülle der hier nur angedeuteten Lesarten des Romans, nicht unplausibel. Es ist in der Tat so, dass es nicht die eine, einzig richtige Interpretation gibt und der Interpretations„process" nicht abschließbar ist. Jede Deutung bereichert das Verständnis; sie darf nur nicht verabsolutiert und kanonisiert werden.

Wie kaum ein anderer Großer der deutschen Literatur hat Kafka Begriffe und Institute der Rechtsordnung in seine literarische Rede eingebaut. Das zeigen schon Titel wie „Der Process", „Das Urteil", „Vor dem Gesetz", aber auch Schlüsselbegriffe in den Texten wie Verhör, Richter, Strafe, Recht, Unrecht, Gerechtigkeit, Rechtfertigung und Schuld. Weil ein damals praktizierender Jurist diese Begriffe gebraucht, ist der heutige Jurist geneigt, sie umstandslos auch als juristische Begriffe zu verstehen und zu interpretieren. Auf diese Weise hat man etwa die rechtlichen Abläufe als Zustandsbeschreibung und Kritik des Strafprozessrechts und der Justiz in der Habsburger Monarchie aufgefasst.

Das ist aber kurzschlüssig: Zum einen variieren die Bedeutungen eines Begriffs bei Kafka selbst; so sind im „Process" die niederen Gerichte von ganz anderer Beschaffenheit als das oberste Gericht, und auch in seinen Tagebucheintragungen spricht Kafka von verschiedenen Gerichten. Zum anderen werden die Begriffe aus dem Bereich des Rechts immer wieder erkennbar metaphorisch verwendet. „Gesetz" beispielsweise kann nicht nur für das weltliche (staatliche) und für das göttliche (mosaische) Gesetz, sondern auch für das Gewissen, für das Über-Ich, für das Absolute, für das Unendliche oder für das ganz Andere eingesetzt werden. „Schuld" hat neben einem juristischen einen religiösen, moralisch-ethischen und psychologischen Sinn.

Die Vieldeutigkeit der Texte und die Schwierigkeiten der Interpretation sind geradezu ein Konstruktionsprinzip von Kafkas Literatur; sie stellen „die Voraussetzungen für die Interpretation des Process-Romans dar" (*Oliver Jahraus*). Dadurch ist eben auch nicht ausgeschlossen, die Begriffe aus dem Bereich des Rechts mit spezifisch rechtlichen Inhalten zu füllen und eine juristische Interpretation zu versuchen.

III. Das juristische Problem

Das juristische Problem lautet: Kann das Recht die Macht begrenzen? Es ist offensichtlich, dass der Roman insgesamt von der Macht handelt. *Elias Canetti* hat über Kafka geurteilt: „Unter allen Dichtern ist Kafka der größte Experte der Macht. Er hat sie in jedem ihrer Aspekte erlebt und gestaltet." Und *Theodor W. Adorno* hat bildkräftig bemerkt, dass Kafka die „Schmutzspuren unter die Lupe" nehme, „welche von den Fingern der Macht in der Prachtausgabe des Lebensbuchs zurückbleiben."

Die Macht des Gerichts zeigt sich zum einen im äußeren Handlungsablauf: von der Verhaftung des K. im ersten Satz bis zu seiner Hinrichtung am Ende. Sie zeigt sich zum anderen darin, dass der Prozess, der vom Gericht gegen K. geführt wird, sein Denken und Handeln immer mehr bestimmt, ihn gewissermaßen aus der Bahn wirft. Sie zeigt sich darüber hinaus in den auf das Gericht bezogenen se-

xuellen Anspielungen (*Detlef Kremer* hat den „Process" als
„erotisches Zwangsuniversum" beschrieben), womit zum
Ausdruck gebracht wird, dass das Gericht ähnlich wie der
Geschlechtstrieb große Macht über den Menschen hat. Die
Aussichtslosigkeit der ständigen und vielfältigen Versuche
des K., sich gegenüber dem Gericht zu verteidigen, unterstreicht dessen Macht zusätzlich. In der Unterredung mit
dem Maler wird unverhüllt ausgesprochen, dass es „keine
wirkliche Freisprechung" gibt und der Einzelne kein Mittel
gegen diese Macht hat. Es ist diese Situation des der Macht
ausgeliefert Seins, das wohl alle Leser als den Roman prä-
gend im Gedächtnis behalten.

K. ist aber nicht nur der Macht ausgeliefert, er liefert sich
ihr auch noch selbst aus. Er lässt sich ja nicht nur so sehr
auf den Prozess ein, dass dieser nach und nach zur aus-
schließlichen Beschäftigung seines Lebens wird. Zugleich
unternimmt er nichts Entscheidendes, um den Rechtsstaat,
in dem er lebt, für sich in Anspruch zu nehmen; ein Kampf
ums Recht findet nicht statt. Am deutlichsten wird das
im letzten Kapitel. K. beobachtet die Vorgänge nur sorgfältig und bemüht sich, sie gefügig voranzubringen. Das
Auftreten der Polizisten „in nächster Nähe" nutzt er aber
nicht dazu, sie um Hilfe zu bitten; im Gegenteil „fing K.
zu laufen an". In keinem Moment des gesamten Prozesses
ringt sich K. zu einem Akt des Widerstands durch: „eine
Dialektik von Flucht und Anziehung durchzieht den Roman von Anfang an bis zum Ende" (*Eberhard Lämmert*).
Diese Anziehung führt zur Unterwerfung des K. unter die
Macht und zu seinem partiellen Aufgehen in ihr. Indem K.
die Macht gewissermaßen internalisiert, erscheint sie nur
umso bedrohlicher und ihre Bändigung aussichtsloser.

Das zeigt sich auch in der Türhüterlegende. Sie wird allgemein als Kern, Kondensat, Konzentrat, Kommentar oder
Interpretationsschlüssel des gesamten Romans angesehen.
Die Macht geht hier vom Gesetz aus, das schon im ersten
Kapitel als maßgeblich für die Handlungen des Gerichts
bezeichnet worden ist, das einen „unverlöschlichen Glanz"
ausstrahlt und als Durchführungsorgan den Türhüter besitzt, von dem es ausdrücklich heißt, dass er „mächtig" ist.

Die Macht des Gesetzes wird auch an der Hierarchie deutlich: Aufsteigend vom untersten Türhüter stehen an weiteren Türen „Türhüter einer mächtiger als der andere".

Einerseits repräsentiert also das Gesetz die Macht, andererseits soll es reale Machtausübung anleiten, steuern und begrenzen. Auch dies kommt am Anfang des Romans zur Sprache: K. vertraut auf den Rechtsstaat und die Geltung der Gesetze. Der Sache nach wird es in der Türhüterlegende wiederholt, wenn der Mann vom Lande denkt: „das Gesetz soll doch jedem und immer zugänglich sein". Die Allgemeingültigkeit der Gesetze und ihre Verbindlichkeit für die rechtsprechende und die vollziehende Gewalt sind das eine fundamentale Merkmal des Rechtsstaats. Das andere ist die Autonomie des Individuums mit der Zuerkennung subjektiver Rechte und dem Rechtsschutz. Die einprägsame Kurzformel dafür, dass im Rechtsstaat die staatliche Herrschaft durch das Recht und nicht nach dem Willen von Herrschern ausgeübt wird, findet sich in der Verfassung von Massachusetts von 1780: „government of laws and not of men". „Government" steht im Englischen nicht nur wie im Deutschen für die Spitze der Exekutive, sondern für die gesamte Staatsgewalt. Die Bindung von Beamten und Richtern an das Recht wird dadurch gewährleistet, dass das Gesetz als Ausdruck des Rechts nicht Einzelfälle, sondern eine unbestimmte Vielzahl künftiger Fälle regelt, dass es nicht während des Vollzugs geändert werden darf und dass es gegenüber allen Rechtsunterworfenen gleichheitlich angewendet wird.

Wenn der Türhüter den Eintritt in das Gesetz versperrt und bis zum Tod des Mannes vom Lande immer wiederholt, „daß er ihn noch nicht einlassen könne", wird die „rule of men" offenbar. Es liegt nahe, dies als Ausdruck der Ohnmacht des Menschen und der Unerreichbarkeit, der Illusion von Recht zu deuten. Widersprüche zu rechtsstaatlichen Grundgedanken liegen auch in der Einheit von Gesetz und Gesetzesvollzug, die die jüdische Gleichsetzung von Richtgewalt und Gesetz assoziiert, statt der Unterscheidung von Rechtsetzung und Rechtsanwendung sowie darin, dass der Eingang des Gesetzes „nur" für K. bestimmt war. Aber das

Spiel mit Widersprüchen ist ja gerade das Hauptmerkmal der Türhüterlegende. Ein Interpret hat insgesamt elf Paradoxe in der Erzählung ausgemacht, als letztes: „Sinn ist die Sinnlosigkeit" (*Aage A. Hansen-Löve*). Dasselbe müsste dann allerdings für derartige literaturwissenschaftliche Beiträge gelten …

Ein Paradox hat nämlich durchaus Sinn: Er liegt in der Schärfung des kritischen Bewusstseins und im Anstoß zu schöpferischem Denken. Neben der „rule of men" steht im Roman wie in der Türhüterlegende die „rule of laws". Und um die Problematik ihres Funktionierens geht es hier. Die Gesetze sind dem Menschen seit alters in Schrift entgegen getreten: von dem Codex Hammurapi, den in Keilschrift auf Säulen und Tontafeln festgehaltenen Rechtssätzen Babylons aus dem zweiten vorchristlichen Jahrtausend, über die Steintafeln mit den 10 Geboten, die Gott Moses auf dem Berg Sinai gegeben hat, bis zum Zwölftafelgesetz, der römischen Gesetzessammlung aus dem 5. vorchristlichen Jahrhundert, das auf zwölf bronzenen Tafeln auf dem Forum Romanum ausgestellt war. Die Maßgeblichkeit der Schrift wird in der Türhüterlegende und der anschließenden Unterredung zwischen dem Gefängniskaplan und Josef K. immer wieder angesprochen: Die Legende steht „in den einleitenden Schriften zum Gesetz". Der Geistliche beharrt auf dem „Wortlaut der Schrift", fordert „Achtung vor der Schrift", warnt vor der Veränderung des Wortlauts und betont: „Die Schrift ist unveränderlich."

Wohl ist die Schrift unveränderlich, nicht aber das Leben; Process kommt von lateinisch procedere = vorwärtsgehen. Was das Gesetz für jeweils neue Lebenssituationen vorschreibt, versteht sich nicht von selbst. Vielmehr muss das Gesetz ausgelegt und interpretiert werden; der griechische Ausdruck hierfür ist Exegese, und so hat Kafka selbst das Gespräch im Dom bezeichnet. Durch den gesamten Roman ziehen sich die Bemühungen des K. und die Schwierigkeiten des Verstehens; dass dies das zentrale Thema der Türhüterlegende ist, wird auf verschiedenen Ebenen vermittelt.

So wird die Türhüterlegende vom Geistlichen erzählt, um mit ihr dem K. klarzumachen, dass er sich im Gericht getäuscht habe; später ist auch vom „Mißverstehn" die Rede. Die Täuschung wird im Lauf des Gesprächs als nicht richtiges Auffassen und als nicht klar Sehen gekennzeichnet; die falsche Wahrnehmung ist das Risiko, das durch die Notwendigkeit der Auslegung entsteht, sowie das mögliche Ergebnis einer anders lautenden und nunmehr verbindlichen Auslegung. Sodann wird im Anschluss an diese Erzählung zwischen dem Geistlichen und Josef K. inhaltlich um die richtige Auslegung gerungen. Nicht zufällig hat Kafka selbst die Erzählung als „Legende" bezeichnet. Der Begriff leitet sich ab vom lateinischen legere = lesen und bezeichnet heute auch die Erläuterungen der Zeichen und Symbole auf einer graphischen Darstellung. Auch dies ist einer der vielen offenen und versteckten Hinweise auf das Thema des Erkennens und Verstehens.

Das Gespräch über den Inhalt der Türhüterlegende demonstriert die Schwierigkeit des Auslegens und Interpretierens. Während K. „sofort" meint, dass der Türhüter den Mann vom Lande getäuscht hat, hält der Geistliche mit Argumenten dagegen, die dem Juristen teilweise als klassische Auslegungsregeln geläufig sind: In der Geschichte stehe nichts von Täuschung (grammatische Auslegung), und der Anfang und das Ende der Geschichte müssten zusammengelesen werden (systematische Auslegung). Die ausführliche Darlegung der Pflichttreue des Türhüters stellt eine früher häufig praktizierte Berufung auf die Autorität des Auslegers (argumentum ex auctoritate) dar, auch wenn dies durch „Lücken im Charakter des Türhüters" gleich wieder relativiert wird.

Hierdurch wird sozusagen die zweite Runde der Argumentation eingeläutet. Denn nachdem sich K. immer noch nicht überzeugt zeigt, begründet der Geistliche eine weitere „Meinung nach welcher gerade der Türhüter der Getäuschte ist". In sehr spitzfindiger Weise behauptet er, dass der Türhüter sich über drei Dinge getäuscht habe: das „Innere des Gesetzes", die Überordnung des Türhüters gegenüber dem Mann vom Lande und das dauerhafte Offenstehen des

Tors zum Gesetz. So wird gezeigt, dass man einen Text genauso gut als A wie als non-A verstehen, die Auslegung also zu genau gegensätzlichen Ergebnissen führen kann. Diese Erfahrung gibt auch der unter Juristen geläufige Spruch wieder: „Vor Gericht und auf hoher See ist man in Gottes Hand."

Damit nicht genug folgt noch ein letzter Wechsel von Argumenten: Als K. meint, die Täuschung des Türhüters müsse nicht notwendig der Annahme einer Täuschung des Mannes vom Lande widersprechen, widerlegt der Geistliche die Prämisse, nach der K. den Widerspruch ausschließen will. So wird demonstriert, wie sich Argumentationen mehrstufig entwickeln und komplizieren, ja geradezu verknäueln. Als der Geistliche hierbei eine gegenüber seiner vorherigen Argumentation gegenteilige Aussage trifft, nämlich dass der Türhüter dem Mann nicht untergeordnet sei, kann Josef K. nur noch den Kopf schütteln. Der menschliche Verstand dankt ab, wenn das Gesetz, wie der Geistliche sagt, „dem menschlichen Urteil entrückt" ist. Dann gibt es auch kein Streben nach Wahrheit mehr, sondern nur noch die Einsicht in die Notwendigkeit. Mit der Feststellung des Dissenses über die Auslegung der Geschichte endet das Gespräch. Eine vergleichbare Unentschiedenheit (Unentscheidbarkeit?) folgt aus dem letzten Satz des Geistlichen in diesem Kapitel: „Das Gericht will nichts von Dir. Es nimmt Dich auf wenn Du kommst und es entläßt Dich wenn Du gehst."

Der erste Eindruck, dass die Türhüterlegende Recht als Illusion darstellt, wird also durch das anschließende Gespräch zwischen dem Geistlichen und K. bestätigt. Recht bedarf der Interpretation, aber diese führt nicht nur nicht zu einem eindeutigen, einzig richtigen Ergebnis, sondern ist unabschließbar (infinit): Jede Interpretation ist nur Interpretation einer Interpretation. Hermeneutik (die Lehre von der Auslegung) ist heillos. Das betrifft im Übrigen nicht nur die juristische, sondern auch die theologische (im Dom!) und philologische (Paradox!) Interpretation. Kafkas Roman beantwortet also die Ausgangsfrage so: Recht kann die Macht nicht begrenzen, weil das Recht der Schrift bedarf, die interpretiert werden muss, und diese Interpretation keine gültigen, die Grenze markierenden Ergebnisse hervorbringen kann. Kafka behauptet in seinem Roman „die Unmöglichkeit des Rechts" (*Klaus Lüderssen*). Aber das Werk zeugt zugleich, wie schon *Albert Camus* bemerkt hat, von einer unstillbaren Sehnsucht nach Recht.

IV. Das geltende Recht

Der Rechtsstaat des Grundgesetzes versucht im Zeichen dieser Sehnsucht das angeblich Unmögliche. Die Staatsphilosophie der Neuzeit hat zu der Einsicht geführt, dass alle Macht von Menschen über Menschen begrenzt werden muss, weil jede Macht die Gefahr des Missbrauchs in sich trägt. Das gilt für alle Bereiche menschlichen Zusammenlebens, Familie, Gesellschaft, Wirtschaft, besonders aber für politische Herrschaft. Der Grundgedanke des Rechtsstaats ist, dass das Recht die politische Herrschaft konstituiert und ihrer Macht dadurch Grenzen zieht. Der Rechtsstaat legitimiert sich dadurch, „möglichst weitgehend mit formalisierter, kontrollierbarer, sprachlich vermittelter konstitutioneller Gewalt auszukommen und möglichst wenig die deswegen entlegitimierende ‚bloße', d.h. die aktuelle Gewalt einsetzen zu müssen" (*Friedrich Müller*).

Das Grundgesetz nimmt verschiedene Traditionslinien des Rechtsstaatsverständnisses auf, führt sie zusammen und entwickelt sie gemeinsam fort: In Anknüpfung an das liberale Verständnis steht das Grundgesetz in der westlichen Grundrechts- und Verfassungstradition; es legt im Sinn des formalen Rechtsstaatsverständnisses Wert auf Gewaltenteilung sowie auf Formen, Zuständigkeiten und Verfahren und garantiert einen umfassenden Rechtsschutz; und schließlich gestaltet es in der Erkenntnis, dass der moderne Staat vielfach überhaupt erst die Bedingungen der Freiheit schaffen und sichern muss, einen sozialen Rechtsstaat aus. Daher kann die Bundesrepublik Deutschland als materialer oder substanzieller Rechtsstaat gekennzeichnet werden. Als Grundsatz ist der Rechtsstaat durch Art. 20 Abs. 2 und 3 GG garantiert und wegen Art. 79 Abs. 3 GG auch vor Verfassungsänderungen geschützt. Viele Einzelregelungen des Grundgesetzes gestalten das Rechtsstaatsprinzip weiter aus.

Es liegt auf der Hand, dass der im Roman beschriebene Prozess mit einem rechtsstaatlichen Gerichtsverfahren aber auch gar nichts zu tun hat. Um nur die allergröbsten Verstöße kurz zu benennen: Die Verhaftung verstößt gegen das Grundrecht der Freiheit der Person (Art. 2 Abs. 2, Art. 104 GG), das Verfahren gegen die Prozessgrundrechte des effektiven Rechtsschutzes (Art. 19 Abs. 4 GG), des gesetzlichen Richters (Art. 101 GG), des rechtlichen Gehörs (Art. 103 Abs. 1 GG) und des Verbots der Doppelbestrafung (Art. 103 Abs. 3 GG), außerdem gegen die nicht im Grundgesetz eigens genannten, aber vom Bundesverfassungsgericht auch wegen ihrer Normierung in der Europäischen Menschenrechtskonvention als Bestandteil des Rechtsstaatsprinzip angesehenen Garantien der Unschuldsvermutung, des Schuldprinzips, des Bestimmtheitsgebots, der Gerichtsöffentlichkeit und des fairen Verfahrens, das auch eine Entscheidung in angemessener Zeit umfasst. Verfassungsrang hat schließlich das Verbot der Todesstrafe (Art. 102 GG).

Zentral für die Beschränkung der staatlichen Macht ist Art. 20 Abs. 3 GG, wonach die vollziehende Gewalt und die Rechtsprechung an die Verfassung und an Gesetz und Recht gebunden sind. Gesetz bedeutet die geschriebenen Rechtsquellen des Parlamentsgesetzes, der Rechtsverordnung und der Satzung sowie das als ungeschrieben bezeichnete Gewohnheitsrecht, das aber kaum noch eine praktische Rolle spielt und wenn doch, dann regelmäßig auch schriftlich fixiert ist. Das zusätzlich zum Gesetz genannte Recht ist kein Verweis auf ein über diesen Rechtsquellen thronendes Naturrecht oder auf die Gerechtigkeit, weil dies die Bindung leerlaufen lassen würde; denn die Höherrangigkeit des Rechts gegenüber dem Gesetz könnte nur von Rechtsanwendern geltend gemacht werden, die ihrerseits gerade an das Gesetz gebunden sind.

Die so angeordnete Bindung wird ihrerseits durch eine Reihe von verfassungsrechtlichen Normen gesichert. An erster Stelle zu nennen ist das rechtsstaatliche Bestimmtheitsge-

bot. Es gebietet in den Worten des Bundesverfassungsgerichts, „dass eine gesetzliche Ermächtigung der Exekutive
zur Vornahme von Verwaltungsakten nach Inhalt, Zweck
und Ausmaß hinreichend bestimmt und begrenzt ist, so
dass das Handeln der Verwaltung messbar und in gewissem Ausmaß für die Staatsbürger voraussehbar und bere-
chenbar wird". Für das Strafrecht normiert Art. 103 Abs. 2
GG neben dem Bestimmtheitsgebot das Gebot, dass die
Voraussetzungen der Strafbarkeit und die Art der Strafe in
einem Parlamentsgesetz enthalten sein müssen, sowie das
Verbot für die Rechtsprechung, Straftatbestände oder Strafen durch Gewohnheitsrecht oder Analogie zu begründen.

Allerdings ist kaum eine Rechtsnorm so bestimmt, dass sie
nicht ausgelegt werden müsste. Verstärkt ist dies bei un-
bestimmten Begriffen und Normen (sogenannten General-
klauseln) der Fall. Da die Rechtsordnung aber nicht ohne
ihre Verwendung auskommt, werden sie allgemein für zulässig gehalten. Um auch hier die rechtsstaatliche Bindung,
die zugleich wegen der demokratischen Legitimation der
Staatsgewalt gefordert ist, zu gewährleisten, ist ein metho-
disches Arbeiten geboten. Eine rationale juristische Methodik ist also ein rechtsstaatliches Gebot. Die bis heute
ausgearbeitetste Fassung einer Juristischen Methodik hat
Friedrich Müller vorgelegt.

Juristische Methoden sind aber nur teilweise rechtlich vorgegeben und bedürfen im Übrigen der Anerkennung in
der Rechtsgemeinschaft. Das verschafft den klassischen
Auslegungsmethoden (grammatische, systematische, ge-
netisch-historische und teleologische Auslegung, die sogenannten canones) ihre andauernde Bedeutung. Äußerste
Grenze der Auslegung von Strafgesetzen ist nach der Rechtsprechung der Wortlaut, d.h. die möglichen Sinnvarianten
des Textes. In anderen Rechtsgebieten wird eine darüber
hinausgehende Rechtsfortbildung und Rechtsschöpfung,
auch Richterrecht genannt, zugelassen. Aber auch dort hat
das Bundesverfassungsgericht eine Grenze gezogen, wenn
sich eine Gerichtsentscheidung „mit keiner der anerkannten Auslegungsmethoden begründen" lässt.

Der Einsicht, dass die Interpretation von Texten kaum je einmal zu eindeutigen, einzig richtigen Ergebnissen führt, verschließt sich der Rechtsstaat nicht, aber weil zu seinen Grundgedanken auch die Rechtssicherheit zählt, begegnet er ihr mit Rechtsinstituten, die am Ende der Verfahren Entscheidungen durch Organe verlangen, die ihrerseits auf demokratische und rechtsstaatliche Weise eingesetzt sind, und die diese Entscheidungen rechtsverbindlich machen (Bestandskraft und Rechtskraft). Ein praktisches Hilfsmittel, immer wieder jedenfalls vorläufig für Rechtssicherheit zu sorgen, ist schließlich, anders als bei den vom Gefängniskaplan geschilderten Meinungen, bei den Juristen die sogenannte herrschende Meinung, an der sich die allermeisten der juristischen Entscheidungen orientieren.

Kapitel 4.
Schafft staatliches Recht Gerechtigkeit?

Werner Bergengruen: Der Großtyrann und das Gericht. Roman, 1935

I. Zusammenfassung des Inhalts

Der Roman steht unter dem Motto: Ne nos inducas in tentationem (Und führe uns nicht in Versuchung), und auch die Präambel nennt als dessen Thema die Versuchungen der Mächtigen und die Leichtverführbarkeit der Unmächtigen und Bedrohten. Der Roman spielt in Cassano, einem erfundenen italienischen Stadtstaat, der von dem Großtyrannen absolut beherrscht wird, seit dieser die Macht der Adeligen gebrochen hat. Jegliche Zeitangabe fehlt, doch hat der Autor in seiner Autobiographie den Hinweis gegeben, dass spätestens an das 15. Jahrhundert zu denken sei, weil die Geschehnisse ja nur in einer Zeit noch ungebrochener Gläubigkeit möglich seien.

Als Fra Agostino, ein Vertrauter des Großtyrannen, in dessen Garten ermordet aufgefunden wurde, beauftragte der Großtyrann den Vorsteher der Sicherheitsbehörde, Massimo Nespoli, den Täter in drei Tagen zu finden; andernfalls drohte er ihm die Entlassung und später sogar den Tod an. So unter Druck geraten präsentierte Nespoli, nachdem er keinerlei erfolgversprechende Spur fand, dem Großtyrannen eine geistesgestörte Selbstmörderin als Täterin, der dies jedoch als Hirngespinst entlarvte. In seiner Not offenbarte sich Nespoli seiner Geliebten Vittoria. Deren Gatte, Pandolfo Confini, ein Angehöriger des von dem Großtyrannen entmachteten Adels, war nach seiner Abwesenheit in der Mordnacht schwer erkrankt. Während einer Nachtwache gab Vittoria, hin- und hergerissen zwischen dem Gedanken, ihren Geliebten zu retten und den Gatten zu heilen, diesem „eine verworrene Tropfenzahl" eines der vielen bereitstehenden Medikamente. Nachdem der Priester Don Luca Pandolfo die Sterbesakramente gespendet hatte, verstarb dieser. Einen Tag später fanden Bedienstete eine Handschrift, worin der Verstorbene sich zum Mord an Fra Agostino bekannte. Die verschiedensten Gerüchte vergifteten mittlerweile das gesamte Klima in der Stadt.

Inzwischen war Diomede, der Sohn Pandolfos und Stiefsohn Vittorias, Jurastudent in Bologna, zurückgekehrt und entschlossen, mit allen Mitteln die Ehre der Familie wiederherzustellen und auch sein Erbe zu retten, drohte doch der Großtyrann, sämtliche Güter des angeblichen Mörders einzuziehen. Der Großtyrann ließ das Geständnis von dem zwielichtigen Rettichkopf begutachten, der es selbst im Auftrag Vittorias gefälscht hatte und nunmehr Vittoria zu erpressen versuchte, die aber die Fälschung zugab, um ihr Vermögen zu retten. Der Großtyrann versuchte von Don Luca Auskünfte über den Zustand Pandolfos kurz vor seinem Tod zu erhalten. Der Priester berief sich auf das Beichtgeheimnis, geriet aber durch die Redegewandtheit des Großtyrannen und durch dessen Androhung von Folter in Gewissensqual.

Diomede wollte für seinen Vater ein falsches Alibi besorgen und fand das schlecht beleumundete Perlhühnchen, das bereit war zu bezeugen, dass Pandolfo die Mordnacht mit ihr verbracht hatte. Als er dies dem Großtyrannen vortrug, äußerte dieser seine Zweifel, war aber zugleich von dem jungen Mann angetan, wie auch dieser sich von dem Großtyrannen fasziniert zeigte. So entwickelten sich ausgiebige Gespräche über die Grundlagen der absolutistischen Herrschaft in Cassano, über Recht und Rechtsprechung und über irdische und himmlische Gerechtigkeit.

Nach weiteren Fällen von Verdacht und Verrat, Lüge und Meineid geriet das Gemeinwesen durch allgemeines Misstrauen in eine gefährliche Unordnung, die sich bis zu Gewalttaten steigerte. Da meldete sich der Färber Sperone, ein frommer, armer Handwerker, „von dem die Leute sagten, daß er in der Nachahmung Christi stehe", und bezichtigte sich des Mordes an Fra Agostino, und zwar einzig und allein, um in Cassano wieder ein friedliches Leben herzustellen: Er begründete dies damit, dass es besser sei, dass ein Mensch stirbt, als dass die ganze Stadt umkommt.

Erschüttert berief der Großtyrann für den nächsten Tag das Gericht ein und bekannte in der Verhandlung, dass er selbst Fra Agostino wegen Verrats getötet hatte und danach die Menschen in Cassano auf die Probe stellen wollte. Auf den empörten Vorwurf von Don Luca, dass er so habe Gott gleich sein wollen, bat er die Anwesenden um Vergebung. Der Roman endet mit seiner Aufforderung, „unser Leben weiterhin zu ertragen, ein jeder nach seiner Weise. Denn dies wird ja von uns gefordert."

II. Der Autor und sein Werk

Werner Bergengruen (1892–1964) wuchs als Sohn eines Arztes zunächst im baltischen damals russischen Riga auf, besuchte dann das Gymnasium in Lübeck und Marburg und studierte Theologie, Geschichte, Germanistik und Kunstgeschichte in Marburg, München und Berlin, ohne einen Hochschulabschluss zu machen. Er nahm als Freiwilliger am 1. Weltkrieg und bis 1919 an den Kämpfen der baltischen Landeswehr gegen die Rote Armee, zuletzt im Rang eines Kornetts (entspricht Oberleutnant), teil. Nach der Eheschließung im Jahr 1919 arbeitete er als Redakteur und Übersetzer in Tilsit, Memel und Berlin. Von 1922 bis 1936 lebte er als freier Schriftsteller in Berlin und veröffentlichte eine große Zahl von Romanen und Erzählungen. 1936 trat er zum katholischen Glauben über. 1937 wurde er aus der Reichsschrifttumskammer ausgeschlossen. Bis er 1958 seinen letzten Wohnsitz in Baden-Baden nahm, lebte er in München, Tirol und Zürich. Er erhielt den Ehrendoktor der Universität München und wurde in den Orden „Pour le mérite" aufgenommen. Außerdem war er Mitglied in mehreren Kunst- und Wissenschaftsakademien.

Werner Bergengruen hat nach seinen eigenen Angaben in den „Schreibtischerinnerungen" und im „Rückblick auf einen Roman" das Motiv für das Werk schon 1926 in den Erzählungen „Tausend und eine Nacht" (19./20. Nacht: „Von den drei Äpfeln") gefunden: „der Sultan befiehlt seinem Wesir, einen rätselhaften Mord binnen drei Tagen aufzudecken, widrigenfalls ihm der Kopf vor die Füße gelegt werden solle." Sein Interesse an dem Motiv begründete Bergengruen wie folgt: „Seit je hat mich die Frage nach der Gerechtigkeit beschäftigt. Ich denke dabei nicht an die jedem Menschen von Natur aus eingepflanzte Art, sich über vorkommende Ungerechtigkeiten zu empören, eine Neigung, über der man bisweilen Gefahr läuft, alle Maßstäbe aus den Augen zu verlieren. Ich bin kein Querulant, kein Kohlhaas und kein Gastwirt Hahn. Aber es entsprach immer meiner Natur, mir Gedanken über das Spannungsverhältnis zwischen Recht und Macht, Gerechtigkeit und Staatsräson, Gerechtigkeit und Lebensanspruch zu machen und nach der unlöslichen Verbindung, aber auch nach dem unlöslichen Widerstreit zwischen göttlicher und menschlicher Gerechtigkeit zu fragen."

Erst 1933 und 1934 ist der größte Teil des Romans geschrieben worden, und zwar nach Bergengruens glaubhaftem Bekenntnis unter dem unmittelbaren Eindruck der Machtübernahme Hitlers und der Nationalsozialisten: „Plötzlich hatte die geplante Romanhandlung eine unheimliche, eine fürchterliche Aktualität. Einer ganzen Nation stellten sich die Fragen, die ich den Gestalten meines Buches zu stellen dachte. Allenthalben erwies sich die Leichtverführbarkeit der Unmächtigen und Bedrohten. Alle menschliche Freiheit war aufgehoben, über jedem hing die Drohung, und fast alle Teilnehmer der Macht, bis hinunter zum Kleinsten, erlagen der Versuchung des Gottgleichseinwollens. Ich befand mich in einem Zustande der Verzweiflung und Empörung über all das, was sich vor meinen Augen abspielte, und der brennenden Besorgnis über das, was von der nächsten Zukunft erwartet werden mußte. Jetzt verstand es sich von selbst, daß mein Buch nach der Antwort nicht nur auf immer anpochende Menschheitsfragen, sondern auch auf die konkreten Fragen der deutschen Gegenwart zu suchen hatte."

Anders als spätere Werke Bergengruens wurde „Der Großtyrann und das Gericht" in Deutschland nicht verboten, wohl aber in anderen faschistischen Staaten, darunter in Spanien, wo er bis zum Ende der Franco-Diktatur verboten blieb. Die Rezensionen in nationalsozialistischen Zeitschriften waren gespalten zwischen Ablehnung und

Zustimmung; aber entscheidend war dann, dass der Völki-
sche Beobachter als das führende Blatt den Großtyrannen
als „eine der Herrengestalten der Renaissance" bezeichnete und in dem Roman die Verherrlichung des Führers sah.
Diese Gleichsetzung hat Bergengruen „als eine Kränkung
meines Helden empfunden … wie hätte ich denn auf den
Gedanken kommen sollen, ein Hitler könnte eine seelische
Umkehr erfahren und erschüttert sich selber vor das Gericht des eigenen Gewissens stellen?" Und in der Tat wird
der Großtyrann als ein in vielem großartiger Mensch und
Herrscher geschildert.

Andererseits ist die Bezeichnung „Tyrann" ja keinesfalls
aus der Luft gegriffen. Er hat die Adelsverfassung gebrochen, gewaltsam die Macht an sich gerissen, und er herrscht
absolut, d. h. ohne Gewaltenteilung, Volksvertretung und
verbürgte Individualrechte, eben vollkommen willkürlich.
Die Zeitkritik, die der Autor im Rückblick für den Roman
reklamiert, ist jedenfalls sehr versteckt. Der Text war also
wirklich mehrdeutig: Er konnte sowohl als Verherrlichung
autokratischer Herrschaft und des Führerprinzips und
gleichzeitig als Anklage des Tyrannen und seines Macht-
missbrauchs gelesen werden. Es war aber allein eine solche
Mehrdeutigkeit, die es Gegnern des Nationalsozialismus
ermöglichte, überhaupt in Deutschland zu veröffentlichen.

Der Roman erfreute sich einer großen Beliebtheit beim Pu-
likum und war ein enormer Verkaufserfolg (von 1935 bis 1943
155.000, bis heute über eine Million Exemplare), der unter
den später sogenannten Autoren der inneren Immigration
nur von Ernst Wiechert übertroffen wurde. Er sprach viele
der Gebildeten an, die wie der Autor Gegner der Nationalsozialisten waren, aber weder die Kraft zum Widerstand
noch die Alternative eines Exils besaßen. Bergengruen
selbst interpretierte die Reaktion, die er von den Lesern bekam, so, dass „die entschiedene Absage an die Furcht ihnen
eine Rückgratstärkung gewesen sei in den Anfechtungen
einer Zeit, die mit der Furcht regieren zu können glaubte".
Benno von Wiese, damals um die 30 Jahre alt, hat bestätigt,
dass man „das Buch durchaus als eine getarnt kritische, für
uns jedoch unmissverständliche Auseinandersetzung mit

dem herrschenden Regime gelesen" und „mit Herzklopfen und Flüsterpropaganda" weitergereicht hat. Halt fanden Autor und Leser gemeinsam im christlichen Glauben, denn er allein konnte – das ist die Quintessenz des Romans und der Fatalismus vieler Zeitgenossen – den Tyrannen in seine Schranken weisen und die Schuld aller tilgen.

Auch in den ersten Jahrzehnten nach dem 2. Weltkrieg war man für die christliche Botschaft des Romans sehr empfänglich. Die meisten Bücher und Artikel über Werner Bergengruen aus jener Zeit verfuhren nach dem Motto: Gläubige huldigen Gläubigem. Man hatte viel Verständnis für die Beherrschten, „denen Gott im Stande fehlsamen Herrschertums die helfende Ordnung ihres irdischen Lebens gibt" (*Christine Bourbeck*). In der am weitesten verbreiteten Darstellung des Werks von Werner Bergengruen durch *Hans Bänziger* stand die religiöse Deutung ganz im Mittelpunkt; in der ersten Auflage von 1950 fehlte jeglicher Hinweis auf die politische Dimension des Romans.

Erst seit den 1970er Jahren wird das Werk Bergengruens und insbesondere sein bekanntestes Buch „Der Großtyrann und das Gericht" kritischer gesehen. Die Mehrdeutigkeit, die dem Autor auch den Beifall von Nationalsozialisten einbrachte, erschien nunmehr vielen als Makel. Der Beschränkung auf die Gottergebenheit wird vorgeworfen, dass sie jeglichen Gedanken an Widerstand versperrte und so die Gewaltherrschaft stabilisierte. Bergengruens positive Schilderung des Großtyrannen wurde als „Sublimierung des faschistischen Führerprinzips" und sein religiöser Konservativismus als unfähig bezeichnet, „eine entmystifizierende Darstellung des Faschismus" zu liefern (*Ralf Schnell*). In der Tat waren Gewährenlassen und Vergebung keine billigenswerten Reaktionen auf die sich ankündigenden ungeheuerlichen Verbrechen des nationalsozialistischen Regimes.

Demgegenüber ist in jüngster Zeit eine Gegenbewegung zu erkennen, die Werner Bergengruen ein größeres Verständnis entgegenbringt. Nicht ganz zu Unrecht hat etwa *Friedrich Denk* bemerkt: „Bergengruen hat die Bedingungen des Faschismus sehr genau reflektiert, um erfolgreich gegen ihn publizieren zu können. Die meisten seiner Kollegen haben sich erst nach 1945 antifaschistisch geäußert, als es erstens kein Risiko mehr war und zweitens zu spät."

III. Das juristische Problem

Das juristische Problem lautet: Schafft staatliches Recht Gerechtigkeit? Gerechtigkeit ist das wichtigste Ziel für ein gelingendes, friedliches menschliches Zusammenleben, vor allem in größeren sozialen Verbänden wie dem Staat. In allen Kulturen und geschichtlichen Epochen findet sich die Vorstellung, dass Gerechtigkeit ein notwendiges Merkmal von Herrschaft ist: „iustitia fundamentum regnorum". Auch heute erwartet jeder vom Recht, dass es der Gerechtigkeit dient, sie zu verwirklichen bestimmt ist. Die Gerechtigkeit soll also die Herrschaft legitimieren. Von *Augustin* stammt der berühmte Satz, dass Staaten ohne Gerechtigkeit nichts anderes sind als große Räuberbanden (remota iustitia quid sunt regna nisi magna latrocinia). Doch was bedeutet Gerechtigkeit? Besonders bei der Lösung konkreter gesellschaftlicher Konflikte zeigt sich schnell, dass jeder seine eigene Vorstellung von Gerechtigkeit hat. Man spricht deshalb auch von den vielen Gerechtigkeiten oder der stets relativen Gerechtigkeit.

Gleichwohl lässt sich ein Kern von Gerechtigkeitsvorstellungen benennen. Es geht um einen fairen, angemessenen, unparteilichen und umfassenden Interessenausgleich zwischen den Menschen, jeweils einzeln sowie in und zwischen unterschiedlichen Gruppen von Menschen. Dass es dafür des Rechts bzw. der Rechtsordnung bedarf, dass also das Recht eine notwendige Bedingung der Gerechtigkeit ist, kann nicht bezweifelt werden. Aber sorgt das Recht auch allein und zwangsläufig für Gerechtigkeit, ist es also zugleich eine hinreichende Bedingung? Oder kann das Recht auch die Gerechtigkeit beeinträchtigen oder gar verhindern, so dass es ungerechtes Recht gibt? In diesem Fall bedarf es einer anderen Größe, um Gerechtigkeit herzustellen. Diese andere Größe hat man, seit es Rechtsdenken auf der Erde gibt, in einem natürlichen Recht oder Naturrecht gefunden, das zu dem dann positives, gesetztes oder Gesetzesrecht genannten Recht hinzutritt und es um des Zieles der Gerechtigkeit willen auch korrigieren kann oder sogar muss. In der Neuzeit geschieht die Setzung bzw. Positivierung durch den Staat. Um Naturrecht versus Rechtspositivismus dreht sich seither die rechtstheoretische Debatte, die aber auch – wie noch zu zeigen sein wird – ihre aktuelle verfassungsrechtliche Seite hat.

In Bergengruens Roman vertritt Diomede den Standpunkt des Naturrechts, den „ewigen und unverrückbaren Maßstab des Rechts", der „unabhängig von allen Bedürfnissen eines Gemeinwesens, eines Geschlechts oder eines Einzelnen" ist. Die Verbindung mit dem Christentum, das das naturrechtliche Denken zunächst hervorgebracht hat und bei seiner Renaissance in Deutschland nach dem 2. Weltkrieg tragend war, wird mit der Bezeichnung „himmlische Gerechtigkeit" deutlich hervorgehoben. Der Maßstab des Naturrechts ist so unabhängig von staatlichem Recht, dass es allein über das Vorliegen von Recht oder Unrecht entscheidet; denn eine Justiz, die sich daran orientiert, „was einem menschlichen Gemeinwesen oder einer Staatsform für einige Augenblicke zuträglich erscheint", würde „Unrecht … sprechen statt Recht". Diomede beruft sich hierfür auf das lateinische Rechtssprichwort „fiat iustitia, pereat mundus", das er übersetzt mit „die Welt gehe unter, die Gerechtigkeit nehme ihren Lauf!".

Die Unbedingtheit des Strebens nach Gerechtigkeit, die Diomede hier vertritt, kann positiv oder negativ verstanden werden. Heute ist die negative Deutung im Sinn eines Gerechtigkeitsfanatismus, dem der Weltuntergang gleichgültig ist, verbreitet. Im 16. Jahrhundert, für das der Satz erstmals verbürgt ist, war er dagegen positiv gemeint. Papst Hadrian VI. soll es mit diesem Grundsatz abgelehnt haben, das Verfahren gegen einen hochgestellten Mörder niederzuschlagen. Im gleichen Sinn hat Immanuel Kant ihn in seiner Schrift „Zum ewigen Frieden" von 1795 wie folgt übersetzt: „Es herrsche Gerechtigkeit, die Schelme in der Welt mögen auch insgesamt darüber zu Grunde gehen." Nochmals anders wird er mit der Formulierung „fiat iustitia, ne pereat mundus" gewendet; dann soll es Gerechtigkeit geben, *da-*

mit die Welt im Sinn des wohlgeordneten Gemeinwesens
nicht untergeht. Diomede und der Großtyrann unterlegen
dem Satz ebenfalls ein positives Verständnis, nur lässt der
Großtyrann bei der Gerechtigkeit außer Gottes Wille auch
die „Wohlfahrt des Staatswesens" und damit das (allerdings
allein von ihm erlassene) positive Recht einfließen.

Den Gegenpart zu Diomede, den der Großtyrann einnimmt, hatte er schon zu Beginn des ersten Gesprächs
angedeutet, als er Diomede mit der Frage provozierte, ob
es eine „irgendwo über den Wolken schwebende Gerechtigkeit" gebe. Dem schließt sich die rhetorische Frage an,
ob nicht das durch den Großtyrannen verwirklichte Staats-
wohl „auch zum Nutzen jener himmlischen Gerechtigkeit"
sei. Am Ende dieses Gesprächs zieht der Großtyrann Dio-
medes Einsatz für die Gerechtigkeit effektvoll aber auch ein
wenig perfide dadurch in Zweifel, dass er unterstellt, dass
es dem Diomede weniger um die Gerechtigkeit als „um das
Erbvermögen des Hauses Confini" gehe. Dahinter scheint
die Einsicht auf, dass rechtliche Argumentationen stets von
materiellen Interessen mitbestimmt sind, wie überhaupt
grundsätzliche Unterscheidungen im Recht, etwa zwischen
dem Schaffen und Interpretieren der Gesetze und dem Finden und Begründen von Entscheidungen, von Bergengruen
gut erfasst werden.

Erkannt wird in dem Roman auch, dass die entscheidende
Frage beim Naturrecht die ist, wie es festgestellt wird. Darauf hat der Großtyrann eine einfache Antwort: Er selbst
ist „die Quelle des Rechtes in dieser Stadt und ihrem Um-
kreise und damit auch der Herr über seine Auslegung", und
dadurch verwirkliche er zugleich das göttliche Recht, also
die Gerechtigkeit. Denn bezogen auf den Herrscher heißt
es am Ende des zweiten Gesprächs: „Es wird ein Stück von
Gott selbst wohl in ihm sein."

Mit dieser Antwort werden die demokratischen und
rechtsstaatlichen Sicherungen gegen Macht und Herrscher-
willkür, die in den letzten Jahrhunderten entwickelt worden sind, hinfällig: Einen Willen des Volks muss man nicht
durch Wahlen ermitteln, weil der Herrscher der – wenn
auch verborgene – Wille des Volkes ist. Politische Parteien

stören nur bei der Verwirklichung des Gemeinwohls durch einen Herrscher, dessen starke Hände „nicht rein bleiben dürfen". Eine Herrschaft ist schon dadurch gerechtfertigt, dass sie Sicherheit für die Menschen gewährleistet und ihnen die Möglichkeit nimmt, „mit gegenseitig geübter Gewalttat sich untereinander den Ertrag aller Mühsal wieder zunichte zu machen", mit anderen Worten: dass sie das staatliche Gewaltmonopol errichtet. So wird der Herrscher auch der wahre Repräsentant des Staates; denn das Volk „hat auch den Willen, ein erhöhtes Bild seiner selbst zu gewinnen". Um dieser Ziele willen ist auch der Verfassungsbruch, den der Großtyrann bei der Beseitigung der Adelsherrschaft begangen hat, gerechtfertigt. Entscheidend ist dann nur, dass „eine wirkliche Herrschaft sich aufgerichtet hat".

Für einen heutigen Verfassungsrechtler klingt das einerseits brutal autoritär und reaktionär und andererseits ungeschminkt positivistisch; denn auf diese Weise wird der Gegensatz von Recht und Gerechtigkeit, positivem Recht und Naturrecht aufgehoben und schafft staatliches Recht in der Tat Gerechtigkeit. Doch ist der größere Rahmen zu bedenken, in dem diese Gespräche zwischen dem Großtyrannen und Diomede eingebettet sind und von dem bisher abstrahiert wurde. Dies ist der christliche Glaube an eine göttliche Ordnung alles Irdischen. Schon gleich am Anfang heißt es, dass alles Recht eine göttliche Quelle hat und alles menschliche Rechts- und Staatswesen durch die Frömmigkeit bedingt ist. Und so geht es weiter: Gott schlichtet, Gott verhängt, Gott ist Spruch und Widerspruch in einem, und der Herrscher ist „ein Abbild Gottes". Dies erscheint nur vorübergehend als wahnwitzige Selbstüberhebung; denn das Romanende will die Richtigkeit dieser Sicht beweisen. Gott sorgt nämlich dafür, dass alles wieder gut wird: Er schickt Sperone „in der Nachahmung Christi", der aus Liebe und Glaube zum Opfertod für die Menschen bereit ist und der auch den Großtyrannen dazu bringt, um Vergebung für den Missbrauch seiner Macht zu bitten. Auf diese Weise hat der Herrscher und damit das staatliche Recht, als „ein Stück von Gott selbst" Gerechtigkeit geschaffen.

IV. Das geltende Recht

In Art. 20 Abs. 3 GG heißt es: „die vollziehende Gewalt und die Rechtsprechung sind an Gesetz und Recht gebunden". Nach verbreiteter Auffassung wird hiermit das Spannungsverhältnis zwischen positivem Recht und Gerechtigkeit zum Ausdruck gebracht. Der Grundgesetzgeber habe mit dieser Formel vor dem Hintergrund der nationalsozialistischen Gewaltherrschaft sicherstellen wollen, dass das Gerechtigkeitsprinzip alles Handeln der Exekutive und Judikative bestimmen solle und dass darüber hinaus auch das Gesetz bei einem unerträglichen Widerspruch zur Gerechtigkeit zurückzutreten habe.

In diesem Sinne sieht auch das Bundesverfassungsgericht in ständiger Rechtsprechung die materielle Gerechtigkeit als Bestandteil des Rechtsstaatsprinzips. Die Berufung hierauf dient zwar häufig nur der Bestätigung und Bekräftigung eines im Wesentlichen auf eine konkrete Verfassungsnorm gestützten Ergebnisses. Die materielle Gerechtigkeit hat aber in einigen Fällen durchaus schon normative Kraft entfaltet. Das beste Beispiel ist die strafrechtliche Verurteilung der sogenannten Mauerschützen, also der DDR-Grenzsoldaten, die nach dem Beitritt der DDR zur Bundesrepublik Deutschland wegen ihrer auf fliehende DDR-Bürger abgegebenen Schüsse wegen (versuchten) Totschlags verurteilt worden sind. Da sie bei ihren Taten im Einklang mit dem damals bestehenden DDR-Recht handelten, stand der Verurteilung eigentlich das Verbot rückwirkender Strafbegründung und Strafschärfung gem. Art. 103 Abs. 2 GG entgegen. Das Bundesverfassungsgericht hat die strafrechtliche Verurteilung der Mauerschützen auf anderem Wege zu rechtfertigen versucht: In dem Konflikt zwischen dem Rückwirkungsverbot des Art. 103 Abs. 2 GG und dem rechtsstaatlichen Gebot materieller Gerechtigkeit müsse „in dieser ganz besonderen Situation", in der die Strafbarkeit für Mord und Totschlag durch Rechtfertigungsgründe ausgeschlossen war, die als „extremes staatliches Unrecht" anzusehen seien, der strikte Schutz von Vertrauen durch Art. 103 Abs. 2 GG zurücktreten. Diese Entscheidung ist abzulehnen, weil die Verfassung keine ungeschriebenen Ausnahmen für besondere Situationen kennt.

Darüber hinaus begegnet der Rückgriff auf die Gerechtigkeit als überpositives Recht, durch den das positive Verfassungsrecht durchbrochen und parlamentarische Gesetze für nichtig erklärt werden können, schwerwiegenden rechtlichen Bedenken. Einerseits ist ein solcher Rückgriff nicht möglich, weil ein solches überpositives Recht von einem Staatsorgan behauptet und festgestellt werden müsste, das selbst gerade durch das gesetzte Recht gebunden ist. Die Wertung als „extremes staatliches Unrecht" bringt lediglich die subjektiven Urteile und Vorurteile der Bundesverfassungsrichter zur Geltung. Andererseits ist ein solcher Rückgriff auch nicht erforderlich, weil die wesentlichen Kriterien der Gerechtigkeit, auf die sich das abendländische Denken hat verständigen können, im Verfassungsrecht der Moderne zu gesetztem Recht geworden sind. Als die DDR-Bürgerrechtler nach der Wende klagten: „Wir wollten Gerechtigkeit und haben den Rechtsstaat bekommen", haben sie ungewollt eine zutreffende Beobachtung gemacht.

Dass der Rückgriff auf Naturrecht als überpositives Recht nicht erforderlich ist, folgt auch aus der in den letzten Jahrzehnten einflussreichsten Theorie der Gerechtigkeit von *John Rawls*, die eine moderne Version des aufgeklärten Vernunftrechts darstellt, das den Verfassungsstaat der Moderne hervorgebracht hat. *Rawls* hat eine „Theorie der Gerechtigkeit als Fairneß" formuliert. Sie baut auf den alltäglichen Gerechtigkeitsvorstellungen auf und entwickelt verschiedene Bedingungen und Verfahren, in denen diese als verbindlich anerkannt werden können. Dazu gehört der „Schleier des Nichtwissens", der als „original position" die fiktive Situation bezeichnet, in der die Menschen über die zukünftige Gesellschaftsordnung entscheiden können, ohne selbst zu wissen, wo sie selbst sich in dieser Gesellschaftsordnung später befinden werden. „Die Entscheidung, die vernünftige Menschen in dieser theoretischen Situation der Freiheit und Gleichheit treffen würden, bestimmt die Grundsätze der Gerechtigkeit." Der „Schleier des Nichtwissens" hat es bis in eine Entscheidung des Bundesverfassungsgerichts gebracht.

Im heutigen Verfassungsrecht sind die Werte festgeschrieben, die die Philosophie der Aufklärung für einen gerechten Interessenausgleich zwischen den Menschen und damit für ein gutes Zusammenleben in der Gesellschaft herausgearbeitet hat. Die philosophischen Kriterien der Gerechtigkeit, nämlich Selbstbestimmung als Ausdruck von Menschenwürde und Freiheit, Gleichheit, Verhältnismäßigkeit und Rechtssicherheit, sind allesamt geltendes Verfassungsrecht des Grundgesetzes. Durch die Bindung aller staatlichen Gewalt an die Grundrechte des Grundgesetzes sowie deren Konkretisierung und Fortentwicklung in der Rechtsprechung des Bundesverfassungsgerichts, das von jedem Bürger bei Grundrechtsverletzungen angerufen werden kann, wird jedes Problem, das früher als Problem der Steuerung und Korrektur des positiven Rechts durch das Natur- oder Vernunftrecht behandelt wurde, heute zum Grundrechtsproblem. Es ist also das positive (Verfassungs-)Recht, das Gerechtigkeit schafft.

Die Gerechtigkeit ist auch nicht notwendig die himmlische Gerechtigkeit. Der Verfassungsstaat der Moderne und mit ihm das Grundgesetz schützt neben der Religionsfreiheit mit gleichem Rang die Weltanschauungsfreiheit, und er schützt beide in einer umfassenden Weise, insbesondere sowohl als positive wie als negative Freiheit. So darf jeder an eine Religion, gleichgültig welche, glauben oder nicht glauben, sie bekennen oder nicht bekennen, glaubensgeleitet oder nicht glaubensgeleitet handeln. Daher ist jeder auch frei, eine himmlische Gerechtigkeit für das Gelingen des menschlichen Zusammenlebens anzunehmen. Nur der Staat und seine Organe dürfen nicht einen bestimmten Glauben oder eine bestimmte Weltanschauung zum Maßstab für ihre Handlungen nehmen. Denn aus der Religions- und Weltanschauungsfreiheit des Art. 4 Abs. 1 und 2 GG zusammen mit den religiösen und weltanschaulichen Diskriminierungsverboten der Art. 3 Abs. 3 S. 1 und 33 Abs. 3 GG sowie dem Verbot der Staatskirche gem. Art. 140 GG in Verbindung mit Art. 137 Abs. 1 der Weimarer Reichsverfassung folgt das Gebot der religiös-weltanschaulichen Neutralität des Staates.

Kapitel 5.
Wirkt Recht im Krieg?

Arnold Zweig: Der Streit um den Sergeanten Grischa. Roman, 1927

I. Inhalt und Text

Der Roman spielt zwischen März und November 1917 in dem vom Deutschen Reich besetzten Kurland, das Litauen sowie Gebiete in Nordpolen und Westweißrussland umfasst. Oberste Behörde der deutschen Besatzungsmacht hier ist der Oberbefehlshaber Ost, kurz Ober-Ost oder Ob.-Ost genannt. Die Behörde leitet der Generalquartiermeister Alfred Schieffenzahn, der dem historischen Generalquartiermeister in der Obersten Heeresleitung während des Ersten Weltkriegs, Erich Ludendorff, nachgebildet ist und dessen imperialistische Einstellung durch die Assoziation seines Namens mit dem „Schlieffenplan" unterstrichen wird (nach anderen soll der Name auf mangelnde Potenz verweisen).

Der russische Sergeant Grischa Iljitsch Paprotkin flieht aus einem deutschen Kriegsgefangenenlager, um nach Hause zu Frau und Kind in Litauen zu kommen. Auf dem langen Weg nach Osten schließt er sich einer Partisanengruppe in den Wäldern an. Deren Anführerin Babka rät Grischa, bei Gefangennahme durch die Deutschen sich unter der neuen Identität des gefallenen, vor den Bolschewiken geflohenen russischen Soldaten Bjuschew als Überläufer auszugeben. Grischa wird tatsächlich aufgegriffen und vom Kriegsgericht der Division in Merwinsk zum Tode verurteilt. Grundlage des Urteils ist ein Erlass von Schieffenzahn, wonach Überläufer, die sich nicht innerhalb von drei Tagen den deutschen Stellen offenbaren, als Spione zum Tode verurteilt werden. Der jüdische Kriegsgerichtsrat Dr. Posnanski, im Zivilberuf Rechtsanwalt in Berlin, der Divisionskommandeur General Otto von Lychow, ein 72-jähriger Märkischer Junker, und sein Adjutant und

Neffe, Oberleutnant Winfried, haben keine Zweifel an der Rechtmäßigkeit des Urteils:

Der Fall Bjuschew liege vollkommen klar, berichtete der Kriegsgerichtsrat dienstlich, ohne jedoch das Gemütliche und Menschliche im mindesten zu verleugnen. Sie saßen alle drei, rauchten alle drei und wandten sich unbehindert durch den langsam in Abendfarben strahlenden Spätnachmittag dem Papier zu, in dem ein Schicksal knisterte. „Der Fall Bjuschew liegt vollkommen klar", wiederholte Posnanski und öffnete aus seiner Mappe ein Aktenstück. Die Ortspolizei habe den russischen Infanteristen Ilja Pawlowitsch Bjuschew vom siebenundsechzigsten Infanterieregiment ungefähr hundertsechs Kilometer hinter der Front in der Umgegend von Merwinsk, draußen in der Datschenvorstadt, in einem leeren Hause einquartiert, schlafenderweise gefangen genommen. Weil er zugab, seit Wochen hinter der Front umhergeschlichen zu sein, in der durchaus glaubwürdigen Absicht, seinen Weg bis nach Wilna zu nehmen, wo in Antokol seine Mutter wohne, und weil er mit gewissem Stolze darauf bestand, seinen Weg des Nachts und ohne Beihilfe von den Drahtverhauen bis jenseits Merwinsk gemacht zu haben, was der Feldjägerei ja kein Kompliment bedeute, ihm aber, einem russischen Sergeanten, durchaus zuzutrauen sei, sei ihm nicht zu helfen gewesen. Aus all dem spreche der klare Sachverhalt, auf den sich der Erlaß des Oberstkommandierenden von Ende Februar diesen Jahres beziehe. Danach sei jeder russische Überläufer, der sich nicht innerhalb dreier Tage nach seinem Übertritt auf das von den deutschen Heeren besetzte Gebiet bei der nächsten Ortskommandantur, dem nächsten Truppenbefehlshaber oder Feldwachtkommando melde, unverzüglich vors Kriegsgericht zu stellen und innerhalb vierundzwanzig Stunden nach Urteilsfällung als der Spionage überführt zu erschießen. Nach dieser in deutlichen Sätzen vorgetragenen Feststellung schwiegen die Männer einen Augenblick, und alle drei dachten das gleiche: den Namen Schieffenzahn. „Das ist Schieffenzahn", sagte von Lychow nachdenklich, „und sein gesunder Sinn. Drüben zersetzt sich das Heer, und der Generalmajor sucht unter allen Umständen Ansteckung unserer Leute durch Kriegsmüdigkeit, Aufruhrgeist, die freche Insubordination zu verhindern. Soldatenräte! Er will Bazillenträger ausrotten." „Genau das", sagte Oberleutnant Winfried, „nur weiß ich nicht, ob das so geht. Und wenn es ginge, ist es gescheit?" Von Lychow blätterte leicht in den Akten. Der Sachbericht der beiden Verhöre und der Verhandlung fesselte ihn anscheinend.

Arnold Zweig

Dann ließ er die Blätter sinken und sagte: „Lieber Gott, wer darf im Grunde hier von Spionage reden? Wollte der Mann auf irgendeine Weise rückwärtsfunken, was er bei uns gesehen hat? Keine Rede. Heimweg nach Antokol, ich glaube es glatt. Der Mann wird erschossen, weil er ohne Erlaubnis von seiner Truppe wegläuft, um nach Hause zu kommen, und unserer Mannschaft ein schlechtes Beispiel gibt. Kriegsmüde sind sie alle, wir wollen uns doch nichts vormachen. Hat Schieffenzahn mit dem Erlaß wieder einmal ins Schwarze getroffen? Ich werde mich hüten, von meiner Dienstvorschrift abzuweichen. Hart bleibt's dennoch", sagte er halb abwesend, denn er dachte im Augenblick an die untadelig ausgerichteten Reihen des besichtigten Bataillons; an die schnurrbärtigen und die bartlosen Jungens im Stahlhelm, die eine unerschütterliche Mauer grauer Gewehre und heller Gesichter vor ihm aufbauten, um deren Essen er sich gesorgt, für deren Gesundheit er sich verantwortlich fühlte, deren Geduld er durch eine Rede mit dem Hinweis auf baldigen Frieden zu stärken versucht hatte.

Der Kriegsgerichtsrat sagte halb vor sich hin: „Ich sehe überhaupt keine Möglichkeit, Sinn oder nicht, von einer Verurteilung Abstand zu nehmen. Daß mir Blutdurst nachgesagt werden könnte, glaubt selbst mein Schießeisen nicht. Das Kriegsgericht der Division wirkt wie ein Räderwerk. Hat es den Mann einmal gegriffen, so zieht es ihn durch seine Schraubengänge und entläßt ihn als Leiche. Wenn einer mich freilich fragte, Exzellenz, ob die ganze Sache sinnvoll sei, dieses Gerichtspielen, dieses Strafgesetzbuch, dieser ganze grenzenlose Kohl von Gesetzmacherei, so bin ich bereit, Exzellenz meine Überzeugung keinen Augenblick vorzuenthalten. Nur müssen wir, wenn Exzellenz zustimmen, Revolution von oben machen."

„Um Gottes willen", sagte die Exzellenz, da Oberleutnant Winfried lachte, „Revolution, das Wort schmeckt mir eklig."

„Damit", fuhr Doktor Posnanski unerschütterlich fort, „bestreiten wir nämlich die Grundlagen. Rechtsgesetze aus andern als ethischen Gründen sind unsittlich. „Es ist dir gesagt, o Mensch, was gut sei, und was dein Gott von dir fordert." Alles, was wir hier und anderwärts im besetzten Gebiet mit Rechtskraft anschlagen, ist Verordnung, also Blague. Wenn wir als obersten Zweck unserer Gesetzgebung nicht die Sicherheit der herrschenden Ordnung zugeben, schwindeln wir in unsere edlen Gesichtszüge hinein. So aber die Tatsachen, für die eine Verordnung erlassen wird, klar dastehen, wie in vorliegendem Falle, müssen wir entweder das Ganze oder gar nichts beanstanden. Ich stelle mich Euer Exzellenz für einen derartigen Kleinkrieg gegen Ober-Ost bedingungslos zur Verfügung. Wir werden damit", setzte er in einer Ironie fort, die aus leidendem Herzen kam, „wir werden damit ein erhabenes Beispiel geben und den Gesetzemachern unter den Heerführern aller Nationen den Todesstoß versetzen – wofern wir durchdringen."

„Um Gottes willen", sagte von Lychow wieder, „ich und erhabenes Beispiel, ich und Todesstoß versetzen! Ich bin ein preußischer General und tue, was meine Pflicht ist. Nicht blindlings, denn wir Junker haben Augen im Kopfe und sehen den Dingen auf die Leber, aber wat sien möt, möt sien. Der Mann mag bedauernswert in seiner Falle sitzen. Wir haben die größeren Dinge zu bedenken: Mannszucht, Preußen, Reich. Was kommt es da auf einen Rußki mehr oder weniger an?" Und man hörte in der Stille der werdenden Dämmerung die Federzüge kratzen, mit denen der oberste Gerichtsherr der Division den Fall Bjuschew seiner natürlichen Erledigung zuführte.

Als sich kurz darauf der wahre Sachverhalt herausstellt, entbrennt der Streit um den Sergeanten Grischa. Das Kriegsgericht unter Posnanski hebt das Urteil auf und schickt die Akte an den Ober-Ost zur Ermittlung der Zuständigkeit für die Bestrafung Grischas wegen des wesentlich geringeren Vorwurfs des Ausbruchs aus dem Kriegsgefangenenlager. Schieffenzahn beharrt jedoch auf der Erschießung von Grischa, weil „geltend gemacht werden muß, daß die juristische Seite des Falles hinter der militärpolitischen entscheidend zurückzutreten hat. Im Interesse des Ansehens unserer Rechtsprechung und unter dem Gesichtspunkt der militärischen Disziplin muß die für den Angeklagten eingelegte Revision als unbegründet und dem Gesamtinteresse schädlich verworfen werden." Die Militärführung befürchtet nämlich eine Ausbreitung revolutionären Gedankenguts aus Russland und eine Schwächung der Kampfmoral der Truppe. Posnanski empört sich darüber, dass „jenseits von Krieg und Frieden ein Unschuldiger mit Hilfe des Rechtsapparats der Division … feierlich ermordet werden" soll. Auch Lychow ist über die Einmischung Schieffenzahns in die ihm allein zustehende Gerichtshoheit ungehalten, weil „ein fremder Wille, ungesetzlich einbrechend die Entscheidung über Recht und Unrecht in seinem Bezirke anzutasten (unternahm)". Lychow fährt nach Brest-Litowsk, um persönlich bei Schieffenzahn zu protestieren:

Lychow fragte einleitend, ob denn der Herr Generalquartiermeister von dem Fall angemessen unterrichtet sei; daß hier auf
unmögliche Weise in die Justizhoheit der Division eingegriffen
und ein Gerichtsverfahren von vorbildlicher Sachlichkeit ver-
hohnepiepelt werde. Schon hier floß Schärfe in seinen Ton; aber
Schieffenzahn, mit dem milden, öligen Lächeln des verzeihenden
Jüngeren, versicherte:
    Er habe in den letzten Tagen die Akten selber nochmals durch-
gesehn, und er begreife nur nicht, was Exzellenz an der Entscheidung auszusetzen habe, die sein Kriegsgerichtsrat ihm nach genauer Überlegung vorgeschlagen, und die er billige.
    Zwischen den beiden Gegnern dehnte sich ein Schreibtisch:
Tintenfaß im Gußstahlboden einer Feldgranate, Aschenbecher
aus gequetschter messingner Kartusche, Briefbeschwerer aus
kupfernen Führungsringen gearbeitet, und einige große, entsetzlich zackige Sprengstücke, wie man sie „vorne" überall auflas.
Rechts das Telefon, ein Berg mit Gabel, links Akten des Falles
Ukraine, und in einer Schale aus schwarzer Preßpappe mit gol-
denen Sternchen Füllhalter, die Kopierbleis, die großen Bunt-
stifte, rot, grün und blau, und die Bleistifte mit der berühmten
groben Spitze der Schieffenzahnschen Randbemerkungen. Von
Lychow schien, der Tisch werde immer breiter. Wie am Rande
eines Erdteils saßen sie einander gegenüber; einer flachen Steppe
bevölkert von Pygmäen, winzige Stäubchen, Menschen genannt,
und er und Schieffenzahn, der da drüben, aufgebläht zur Wucht
von Kolossen, hockten oder ragten feindlich gegeneinander an
den Rändern dieser Welt. Er fühlte, er hätte nicht hierherkommen
dürfen. Diesem feistbäckigen Jüngeren gegenüber war er offenbar der Schwächere, vielleicht nur heute, wo er sich krank fühlte, vielleicht gerade weil er das Recht auf seiner Seite wußte. Wer
Recht anerkennt, erkennt Grenzen an, sann er, versunken schon,
bevor er den Kampf noch recht begonnen; wer Recht achtet, dem
sind die Gartenbeete seines Nachbarn heilig. Wer's nicht achtet,
wohnt vielleicht drei Etagen tiefer, aber dickhäutig, stumpfstirnig
tummelt er sich munter in Gebieten, die ihm längst verboten sind;
und was kümmert er sich um Verbote. Ich habe einen ungeheuren
Fehler gemacht; aus der Ferne kämpft man besser ... Dann ärgerte
er sich über diese „Abgespanntheit", und indem er eine Zigarette festklopfte, die er seiner eigenen Dose entnahm, fragte er fast
nachlässig, wie sich denn im Kopfe des Herrn Generalmajors der
Fall male; ob er grundsätzlich die Gerichtsbarkeit selbständiger
Kampfverbände aufzuheben und vielleicht einen neuen Kriegs-
kodex einzuführen gedenke, in welchem zwar Recht gesucht, das
gefundene aber dann nach dem Belieben übergeordneter oder
nebengeordneter Stellen in den Papierkorb geschmissen werden
solle?

Schieffenzahn knurrte: niemand könne der Gerichtsbarkeit eines so erprobten und von Majestät eingesetzten Truppenführers mehr Respekt entgegenbringen als er, aber Politik sei nun mal nicht jedermanns Sache. Augenscheinlich sei den Richtern des Divisionsgerichts die wichtigste Seite des Falles entgangen, die wahrzunehmen er hier sitze.

Lychow fühlte: Ruhe halten! Schon hier klang die empfindlichste Mittelsaite ihres Zwiespaltes an. Aber er wünschte nicht so unversehens ins Gefecht der Weltanschauungen einzutreten. Gemütlich:

„Wie soll denn, lieber Schieffenzahn, von nun an mein Kriegsgerichtsrat, der ja ein tüchtiger Mann ist – aber doch, nicht wahr? – ermitteln, wer nun zuständig ist für ähnliche Fälle? Wenn ihr uns Weisheiten aufnötigt, kann man euch doch nie mehr Akten in die Finger geben."

Schieffenzahn ärgerte sich. Hielt der alte Hampelmann da ihn für ein Kind?

Er wurde gereizt. Wenn jemand, entgegnete er aber noch sehr sachlich, Aufklärung erwarten dürfe, so doch er, Schieffenzahn. Er habe klar und unzweideutig seinen Willen mitgeteilt, den unerträglichen Zustand zu beseitigen, daß da ein Mann, als Aufwiegler verurteilt, als stinkender Bolschewik, immer noch lebe. Und statt einfach zu parieren, komme man ihm mit Zuständigkeiten, Juristerei, mit Rayonfimmel. Er, Schieffenzahn, sei verantwortlich dafür, daß der Sieg den deutschen Waffen nicht entgleite, soweit es hier den Osten anging. Er habe das Heer straff zu halten. Nichts sei gleichgültiger in einem so großen Zusammenhange als Haarspalterei über Recht und Unrecht. Er werde der letzte sein, der den Herren Generälen die Autorität ruiniere. (Das klingt ja ganz fritzisch, dachte Lychow mit Spott.) Gerade von Exzellenz von Lychow habe er zu allerletzt erwartet, so subalternen Kohl wie den Streit um Zuständigkeiten ertragen zu müssen.

Lychow verneigte sich leicht: er danke sehr für die gute Meinung. In der Tat, um Zuständigkeiten handle es sich schon lange nicht mehr. Es gehe ums Recht, gehe darum, daß in Preußen gerechtes Gericht ausgewogen werde für jedermann und immer, wie in der Bibel stehe: „Einerlei Wage, einerlei Maß, einerlei Gewicht sollst du haben für dich und den Fremdling, der in deinen Toren weilt, ich der Herr." Er zitierte ins Ungewisse hinein, und ein Schauer lief ihm, ihm selbst, die Oberschenkel entlang.

Schieffenzahn öffnete höflich zustimmend die Hand. Gewiß einerlei Recht, also keine Ausnahme. Da jeden Tag durchschnittlich tausend Menschen dem Sieg der deutschen Sache geopfert wurden, durfte wohl auch ein russischer Deserteur, der seinen Posten im Gefangenenlager schmählich verlassen habe, mit darunterfallen. Und er lächelte verbindlich, gut gelaunt über die Arglist, mit der er den Alten da in eigener Schlinge gefangen hielt.

Aber Otto Gerhard von Lychow lächelte auch: geschlagen, Schieffenzahn! Auf ein Gebiet gelockt, auf dem der gründliche Arbeiter da drüben nicht gerade jagdgerecht ritt ... Herr Kamerad habe den Fall ganz richtig gestellt. In jedem Augenblick dieses Krieges stolperten Tag und Nacht Unschuldige in ehrenvollen Untergang. Die Verantwortung dafür aber trügen mit den Generationen, die den Staat gebaut hatten, sie selbst. „Sie haben ins geschichtliche Spektakel eingewilligt, und ihre Kinder und Enkel sollen dafür auch die Früchte eines Opfers einheimsen, das, machen wir uns nichts vor, dank der allgemeinen Wehrpflicht zwar nicht sehr ungezwungen ist, das aber doch so lange für freiwillig gelten kann, als das Volk sich willig in die Entscheidungen seiner verantwortlichen Führer einordnet." Nun aber bedaure er, seinem Herrn Kameraden einen kleinen Denkfehler aufzeigen zu müssen. „Lassen Sie mich ausreden", rief er, als Schieffenzahn die Lippen auseinandertat. „Schicke ich meine Leute ins Feuer mit der Absicht, sie hin zu machen? Ginge es nach mir, es sollten alle wiederkommen, alle, Herr! Und wenn dem anders ist, so unterwerf ich mich mit Schmerz dem Weltlauf – solange nun mal Krieg das letzte Mittel ist, Völkerschicksal an den Himmel zu projizieren. Sie dagegen opfern gegen seinen Willen einen stadtbekannt unschuldigen Mann, weil Sie damit, Ihren menschlichen Zwecken entsprechend, dem Staate zu dienen glauben. Der Soldat geht immer noch mit einem gewissen Grade von Freiwilligkeit in die Schlacht, aus der er mit einem letzten Schimmer von Wahrscheinlichkeit wiederkommen kann; für die Heimat, sein Volk, seinen Kaiser stellt er am Ende sein Leben in Gottes Hand. Der Russe aber, um den es sich hier handelt, soll mittels Rechtswegs ungerecht ermordet werden; und das wagen Sie in eins zu setzen?"

Schieffenzahn nickte. „Wage ich. Denn, realiter: wie lange hält Ihr Grad von Freiwilligkeit vor? Verweigert Muschko Meier dauernd Gehorsam, so wird er erschossen. Und Ihr so schöner Schimmer, zurückzukommen? Glückt's ihm dieses Mal, so fällt er beim nächsten. Sehen wir doch klar hin, Exzellenz. Phosgengranaten und Winde voll Gas verringern den Spielraum Ihrer göttlichen Barmherzigkeit von Monat zu Monat. Kriegführung scheint überhaupt technisch den Zweck zu haben, Ihren lieben Gott in seine Schranken zurückzuweisen. Mir gefällt im Grunde der krasse ruhige Fall, um den Sie sich so aufregen, Exzellenz, viel besser. Der Staat schafft das Recht, der Einzelne ist eine Laus."

Von Lychow lehnte sich in seinen Stuhl zurück und sagte leise: „Wenn ich so leben müßte, käm ich mir wie ein Dackel vor. Schafft der Staat das Recht? Nee, aber Rechttun erhält die Staaten, Herr. So hab ich's von Jugend auf gelernt, und das allein gibt

dem Leben Schmalz und Tunke. Weil gutes Recht die Staaten be-
scheint, dürfen sich Menschengeschlechter für sie verpulvern. Wo
aber der Staat anfängt, Unrecht zu tun, ist er selber verworfen
und niedergelegt. Ich weiß, Herr, in wessen Auftrag ich hier im
Lichtkreis Ihrer Lampe für einen armseligen Russen fechte! Um
größeres als Ihren Staat, nämlich um den meinen! Um ihn als Be-
auftragten der Ewigkeit! Staaten sind Gefäße; Gefäße altern und
platzen. Wo sie nicht mehr dem Geiste Gottes dienen, krachen sie
zusammen wie Kartenhäuser, wenn der Wind der Vorsehung sie
anbläst. Ich aber, Herr General Schieffenzahn, weiß, daß Rechttun und Auf-Gott-Vertrauen die Säulen Preußens gewesen sind,
und will nicht hören, daß man sie von oben her zerbröckelt.«
    Der kleine dunkle Raum, in dessen Mitte grünumschirmt das
Lichtbündel der Lampe allein helle Zone schuf, schien grenzenlos
um die beiden Männer herzustehn, die um ihre Sache kämpften.
An den Fenstern in der großen Stille knisterte Schneefall; leise gegen die Scheiben geweht flog er heran. Vertieft und achtlos stand
Lychow auf und zog in diesem fremden Zimmer die Vorhänge
zusammen. Schieffenzahn sah ihm spöttisch zu. Da hatte man es.
Das kam ihm, Schieffenzahn, mit der Bibel. Als habe es niemals
Haeckels Welträtsel gegeben. Und solche verjährten Haudegen
gedachten das neue Deutsche Reich zu führen, zu halten. Mit einem breiten Römerschwert spielend, Briefbeschwerer, rotkupfe-
rig gerippt, aus dem Führungsring einer schweren Mine, fragte
er schließlich: ob Exzellenz denn beschwören wolle, daß Preußen immer im Einklang mit den göttlichen Geboten gewachsen
sei. Maria Theresia und die polnische Nation hätten zu mehreren Malen andere Meinungen bekundet, und das Proletariat denke darüber ganz eigentümlich. Und er begann, lächelnd aus der
Überlegung des neunzehnten Jahrhunderts, Lychows politische
Theologie ganz vorsichtig zu zerzupfen: Wahlrecht, Güterverteilung, Anteil an Grund und Boden …
    Aber Schieffenzahns Überlegenheit ließ den alten Herrn un-
berührt. Recht und Macht dürften nicht auseinanderklaffen.
Stimmten diese Einwände mit der Wirklichkeit besser überein, so
wisse er, die menschlichen Einrichtungen seien unvollkommen,
der Anteil der Völker an der Erdgestaltung nie ganz abgeschlos-
sen. Aber durch nichts in der Welt könne belegt werden, daß ein
Staat den mächtigen Apparat seiner Justiz gegen Unschuldige
in Bewegung setzen und das Rechtsgefühl des Volkes zerstören
dürfe. Das Rechtsgefühl des Volkes, sagte er zitternd, bleibe das
Abbild himmlischer Gerechtigkeit, und wenn man es in eine Ecke
schmeiße aus politischen Gründen, so könne niemand wissen,
ob nicht mit solchem Frevel das Urteil des Staates selber falle in
den ewigen Sphären der göttlichen Gerechtigkeit, und nicht das
Mene-tekel-upharsin hier unsichtbar an der Wand des Zimmers

glimme, in dem ein General aus Gründen seiner armseligen Vernunft die göttlichen Gebote lächerlich machen wolle.

Armselige Vernunft! Albert Schieffenzahn zuckte in seinem Stuhle auf. Das greisenhafte Frömmlergeschwätz hatte er ertragen und mit guter Miene, so lange der alte Kracher da höflich blieb. Das hier aber paßte ihm nicht, und mit dem schnarrenden und schneidenden Ton der Herausforderung bat er den Besuch, seine Worte vorsichtig zu setzen. Man sei hier nicht in Herrenhut und bei Betschwestern.

Ganz ruhig zog von Lychow seinen Handschuh an. Den Ton, sagte er, kenne er. Die Lychows hätten ihn nach Saalfeld und Jena beiseite zu legen versucht, sei doch halb Preußen flötengegangen auf diesen Ton hin. „Bei Schieffenzahns scheint er dernier cri. Na denn man tau", schloß er und klopfte sich die Asche seiner Zigarette von den Hosen.

Albert Schieffenzahn, er holte durch die Nase Luft, und dann schob er den Unterkiefer, der von Natur in seinem Gesicht zurücktrat, auf Bulldoggart vor. Er danke für die Belehrung. Er habe nun von göttlicher Vorsehung eine ganz nette Lektion empfangen und wolle jetzt einmal mit seiner eigenen aufwarten. Was Disziplin sei, und was ihr diene, lehre ihn niemand. Deshalb habe er vorhin die pünktliche Vollstreckung seines Urteils bis morgen nachmittag telegrafisch der Kommandantur Merwinsk anbefohlen. Er sah Lychow erstarren, nach der Stuhllehne hinter sich greifen, und fuhr fort: das habe er gewagt. Natürlich könne Exzellenz an Majestät appellieren, hinterdrein. Dann werde er, der unbeliebte Schieffenzahn, der schon vieles auf seine Mütze genommen habe, vielleicht noch etwas dazu besehen; bitte sehr. Nun aber wünsche er klare Entscheidung. Nach Exzellenz' Meinung schade der Tod des Russen der Disziplin, nach seiner, Schieffenzahns, rette er sie und erfülle staatliche Notwendigkeiten.

Angesichts der Entschlossenheit Schieffenzahns, sich mit „einem Leutnant und 10 Mann … des Russen tot oder lebend zu bemächtigen", resigniert Lychow. Aber auch Schieffenzahn bekommt nach dem Gespräch Skrupel und will seinen Vollstreckungsbefehl zurücknehmen. Doch kappt ein heftiger Wintereinbruch alle Verbindungen zwischen Brest-Litowsk und Merwinsk. Letzte Bemühungen Winfrieds und Posnanskis, Grischa zu retten, scheitern an ihrer Halbherzigkeit. Grischa hat sich, auch unter dem Einfluss eines frommen Juden, für den er arbeiten muss, in sein Schicksal ergeben und lehnt den Plan Babkas ab, ihn durch Vergiftung des Wachpersonals zu befreien. So wird

Grischa, nachdem er sein eigenes Grab hat schaufeln müssen, von einem Erschießungskommando hingerichtet.

In dem Kapitel „Die Deuter" im letzten der sieben Bücher des Romans wird Grischas Schicksal von drei Gruppen von Menschen unterschiedlicher weltanschaulicher Ausrichtung reflektiert: einmal als Unglück für Deutschland als Rechtsstaat, sodann als Erfüllung biblischer Weissagungen und schließlich als Ausweis des kapitalistischen Imperialismus. Die Beschwerde Lychows beim Kaiser wegen Verletzung seiner Zuständigkeit führt lediglich zu einer mündlichen Zurechtweisung Schieffenzahns.

II. Der Autor und sein Werk

Arnold Zweig (1887–1968), Sohn einer jüdischen Kleinbürgerfamilie in Niederschlesien, studierte von 1907 bis 1914 in Breslau, München, Berlin, Göttingen und Rostock Philosophie, Philologie und Psychologie. Einen Universitätsabschluss machte er nicht, da er nach der Veröffentlichung von vier Büchern mit Erzählungen und Gedichten sich für den Beruf des freien Schriftstellers entschied. 1914 zog er wie die meisten seiner Altersgenossen begeistert in den Krieg und publizierte auch in diesem Sinne. Er war zunächst unbewaffneter Arbeitssoldat in Frankreich, Ungarn und Serbien, dann Frontsoldat in Frankreich und gelangte Mitte 1917 in die Etappe im Osten. Er wurde Schreiber in der Presseabteilung der Heeresleitung Oberbefehlshaber Ost, wo er die Verhältnisse kennenlernte, die in den Roman eingegangen sind.

Die Erlebnisse des Krieges, der Russischen Februar- (1917) und Oktoberrevolution (1918) und des Antisemitismus machten Zweig zum Pazifisten, Sozialisten und Zionisten, der sich journalistisch und literarisch an den weltanschaulichen Debatten in der Weimarer Republik engagiert beteiligte. Er wandte sich z. B. gegen die Dolchstoßlegende und das die Freiheit der Kunst und der Sexualität unterdrückende Strafrecht und plädierte für eine Reform des Bildungswesens, um den „Riß zwischen Volksschülern und höheren Schülern" zu beseitigen. Zugleich nahm er gegen Hinrichtungen in Moskau Stellung und schrieb in der

„Weltbühne": „Die Diktatur des Proletariats ist mir verhaßt wie jede Diktatur."

1933 emigrierte Zweig über die Tschechoslowakei, Schweiz und Frankreich nach Palästina, wo er aber nicht heimisch wurde. Nach Ausbruch des Krieges zwischen Juden und Arabern, der durch die Gründung des Staates Israel im Mai 1948 ausgelöst wurde, wollte Zweig nach Deutschland zurück und entschied sich für Ost-Berlin, das ihn, wie viele andere emigrierte linke Demokraten (man denke nur an Bertolt Brecht, Alfred Döblin, Lion Feuchtwanger, Heinrich Mann und Anna Seghers) bereitwilliger aufnahm als Westdeutschland. Von 1949 bis 1967 war er Abgeordneter der Volkskammer der DDR. Er war mehrere Jahre Präsident der Deutschen Akademie der Künste der DDR und anschließend bis zu seinem Tod ihr Ehrenpräsident. Vor allem deswegen wurde er Jahrzehnte lang in der Bundesrepublik nicht beachtet. Noch 1983 konnte *Marcel Reich-Ranicki* schreiben: „Für die Germanistik in Westdeutschland existiert er nicht."

Die Geschichte Grischas hat Zweig nach einem realen Fall gestaltet, von dem ihm ein Unteroffizier aus der Justizabteilung von Ober-Ost 1917 erzählt hatte. Er schrieb darüber nach dem Krieg zunächst ein Drama, das aber nicht zur Aufführung kam. Im Winter 1926/27 hat Zweig dann den Roman an 63 Vormittagen in einem Zug herunter diktiert. Er wurde 1927 zunächst als Fortsetzungsroman in der „Frankfurter Zeitung" und Ende des Jahres mit dem Datum von 1928 als Buch veröffentlicht. Der Roman hatte einen sensationellen Erfolg: Er wurde in ca. 20 Sprachen übersetzt und erreichte bis 1933 eine Auflagenhöhe von 300.000 Exemplaren. Er fand auch bei der Kritik, abgesehen von der revanchistischen Rechten und der revolutionären Linken, ein positives Echo. *Kurt Tucholsky* hat den Roman in seiner Rezension in der „Weltbühne" als „das beste deutsche Kriegsbuch" bezeichnet und mit den Worten geschlossen: „ein Meilenstein auf dem Wege zum Frieden". Ähnlich begeistert äußerte sich *Lion Feuchtwanger*. Eine Erklärung für die große Resonanz lautet, dass der republikanisch eingestellte Teil des Publikums begann, sich um die Zukunft des Weimarer Staates Sorge zu machen.

Zweigs Roman war der erste einer ganzen Reihe von Romanen, die sich kritisch mit dem Ersten Weltkrieg auseinandersetzten; zu nennen sind Georg von der Vring: „Soldat Suhren" (1927), Ludwig Renn: „Krieg" (1928), Ernst Glaeser: „Jahrgang 1902" (1928), Erich Maria Remarque: „Im Westen nichts Neues" (1929), Theodor Plievier: „Des Kaisers Kulis" (1929), Alexander Moritz Frey: „Die Pflasterkästen" (1929), Ernst Johannsen: „Vier von der Infanterie" (1929), Karl Federn: „Hauptmann Latour" (1929), Edlef Köppen: „Heeresbericht" (1930) und Adam Scharrer: „Vaterlandslose Gesellen" (1930). Der Roman reihte sich im Übrigen ein in eine internationale literarische Antikriegsbewegung. Allerdings hatte in Deutschland die zeitgenössische kriegsverherrlichende Literatur von Beumelburg, Goote, Grimm, Luckner, Wehner, Vesper und Zöberlein teilweise noch deutlich höhere Auflagenzahlen.

Auch wenn „Der Streit um den Sergeanten Grischa" zu Recht als Antikriegsroman bezeichnet wird, malt Zweig darin keineswegs schwarz-weiß. Die Personen, die sich für Grischa einsetzen, haben ihre Schwächen und handeln nicht nur aus reiner Menschlichkeit. Schieffenzahn auf der anderen Seite hat bewunderungswürdige Eigenschaften und durchaus auch ein Gewissen; er war, wie Arnold Zweig selbst anmerkte, „ohne Haß und ohne Leidenschaft" gestaltet. In der Entgegensetzung von Schieffenzahn und Lychow werden positive und negative Seiten von Preußen sichtbar. Die unterschiedlichen „Deutungen" am Ende des Buchs werden ohne klare Parteinahme durch den Autor präsentiert. Doch dürfte Zweigs eigene linksliberal-sozialistische Einstellung sich am deutlichsten in der Figur des Kriegsgerichtsrats Dr. Posnanski spiegeln. Weil die Auswirkungen des Krieges an der Handhabung eines gerichtlichen Verfahrens dargestellt werden, kann man in dem Antikriegsroman zugleich einen „Justizroman" (*Jost Hermand*) sehen.

III. Das juristische Problem

Das juristische Problem lautet: Wirkt Recht im Krieg? Diese Frage wird im Roman in den verschiedenen Stadien des Falles Grischa/Bjuschew aufgeworfen und erörtert.

Die Hauptrollen spielen dabei der Generalquartiermeister Schieffenzahn als Chef von Ober-Ost auf der einen Seite und auf der anderen Seite der Divisionskommandeur von Lychow, der Kriegsgerichtsrat Dr. Posnanski und der Adjutant Oberleutnant Winfried. Die Konfrontation zwischen den beiden Seiten entsteht aber erst, als sich herausstellt, dass Grischa gar kein Überläufer, sondern aus deutscher Kriegsgefangenschaft geflohen und des ihm vorgeworfenen Verbrechens der Spionage unschuldig ist.

Zunächst, als Grischa von allen für einen Spion gehalten wird, liegt der Fall für sie „vollkommen klar“: Die Tatbestandsvoraussetzungen des Erlasses von Schieffenzahn liegen vor, und damit tritt die Rechtsfolge der Todesstrafe ein. Lychow hält das zwar für „hart“ und den Grischa für „bedauernswert“; er beugt sich aber dem, was er für geltendes und für ihn verbindliches Recht („Dienstvorschrift“) hält. Posnanski gibt noch zu erwägen, ob der Erlass „unsittlich“ sei und gegen göttliches Gebot verstoße und daher nur als „Blague“, d. h. als Witz, zu betrachten sei. Aber dann müsste man sich gegen den Erlass selbst, gegen die „Gesetzesmacher unter den Heerführern aller Nationen“ und damit gegen die „herrschende Ordnung“ wenden, d. h. „Revolution von oben machen“. Das kommt aber für Lychow überhaupt nicht in Betracht: „Ich bin ein preußischer General und tue, was meine Pflicht ist … Wir haben die größeren Dinge zu bedenken: Mannszucht, Preußen, Reich. Was kommt es da auf einen Rußki mehr oder weniger an?“ Dem beugt sich Posnanski.

Was Posnanski und auch Arnold Zweig offensichtlich nicht wussten, ist Folgendes: In § 29 Abs. 1 der Haager Landkriegsordnung (HLKO) als Anlage zum 4. Haager Abkommen betreffend die Gesetze und Gebräuche des Landkriegs von 1907, zu deren Signatarmächten auch das Deutsche Reich und Russland gehörten, ist Folgendes geregelt: „Als Spion gilt nur, wer heimlich oder unter falschem Vorwand in dem Operationsgebiet eines Kriegführenden Nachrichten einzieht oder einzuziehen sucht in der Absicht, sie der Gegenpartei mitzuteilen.“ Art. 30 HLKO lautet: „Der auf der Tat ertappte Spion kann nicht ohne vorausgegangenes

Urteil bestraft werden." Dieses Urteil verlangt also den Nachweis eines objektiven (heimliche Nachrichtenbeschaffung) und subjektiven Tatbestandsmerkmals (Mitteilungsabsicht). Die Tatsache, dass sich ein Überläufer nicht innerhalb dreier Tage bei einer deutschen Stelle gemeldet hat, erfüllt weder den objektiven noch den subjektiven Tatbestand. Die unwiderlegliche Vermutung der Spionage in einem solchen Fall ist jedenfalls nach heutigen Maßstäben ein Verstoß gegen das damals geltende Völkerrecht. Das Strafmaß der Todesstrafe an sich war dagegen nicht völkerrechtswidrig, weil diese Frage in der Haager Landkriegsordnung der Regelung durch die Staaten überlassen geblieben war. Erschießen war die damals allgemein übliche Sanktion für eine derartige Straftat.

Die mangelhafte Kenntnis der Rechtslage war in der damaligen Situation jedenfalls auf deutscher Seite kein Einzelfall. Es wäre vordergründig, darauf hinzuweisen, dass Posnanski im Zivilberuf ein „sehr beschäftigter" Rechtsanwalt und als solcher sicher nie mit der Haager Landkriegsordnung in Berührung gekommen war und dass Arnold Zweig kein Jurist und nur in der Presseabteilung von Ober-Ost beschäftigt gewesen war. Der wahre Grund liegt darin, dass das Kriegsvölkerrecht zu Beginn des 20. Jahrhunderts noch große Schwierigkeiten hatte, in den gerade in diesem Bereich auf ihre Souveränität pochenden Nationalstaaten wirklich ernst genommen zu werden. Für das erst seit kurzem zur nationalstaatlichen Einheit gekommene Deutschland galt das in besonderer Weise; hier war die kollektive Kriegsbegeisterung und die Überzeugung von der Notwendigkeit staatlicher Selbstbehauptung besonders groß.

So rechtfertigte der deutsche Reichskanzler Bethmann-Hollweg den eklatanten völkerrechtlichen Verstoß der Verletzung der Neutralität Belgiens durch das Deutsche Reich im Jahr 1914 mit dem Satz: „Not kennt kein Gebot." Die völkerrechtlichen Schranken für die möglichst umstandslose, schnelle und effektive Erreichung der Kriegsziele wurden vielfach entweder gar nicht wahrgenommen oder verdrängt. „Die Realität des Kriegs und damit insbesondere

seine ‚Eigengesetzlichkeit' ließen in ihren (d. h. zahlreicher
deutschen Militärs und Politiker) Augen eine generelle Verbindlichkeit von Rechtsnormen nicht zu." (*Andreas Toppe*)
Tatsächlich hat es Erlasse wie den von Schieffenzahn gegeben (möglicherweise auch nicht nur auf deutscher Seite)
und wurden allein in Litauen unter der deutschen Besatzung mindestens 1.000 Todesurteile wegen Spionage und
Kriegsverrat gefällt. Schwerste Verletzungen des Kriegs-
völkerrechts sind besonders für die deutsche Besatzung
in Belgien dokumentiert. Der Sichtweise der Militärs und
Politiker folgte im Übrigen auch die herrschende Meinung
in der deutschen Völkerrechtswissenschaft.

Ganz anders stellt sich die Rolle des Rechts im Roman
nach der Kenntnisnahme von der Unschuld des Grischa
dar. Gegenüber Schieffenzahn, der die Aufhebung des Todesurteils durch das Kriegsgericht der Division ignoriert
und auf dessen Vollstreckung besteht, versuchen Lychow,
Posnanski und Winfried diese zu verhindern. Ihr juristisches Argument ist die „Gerichtsbarkeit selbständiger
Kampfverbände", die Lychow als Befehlshaber, der gleichzeitig Gerichtsherr ist, untersteht und die Ober-Ost zu
respektieren habe. In der Tat besteht diese Gerichtshoheit
für alle militärischen Angelegenheiten der Division. Allerdings gibt es daneben die Verwaltungshierarchie der Besatzungsmacht, die ebenfalls aus Militärs besteht und von
der Ortskommandantur, hier der von Merwinsk, über die
Etappeninspektion bis zum Ober-Ost in Brest-Litowsk
reicht. Sie ist zuständig für alle „Orts- und Landesfragen",
soweit sie eben keine militärischen Angelegenheiten sind.
Beim Aufgreifen eines vermeintlichen Spions spricht alles
für eine militärische Angelegenheit, auch wenn damals teilweise angenommen wurde, dass Militärpersonen betroffen
sein müssten, zu denen Spione nicht notwendig gehören;
denn diese Eigenschaft kann von der einen Seite der Kriegführenden nicht verlässlich festgestellt werden.

Unabhängig davon zeigt sich aber bei der Auseinandersetzung zwischen Lychow und Schieffenzahn schon bald,
dass es um mehr als um einen Zuständigkeitsstreit geht.
Nicht nur Schieffenzahn hält dies für „Haarspalterei" und

„Kohl". Auch Lychow gibt zu erkennen, dass er Grund-
sätzlicheres im Sinn hat: „Es geht um Recht, geht darum,
daß in Preußen gerechtes Gericht ausgewogen werde, für
jedermann und immer." Und dieses gerechte Recht verbie-
te die Tötung eines erwiesen Unschuldigen. Dafür beruft
sich Lychow auf das Gebot „göttlicher Gerechtigkeit" und
das „Rechtsgefühl des Volkes". Diesem Gebot und diesem
Gefühl zu folgen ist aber kein Selbstzweck, sondern dient
Lychow zur Aufrechterhaltung seines Staates Preußen:
„Recht tun erhält die Staaten … Wo aber der Staat anfängt,
Unrecht zu tun, ist er selber verworfen und niedergelegt."
Und als einer der „Deuter" sagt Winfried im gleichen
Sinn: „Um Deutschland geht es uns … Daß unsere Mut-
ter Deutschland nicht auf die falsche Seite der Welt gerate.
Denn wer das Recht verläßt, der ist erledigt."

Für Schieffenzahn geht dagegen Politik vor Recht. Die Politik wird durch den Staat bestimmt, und dessen Notwendigkeiten sind für ihn das Entscheidende. Daher kann er
auch sagen: „Der Staat schafft das Recht." Staatliche Notwendigkeit ist aber in der damaligen Situation der „Sieg
der deutschen Waffen", dem sich alles andere unterordnen
muss. Insbesondere „Juristerei" und „Haarspalterei über
Recht und Unrecht" können da nur stören und müssen
folglich nicht beachtet werden. Der Berufung Lychows auf
die preußische Tradition kann Schieffenzahn keineswegs
abwegig die Eroberungskriege Friedrich des Großen gegen
Österreich („Maria Theresia"), die repressive Sozialistenge-
setzgebung Bismarcks („Proletariat") und die konstitutionelle und soziale Rückständigkeit Preußens im 19. Jahrhundert („Wahlrecht, Güterverteilung, Anteil an Grund und
Boden") entgegenhalten. Und Lychows „Auf-Gott-Vertrauen" kontert er mit dem Philosophen Ernst Haeckel, der
Darwins Lehren über die Evolution in Deutschland verbreitet hat. Schieffenzahns zynischer Vergleich zwischen
Grischa und Tausenden unschuldiger gefallener Soldaten
wiederum bringt Lychow einen argumentativen Vorteil,
weil er überzeugend auf die Unterschiedlichkeit beider Fälle hinweisen kann.

So sehr den rechtsstaatlich denkenden Juristen Lychows Plädoyer für die „Einheit von Recht und Macht" auch anspricht – es ist Schieffenzahn, der sich im „Streit um den Sergeanten Grischa" durchsetzt. Lychows Beschwerde beim Kaiser kann an dem geschehenen Unrecht nichts mehr ändern und führt zu keiner spürbaren Sanktion für Schieffenzahn. Auch die Rettungsversuche Winfrieds und Posnanskis laufen letztlich ins Leere. Wenn sie eine Mitschuld am Tod Grischas tragen, wie Arnold Zweig selbst in einer Entgegnung auf eine kritische Rezension gemeint hat, dann ist sie keinesfalls schwerwiegend. So spiegelt der Roman die historische Gesamtlage Deutschlands im Jahr 1917: Vorherrschend war ein imperialistisches Denken, den Ton gab die annexionssüchtige Vaterlandspartei an, und geltendes Völkerrecht wurde kaum beachtet; dass dieser Vorwurf teilweise auch den Kriegsgegnern gemacht werden kann, ändert an der Feststellung nichts.

Auf die Ausgangsfrage gibt der Roman die pessimistische Antwort: Nein. Im Krieg geht im entscheidenden Moment Macht vor Recht, überrollen „staatliche Notwendigkeiten" die rechtlichen Normen. Der Einzelne ist dann zwar nicht, wie Schieffenzahn meint, „eine Laus", denn er ist Träger von Gedanken und Werten, die das Recht in Stand setzen, die Macht in die Schranken zu verweisen. Welche Weltanschauungen das sein können – Kultur- und Rechtsstaat, jüdischer und christlicher Glaube, Sozialismus und Kommunismus –, das lässt Zweig offen (gerade das wurde von Kritikern bemängelt; so meinte *Bertolt Brecht*, mit den Kriterien von Gerechtigkeit und Ungerechtigkeit sei das Militär und der „bourgeoise Staatsapparat" nicht zu treffen). Aber darin, dass die Menschheit diese verschiedenen Optionen hat, zeigt sich doch auch ein moralischer Optimismus des Autors. Seine klare Botschaft lautet: Im Krieg ist und bleibt der Einzelne ohnmächtig; der Krieg zerstört nicht nur Menschenleben, sondern die menschliche Autonomie als Grundlage des Zusammenlebens. Die zwingende Schlussfolgerung hieraus ist: Nie wieder Krieg!

IV. Das geltende Recht

Diesem Ziel näher zu kommen haben die Staaten seit dem Ersten Weltkrieg durchaus Anstrengungen unternommen. Während vorher Krieg ein Mittel der Politik war und vom Völkerrecht nicht beschränkt wurde (ius ad bellum), hat zunächst der Briand-Kellogg-Pakt von 1928 den Krieg als Mittel zur Lösung internationaler Streitfälle geächtet. Die UN-Charta von 1945 enthält in Art. 2 Nr. 4 ein umfassendes Gewaltverbot: „Alle Mitglieder unterlassen in ihren internationalen Beziehungen jede gegen die territoriale Unversehrtheit oder die politische Unabhängigkeit eines Staates gerichtete oder sonst mit den Zielen der Vereinten Nationen unvereinbare Androhung oder Anwendung von Gewalt." Ausgenommen sind aber die individuelle und kollektive Selbstverteidigung sowie militärische Maßnahmen durch den UN-Sicherheitsrat oder durch einzelne vom Sicherheitsrat ermächtigte Staaten. Überdies wird in neuerer Zeit vielfach die humanitäre Intervention zur Rettung eigener Staatsangehöriger oder zur Rettung fremder Staatsangehöriger bei schwerwiegenden Menschenrechtsverletzungen völkerrechtlich anerkannt. Die Zahl der Kriege hat sich trotzdem keineswegs verringert.

Das Grundgesetz von 1949 bekennt sich nachhaltig zum Frieden. Es erklärt die allgemeinen Regeln des Völkerrechts zu einem vorrangigen und verbindlichen Bestandteil des Bundesrechts (Art. 25). Es erlaubt die Übertragung von Hoheitsrechten auf zwischenstaatliche Einrichtungen wie die NATO (Art. 24 Abs. 1) und „die Beschränkungen seiner Hoheitsrechte …, die eine friedliche und dauerhafte Ordnung in Europa und zwischen den Völkern der Welt herbeiführen und sichern" (Art. 24 Abs. 2); hierunter fallen vor allem die Vereinten Nationen. Pathos schwingt in Art. 26 Abs. 1 mit: „Handlungen, die geeignet sind und in der Absicht vorgenommen werden, das friedliche Zusammenleben der Völker zu stören, insbesondere die Führung eines Angriffskrieges vorzubereiten, sind verfassungswidrig. Sie sind unter Strafe zu stellen." Während Deutschland seither von Kriegen auf seinem Boden verschont geblieben ist, greift es seit Ende des 20. Jahrhunderts mit Auslandseinsätzen der Bundeswehr in internationale Konflikte ein.

Vom ius ad bellum ist das ius in bello zu unterscheiden, das die Art und Weise der Kriegsführung regelt und Kriegsvölkerrecht, bzw. neuerdings humanitäres Völkerrecht, genannt wird. Es begrenzt zum einen die zulässigen Kampfmittel im Krieg und regelt die Neutralität von Staaten. Es schützt zum anderen die Zivilbevölkerung sowie die Gefangenen und Verwundeten. Da heute weniger Kriege zwischen Staaten als Bürgerkriege innerhalb von Staaten vorkommen, an denen außer staatlichen Streitkräften auch andere bewaffnete Verbände und Einzelkämpfer beteiligt sind, ist der übergreifende Begriff hierfür der bewaffnete Konflikt.

Einen großen Schritt zur Humanisierung bewaffneter Konflikte stellt die genannte Haager Landkriegsordnung dar. Sie gilt immer noch und wird seit langem zugleich als Völkergewohnheitsrecht angesehen, wodurch auch Nicht-Signatarmächte an sie gebunden sind. Durch viele weitere internationale Vereinbarungen (Abkommen und Protokolle) ist seither das humanitäre Völkerrecht weiter ausgebaut worden. Nach dem Ersten Weltkrieg und den dort gemachten schrecklichen Erfahrungen hat das Genfer Protokoll von 1925 die Verwendung von erstickenden, giftigen oder ähnlichen Gasen sowie von bakteriologischen Mitteln im Krieg verboten. Mehrere Genfer (Rot-Kreuz-) Abkommen haben das Los der Verwundeten, die Behandlung der Kriegsgefangenen und den Schutz der Zivilpersonen in Kriegszeiten sowie der Opfer internationaler und nicht-internationaler bewaffneter Konflikte rechtlich verbessert. Schließlich ist in diesem Zusammenhang auf die Abkommen zur Rüstungsbeschränkung hinzuweisen, deren wichtigstes der Vertrag über die Nichtverbreitung von Atomwaffen von 1968 ist.

Die kriegsvölkerrechtliche Eingrenzung des Spionagetatbestandes in der Haager Landkriegsordnung ist vor dem Hintergrund zu sehen, dass Spionage nach allgemeinem Völkerrecht zulässig ist, d.h. keine völkerrechtlichen Unrechtsfolgen an sie geknüpft werden dürfen. Von der völkerrechtlichen ist die innerstaatliche Regelung der Spionage zu unterscheiden. Zu der nach Art. 87a Abs. 1 GG den

Streitkräften des Bundes, also der Bundeswehr, zugewiesenen Aufgabe der Verteidigung zählen als Maßnahmen der Kriegsverhütung auch die Abwehr fremder und die Durchführung eigener Spionage. Der Abwehr fremder Spionage dient der Abschnitt über Landesverrat und Gefährdung der äußeren Sicherheit im Strafgesetzbuch (§§ 93–101a StGB). Ein Spion begeht Landesverrat im Sinn des § 94 Abs. 1 StGB, wenn er „ein Staatsgeheimnis 1. einer fremden Macht oder einem ihrer Mittelsmänner mitteilt oder 2. sonst an einen Unbefugten gelangen lässt oder öffentlich bekanntmacht, um die Bundesrepublik Deutschland zu benachteiligen oder eine fremde Macht zu begünstigen, und dadurch die Gefahr eines schweren Nachteils für die äußere Sicherheit der Bundesrepublik Deutschland herbeiführt." Strafbar sind nach §§ 98 f. StGB auch die landesverräterische und die geheimdienstliche Agententätigkeit.

Kriegsgerichte, die aus dem Militär angehörenden Richtern bestehen und die Strafgewalt über Soldaten sowie im Fall einer militärischen Besetzung auch über Zivilpersonen im besetzten Gebiet ausüben, kennt das deutsche Recht seit 1945 nicht mehr. Zwar enthält das Wehrstrafgesetz, das für Straftaten gilt, die Soldaten der Bundeswehr begehen, eine Reihe von besonderen Straftatbeständen, wie Fahnenflucht, eigenmächtige Abwesenheit von der Truppe und Gehorsamsverweigerung. Die Verfahren finden aber nicht vor Kriegs- oder Militärgerichten, sondern vor den ordentlichen (Straf-)Gerichten statt. Die Truppendienstgerichte, die durch die Wehrdisziplinarordnung eingerichtet sind, entscheiden nur über Dienstvergehen der Soldaten, d.h. die Bestrafung der Verletzung ihrer besonderen Pflichten, entsprechen also den Disziplinargerichten für Beamte. Besondere Wehrstrafgerichte für die Streitkräfte ermöglicht Art. 96 Abs. 2 S. 2 GG für den Verteidigungsfall sowie für Einsätze im Ausland und „an Bord von Kriegsschiffen". Bezeichnenderweise ist das Bundesgesetz, das solche Wehrstrafgerichte errichten und regeln müsste, bis heute nicht erlassen worden. Verglichen mit seiner stark militärischen Vergangenheit und mit vielen Staaten der heutigen Staatengemeinschaft ist Deutschland ein sehr ziviles Land.

Kapitel 6.
Braucht der Staat Streitkräfte?

Wolfgang Koeppen: Das Treibhaus. Roman, 1953

I. Inhalt und Text

„Er reiste im Schutz der Immunität, denn er war nicht auf
frischer Tat ertappt worden." So beginnt der Roman und verweist zugleich auf den Status der Hauptfigur: Keetenheuve
ist Parlamentsabgeordneter; denn Immunität bedeutet, dass
Abgeordnete wegen einer mit Strafe bedrohten Handlung
nur mit Genehmigung des Parlaments zur Verantwortung
gezogen oder verhaftet werden dürfen, es sei denn, dass sie
bei Begehung der Tat, also „auf frischer Tat", oder im Laufe des folgenden Tages festgenommen werden. Keetenheuve
reiste zu einer Bundestagssitzung nach Bonn, wo der Roman
an zwei Tagen im Sommer 1952 oder 1953 spielt. In der Sitzung soll über den Beitritt der Bundesrepublik Deutschland
zur Europäischen Verteidigungsgemeinschaft (EVG) und
damit auch über die Wiederbewaffnung verhandelt werden.

Keetenheuve kam gerade von der Beerdigung seiner jungen Frau Elke, an deren Tod er sich mitschuldig fühlte, weil
er sich mehr um die Politik als um seine Ehe gekümmert
hatte; Elke war an den Folgen ihres Alkoholmissbrauchs
gestorben. Keetenheuve, etwa 45 Jahre alt, hatte in der Weimarer Republik als Journalist gearbeitet und war 1933 ins
Exil nach London gegangen, von wo aus er das nationalsozialistische Regime in Rundfunksendungen angegriffen
hatte. Nach dem Krieg nach Deutschland zurückgekehrt
schloss er sich der damals in der Opposition befindlichen
SPD an und stieg in die Politik ein, um „der Nation neue
Grundlagen des politischen Lebens und die Freiheit der
Demokratie zu schaffen". Er wollte für die Menschenrechte
kämpfen und die Wiederbewaffnung der Bundesrepublik
Deutschland verhindern. Seine persönlichen Erfahrungen
hatten ihn zum radikalen Pazifisten werden lassen.

Doch hatte Keetenheuve aus mehreren Gründen keinen Erfolg in der Politik. Als früherer Exilant war er ein Außenseiter unter den vielen früheren Nationalsozialisten und Mitläufern, die wieder an den Hebeln der Macht saßen. Als Intellektueller und Schöngeist, der an der Übersetzung von Gedichten Baudelaires arbeitete, war er einerseits zu geradlinig und kompromisslos und andererseits zu weich für die politischen Kämpfe („ein Dschungel war die praktische Politik") und überdies geplagt von Selbstzweifeln. Als Freidenker und Bohemien genügte er nicht den herrschenden bürgerlichen Maßstäben. So war er nicht nur bei der regierenden Koalition, sondern auch bei der eigenen Fraktion unter ihrem Vorsitzenden Knurrewahn wegen seiner Unangepasstheit und Unberechenbarkeit unbeliebt („er war in seiner Fraktion das Enfant terrible"). Um ihn in Bonn los zu werden, bot man ihm den Posten als Gesandter in Guatemala an, den er jedoch ablehnte.

Ein mit Keevenheuve befreundeter Journalist ließ ihm eine Nachricht aus den Kreisen der westlichen Militärs zukommen, wonach diese durch die geplante EVG die „Verewigung der deutschen Teilung" gewährleistet sahen. Das spielte Keetenheuve, der gegen den Beitritt im Bundestag reden wollte, in die Karten; denn „mit dieser Nachricht konnte er Knurrewahn, der davon träumte, der Mann der Wiedervereinigung zu werden (und davon träumten viele), stärken und standhaft machen". Es kam zum entscheidenden Sitzungstag:

Das Parlament war an diesem Tag durch Polizei abgeriegelt, und die Truppe zeigte die hysterische Einsatzbereitschaft jeder gedrillten Mannschaft, der man auf dem Übungsplatz das Gespenstersehen beigebracht hat, und sie besetzten und umzirkelten das Haus des Volkes mit Waffen, Wasserwerfern und spanischen Reitern, als ob die Hauptstadt und das Land sich gegen den Bundestag erheben wolle (und dann wäre er abgesetzt), während Keetenheuve, der sich immer wieder aufs neue ausweisen mußte, den Eindruck hatte, daß außer wenigen Neugierigen und Schausüchtigen nur ein paar billig Hergefahrene, ein paar preiswert Verfrachtete, arme Claqueure mit Rufen demonstrierten, die erst durch den massiven Einsatz ihrer polizeilichen Bekämpfer überhaupt Bedeutung gewannen. Sie schrien, daß sie ihre Ab-

geordneten sprechen wollten, und Keetenheuve dachte: das ist
doch ihr gutes Recht, warum läßt man sie nicht mit ihren Abgeordneten sprechen? Er wäre bereit gewesen, mit den Schreiern
zu sprechen; aber es war fraglich, ob sie ihn meinten, ob sie ihn
sprechen wollten. *Keetenheuve Mann des Volkes kein Mann des
Volkes.* Die eigentlich dürftige Demonstration war traurig, weil
sie etwas von der dumpfen Schicksalsergebenheit des wirklichen
Volkes zeigte, das aus einem Gefühl, es kommt doch alles wie es
kommen soll, wir können da doch nichts machen, Gesetze und
Entscheidungen, die es wohl ablehnte, nicht verhinderte, es nicht
einmal versuchte, sondern bereit war, die Folgen zu tragen; – die
Würfel waren dann eben wieder einmal gefallen. So erinnerte die
Szene vor dem Parlament an die Premiere eines Filmes, eine nicht
zu große Menge dummer und schaulustiger Leute, die gerade Zeit
haben, hat sich vor dem Lichtspielhaus eingefunden und wartet
auf die bekannten Gesichter der Stars. Man raunt, da kommt der
Albers, und ein Kritiker, der den Film kennt, möchte den Gassen-
jungen recht geben, die pfeifen; doch die Bengel flöten ja garnicht
weil auch sie das Lichtspiel schlecht finden, sie pfeifen weil das
Gellen ihres Pfiffes sie freut, und die strenge Meinung des Kriti-
kers bliebe ihnen unverständlich und wäre ihnen sogar zuwider.
Keetenheuve wußte, während er sich dem Bundeshaus näherte,
wie verworren und fragwürdig sein Auftrag war. Aber welches
System war besser als das parlamentarische? Keetenheuve sah keinen anderen Weg; und die Schreier, die das Parlament überhaupt
abschaffen wollten, waren auch seine Feinde. *Quasselbude schließen. Genügt Leutnant mit zehn Mann. Und der Hauptmann von
Köpenick.* Gerade darum schämte sich Keetenheuve des Schauspiels, das er sah. Der Präsident des Bundestages ließ sein Haus
durch Polizisten bewachen, während jedes echte Parlament bestrebt sein sollte, die bewaffneten Organe der Exekutive seinem
Domizil möglichst fernzuhalten, und in den guten Urzeiten der
parlamentarischen Idee hätten sich die Abgeordneten geweigert,
unter Polizeischutz zu tagen, denn das Parlament war damals, wie
es auch zusammengesetzt sein mochte, polizeifeindlich, weil es
die Opposition an sich war, die Opposition gegen die Krone, die
Opposition gegen der Mächtigen Willkür, die Opposition gegen
die Regierung, die Opposition gegen die Exekutive und ihren Säbel, und so bedeutete es eine Pervertierung und Schwächung der
Volksvertretung, wenn aus ihrer Mitte die Mehrheit zur Regierung wird und die vollziehende Gewalt an sich reißt. Was heißt
dies bei unglücklicher Zusammensetzung des Hauses anderes als
Diktatur auf Zeit? Die Mehrheit exekutiert ihre Gegner nicht;
aber sie ist doch ein kleiner Tyrann, und während sie herrscht,
ist die Minderheit ein für allemal geschlagen und zu einer eigentlich sinnlosen Opposition verdammt. Die Fronten standen fest,

und leider war es undenkbar, daß ein Redner der oppositionellen Minderheit die regierende Mehrheit überzeugen konnte, daß er einmal recht und sie unrecht habe. Aus der Opposition den Kurs der Regierung zu ändern, gelänge in Bonn selbst Demosthenes nicht; und auch wenn man mit eines Engels Zunge spräche, man predigte tauben Ohren, und Keetenheuve wußte, während er die letzte Sperrkette passierte, daß es genau besehen zwecklos war, daß er hier erschien, um im Plenum zu reden. Er würde nichts ändern. Er hätte ebensogut im Bett bleiben und träumen können. Und so näherte sich der Abgeordnete nicht hochgemut, sondern niedergestimmt dem Quartier seiner Fraktion: *Napoleon der am Morgen der Schlacht weiß wie Waterloo enden wird.*

Im Zimmer der Fraktion warteten sie auf ihn; Heineweg und Bierbohm und die anderen Routiniers der Ausschüsse, die Verfahrenshasen, die Geschäftsordnungshengste blickten schon wieder vorwurfsvoll auf Keetenheuve. Knurrewahn hielt Heerschau über die Seinen, und sieh', es fehlte unentschuldigt kein teures Haupt. Sie waren aus der Provinz zur Sitzung gereist, die Luft der Provinz hing in ihren Kleidern, sie brachten sie mit in den Saal, eine dumpfe Luft aus engen Kammern, in denen sie aber anscheinend abgekapselt hausten, denn auch sie vertraten nicht unmittelbar das Volk, dachten nicht mehr wie das Volk, auch sie waren – kleine, ganz kleine – Präzeptoren des Volkes, nicht gerade Lehrer, aber doch Respekts- oder Unrespektspersonen, vor denen die Leute das Maul hielten. Und sie wieder, seine Heerscharen, hielten den Mund vor Knurrewahn, der zuweilen fühlte, daß hier etwas nicht stimme. Er betrachtete seine schweigende Garde, Rundköpfe und Langschädel, brave Kerle, auf die er sich verlassen konnte. Treugebliebene aus der Zeit der Verfolgung, aber alle Befehlsempfänger, eine Mannschaft, die vor dem Feldwebel strammstand, und Knurrewahn, der nun oben saß, als Volksmann, gewiß, aber doch oben im Kreis der Kopfgötter, regierungsnah und einflußreich, Knurrewahn lauschte vergeblich nach einem Sehnsuchtswort von unten, nach einem Freiheitsschrei, nach einem Herzschlag, der aus der Tiefe kam, keine unverbrauchte Kraft, kaum in die Disziplin zu bannen, regte sich, kein ungebärdiger Wille zur Erneuerung, kein Mut zum Sturz der alten toten Werte war zu spüren, seine Sendboten brachten kein Echo der Straßen und Plätze, der Fabriken und der Hütten mit, sie waren es im Gegenteil, die auf Weisungen lauschten, auf Richtungszeichen von der Spitze, auf Befehle von Knurrewahn, sie förderten die Parteibürokratie der Zentrale und waren nichts als Außenposten dieser Bürokratie, und hier lag die Wurzel des Übels, sie würden zurück in ihre Provinzorte reisen und dort verkünden, Knurrewahn will, daß wir uns so oder anders verhalten, Knurrewahn und die Partei wünschen, Knurrewahn und die Partei befehlen, statt daß es umgekehrt gewesen wäre, statt daß die Provinzboten zu Knurrewahn gesagt hätten, das Volk wünscht, das Volk will nicht, das Volk trägt dir auf, Knurrewahn, das Volk erwartet von dir, Knurrewahn – Nichts. Vielleicht wußte das Volk, was es will. Aber seine Vertreter wußten es nicht, und so taten sie so, als ob wenigstens ein starker Parteiwille da sei. Aber wo kam er her? Aus den Büros. Er war impotent. Von den Samensträngen der Volkskraft war der Parteiwille abgeschnitten, die Kraftstränge verliefen im Unsichtbaren, und einmal mußte es irgendwo im Volksbett Pollutionen und Befruchtungen geben, die unerwünscht waren. Die Parteileitung kannte ihre Mitglieder nur als Beitragszahler und, seltener, als Befehlsempfänger. Da funktionierte die Maschine reibungslos. Und wenn Knurrewahn die Auflösung der Partei befohlen hätte, die Ortsgruppen würden die Auflösung vollziehen, wenn Knurrewahn die Selbstentleibung als Opfer an die Nation anordnete – die Partei hatte schon seit neunzehnhundertvierzehn ein nationales Herzleiden. Wenige sprangen aus der Reihe (und machten sich dadurch verdächtig). Da war Maurice, der Advokat, und da war Pius König, der Journalist, Knurrewahn brauchte sie, aber eigentlich bereiteten sie ihm Unbehagen, und Keetenheuve machte ihm wirklichen Kummer. Er nahm Keetenheuve am Arm, führte ihn an ein Fenster und beschwor ihn, in der Debatte nicht zu heftig zu werden, die nationalen Instinkte (gab es sie? Waren sie nicht Komplexe, Neurosen, Idiosynkrasien?) nicht zu brüskieren, und er erinnerte ihn, daß die Partei nicht bedingungslos und grundsätzlich gegen jede Bewaffnung sei, und daß sie nur die jetzt zur Diskussion stehende Form der neuen Rüstung ablehne. Keetenheuve kannte die Weise. Sie stimmte ihn traurig. Er war allein. Er kämpfte allein gegen den Tod. Er kämpfte allein gegen die älteste Sünde, das älteste Übel der Menschheit, gegen die Urtorheit, den Urwahn, daß durch das Schwert das Recht verfochten, daß durch Gewalt irgendetwas gebessert werden könne. Die Sage von Pandora und ihrer Büchse ist ein Gleichnis für das Übel, das aus Weibshörigkeit stammt, aber Keetenheuve hätte dem alten Knurrewahn gern eine Büchse des Mars beschrieben, aus der, wenn man sie öffnete, alle Weltübel, die nur auszudenken waren, breit, kräftig und allwegs vernichtend strömten. Aber Knurrewahn wußte es ja, auch er kannte die Gefahren, aber er meinte (er litt mit seinem Steckschuß besonders an der nationalen Herzkrankheit seiner Partei), das Heer in der Hand der demokratischen Staatsmacht behalten zu können, obwohl Noske das Heer aus dieser demokratischen Hand schon einmal kläglich verloren hatte.

Inzwischen war jedoch die Nachricht über die Äußerung der Militärs auch in der Regierungskoalition bekannt geworden, und der Kanzler konnte bei seiner Rede dem anschließenden Auftritt Keetenheuves den Wind aus den Segeln nehmen:

Die Ehrenerklärungen lagen sicher auf dem Rednerpult, und richtig, da wurden sie schon verlesen, die Dementis aus Paris und London, die Treuebotschaften, die Freundesworte, die Bruderschaftsbeteuerungen und bald die Waffenbrüderschaft. Man hatte die Ernennung zum Festlandsdegen so gut wie in der Tasche, und nun konnte man sich rüsten, den Helm aufzusetzen, den Helm, den der Bürger verehrt, den Helm, der zeigt, wer regiert, den Helm, der dem antlitzlosen Staat das Gesicht gibt, und nur in den rechtsradikalen Brüsten saß noch neidisch und tückisch der Wurm vom Erbfeind, und sie dachten an Landsberg, an die Gefängnisse von Werl und Spandau, sie riefen „wir wollen unsere Generale wiederhaben" (und der große Butt hob sich aus dem Wasser und antwortete: geht nur nach Hause, ihr habt sie schon); und in Knurrewahns Brust brannte der Steckschuß, und Knurrewahn war voll Mißtrauen und Sorge.
Keetenheuve sprach. Auch er stand im Licht der Wochenschauen, auch er würde im Kino zu sehen sein. *Keetenheuve Held der Leinwand.* Er sprach erst im bedächtigen, sorgenden Sinn Knurrewahns. Er erwähnte die Bedenken und Befürchtungen seiner Partei, er warnte vor weitgehenden Verpflichtungen, die unabsehbar seien, er lenkte den Blick der Welt auf das geteilte Deutschland, auf die zwei kranken Zonen, die wieder zusammen zu führen die erste deutsche Aufgabe ist, und während er sprach, hatte er das Gefühl: es ist zwecklos, wer hört mir zu, wer soll mir auch zuhören, sie wissen, daß ich dies sage und daß ich jenes sagen muß, sie kennen meine Argumente, und sie wissen, daß auch ich kein Rezept habe, nach dem der Patient morgen gesund wird, und so glauben sie weiter an ihre Therapie, mit der sie wenigstens die Hälfte zu retten meinen, die sie für gesund und lebensfähig halten, und zufällig strömt dort der Rhein, zufällig fließt dort die Ruhr und zufällig erheben sich da die Essen des Reviers.
Der Kanzler hielt den Kopf in die Hand gestützt. Er saß unbeweglich. Hörte er Keetenheuve zu? Man wußte es nicht. Hörte ihm irgend jemand zu? Man konnte es nicht wissen. Frau Pierhelm schleuderte wieder ihren Werbespruch gegen das Rednerpult SICHERHEIT FÜR ALLE FRAUEN; aber auch Frau Pierhelm hatte nicht zugehört. Knurrewahn hatte das Haupt zurückgelehnt, mit seinen Bürstenhaaren sah er wie Hindenburg aus oder wie ein Schauspieler, der einen alten General spielt; das Jahrhundert artete seinen Filmschauspielern nach und selbst ein Bergarbeiter sah schon wie ein Kumpel aus, der dargestellt wird, und Keetenheuve konnte nicht sehen, ob Knurrewahn schlief, ob

er nachdachte oder ob es ihm angenehm schmeichelte, seine eigenen Gedanken aus Keetenheuves Mund zu vernehmen. Nur einer hörte Keetenheuve wirklich zu, Korodin; aber Keetenheuve sah Korodin nicht, der wider Willen gefesselt war und wieder daran glaubte, daß der Abgeordnete Keetenheuve vor einer Wandlung stand, die ihn in Gottes Nähe bringen mußte.

Keetenheuve wollte schweigen. Er wollte abtreten. Es hatte keinen Sinn, weiter zu reden, wenn ihm niemand zuhörte; es war zwecklos, Worte von sich zu geben, wenn man nicht überzeugt war, einen Weg weisen zu können. Keetenheuve wollte den Weg des Raubtieres verlassen und den Pfad des Lammes gehen. Er wollte die Friedfertigen führen. Wer aber war friedfertig und bereit, ihm zu folgen? Und weiter gedacht, wenn sich alle friedfertig um Keetenheuve scharten, so würden sie zwar nicht auf ein Schlachtfeld geraten, aber es blieb fraglich, ob sie der Schädelstätte entgehen konnten. Zweifellos war es moralisch besser, ermordet zu werden, als in der Schlacht zu fallen, und die Bereitschaft, nicht kämpfend zu sterben, war die einzige Möglichkeit, das Gesicht der Welt zu ändern. Aber wer war bereit, auf das gefährliche, schwindelnmachende Hochseil solcher Ethik zu klettern? Sie blieben am Boden, ließen sich eine verdammte Waffe in die Hand drücken und starben verflucht und aufgerissenen Bauches, genauso dumm wie ihre Gegner. Und wenn der entsetzliche Kriegstod, so dachte Keetenheuve, der Wille Gottes war, dann sollte man dem grausamen Gott nicht die Hilfestellung und Tarnung des Kampfes leisten, dann sollte man sich aufrecht und waffenlos ins Feld stellen und schreien: zeige dein furchtbares Antlitz, zeige es nackt; schlage, morde, wie es dir gefällt und schiebe die Schuld nicht auf den Menschen. Und da Keetenheuve in die unaufmerksame, in die gelangweilte, die ungerührte Runde blickte, da er den Kanzler wieder sah, gelangweilt, starr, aufgestützten Hauptes, da rief er ihm zu: „Sie wollen das Heer schaffen, Herr Kanzler, Sie wollen bündnisfähig werden, aber welche Bündnisse wird Ihr General schließen? Welche Verträge wird Ihr General brechen? In welcher Richtung wird Ihr General marschieren? Unter welcher Fahne wird Ihr General kämpfen? Kennen Sie das Tuch, Herr Kanzler, wissen Sie die Richtung? Sie wünschen das Heer. Ihre Minister wollen Paraden. Ihre Minister wollen am Sonntag bramarbasieren, wollen ihren MÄNNERN WIEDER INS AUGE SEHEN. Schön. Lassen Sie die Dummköpfe, innerlich verachten Sie sie, aber wie ist es mit Ihrem Traum, Herr Kanzler, auf einer Lafette beerdigt zu werden? Sie werden auf einer Lafette beerdigt werden, aber Ihrem Ehrensarg werden Millionen Leichen folgen, die nicht einmal mehr billigstes Tannenholz deckt, die verbrennen, wo sie gerade stehen, die dort von der Erde begraben werden, wo die Erde aufreißt. Werden Sie alt, Herr Kanzler, werden Sie

uralt, werden Sie Ehrenprofessor und Ehrensenator und Ehrendoktor aller Universitäten. Fahren Sie mit allen Ehren auf einem
Rosenwagen zum Friedhof, aber meiden Sie die Lafette – das ist
keine Ehrung für einen so klugen, für einen so bedeutenden, für
einen genialen Mann!" Hatte Keetenheuve die Worte wirklich ge-
rufen, oder hatte er sie wieder nur gedacht? Der Kanzler stützte
weiterhin ruhig den Kopf in die Hand. Er sah abgespannt aus. Er
sah nicht unnachdenklich aus. Der Saal tuschelte. Der Präsident
blickte gelangweilt auf seinen Bauch. Die Stenographen hielten
gelangweilt ihre Schreibgeräte bereit. Keetenheuve trat ab. Er war
in Schweiß gebadet. Seine Fraktion klatschte obligatorisch. Von
ganz links gellte ein Pfiff.

Es kam, wie Keetenheuve befürchtet hatte. Die Koalition
billigte die Vorlage der Regierung: „Die Mehrheit regierte.
Die Mehrheit diktierte. Die Mehrheit siegte in einem Zug."
Keetenheuve erkannte, dass er nicht nur privat, sondern
auch politisch gescheitert war. Nach einem letzten ziellosen
Gang durch Bonn und einem letzten amourösen Abenteuer
stand er auf einer Rheinbrücke. Der letzte Satz des Romans
(ein Zitat aus Schillers „Wilhelm Tell") lautet: „Der Abgeordnete war gänzlich unnütz, er war sich selbst eine Last,
und ein Sprung von dieser Brücke machte ihn frei."

II. Der Autor und sein Werk

Wolfgang Koeppen (1906–1996) wuchs als uneheliches
Kind einer Näherin, die später als Souffleuse am Stadt-
theater Greifswald arbeitete, und eines Privatdozenten der
Augenheilkunde an der Universität Greifswald und späteren Augenarztes in Berlin bei seiner Mutter in Greifswald, Ostpreußen und Masuren auf. Nach dem Ende der
Schulpflicht wurde er mit 14 Jahren von der Mittelschu-
le „in Beruf" entlassen. In den folgenden Jahren arbeitete
er als Laufbursche in einer Buchhandlung, Hilfskoch auf
Hoher See, Volontär, Schauspieler, Inspizient, Dramaturg
und Regieassistent jeweils für kurze Zeit an verschiedenen
deutschen Provinztheatern und eignete sich als Autodidakt
ein umfassendes Wissen über Literatur an. Ab 1927 arbeitete er zunächst als freier Journalist in Berlin. 1932 wurde
er Redaktionsmitglied des Berliner Börsen-Courier, aber
schon 1934 wegen der politischen Richtungsänderung der
Zeitung entlassen. Er kam bei einer befreundeten Familie

in Den Haag unter und schrieb seine ersten beiden Romane, die in Deutschland veröffentlicht wurden. Da er in den Niederlanden keine feste Existenzgrundlage fand, kehrte er 1938 nach Deutschland zurück und arbeitete als Drehbuchautor für die UFA in Berlin. 1944 übersiedelte er nach München, wo er für die Bavaria-Filmkunst-GmbH arbeitete und 1948 heiratete.

Schon kurz nach Kriegsende hatte Koeppen den Lektor Henry Goverts kennengelernt, der ihn zum Schreiben ermunterte und dann als Verleger in Stuttgart die drei großen Romane der sogenannten Trilogie des Scheiterns von Koeppen, neben „Das Treibhaus" „Tauben im Gras" (1951) und „Der Tod in Rom" (1954) veröffentlichte. In der Folge reiste Koeppen im Auftrag des Süddeutschen Rundfunks viel und veröffentlichte Reiseberichte, aber außer dem Buch „Jugend" (1976) kein größeres Prosawerk mehr. Er erhielt eine Fülle von Literaturpreisen, darunter den Georg-Büchner-Preis der Deutschen Akademie für Sprache und Dichtung 1962, wurde 1966 ordentliches Mitglied der Bayerischen Akademie der schönen Künste und 1990 Ehrendoktor der Universität Greifswald; 1992 erhielt er das Verdienstkreuz 1. Klasse der Bundesrepublik Deutschland.

Der Roman „Das Treibhaus" gilt heute nicht nur als künstlerisches Meisterwerk, sondern ist auch der am eindeutigsten politische Roman der deutschen Literatur der 1950er und 1960er Jahre: Schauplatz ist die Hauptstadt der Bundesrepublik Deutschland Bonn und der Deutsche Bundestag; die Hauptfigur ist ein Bundestagsabgeordneter; die meisten der sonstigen Personen des Romans sind Politiker oder über die Politik schreibende Journalisten; die Gespräche und der innere Monolog des Protagonisten sowie die Schilderungen des auktorialen Erzählers betreffen ganz überwiegend die Politik sowohl im engeren Sinn (Vorgänge in der Staatssphäre) als auch im weiteren Sinn (Entwicklungen von Wirtschaft und Gesellschaft).

Während der Ort der Handlung genannt wird und die Zeit sich jedenfalls in etwa bestimmen lässt, sind alle Namen der Akteure fiktiv. Gleichwohl gibt es Ähnlichkeiten mit wirklichen Politikern jener Zeit. Am deutlichsten ausgeprägt

sind sie beim im Roman nur Kanzler genannten Bundes-
kanzler Konrad Adenauer, „dem nach Jahren ärgerlicher
Pensionierung überraschend die Chance zugefallen war,
als großer Mann in die Geschichte einzugehen, als Retter
des Vaterlandes zu gelten". Für die Figur des Fraktions-
vorsitzenden Knurrewahn hat der tatsächliche SPD-Frak-
tionsvorsitzende Kurt Schumacher Pate gestanden: Knurrewahn ist wie Schumacher nach 1945 zum führenden
Politiker der Opposition aufgestiegen, hat energisch das
Ziel der Wiedervereinigung verfolgt und seine Partei recht
autoritär geführt. Beide waren in der Weimarer Republik
Reichstagsabgeordnete und während des Dritten Reichs in
einem Konzentrationslager inhaftiert. Ähnliches lässt sich
für weitere Politiker feststellen. Dagegen erscheint die Assoziation von Keetenheuve mit Carlo Schmid als sehr weit
hergeholt; sie kann allein darauf verweisen, dass beide Ge-
dichte Baudelaires übersetzt haben. Da dies eine unter Politikern selten anzutreffende Persönlichkeitsausprägung ist,
unterstreicht sie die Stellung Keetenheuves als Außenseiter.

Aber kann man „Das Treibhaus" deshalb auch als Schlüsselroman bezeichnen? Häufig wurde er so gelesen, und
Kurt Sontheimer hat den Abgeordneten Keetenheuve als
Repräsentanten der Adenauerära vorgestellt: „Keetenheuves Begegnung mit der Bonner Politik enthüllt – treffend,
wenngleich oft zugespitzt – so viele Facetten der Wirklichkeit des politischen Lebens im deutschen „Treibhaus",
dass der Roman zum Verständnis deutscher Politik in der
Adenauerzeit fast unersetzlich ist. Bis heute ist dieses literarische Bild der Adenauerzeit unter dem beherrschenden
Gesichtspunkt ihrer restaurativen Tendenzen nicht mehr
erreicht worden. Der fiktive Abgeordnete Keetenheuve,
ein Repräsentant des Scheiterns, gehört zur Adenauerära
wie deren leibhaftige Hauptrepräsentanten, wie Kurt Schumacher, Theodor Heuss und Konrad Adenauer."

Dem ist allerdings der Vorspruch Wolfgang Koeppens zu
seinem Roman entgegenzuhalten: „Der Roman *Das Treibhaus* hat mit dem Tagesgeschehen, insbesondere dem politischen, nur insoweit zu tun, als dieses einen Katalysator
für die Imagination des Verfassers bildet. Gestalten, Plät-

ze und Ereignisse, die der Erzählung den Rahmen geben, sind mit der Wirklichkeit nirgends identisch. Die Eigenart lebender Personen wird von der rein fiktiven Schilderung weder berührt, noch ist sie vom Verfasser gemeint. Die Dimension aller Aussage des Buches liegt jenseits der Bezüge von Menschen, Organisationen und Geschehnissen unserer Gegenwart; der Roman hat seine eigene poetische Wahrheit."

Worin besteht nun genau diese „poetische Wahrheit"? Koeppen hat sich unzweifelhaft von der Wirklichkeit, vor allem vom politischen Geschehen und von gesellschaftlichen Entwicklungen in den ersten Jahren der Bundesrepublik, inspirieren lassen, aber entscheidend für das künstlerische Produkt des Romans war die „Imagination" des Autors. Diese bedient sich vor allem zweier Mittel: der Verfremdung und der Subjektivierung. Die Verfremdung geschieht nicht nur durch die fehlenden Zeitangaben und fiktiven Namen, sondern auch durch den häufigen Gebrauch von Metaphern, deren Grundlage ja die bloße Ähnlichkeit statt der Identität ist. Schon der Titel des Romans ist eine Metapher für das Klima im Bonn jener Jahre.

Die Subjektivierung des Stoffs bedeutet, dass alle Vorgänge im Roman nicht als objektive Geschehnisse und Abläufe geschildert werden, sondern nur in der Wahrnehmung, dem Empfinden und dem Denken der Hauptfigur. Die literaturwissenschaftlichen Interpretationen kreisen denn auch vornehmlich um die Vielschichtigkeit und Ausdeutbarkeit der Persönlichkeit von Keetenheuve. Das ändert aber nichts daran, dass Keetenheuve auch ein „Katalysator für die Imagination des Verfassers" ist, deren Stoff nun einmal politisch ist. So bedeutet die poetische Wahrheit des Romans die „Sichtbarmachung des Restaurativen und seines geschichtlichen Kontextes" (*Edgar Platen*). Ein wesentliches Merkmal dieses geschichtlichen Kontextes war die Wiederbewaffnung.

III. Das juristische Problem

Das zentrale juristische Problem, das der Roman aufwirft, lautet: Braucht der Staat Streitkräfte? „Keetenheuve

war für reinen Pazifismus, für ein endgültiges ‚Die-Waf-
fen-Nieder!‘“, und „er kämpfte allein gegen die älteste Sünde, das älteste Übel der Menschheit, gegen die Urtorheit,
den Urwahn, daß durch das Schwert das Recht verfochten,
daß durch Gewalt irgendetwas gebessert werden könne“.
Hierin wurzelte auch seine Abneigung gegen alles Militärische und besonders die Generäle („ein Krebs des deutschen Volkes“; „eine Generalsmeinung, also sowieso be-
schränkten Verstandes“), die auch die zitierte Schilderung
des polizeilichen Einsatzes vor der entscheidenden Sitzung
zur Frage der Wiederbewaffnung durchzieht: „hysterisch“,
„gedrillt“, „polizeiliche Bekämpfer“. Aber neben der Kritik am parlamentarischen Regierungssystem („Pervertierung und Schwächung der Volksvertretung“; „Diktatur auf
Zeit“, „kein ungebärdiger Wille zur Erneuerung, kein Mut
zum Sturz der alten toten Werte war zu spüren“) steht doch
auch die in eine rhetorische Frage gekleidete Einsicht, dass
es kein besseres System gibt als das parlamentarische. Allerdings wusste Keetenheuve schon zu diesem Zeitpunkt,
dass seine pazifistischen und antimilitaristischen Überzeugungen, die er in seiner Rede vor dem Bundestag äußern
wollte, angesichts der Mehrheitsverhältnisse und der Me-
chanismen praktischer Politik kein Gehör finden würden:
„Er würde nichts ändern.“

Trotzdem hielt Keetenheuve seine Rede vor dem Bundestag.
Zunächst folgte er brav der Linie der Fraktion, die ihr Vor-
sitzender Knurrewahn vorgegeben hatte: Die Zustimmung
zum EVG-Vertrag würde „Verpflichtungen“ nach sich ziehen, die die Wiedervereinigung des geteilten Deutschlands,
„die erste deutsche Aufgabe“, erschweren würde. In der Tat
führte damals die Verstärkung der Bindung an den Westen
zu einer Verschärfung des Gegensatzes zum Osten und des
sogenannten Kalten Krieges. Auch wenn die Westbindung
langfristig tatsächlich zur Wiedervereinigung geführt hat,
erschien damals die gleichzeitige Erreichung von Westintegration und Wiedervereinigung als praktisch unmöglich
und die Adenauersche Politik, die vorgab, gerade durch die
Westintegration die Wiedervereinigung erreichen zu können, als etwas heuchlerisch. Die Militärs hatten die herrschende Meinung bei den Westmächten, die nicht wirklich

eine Wiedervereinigung Deutschlands wollten, zutreffend wiedergegeben.

Obwohl der Fraktionsvorsitzende Knurrewahn daran erinnert hatte, „daß die Partei nicht bedingungslos und grundsätzlich gegen jede Bewaffnung sei", brach bei Keetenheuve angesichts der verbreiteten Lethargie und dem Dessinteresse im Hohen Hause dann aber seine pazifistische Überzeugung durch und mündete in einem flammenden Plädoyer für einen vollständigen Verzicht des Staates auf die militärische Verteidigung. Bis dahin war Keetenheuves Pazifismus vor allem aus seiner Biographie als Gegner des Nationalsozialismus und mit historischen Reminiszenzen erklärt worden. So nahm der Hinweis auf Gustav Noske, den Volksbeauftragten für Heer und Marine, der die Niederschlagung des Spartakusaufstands 1919 leitete, die Kritik auf, dass Noske durch seinen Pakt mit den reaktionären Militärs des Kaiserreichs die Revolution verraten habe. Nunmehr brachte er vor allem ethische Gründe vor: Jegliche Gewalt brächte nur neue Gewalt hervor, „und die Bereitschaft, nichtkämpfend zu sterben, war die einzige Möglichkeit, das Gesicht der Welt zu ändern". In dem persönlichen Appell an den Kanzler beschwor Keetenheuve nochmals die Schrecken des Krieges und wirkte dadurch besonders eindringlich, dass er den Kanzler offensichtlich aus Überzeugung und ohne Schmeichelei einen klugen, bedeutenden und genialen Mann nannte.

Der Gegensatz zwischen Keetenheuve und Knurrewahn entspricht den zwei Richtungen, die innerhalb der pazifistischen Bewegung unterschieden werden. Pazifismus als ethische Grundhaltung, die den Krieg ablehnt, kann sie kategorisch und ausnahmslos einnehmen („Gesinnungspazifismus") oder nur grundsätzlich und Ausnahmen zulassen („Verantwortungspazifismus"). Beispiele für derartige Ausnahmen sind der nationale Verteidigungskrieg, die humanitäre Intervention oder der Krieg, der zur Herstellung von Frieden unumgänglich ist. Eine gewisse Entsprechung findet dieser Gegensatz in dem Streit, ob von dem Recht auf Kriegsdienstverweigerung gem. Art. 4 Abs. 3 GG auch die situationsgebundene, nur auf bestimmte Kriege, Gegner oder Waffen bezogene Kriegsdienstverweigerung umfasst ist. Keetenheuve lehnte jede Gewaltanwendung ab und vertrat somit einen strengen, moralisch-weltanschaulich begründeten Pazifismus, während Knurrewahn nur „grundsätzlich gegen Bewaffnung und Krieg" war.

Man sollte diese Auffassungen Keetenheuves nicht gleich als utopisch abtun. Das Grundgesetz enthielt in seiner ursprünglichen Fassung vom 23. Mai 1949 noch keine Wehrverfassung und stattete die Bundesrepublik Deutschland nicht mit Streitkräften aus. Im Gegenteil betonte es an verschiedenen Stellen (Präambel, Art. 1 Abs. 2, Art. 26 Abs. 1 GG) nachdrücklich das Ziel des Friedens, verbot die Vorbereitung eines Angriffskrieges (Art. 26 Abs. 1 GG) und gewährleistete die Kriegsdienstverweigerung als Grundrecht (Art. 4 Abs. 3 GG). Es stand damit im Einklang mit der ursprünglich von allen Besatzungsmächten verfolgten Politik, Deutschland vollständig zu entmilitarisieren, um jegliche neue Kriegsgefahr in Mitteleuropa schon im Ansatz zu bannen. Auch das gleichzeitig mit der Genehmigung des Grundgesetzes durch die westlichen Alliierten verkündete Besatzungsstatut, das Vorrang vor allem staatlichen Recht einschließlich der Verfassung hatte, hielt an der Entmilitarisierung fest und unterwarf die Bundesrepublik Deutschland auch in allen auswärtigen Angelegenheiten des Oberhoheit der Besatzungsmächte.

Das Ziel Konrad Adenauers, so schnell wie möglich die staatliche Souveränität („unsere Freiheiten und unsere Zuständigkeiten") zurückzuerlangen, traf sich mit dem Interesse vor allem der USA, angesichts des sich verstärkenden Ost-West-Konflikts den westlichen deutschen Staat nach seiner Gründung auch in das westliche Bündnis einzubinden. Der Koreakrieg beförderte entsprechende Bestrebungen nachhaltig. Das Besatzungsstatut wurde denn auch in den folgenden Jahren mehr und mehr faktisch und rechtlich abgebaut. Adenauer bot schon in einem Sicherheitsmemorandum im Sommer 1950 einen deutschen Verteidigungsbeitrag an und griff dann den von Jean Monnet initiierten Pleven-Plan auf, eine EVG der sechs schon in der Montanunion zusammengeschlossenen Staaten (Deutschland,

Frankreich, Italien und Benelux-Staaten) zu gründen, in der die deutschen Truppen als Teil einer europäischen Armee („Europaarmee" heißt es im Roman) aufgenommen werden sollten.

Die Wiederbewaffnung war äußerst umstritten. Angesichts der Katastrophe des Zweiten Weltkriegs mit den ungeheuren Opfern und Zerstörungen wollten viele Deutsche vom Militär nichts wissen. Über die Pläne der Bundesregierung zur Wiederbewaffnung und den Beitritt Deutschlands zur EVG – in diesem Zusammenhang steht Keetenheuves Rede vor dem Bundestag – entspann sich der verfassungsrechtliche „Kampf um den Wehrbeitrag". Von der oppositionellen SPD-Fraktion und mehreren von der SPD geführten Ländern wurde geltend gemacht, dass die Zustimmung zum EVG-Vertrag, der die Aufstellung einer deutschen Armee verlangte, angesichts des Fehlens einer Regelung über die Streitkräfte im Grundgesetz nicht durch einfaches Gesetz, sondern nur durch eine Verfassungsänderung erteilt werden dürfe. Die dafür erforderliche Zweidrittelmehrheit besaß die Regierungskoalition aber nicht.

Es kam zu mehreren Verfahren, unter anderem einem Normenkontrollantrag der SPD-Fraktion vor dem Bundesverfassungsgericht, über die das Bundesverfassungsgericht aber nicht mehr entscheiden musste, nachdem Adenauers Regierungskoalition bei der Wahl im Herbst 1953 die für Verfassungsänderungen erforderliche Zweidrittelmehrheit im Bundestag erreicht hatte; offensichtlich war die ursprüngliche „Nie-wieder-Krieg-Stimmung" abgeflaut. Die EVG kam trotzdem nicht zu Stande, weil das französische Parlament nicht bereit war, französische Truppen einem supranationalen Befehl zu unterstellen; Charles de Gaulle hatte erklärt: Die Zustimmung zur EVG komme für ihn einer „Auslöschung Frankreichs als eigenständiger Nation gleich". Stattdessen wurde Deutschland 1955 in die NATO aufgenommen.

Waren Keetenheuves Auffassungen Anfang der 1950er Jahre in Deutschland auch nicht utopisch, bleibt die Frage, ob der Verzicht eines Staates auf Streitkräfte, von besonderen Umständen wie damals in Deutschland abgesehen, doch

nur ein schöner Menschheitstraum ist. Leider sprechen alle
Erfahrungen, die in der ganzen Menschheitsgeschichte und
auch seit dem Zweiten Weltkrieg gemacht worden sind, dafür, diese Frage zu bejahen. Schon die alten Römer prägten
den Spruch: Si vis pacem para bellum (Wenn du Frieden
willst, sei für Krieg bereit). Zwar ist geltend gemacht worden, Koeppen habe als entscheidende Ursache für staatliche
Streitkräfte „die wahnhafte Angst vor der Übermacht des
Gegners" erkannt und damit die Handlungsanweisung für
die Entspannungspolitik geliefert (*Josef Quack*), doch hat
die Entspannungspolitik lediglich zu einer Reduzierung
der Waffenarsenale, wohl auch aus ökonomischen Gründen, und nicht zu einer Abschaffung der Streitkräfte geführt. Selbst die friedlichsten Staaten, wie die Schweiz, die
sogar im Zweiten Weltkrieg neutral geblieben ist, halten
sich Streitkräfte. Angesichts fortbestehender und immer
wieder neu auftauchender Bedrohungen muss ein Verzicht
auf die staatliche Verteidigung durch Streitkräfte eben
doch als utopisch im wahrsten Sinn des Wortes bezeichnet
werden: Es gibt ihn nirgends.

IV. Das geltende Recht

Die zentrale Vorschrift für die heutige Wehrverfassung
Deutschlands ist der 1954 durch Verfassungsänderung
eingefügte Art. 73 Abs. 1 Nr. 1 GG, wonach der Bund die
ausschließliche Gesetzgebung für „die Verteidigung einschließlich des Schutzes der Zivilbevölkerung" hat. Durch
die sogenannte Wehrnovelle von 1956 sind folgende weitere
Bestimmungen über die Streitkräfte in das Grundgesetz
eingefügt worden: Gem. Art. 65a GG hat der Bundesmi-
nister für Verteidigung die Befehls- und Kommandogewalt
über die Streitkräfte. Dadurch wird anders als noch beim
Oberbefehl des Reichspräsidenten in der Weimarer Republik die parlamentarische Verantwortlichkeit hergestellt.
Dem gleichen Ziel eines Parlamentsheers dient die obli-
gatorische Einrichtung des Verteidigungsausschusses des
Bundestags gem. Art. 45a GG, der sich auch selbst als Un-
tersuchungsausschuss konstituieren kann. Auch darf der
Verteidigungsfall nur durch den Bundestag mit Zustimmung des Bundesrates festgestellt werden.

Das Leitbild der Wehrnovelle war der „Soldat als Bürger"
bzw. der „Staatsbürger in Uniform". Dies implizierte die
volle Grundrechtsberechtigung für alle Angehörigen der
Bundeswehr, die verfassungsrechtlich dadurch hergestellt
ist, dass gem. Art. 17a GG nur in einige Grundrechte über
das allgemein zugelassene Maß hinaus durch den Staat eingegriffen werden darf. Der Wehrbeauftragte des Bundestags wird gem. Art. 45b GG zum Schutz der Grundrechte
der Soldaten und zur Unterstützung des Bundestags bei der
Ausübung der parlamentarischen Kontrolle berufen. Die
mit der Wehrnovelle eingeführte Vorschrift, dass Männer
„vom vollendeten achtzehnten Lebensjahr an zum Dienst
in den Streitkräften, im Bundesgrenzschutz oder in einem
Zivilschutzverband verpflichtet werden" können (so der
heutige Art. 12a Abs. 1 GG), hat die Jahrzehnte lang gülti-
ge allgemeine Wehrpflicht ermöglicht, die 2011 gesetzlich
ausgesetzt wurde.

Durch Art. 87a und 87b GG werden die Streitkräfte und
die Bundeswehrverwaltung in den Exekutivbereich der
Ausführung der Bundesgesetze eingeordnet. Weitere verfassungsrechtliche Normen regeln seit 1967 näher den Verteidigungsfall und den Staatsnotstand gem. Art. 53a, 80a,
91 und 115a-l GG. Das Bundesverfassungsgericht hat das
Wehrverfassungsrecht durch die Statuierung des wehrver-
fassungsrechtlichen Parlamentsvorbehalts ergänzt, wonach
das Parlament jedem militärischen Einsatz der Streitkräfte im Ausland im Einzelfall vorher zustimmen muss, und
zwar durch einen in den Ausschüssen vorbereiteten und im
Plenum erörterten Beschluss gem. Art. 42 Abs. 2 GG oder
durch ein Gesetz. Das gilt nicht nur im Fall der Erklärung
des Verteidigungsfalls, sondern immer wenn deutsche Soldaten in bewaffnete Unternehmungen einbezogen sind, außer das Grundgesetz selbst lässt in bestimmten einzelnen
Fällen eine Entscheidung der Bundesregierung ausreichen.

Zweiter Teil.
Mensch und Gericht

Kapitel 7.
Was hilft gegen Rechtsverweigerung?

(a) Heinrich von Kleist: Michael Kohlhaas, 1810

I. Inhalt und Text

Die Erzählung spielt „um die Mitte des sechzehnten Jahrhunderts". Als der Rosshändler Michael Kohlhaas aus Kohlhaasenbrück in Brandenburg eine Koppel junger Pferde in Sachsen verkaufen will, wird er an der Grenze von einem durch den Junker Wenzel von Tronka, „Erb-, Lehns- und Gerichtsherr" im Bereich der Tronkenburg, neu errichteten Schlagbaum aufgehalten und wegen des Fehlens eines angeblich erforderlichen „Paßscheins" genötigt, zwei Rappen als Pfand zurück zu lassen. Nachdem er in Dresden erfahren hat, dass „die Geschichte mit dem Paßschein ein Märchen sei", kehrt er zur Tronkenburg zurück, findet aber „statt seiner zwei glatten und wohl genährten Rappen", ein „paar dürre, abgehärmte Mähren" vor. Seine Beschwerde wird vom Junker höhnisch abgewiesen.

Als Kohlhaas zu Hause seinen Knecht Herse, den er zur Pflege der Pferde in der Tronkenburg zurückgelassen hatte, von den Leuten des Junkers schwer misshandelt vorfindet, verklagt er in Dresden den Junker auf „gesetzmäßige Bestrafung desselben, Wiederherstellung der Pferde in den vorigen Stand" und Ersatz des dem Knecht erwachsenen Schadens. Die Klage wird durch den politischen Einfluss zweier Verwandter des Junkers „gänzlich niedergeschlagen". Der Versuch des mit Kohlhaas befreundeten Stadthauptmanns Heinrich von Geusau, mit einer „Supplik" an den Kurfürsten von Brandenburg „die abscheuliche Ungerechtigkeit" aus der Welt zu schaffen, scheitert an einer Intrige des mit den Tronkas verschwägerten brandenburgischen Kanzlers; Kohlhaas wird als „unnützer Querulant" bezeichnet und aufgefordert, die Staatskanzlei von weiteren „Stänkereien" zu verschonen. Kohlhaas' Frau schließlich bezahlt ihren Versuch, dem Kurfürsten von Brandenburg eine Bittschrift zu überreichen, durch den Lanzenstoß einer Wache mit dem Leben. Kohlhaas wird durch eine „landesherrliche Resolution" beschieden, er solle „bei Strafe, in das Gefängnis geworfen zu werden, nicht weiter in dieser Sache einkommen".

Jetzt übernimmt Kohlhaas „das Geschäft der Rache", nicht ohne zunächst in einem „Rechtsschluß ... kraft der ihm angeborenen Macht" seine alten Forderungen zu stellen. Als diese nach drei Tagen nicht erfüllt werden, überfällt er mit seinen sieben Knechten die Tronkenburg und brennt sie nieder, wobei auch Frauen und Kinder Opfer werden; doch Wenzel von Tronka kann nach Wittenberg flüchten. In einem „Kohlhaasischen Mandat" verpflichtet Kohlhaas alle Menschen, den Junker, „mit dem er in einem gerechten Krieg liege", an ihn auszuliefern. Mit einer stetig wachsenden Schar von Gefolgsleuten fällt er mehrmals brandschatzend in Wittenberg ein, um seiner Forderung Nachdruck zu verleihen; beim dritten Mal legt er an die fünfzig Gebäude „in Schutt und Asche". In weiteren „Mandaten" nennt er sich „einen Reichs- und Weltfreien, Gott allein unterworfenen Herrn", gar „einen Statthalter Michaels, des Erzengels", spricht von seiner „provisorischen Weltregierung" und ruft „das Volk auf, sich zur Errichtung einer besseren Ordnung der Dinge, an ihn anzuschließen". Selbst einem fünfhundert Mann starken sächsischen Heer gelingt es nicht, Kohlhaas zu besiegen. Weil Kohlhaas den Junker inzwischen in Leipzig vermutet, zieht er dorthin.

Unter diesen Umständen übernahm der Doktor Martin Luther das Geschäft, den Kohlhaas, durch die Kraft beschwichtigender Worte, von dem Ansehn, das ihm seine Stellung in der Welt gab, unterstützt, in den Damm der menschlichen Ordnung zurückzudrücken, und auf ein tüchtiges Element in der Brust des Mordbrenners bauend, erließ er ein Plakat folgenden Inhalts an ihn, das in allen Städten und Flecken des Kurfürstentums angeschlagen ward:

„Kohlhaas, der du dich gesandt zu sein vorgibst, das Schwert der Gerechtigkeit zu handhaben, was unterfängst du dich, Vermessener, im Wahnsinn stockblinder Leidenschaft, du, den Ungerechtigkeit selbst, vom Wirbel bis zur Sohle erfüllt? Weil der Landesherr dir, dem du untertan bist, dein Recht verwei-

Heinrich von Kleist

gert hat, dein Recht in dem Streit um ein nichtiges Gut, erhebst du dich, Heilloser, mit Feuer und Schwert, und brichst, wie der Wolf der Wüste, in die friedliche Gemeinheit, die er beschirmt. Du, der die Menschen mit dieser Angabe, voll Unwahrhaftigkeit und Arglist, verführt: meinst du, Sünder, vor Gott dereinst, an dem Tage, der in die Falten aller Herzen scheinen wird, damit auszukommen? Wie kannst du sagen, daß dir dein Recht verweigert worden ist, du, dessen grimmige Brust, vom Kitzel schnöder Selbstrache gereizt, nach den ersten, leichtfertigen Versuchen, die dir gescheitert, die Bemühung gänzlich aufgegeben hat, es dir zu verschaffen? Ist eine Bank voll Gerichtsdienern und Schergen, die einen Brief, der gebracht wird, unterschlagen, oder ein Erkenntnis, das sie abliefern sollen, zurückhalten, deine Obrigkeit? Und muß ich dir sagen, Gottvergessener, daß deine Obrigkeit von deiner Sache nichts weiß – was sag ich? daß der Landesherr, gegen den du dich auflehnst, auch deinen Namen nicht kennt, dergestalt, daß wenn dereinst du vor Gottes Thron trittst, in der Meinung, ihn anzuklagen, er, heiteren Antlitzes, wird sprechen können: diesem Mann, Herr, tat ich kein Unrecht, denn sein Dasein ist meiner Seele fremd? Das Schwert, wisse, das du führst, ist das Schwert des Raubes und der Mordlust, ein Rebell bist du und kein Krieger des gerechten Gottes, und dein Ziel auf Erden ist Rad und Galgen, und jenseits die Verdammnis, die über die Missetat und die Gottlosigkeit verhängt ist.

Wittenberg, u.s.w.   *Martin Luther.*"

Kohlhaas wälzte eben, auf dem Schlosse zu Lützen, einen neuen Plan, Leipzig einzuäschern, in seiner zerrissenen Brust herum: – denn auf die, in den Dörfern angeschlagene Nachricht, daß der Junker Wenzel in Dresden sei, gab er nichts, weil sie von Niemand, geschweige denn vom Magistrat, wie er verlangt hatte, unterschrieben war: – als Sternbald und Waldmann das Plakat, das, zur Nachtzeit, an den Torweg des Schlosses, angeschlagen worden war, zu ihrer großen Bestürzung, bemerkten. Vergebens hofften sie, durch mehrere Tage, daß Kohlhaas, den sie nicht gern deshalb antreten wollten, es erblicken würde; finster und in sich gekehrt, in der Abendstunde erschien er zwar, aber bloß, um seine kurzen Befehle zu geben, und sah nichts: dergestalt, daß sie an einem Morgen, da er ein Paar Knechte, die in der Gegend, wider seinen Willen, geplündert hatten, aufknüpfen lassen wollte, den Entschluß faßten, ihn darauf aufmerksam zu machen. Eben kam er, während das Volk von beiden Seiten schüchtern auswich, in dem Aufzuge, der ihm, seit seinem letzten Mandat, gewöhnlich war, von dem Richtplatz zurück: ein großes Cherubsschwert, auf einem rotledernen Kissen, mit Quasten von Gold verziert, ward ihm vorangetragen, und zwölf Knechte, mit brennenden Fackeln

folgten ihm: da traten die beiden Männer, ihre Schwerter unter
dem Arm, so, daß es ihn befremden mußte, um den Pfeiler, an
welchen das Plakat angeheftet war, herum. Kohlhaas, als er, mit
auf dem Rücken zusammengelegten Händen, in Gedanken vertieft, unter das Portal kam, schlug die Augen auf und stutzte; und
da die Knechte, bei seinem Anblick, ehrerbietig auswichen: so
trat er, indem er sie zerstreut ansah, mit einigen raschen Schritten, an den Pfeiler heran. Aber wer beschreibt, was in seiner Seele vorging, als er das Blatt, dessen Inhalt ihn der Ungerechtigkeit zieh, daran erblickte: unterzeichnet von dem teuersten und
verehrungswürdigsten Namen, den er kannte, von dem Namen
Martin Luthers! Eine dunkle Röte stieg in sein Antlitz empor; er
durchlas es, indem er den Helm abnahm, zweimal von Anfang bis
zu Ende; wandte sich, mit ungewissen Blicken, mitten unter die
Knechte zurück, als ob er etwas sagen wollte, und sagte nichts;
löste das Blatt von der Wand los, durchlas es noch einmal; und
rief: Waldmann! laß mir mein Pferd satteln! sodann: Sternbald!
folge mir ins Schloß! und verschwand. Mehr als dieser wenigen
Worte bedurfte es nicht, um ihn, in der ganzen Verderblichkeit,
in der er dastand, plötzlich zu entwaffnen. Er warf sich in die Ver-
kleidung eines thüringischen Landpächters; sagte Sternbald, daß
ein Geschäft, von bedeutender Wichtigkeit, ihn nach Wittenberg
zu reisen nötige; übergab ihm, in Gegenwart einiger der vorzüg-
lichsten Knechte, die Anführung des in Lützen zurückbleibenden
Haufens; und zog, unter der Versicherung, daß er in drei Tagen,
binnen welcher Zeit kein Angriff zu fürchten sei, wieder zurück
sein werde, nach Wittenberg ab.

Er kehrte, unter einem fremden Namen, in ein Wirtshaus ein,
wo er, sobald die Nacht angebrochen war, in seinem Mantel, und
mit einem Paar Pistolen versehen, die er in der Tronkenburg er-
beutet hatte, zu Luthern in sein Zimmer trat. Luther, der unter
Schriften und Büchern an seinem Pulte saß, und den fremden, besonderen Mann die Tür öffnen und hinter sich verriegeln sah,
fragte ihn: wer er sei? und was er wolle? und der Mann, der seinen
Hut ehrerbietig in der Hand hielt, hatte nicht sobald, mit dem
schüchternen Vorgefühl des Schreckens, den er verursachen würde, erwidert: daß er Michael Kohlhaas, der Roßhändler sei; als
Luther schon: weiche fern hinweg! ausrief, und indem er, vom
Pult erstehend, nach einer Klingel eilte, hinzusetzte: dein Odem
ist Pest und deine Nähe Verderben! Kohlhaas, indem er, ohne sich
vom Platz zu regen, sein Pistol zog, sagte: Hochwürdiger Herr,
dies Pistol, wenn ihr die Klingel rührt, streckt mich leblos zu eu-
ren Füßen nieder! Setzt euch und hört mich an; unter den Engeln,
deren Psalmen ihr aufschreibt, seid ihr nicht sicherer, als bei mir.
Luther, indem er sich niedersetzte, fragte: was willst du? Kohlhaas erwiderte: eure Meinung von mir, daß ich ein ungerechter

Mann sei, widerlegen! Ihr habt mir in eurem Plakat gesagt, daß
meine Obrigkeit von meiner Sache nichts weiß: wohlan, verschafft mir freies Geleit, so gehe ich nach Dresden, und lege sie ihr
vor. „Heilloser und entsetzlicher Mann!" rief Luther, durch diese
Worte verwirrt zugleich und beruhigt: „wer gab dir das Recht,
den Junker von Tronka, in Verfolg eigenmächtiger Rechtsschlüs-
se, zu überfallen, und da du ihn auf seiner Burg nicht fandst mit
Feuer und Schwert die ganze Gemeinschaft heimzusuchen, die
ihn beschirmt?" Kohlhaas erwiderte: hochwürdiger Herr, niemand, fortan! Eine Nachricht, die ich aus Dresden erhielt, hat
mich getäuscht, mich verführt! Der Krieg, den ich mit der Gemeinheit der Menschen führe, ist eine Missetat, sobald ich aus ihr
nicht, wie ihr mir die Versicherung gegeben habt, verstoßen war!
Verstoßen! rief Luther, indem er ihn ansah. Welch eine Raserei
der Gedanken ergriff dich? Wer hätte dich aus der Gemeinschaft
des Staats, in welchem du lebtest, verstoßen? Ja, wo ist, so lange
Staaten bestehen, ein Fall, daß jemand, wer es auch sei, daraus
verstoßen worden wäre? – Verstoßen, antwortete Kohlhaas, indem er die Hand zusammendrückte, nenne ich den, dem der
Schutz der Gesetze versagt ist! Denn dieses Schutzes, zum Gedei-
hen meines friedlichen Gewerbes, bedarf ich; ja, er ist es, dessen-
halb ich mich, mit dem Kreis dessen, was ich erworben, in diese
Gemeinschaft flüchte; und wer mir ihn versagt, der stößt mich zu
den Wilden der Einöde hinaus; er gibt mir, wie wollt ihr das leugnen, die Keule, die mich selbst schützt, in die Hand. – Wer hat dir
den Schutz der Gesetze versagt? rief Luther. Schrieb ich dir nicht,
daß die Klage, die du eingereicht, dem Landesherrn, dem du sie
eingereicht, fremd ist? Wenn Staatsdiener hinter seinem Rücken
Prozesse unterschlagen, oder sonst seines geheiligten Namens, in
seiner Unwissenheit, spotten; wer anders als Gott darf ihn wegen
der Wahl solcher Diener zur Rechenschaft ziehen, und bist du,
gottverdammter und entsetzlicher Mensch, befugt, ihn deshalb
zu richten? – Wohlan, versetzte Kohlhaas, wenn mich der Landesherr nicht verstößt, so kehre ich auch wieder in die Gemeinschaft, die er beschirmt, zurück. Verschafft mir, ich wiederhol' es,
freies Geleit nach Dresden: so lasse ich den Haufen, den ich im
Schloß zu Lützen versammelt, auseinander gehen, und bringe die
Klage, mit der ich abgewiesen worden bin, noch einmal bei dem
Tribunal des Landes vor. – Luther, mit einem verdrießlichen Gesicht, warf die Papiere, die auf seinem Tisch lagen, übereinander,
und schwieg. Die trotzige Stellung, die dieser seltsame Mensch im
Staat einnahm, verdroß ihn; und den Rechtsschluß, den er, von
Kohlhaasenbrück aus, an den Junker erlassen, erwägend, fragte
er: was er denn von dem Tribunal zu Dresden verlange? Kohlhaas
antwortete: Bestrafung des Junkers, den Gesetzen gemäß; Wiederherstellung der Pferde in den vorigen Stand; und Ersatz des

Schadens, den ich sowohl, als mein bei Mühlberg gefallener Knecht Herse, durch die Gewalttat, die man an uns verübte, erlitten. – Luther rief: Ersatz des Schadens! Summen zu Tausenden, bei Juden und Christen, auf Wechseln und Pfändern, hast du, zur Bestreitung deiner wilden Selbstrache, aufgenommen. Wirst du den Wert auch, auf der Rechnung, wenn es zur Nachfrage kommt, ansetzen? – Gott behüte! erwiderte Kohlhaas. Haus und Hof, und den Wohlstand, den ich besessen, fordere ich nicht zurück; so wenig als die Kosten des Begräbnisses meiner Frau! Hersens alte Mutter wird eine Berechnung der Heilkosten, und eine Spezifikation dessen, was ihr Sohn in der Tronkenburg eingebüßt, beibringen; und den Schaden, den ich wegen Nichtverkaufs der Rappen erlitten, mag die Regierung durch einen Sachverständigen abschätzen lassen. – Luther sagte: rasender, unbegreiflicher und entsetzlicher Mensch! und sah ihn an. Nachdem dein Schwert sich, an dem Junker, Rache, die grimmigste, genommen, die sich erdenken läßt: was treibt dich, auf ein Erkenntnis gegen ihn zu bestehen, dessen Schärfe, wenn es zuletzt fällt, ihn mit einem Gewicht von so geringer Erheblichkeit nur trifft? – Kohlhaas erwiderte, indem ihm eine Träne über die Wangen rollte: hochwürdiger Herr! es hat mich meine Frau gekostet; Kohlhaas will der Welt zeigen, daß sie in keinem ungerechten Handel umgekommen ist. Fügt euch in diesen Stücken meinem Willen, und laßt den Gerichtshof sprechen; in allem Anderen, was sonst noch streitig sein mag, füge ich mich euch. – Luther sagte: schau her, was du forderst, wenn anders die Umstände so sind, wie die öffentliche Stimme hören läßt, ist gerecht; und hättest du den Streit, bevor du eigenmächtig zur Selbstrache geschritten, zu des Landesherrn Entscheidung zu bringen gewußt, so wäre dir deine Forderung, zweifle ich nicht, Punkt vor Punkt bewilligt worden. Doch hättest du nicht, Alles wohl erwogen, besser getan, du hättest, um deines Erlösers willen, dem Junker vergeben, die Rappen, dürre und abgehärmt, wie sie waren, bei der Hand genommen, dich aufgesetzt, und zur Dickfütterung in deinen Stall nach Kohlhaasenbrück heimgeritten? – Kohlhaas antwortete: kann sein! indem er ans Fenster trat: kann sein, auch nicht! Hätte ich gewußt, daß ich sie mit Blut aus dem Herzen meiner lieben Frau würde auf die Beine bringen müssen: kann sein, ich hätte getan, wie ihr gesagt, hochwürdiger Herr, und einen Scheffel Hafer nicht gescheut! Doch, weil sie mir einmal so teuer zu stehen gekommen sind, so habe es denn, meine ich, seinen Lauf: laßt das Erkenntnis, wie es mir zukömmt, sprechen, und den Junker mir die Rappen auffüttern. – Luther sagte, indem er, unter mancherlei Gedanken, wieder zu seinen Papieren griff: er wollte mit dem Kurfürsten seinethalben in Unterhandlung treten. Inzwischen mögte er sich, auf dem Schlosse zu Lützen, still halten; wenn der

Herr ihm freies Geleit bewillige, so werde man es ihm auf dem Wege öffentlicher Anplackung bekannt machen. – Zwar, fuhr er fort, da Kohlhaas sich herabbog, um seine Hand zu küssen: ob der Kurfürst Gnade für Recht ergehen lassen wird, weiß ich nicht; denn einen Heerhaufen, vernehm' ich, zog er zusammen, und steht im Begriff, dich im Schlosse zu Lützen aufzuheben: inzwischen, wie ich dir schon gesagt habe, an meinem Bemühen soll es nicht liegen. Und damit stand er auf, und machte Anstalt, ihn zu entlassen. Kohlhaas meinte, daß seine Fürsprache ihn über diesen Punkt völlig beruhige; worauf Luther ihn mit der Hand grüßte, jener aber plötzlich ein Knie vor ihm senkte und sprach: er habe noch eine Bitte auf seinem Herzen. Zu Pfingsten nämlich, wo er an den Tisch des Herrn zu gehen pflege, habe er die Kirche, dieser seiner kriegerischen Unternehmung wegen, versäumt; ob er die Gewogenheit haben wolle, ohne weitere Vorbereitung, seine Beichte zu empfangen, und ihm, zur Auswechselung dagegen, die Wohltat des heiligen Sakraments zu erteilen? Luther, nach einer kurzen Besinnung, indem er ihn scharf ansah, sagte: ja, Kohlhaas, das will ich tun! Der Herr aber, dessen Leib du begehrst, vergab seinem Feind. – Willst du, setzte er, da jener ihn betreten ansah, hinzu, dem Junker, der dich beleidigt hat, gleichfalls vergeben: nach der Tronkenburg gehen, dich auf deine Rappen setzen, und sie zur Dickfütterung nach Kohlhaasenbrück heimreiten? – „Hochwürdiger Herr," sagte Kohlhaas errötend, indem er seine Hand ergriff, – nun? – „der Herr auch vergab allen seinen Feinden nicht. Laßt mich den Kurfürsten, meinen beiden Herren, dem Schloßvogt und Verwalter, den Herren Hinz und Kunz, und wer mich sonst in dieser Sache gekränkt haben mag, vergeben: den Junker aber, wenn es sein kann, nötigen, daß er mir die Rappen wieder dick füttere." – Bei diesen Worten kehrte ihm Luther, mit einem mißvergnügten Blick, den Rücken zu, und zog die Klingel. Kohlhaas, während, dadurch herbeigerufen, ein Famulus sich mit Licht in dem Vorsaal meldete, stand betreten, indem er sich die Augen trocknete, vom Boden auf; und da der Famulus vergebens, weil der Riegel vorgeschoben war, an der Türe wirkte, Luther aber sich wieder zu seinen Papieren niedergesetzt hatte: so machte Kohlhaas dem Mann die Türe auf. Luther, mit einem kurzen, auf den fremden Mann gerichteten Seitenblick, sagte dem Famulus: leuchte! worauf dieser, über den Besuch, den er erblickte, ein wenig befremdet, den Hausschlüssel von der Wand nahm, und sich, auf die Entfernung desselben wartend, unter die halboffene Tür des Zimmer zurückbegab. – Kohlhaas sprach, indem er seinen Hut bewegt zwischen beide Hände nahm: und so kann ich, hochwürdigster Herr, der Wohltat versöhnt zu werden, die ich mir von euch erbat, nicht teilhaftig werden? Luther antwortete kurz: deinem Heiland, nein; dem Landesherrn, – das bleibt einem Versuch, wie ich dir versprach, vorbehalten! Und damit winkte er dem Famulus, das Geschäft, das er ihm aufgetragen, ohne weiteren Aufschub, abzumachen. Kohlhaas legte, mit dem Ausdruck schmerzlicher Empfindung, seine beiden Hände auf die Brust; folgte dem Mann, der ihm die Treppe hinunter leuchtete, und verschwand.

Am anderen Morgen erließ Luther ein Sendschreiben an den Kurfürsten von Sachsen, worin er, nach einem bitteren Seitenblick auf die seine Person umgebenden Herren Hinz und Kunz, Kämmerer und Mundschenk von Tronka, welche die Klage, wie allgemein bekannt war, untergeschlagen hatten, dem Herrn, mit der Freimütigkeit, die ihm eigen war, eröffnete, daß bei so ärgerlichen Umständen, nichts Anderes zu tun übrig sei, als den Vorschlag des Roßhändlers anzunehmen, und ihm des Vorgefallenen wegen, zur Erneuerung seines Prozesses, Amnestie zu erteilen. Die öffentliche Meinung, bemerkte er, sei auf eine höchst gefährliche Weise, auf dieses Mannes Seite, dergestalt, daß selbst in dem dreimal von ihm eingeäscherten Wittenberg, eine Stimme zu seinem Vorteil spreche; und da er sein Anerbieten, falls er damit abgewiesen werden sollte, unfehlbar, unter gehässigen Bemerkungen, zur Wissenschaft des Volks bringen würde, so könne dasselbe leicht in dem Grade verführt werden, daß mit der Staatsgewalt gar nichts mehr gegen ihn auszurichten sei. Er schloß, daß man, in diesem außerordentlichen Fall, über die Bedenklichkeit, mit einem Staatsbürger, der die Waffen ergriffen, in Unterhandlung zu treten, hinweggehen müsse; daß derselbe in der Tat durch das Verfahren, das man gegen ihn beobachtet, auf gewisse Weise außer der Staatsverbindung gesetzt worden sei; und kurz, daß man ihn, um aus dem Handel zu kommen, mehr als eine fremde, in das Land gefallene Macht, wozu er sich auch, da er ein Ausländer sei, gewissermaßen qualifiziere, als einen Rebellen, der sich gegen den Thron auflehne, betrachten müsse.

Der sächsische Kurfürst befolgt den Rat Luthers, gewährt allerdings nicht Amnestie, sondern nur freies Geleit nach Dresden und macht eine Amnestie vom positiven Ausgang der Schadensersatzklage abhängig. Kohlhaas lässt „seinen ganzen Haufen auseinandergehen" und begibt sich nach Dresden, wo er seine Klage erneut einreicht. Es stellt sich heraus, dass die zwei Rappen nach mehrmaligem Besitzerwechsel in jämmerlichem Zustand beim Abdecker gelandet, also „Schindmähren" sind. Der Befehl eines der Tronkas an seinen Knecht, die Pferde zum Zweck der Wiederherstellung in seinen Stall zu führen, führt der mit der Begründung nicht aus, „die Pferde müßten erst ehrlich gemacht werden". Die folgende Gewaltanwendung des wütenden Tronka gegen seinen Knecht provoziert die umstehenden Bürger dazu, nun ihrerseits Tronka zu attackieren; nur durch zufällig vorbeikommende Soldaten kann er gerettet werden. Durch diesen Vorfall sowie dadurch, dass einige von Kohlhaas' früheren Gefolgsleuten unter Führung von Nagelschmidt die Mordbrennerei fortsetzen, wendet sich die Stimmung im Land gegen Kohlhaas.

Als Kohlhaas entgegen dem ihm gegebenen Versprechen in seinem Haus über längere Zeit festgehalten wird, nimmt er schließlich das Angebot von Nagelschmidt an, sich befreien zu lassen; er will aber nicht wieder die Führung des Haufens übernehmen, sondern mit seiner Familie in einen anderen Weltteil auswandern. Der Befreiungsplan wird durch den Einsatz eines Spitzels entdeckt und Kohlhaas „verurteilt, mit glühenden Zangen von Schinderknechten gekniffen, geviertelt, und sein Körper, zwischen Rad und Galgen, verbrannt zu werden".

Inzwischen ist Heinrich von Geusau vom brandenburgischen Kurfürsten zum Erzkanzler ernannt worden. Ihm gelingt es aufgrund einer für Brandenburg günstigen außenpolitischen Lage, die Auslieferung von Kohlhaas nach Brandenburg zu erreichen; ihm soll vor dem Kammergericht in Berlin der Prozess gemacht werden. Der sächsische Kurfürst beschwert sich aber „wegen gebrochenen kaiserlichen Landfriedens" beim Kaiser in Wien und beantragt, Kohlhaas durch einen „Reichsankläger" verfolgen zu lassen. So wird Kohlhaas' Fall „zu einer Angelegenheit des gesammten heiligen römischen Reichs". Da die in Sachsen in Aussicht gestellte Amnestie reichsrechtlich unbeachtlich ist, wird Kohlhaas verurteilt, „mit dem Schwerte vom Leben zum Tode gebracht zu werden", ein im Unterschied zu der Verurteilung in Sachsen ehrenhafter Tod. Die Erzählung endet mit der Vollstreckung der Todesstrafe:

Als er auf dem Richtplatz ankam, fand er den Kurfürsten von Brandenburg mit seinem Gefolge, worunter sich auch der Erzkanzler, Herr Heinrich von Geusau befand, unter einer unermeßlichen Menschenmenge, daselbst zu Pferde halten: ihm zur Rechten der kaiserliche Anwalt Franz Müller, eine Abschrift des

Todesurteils in der Hand; ihm zur Linken, mit dem Conclusum des Dresdner Hofgerichts, sein eigener Anwalt, der Rechtsgelehrte Anton Zäuner; ein Herold in der Mitte des halboffenen Kreises, den das Volk schloß, mit einem Bündel Sachen, und den beiden, von Wohlsein glänzenden, die Erde mit ihren Hufen stampfenden Rappen. Denn der Erzkanzler, Herr Heinrich, hatte die Klage, die er, im Namen seines Herrn, in Dresden anhängig gemacht, Punkt für Punkt, und ohne die mindeste Einschränkung gegen den Junker Wenzel von Tronka, durchgesetzt; dergestalt daß die Pferde, nachdem man sie durch Schwingung einer Fahne über ihre Häupter, ehrlich gemacht, und aus den Händen des Abdeckers, der sie ernährte, zurückgezogen hatte, von den Leuten des Junkers dickgefüttert, und in Gegenwart einer eigens dazu niedergesetzten Kommission, dem Anwalt, auf dem Markt zu Dresden, übergeben worden waren. Demnach sprach der Kurfürst, als Kohlhaas von der Wache begleitet, auf den Hügel zu ihm heranschritt: Nun, Kohlhaas, heut ist der Tag, an dem dir dein Recht geschieht! Schau her, hier liefere ich dir Alles, was du auf der Tronkenburg gewaltsamer Weise eingebüßt, und was ich, als dein Landesherr, dir wieder zu verschaffen, schuldig war, zurück: Rappen, Halstuch, Reichsgulden, Wäsche, bis auf die Kurkosten sogar für deinen bei Mühlberg gefallenen Knecht Herse. Bist du mit mir zufrieden? – Kohlhaas, während er das, ihm auf den Wink des Erzkanzlers eingehändigte Conclusum, mit großen, funkelnden Augen überlas, setzte die beiden Kinder, die er auf dem Arm trug, neben sich auf den Boden nieder; und da er auch einen Artikel darin fand, in welchem der Junker Wenzel zu zweijähriger Gefängnisstrafe verurteilt ward: so ließ er sich, aus der Ferne, ganz überwältigt von Gefühlen, mit kreuzweise auf die Brust gelegten Händen, vor dem Kurfürsten nieder. Er versicherte freudig dem Erzkanzler, indem er aufstand, und die Hand auf seinen Schoß legte, daß sein höchster Wunsch auf Erden erfüllt sei; trat an die Pferde heran, musterte sie, und klopfte ihren feisten Hals; und erklärte dem Kanzler, indem er wieder zu ihm zurückkam, heiter: „daß er sie seinen beiden Söhnen Heinrich und Leopold schenke!" Der Kanzler, Herr Heinrich von Geusau, vom Pferde herab mild zu ihm gewandt, versprach ihm, in des Kurfürsten Namen, daß sein letzter Wille heilig gehalten werden solle: und forderte ihn auf, auch über die übrigen im Bündel befindlichen Sachen, nach seinem Gutdünken zu schalten. Hierauf rief Kohlhaas die alte Mutter Hersens, die er auf dem Platz wahrgenommen hatte, aus dem Haufen des Volks hervor, und indem er ihr die Sachen übergab, sprach er: „da, Mütterchen; das gehört dir!" – die Summe, die, als Schadenersatz für ihn, bei den im Bündel liegenden Gelde befindlich war, als ein Geschenk noch, zur Pflege und Erquickung ihrer alten Tage, hinzufügend. – Der Kurfürst rief: „nun, Kohlhaas,

der Roßhändler, du, dem solchergestalt Genugtuung geworden,
mache dich bereit, kaiserlicher Majestät, deren Anwalt hier steht,
wegen des Bruchs ihres Landfriedens, deinerseits Genugtuung zu
geben!" Kohlhaas, indem er seinen Hut abnahm, und auf die Erde
warf, sagte: daß er bereit dazu wäre! übergab die Kinder, nachdem er sie noch einmal vom Boden erhoben, und an seine Brust
gedrückt hatte, dem Amtmann von Kohlhaasenbrück, und trat,
während dieser sie unter stillen Tränen, vom Platz hinwegführte,
an den Block. [...] Kohlhaas aber [...] wandte sich zu dem Scha-
fott, wo sein Haupt unter dem Beil des Scharfrichters fiel. Hier
endigt die Geschichte vom Kohlhaas. Man legte die Leiche unter
einer allgemeinen Klage des Volks in einen Sarg; und während die
Träger sie aufhoben, um sie anständig auf den Kirchhof der Vorstadt zu begraben, rief der Kurfürst die Söhne des Abgeschiede-
nen herbei und schlug sie, mit der Erklärung an den Erzkanzler,
daß sie in seiner Pagenschule erzogen werden sollten, zu Rittern.
Der Kurfürst von Sachsen kam bald darauf, zerrissen an Leib und
Seele, nach Dresden zurück, wo man das Weitere in der Geschichte nachlesen muß. Vom Kohlhaas aber haben noch im vergange-
nen Jahrhundert, im Mecklenburgischen, einige frohe und rüstige
Nachkommen gelebt.

II. Der Autor und sein Werk

Heinrich von Kleist wurde 1777 in Frankfurt an der Oder
in eine verarmte preußische Adelsfamilie geboren. Er sollte Offizier werden, ließ sich aber 1799 für ein Studium in
Frankfurt an der Oder beurlauben und entschied sich 1801
für das „schriftstellerische Fach". Seine dichterischen und
journalistischen Arbeiten sind in den zehn Jahren bis zu
seinem Suizid 1811 entstanden. In vielen von ihnen spielt
das Recht eine große Rolle.

In dieser Zeit fanden gewaltige politische und gesellschaftliche Umwälzungen statt, die Kleists Werk tief geprägt
haben. Nach der Französischen Revolution standen überall in Europa die überkommenen Prinzipien staatlicher
Herrschaft in Frage. Um sie wurde in vielen Kriegszügen
zwischen Frankreich einerseits und den monarchischen
Mächten Europas in wechselnden Koalitionen andererseits
gerungen. Die Siege Napoleons führten zu einer vollkom-
menen territorialen Umgestaltung in Deutschland durch
den Reichsdeputationshauptschluss von 1803 und zum
Ende des Heiligen Römischen Reiches Deutscher Nation

mit der Niederlegung der Kaiserkrone durch den österreichischen Monarchen sowie zum Zusammenbruch Preußens, mit dem Verlust von mehr als der Hälfte seiner Flä-
che und Bevölkerung, beides im Jahr 1806. Dadurch wurde
in Preußen eine Erneuerungsbewegung in Gang gesetzt,
die von dem dort nach wie vor lebendigen Geist der Aufklärung getragen wurde und die Stein-/Hardenbergschen
Reformen hervorbrachte: Bauernbefreiung, Gewerbefrei-
heit sowie Bildungs- und Militärreformen. Sie mussten
allerdings gegen den teilweise erbitterten Widerstand des
preußischen Adels durchgesetzt werden. Der Schlussstein,
eine liberale Verfassung, kam denn auch, trotz eines Ver-
sprechens des preußischen Königs, nicht zu Stande.

In diesen Auseinandersetzungen war Kleist außenpolitisch
ein Franzosengegner („dieser Wüterich" Napoleon), aber
innenpolitisch ein entschiedener Anhänger der Reformpartei. Diese wollte Preußen aber nicht nur deshalb mo-
dernisieren, um auf lange Zeit die Kraft zur Abschüttelung
der Fremdherrschaft zu gewinnen, sondern auch, um eine
Revolution nach französischem Muster, mit Volkssouveränität, Republik und Trennung von Staat und Kirche, zu
vermeiden. Hardenberg hat in einer Denkschrift von 1807
von dem „Wahn" gesprochen, „dass man der Revolution am
sichersten durch Festhalten am Alten und durch strenge
Verfolgung der durch solche geltend gemachten Grundsätze" entfliehen könne. Das Rezept der Reformer war danach
eine „Revolution im guten Sinn".

Aufklärerisches Denken hat großen Einfluss auf Kleist gehabt. Schon in seinem Studium hat er bei Ludwig Gottfried
Madihn, der ein Buch über „Grundsätze des Naturrechts
zum Gebrauch seiner Vorlesungen" geschrieben hat, über
den Gesellschaftsvertrag und das Widerstandsrecht gehört.
In Kleists Briefen ist besonders von Voltaire und Rousseau
die Rede; auch Schriften Kants dürften ihm bekannt gewesen sein. Dieses Denken verbietet Vorurteile, gegen die sich
Kleist immer wieder wendet, reizt zu Widerspruch und
Provokation und verhindert Verabsolutierungen, wie an
den Kleists Werk durchziehenden Uneindeutigkeiten und
Ungewissheiten, Ambivalenzen und Paradoxien, Offen-

lassungen und Widersprüchlichkeiten („unzuverlässiges
Erzählen") zu erkennen ist. Genau deswegen wird Kleist
heutzutage als besonders moderner Autor und als literarische Leitfigur der Dekonstruktion angesehen.

Die Erzählung „Michael Kohlhaas" ist zunächst 1808 in
der von Kleist und dem konservativen Staatsphilosophen
Adam Müller herausgegebenen Zeitschrift „Phöbus" erschienen. Allerdings umfasste sie da nur etwa ein Viertel
des endgültigen Textes. Dieser wurde erst 1810 für einen
Band mit Erzählungen fertiggestellt. Die Erzählung knüpft
an einen tatsächlichen Fall an, der sich von 1532–1540 zwischen Wittenberg, Leipzig und Berlin abgespielt hat und
in mehreren Fassungen überliefert ist; der Untertitel „Aus
einer alten Chronik" findet sich nur im Inhaltsverzeichnis
des Buchs von 1810.

Aus dieser Chronik hat Kleist manches übernommen, besonders die Orte, die Zeit, wichtige Personen (Rosshändler, Adelige, Kurfürsten, Luther) und die verübten Taten
(Zugrunderichtung zweier Pferde durch einen Adeligen,
verweigerter Rechtsschutz durch den Kurfürsten von Sachsen, Brandstiftung in Wittenberg), anderes verändert, beispielsweise wurde aus Hans Kohlhase Michael Kohlhaas
und hatte das Treffen mit Luther einen erheblich anderen
Verlauf, und schließlich auch vieles hinzuerfunden. Das
betrifft neben zusätzlichen Personen, Orten und Episoden
sowie einer zeitlichen Raffung des Geschehens die Herstellung vielfältiger und teilweise gegensätzlicher Bezüge zur
Jetztzeit des Autors. Es ist gerade diese thematische und
sprachliche Gestaltung, die aus dem historischen Fall ein
Kunstwerk macht.

III. Das juristische Problem

Das juristische Problem lautet: Was hilft gegen Rechtsverweigerung? Konkreter: Was ist dem Menschen bei
Rechtsverweigerung durch den Staat erlaubt? Denn dass
die Forderung des Junkers nach einem „Paßschein" rechtswidrig war, stellte sich schnell in Dresden heraus; deshalb
taten auch die daran anknüpfende Pfandnahme der Pferde
und ihre Behandlung Kohlhaas Unrecht. Diese materielle

Rechtslage im Ausgangsfall war, wie es nach Bestätigung eines „Rechtsgelehrten" bei der Klageerhebung hieß, „in der Tat klar", und die Forderung des Kohlhaas war begründet. Auch Luther erkannte im Laufe des Gesprächs an, dass die Forderung „gerecht" war.

Was Luther nicht erkannte, war, dass ein Fall von Rechtsverweigerung vorlag. Zwar heißt es am Anfang des Plakats, dass „der Landesherr dir, dem du Untertan bist, dein Recht verweigert hat", aber in der Folge wird klar, dass hier die Sichtweise des Kohlhaas eingenommen wird. Denn Luther redet zum einen von „ersten, leichtfertigen Versuchen", nach denen Kohlhaas vorschnell die Rechtsverfolgung aufgegeben habe, und zum anderen behauptet er, dass der sächsische Kurfürst „von dieser Sache nichts weiß". Beides ist offensichtlich falsch. Kohlhaas hat eine ganze Reihe von Versuchen unternommen, nicht nur vor Gericht, sondern auch durch Bittschriften – wir würden heute sagen: Petitionen – zu seinem Recht zu kommen. Am Schluss wurde ihm sogar eine Gefängnisstrafe für das Weiterverfolgen der Sache angedroht. Eine Appellation an das Reichskammergericht war, soweit überhaupt möglich, völlig aussichtslos. Kohlhaas hat also wahrlich den Rechtsweg erschöpft. Der sächsische Kurfürst war durchaus im Bilde, weil er, wie der Erzähler berichtet, „von der Not, in welcher sich die Stadt Leipzig befand, benachrichtigt" worden war und sich selbst an die Spitze eines Heeres setzen wollte, „um den Kohlhaas zu fangen". Auch noch im Gespräch mit Kohlhaas wiederholt Luther starrsinnig, dass die Klage des Kohlhaas dem Landesherren „fremd" sei.

Aber was folgt aus der hier vorliegenden Rechtsverweigerung? Für Luther war die Antwort im Anschluss an den Römerbrief („Ein Jedermann sei Untertan der Obrigkeit, die Gewalt über ihn hat.") klar: Es ist allein der Landesherr, der die „friedliche Gemeinheit", d.h. Gemeinschaft, „beschirmt". Nur die Obrigkeit kann den Frieden im Staat garantieren. Daran darf, selbst wenn im Einzelfall Unrecht geschehen sein sollte, nicht gerüttelt werden. Wer es trotzdem tut, ist ein „Rebell", der die grausamste Hinrichtungsart („Rad") verdient. Er ist geradezu die Verkörperung der

Ungerechtigkeit. Immerhin schien es Luther im Hinblick auf Kohlhaas' Rechtschaffenheit („tüchtiges Element in der Brust des Mordbrenners") offensichtlich nicht aussichtslos, ihn „in den Damm der menschlichen Ordnung zurückzudrücken".

Kleist hat sich in dieser Szene weniger an dem historischen Brief von Luther an Hans Kohlhase als an dem Aufruf orientiert, den Luther 1525 während der Bauernaufstände veröffentlicht hat. Darin rief er zwar beide Seiten, die Fürsten und Herren sowie die Bauern, zu Frieden auf, verurteilte aber zugleich unnachsichtig die Gewaltanwendung durch die Bauern. Dieser Aufruf hat maßgeblich zur Niederschlagung der Aufstände beigetragen. Kleist hat Luther in dieser Szene nicht in einem besonders guten Licht erscheinen lassen: Unbarmherzig verweigert er Kohlhaas die Sakramente und wirft ihn aus seiner Wohnung. Es darf angenommen werden, dass hier auch Kleists an Voltaire und Rousseau geschulte aufklärerische Kritik an Kirche und Religion zum Ausdruck kommt. Doch wird Luther keineswegs nur negativ gezeichnet: Er erfüllt am Ende nicht nur Kohlhaas' Bitte, sich beim Kurfürsten für freies Geleit einzusetzen („mit dem Kurfürsten seinethalben in Unterhandlung treten"), sondern plädiert auch für eine Wiederaufnahme des Prozesses gegen den Junker.

Der Position Luthers setzte Kohlhaas in dem Gespräch Gedanken aus der aufklärerischen Diskussion um das Naturrecht, den Gesellschaftsvertrag und das Widerstandsrecht entgegen. Zwar gab es diese Diskussion Mitte des 16. Jahrhunderts noch nicht, aber Kleist geht es eben um seine Gegenwart. Die in vielen Varianten vertretene Theorie des Gesellschaftsvertrags geht von einer natürlichen, dem positiven Recht vorausliegenden Freiheit des Menschen aus. Sie versteht die Gesamtheit eines Volkes als den freiwilligen Zusammenschluss ursprünglich gleicher und freier Menschen. Wenn, wie bei Thomas Hobbes („Leviathan", 1651), der Naturzustand der Zustand eines Kriegs aller gegen alle ist, schließen die Menschen den Gesellschaftsvertrag, um den Krieg zu beenden. Wenn, wie bei Jean-Jacques Rousseau („Du Contrat Social", 1762), der Naturzustand ein Zustand der Not und des Mangels ist, schließen die Menschen sich zusammen, um in Gemeinschaft und Kooperation die Not und den Mangel zu überwinden. In jedem Fall übertragen sie die Ausübung der Macht auf den Herrscher, damit dieser sie in ihrem Interesse ausübt, den Frieden unter ihnen sichert und ihre Wohlfahrt fördert; sie übertragen die Macht um dieser konsentierten Ziele willen und nicht zu selbstherrlicher, sondern zu treuhänderischer Ausübung. Missbraucht der Herrscher die ihm übertragene Macht gegen die Menschen, die sich im Gesellschaftsvertrag verbunden und ihm unterstellt haben, kann Widerstand berechtigt oder sogar zur Pflicht werden.

In Deutschland wurde um 1800 verbreitet die Variante des sogenannten bedingten Gesellschaftsvertrags gelehrt, wonach der Einzelne sich nicht absolut, sondern nur bedingt der durch den Vertrag begrenzten Herrschaft unterwirft und die ursprüngliche Freiheit dann wieder auflebt, wenn die Bedingung, dass man nur den Vereinbarungen im Vertrag gemäß beherrscht werden dürfe, entfällt. Die wiedergewonnene Freiheit bedeutete dann auch, dass Widerstand geleistet werden darf. Darüber, was in dieser Situation genau den Untertanen erlaubt ist, lassen sich aber selten Aussagen finden. Einer der wenigen Rechtslehrer, die sich getraut haben, auch „Gewalttätigkeit" für gerechtfertigt zu erklären, war Ludwig Heinrich Jakob. In seinem 1794 anonym erschienenen Buch „Antimachiavel oder über die Grenzen des bürgerlichen Gehorsams" lässt er Ungehorsam gegenüber einem rechtswidrigen Urteil zu, wenn darin „offenbar dessen böser Wille, mein Recht zu kränken, sichtbar ist". Ein solcher „böser Wille" liegt gegenüber Michael Kohlhaas erkennbar vor, und auch von einer „erlittenen Kränkung" ist bei Kohlhaas' Entschluss, „sich Recht zu verschaffen", die Rede.

Aus der Theorie des bedingten Gesellschaftsvertrags stammt auch Kohlhaas' Argument, dass er „aus der Gemeinschaft des Staats verstoßen" sie, weil ihm „der Schutz der Gesetze" versagt wurde. Die Nennung des Schutzes des „Gewerbes" und des „Erworbenen" in diesem Zusammenhang mag ein Hinweis auf die für das moderne

Verfassungsverständnis besonders wichtige Theorie des Gesellschaftsvertrags von John Locke („Two Treatises of Government", 1690) sein, für den in der Sicherung von Leben, Freiheit und Eigentum der Gesellschaftsvertrag sein Ziel und die Herrschaftsausübung ihre Grenze findet. Kohlhaas' Rechtsgefühl zeigt die Verletzung dieser Rechtsgüter an. Durch seine Verstoßung befindet er sich wieder im Naturzustand: Er ist einer der „Wilden der Einöde" und muss sich „mit der Keule in der Hand" selbst schützen. Wenn Luther Kohlhaas darauf einen „Wolf in der Wüste" nennt, mag dies eine Erinnerung an Hobbes sein, der im naturzuständlichen Krieg aller gegen alle davon spricht, dass der Mensch des anderen Menschen Wolf sei.

Wer nicht mehr durch den Gesellschaftsvertrag gebunden ist und so der durch den Vertrag begründeten Staatsgewalt nicht mehr unterliegt, ist folglich souverän, d. h. von den Gesetzen des Staates gelöst. Er ist gewissermaßen sein eigener Staat bzw. kann durch einen Gesellschaftsvertrag mit anderen einen neuen Staat gründen. Die Staaten stehen sich dann nur noch auf völkerrechtlicher Ebene gegenüber; für Kohlhaas gilt das Staatsrecht des Kurfürstentums Sachsen nicht mehr. Wenn er seine Macht als „ihm angeboren" bezeichnet, wird zugleich auf den naturrechtlichen Aspekt der Lehre vom Gesellschaftsvertrag angespielt. Wie Kohlhaas das positive Staatsrecht hinter sich lässt, zeigt sich an vielen weiteren Einzelheiten: Er spricht von einem „gerechten Krieg", nennt sich „einen Reichs- und Weltfreien, Gott allein unterworfenen Herrn" und steht einer „provisorischen Weltregierung" vor. In der Szene zwischen dem Plakatanschlag und dem Gespräch mit Luther tritt Kohlhaas mit allen Insignien eines souveränen frühneuzeitlichen Fürsten auf. Dass seine Herrschaft auch eine gerechte ist, zeigt sich an seinem Vorgehen gegen die Plünderer in den eigenen Reihen.

Gesellschaftsvertragliches Denken steckt auch in folgendem nicht leicht verständlichen Satz: „Der Krieg, den ich mit der Gemeinheit der Menschen führe, ist eine Missetat, sobald ich aus ihr nicht, wie ihr mir die Versicherung gegeben habt, verstoßen war!" Kohlhaas gibt zu, dass seine Handlungen als Verbrechen zu werten sind, und zwar nicht nur, wenn er Rechtsschutz erhalten hätte, sondern auch wenn er durch das freie Geleit, um das er Luther gebeten hat, Rechtsschutz erhalten wird (die Konjunktion „sobald" verweist auf Zukünftiges). Als Beteiligter am Gesellschaftsvertrag unterliegt Kohlhaas dem staatlichen Recht: „wenn mich der Landesherr nicht verstößt, so kehre ich auch wieder in die Gemeinschaft, die er beschirmt, zurück." Hier wird der Schluss der Erzählung angedeutet, dass nämlich Kohlhaas bereitwillig das Todesurteil wegen Landfriedensbruchs akzeptiert. Er zieht auch sogleich die praktischen Folgerungen für seinen Wiedereintritt in den Gesellschaftsvertrag: Er löst seinen Haufen auf und will wieder den Rechtsweg beschreiten.

Kohlhaas ist also nicht der unvernünftige und völlig maßlose Rechthaber, als der er heute sprichwörtlich erscheint. Noch weniger ist er ein „Terrorist", als den ihn schon *Thomas Mann* bezeichnet hat und wie er im Zusammenhang mit innenpolitischen Auseinandersetzungen der 1970er Jahre in Deutschland gesehen wurde. Denn er will ja nicht die Zerstörung der geltenden Rechtsordnung, sondern ihre Einhaltung. Kein Einwand hiergegen sind die „unermesslichen Kollateralschäden" *(Klaus Lüderssen)* seines Vorgehens: Zum einen ist das Bild schief, weil der Fürst selbst mit der Zerstörung seiner Stadt getroffen wurde, und zum anderen gab es im damaligen Völkerrecht, das nach Kohlhaas' Logik allein einschlägig war, noch keinen Grundsatz der Verhältnismäßigkeit. Er führt einen „Kampf um's Recht", wie schon *Rudolf von Jhering* 1872 ausgeführt hat: Seine Motive sind „seine hohe Achtung vor dem Recht, sein Glauben an die Heiligkeit desselben, die Thatkraft seines ächten, gesunden Rechtsgefühls".

Luther kann diese Rechtfertigung selbstverständlich nicht gutheißen, da für ihn die Obrigkeit von Gott eingesetzt ist. Zunächst bestreitet er, dass der Fall der Verstoßung durch den Staat je vorgekommen sei. Als er später die Berechtigung der Forderung von Kohlhaas anerkennt, lehnt er nochmals die Selbstjustiz („eigenmächtige Selbstrache") ab. In seinem „Sendschreiben" an den Kurfürsten von Sachsen schließlich setzt er sich nicht nur für freies Geleit ein, sondern fordert weitergehend eine Amnestie für Kohlhaas, d.h. eine Begnadigung („Gnade für Recht") bzw. eine Einstellung der strafrechtlichen Verfolgung, damit Kohlhaas seinen Prozess gegen den Junker wieder aufnehmen kann. Ja, er übernimmt sogar Teile der Argumentation von Kohlhaas: Er sei „auf gewisse Weise außer der Staatsverbindung gesetzt worden", und man müsse ihn mehr als „fremde Macht" denn als „einen Rebellen, der sich gegen den Thron auflehne, betrachten". Allerdings dienen diese Argumente Luther nicht zu einer juristischen Rechtfertigung des Kohlhaas, sondern zur Begründung eines politischen Ratschlags, der vor allem der Gefahr einer Ausweitung des von Kohlhaas angeführten Aufstands begegnen soll.

Neben der Rechtfertigung durch den bedingten Gesellschaftsvertrag und das Widerstandsrecht lassen sich auch Elemente des mittelalterlichen Fehderechts ausmachen; so durften Fehdehandlungen erst drei Tage nach ihrer Ankündigung ausgeführt werden. Der Text selbst spricht häufiger von der Fehde des Kohlhaas. Der auf dem Wormser Reichstag von 1495 verkündete Ewige Landfriede hatte zwar die Fehde als eine nach bestimmten rechtlichen Regeln durchzuführende eigene gewaltsame Rechtsdurchsetzung verboten; dies gilt als entscheidender Schritt zur Etablierung des staatlichen Gewaltmonopols. Aber die Peinliche Halsgerichtsordnung Karls V. (Constitutio Criminalis Carolina) von 1525 ließ die Fehde unter engen Voraussetzungen („bösliche Fehde") doch wieder zu; ob diese Voraussetzungen bei Kohlhaas gegeben waren, wird unterschiedlich beurteilt. Die reichsrechtliche Unbeachtlichkeit der sächsischen Amnestie folgt aus dem Ewigen Landfrieden. Diese Aspekte werden aber im Text nicht näher ausgeführt, sondern geben nur ein historisches Kolorit. Die gesellschaftsvertraglichen Gedanken stehen ganz im Vordergrund.

In der zentralen Auseinandersetzung zwischen Luther und Kohlhaas, zwischen unbedingter Gehorsamspflicht gegenüber der Obrigkeit und berechtigtem Widerstand gegen die ungerechte, weil rechtlichen Schutz verweigernde Herrschaft, zwischen willkürlichen Fürsten und rebellischem Volk hat Kleist nicht eindeutig Partei ergriffen. Diese Unentschiedenheit kommt schon in der Charakterisierung des Kohlhaas im ersten Satz der Erzählung zum Ausdruck: „einer der rechtschaffensten zugleich und entsetzlichsten Menschen seiner Zeit". Kohlhaas selbst schwankt, als er auf die Frage Luthers, ob er nicht besser dem Junker vergeben hätte, antwortet: „kann sein, auch nicht!" Einerseits werden die Missstände besonders am sächsischen Hof kritisiert und erscheint die Gewaltanwendung bei Rechtsverweigerung als ultima ratio notwendig. Andererseits verliert die revolutionäre Gewalt spätestens dann ihre Rechtfertigung, wenn die Herrschaft des Rechts wieder hergestellt ist; dann verdient auch der Landfriedensbrecher die Todesstrafe.

Damit zeigt die Erzählung spiegelbildlich die politische Position der preußischen Reformpartei, der Kleist anhing: einerseits Bekämpfung feudaler Rückständigkeit, andererseits Verhinderung einer Entwicklung, wie sie Frankreich in den vorangegangenen zwei Jahrzehnten genommen hatte. „Um Reformen geht es Kleist, nicht um Revolution. Aber er inszeniert im *Kohlhaas* die Revolutionsgefahr als Menetekel für den Fall, dass die Reform ausbleibt. Er will reformerisch alarmieren." (*Jochen Schmidt*) Darüber hinaus stand er Plänen zur staatlichen Vorbereitung eines Volksaufstandes, einer „Insurrektion als staatsbürgerliche Pflicht" (*Wolf Kittler*) nahe. Er wünschte auch eine Wiederherstellung des Heiligen Römischen Reichs Deutscher Nation, was sich in der positiven Darstellung der Reichsorgane im „Michael Kohlhaas" spiegelt.

Die Ausgangsfrage lässt sich danach wie folgt beantworten: Bei Rechtsverweigerung durch den Staat hilft dem Menschen nur noch die Gewalt; sie ist aber nur soweit und solange gerechtfertigt, wie anders die Beschränkung der Gewalt durch das Recht nicht dauerhaft gewährleistet werden kann. Es spricht also viel dafür, „Michael Kohlhaas" als ein optimistisches Plädoyer für liberale Reformen und für den Rechtsstaat zu lesen. Doch zeugt das Ende zugleich von großem Pessimismus: Kohlhaas geht es, das betont er im Gespräch mit Luther mehrfach, um Gerechtigkeit. Für die

Gerechtigkeit muss er den Aufstand wagen. Für den Aufstand bezahlt er mit dem Leben. Hier scheint eine radikale Kritik an der Kraft der Gerechtigkeit und den Einrichtungen des Rechts auf; sie sind Teil der „gebrechlichen Einrichtung der Welt". Kleist hat sich ein Jahr nach Erscheinen der Erzählung selbst das Leben genommen.

(b) Martin Walser: Finks Krieg. Roman, 1996

I. Inhalt und Text

Einige Zeit, nachdem in Hessen im Jahr 1987 die CDU mit dem Ministerpräsidenten Walter Wallmann an die Macht gekommen war, wurde der Leitende Ministerialrat Stefan Fink, der Ich-Erzähler des Romans, SPD-Mitglied und Katholik, der 18 Jahre lang das Referat der Verbindung zu den Kirchen in der Staatskanzlei geleitet hatte, von deren Staatssekretär Tronkenburg ohne nähere Begründung in die Rechtsabteilung umgesetzt. Das Referat wurde zur Abteilung höher gestuft mit dem bisherigen CDU-Fraktionsassistenten Moosbrugger als Leiter im Rang eines Ministerialdirigenten.

Fink rief dagegen das Verwaltungsgericht im Wege der einstweiligen Anordnung an und bekam wegen Verletzung seines Bewerbungsverfahrensanspruchs Recht. Tronkenburg verzichtete daraufhin auf die Einrichtung einer neuen Abteilung, änderte aber den Organisationsplan so, dass Moosbrugger den größten Teil der bisherigen Aufgaben Finks bekam; Fink verblieben von seinen bisherigen Aufgaben nur die Randbereiche „Protokoll, Orden, Lebenslängliche". Auch hiergegen zog Fink vor das Verwaltungsgericht und bekam wieder Recht: „Nie zuvor war mir die juristische Berufssprache so stattlich erschienen, so unanzweifelbar rechtmäßig. Kommt daher wie ein großes Schiff, sehr behäbig, aber unsinkbar. Da durfte man doch stolz darauf sein, daß man sein Leben hauptsächlich in dieser Sprache verbracht hatte. Aber die Staatskanzlei ging in die Beschwerde, gerichtet an den Verwaltungsgerichtshof in Kassel, innerhalb des Landes die höchste Instanz." Dort bekam aber die Staatskanzlei Recht:

Auf Grund der eidesstattlichen Versicherung des Chefs der Staatskanzlei ging der Senat davon aus, daß von Kirchen und Religionsgemeinschaften erhebliche Bedenken gegen den Beamten Fink vorgebracht worden sein mußten. Das Verhältnis zu Kirchen und Religionsgemeinschaften, hieß es jetzt, sei belastet, ja, tiefgreifend gestört. Beschwerden nicht nur gelegentlich und beiläufig, sondern nachdrücklich und mit zunehmender Intensität. Aber da die Beschwerdeführer nicht in Diskussionen um die Amtsführung hineingezogen werden wollten, könne er, der Staatssekretär, keine Namen nennen und sei auch gehindert an einer Konkretisierung der Beschwerden.

Das wollte und konnte Fink nicht auf sich sitzen lassen. In seiner ganzen Amtszeit waren ihm keine Beschwerden zu Ohren gekommen, im Gegenteil war er mehrfach von Religionsgemeinschaften geehrt worden. Und der „einzige ins Tatsächliche reichende Vorwurf" war nachweislich falsch, weil zwei Drittel seiner Entwürfe für Reden des Ministerpräsidenten von diesem ohne Änderung gehalten und bei den restlichen jedenfalls die wesentlichen Aussagen übernommen worden waren. Als Fink versuchte, weitere Entlastung durch die Kirchenvertreter zu erfahren, wurde er jedoch enttäuscht:

Jetzt fragte ich also meine Gesprächspartner, mit denen ich jahrelang tagtäglich Umgang hatte, ob es denn Beschwerden der vom Staatssekretär beeideten Art gegeben habe oder ob ihnen Vorgänge bekannt seien, über die man sich hätte beschweren können. Zuerst antwortete Duft, der Kirchenrat: Leider könne er wegen der Prozeßsituation nichts sagen. Und Degen, der Prälat: Wegen des laufenden Verwaltungsstreitverfahrens könne Finks Schreiben nicht beantwortet werden. Aber der Beamte Fink bittet noch einmal um nichts als Auskunft darüber, ob Beschwerde geführt worden sei oder nicht. Der Kirchenrat meldet, Finks Bitte sei zwischen den Kirchen erörtert worden, aber da jetzt ein Prozeß zwischen Fink und dem Land im Gange sei, wolle man sich nicht einem Prozeßbeteiligten gegenüber äußern über Aussagen, die Gegenstand des Verfahrens seien. Das gelte auch gegenüber der anderen Seite. Und der Generalvikar im Namen der Diözesen und des katholischen Kommissariats: Das laufende Gerichtsverfahren mache es unmöglich, sich gegenüber einem Prozeßbeteiligten zu äußern über Aussagen, die Gegenstand des Verfahrens seien. Das klang ökumenisch. Beide Oberen, der Kirchenpräsident der Evangelischen Kirche in Hessen und Nassau in Darmstadt und der Bischof in Limburg ließen wissen, sie könnten nur etwas sagen, wenn sie als Zeugen vor Gericht aussagen müßten, sonst nicht.
Wir stürmten ins Hauptverfahren. Mein Anwalt und ich. Sie müssen mir mein Amt wieder geben. Sie müssen die Vorwürfe

zurücknehmen, die mir an die Ehre gehen. Ehre – ich hatte das Wort bis dahin nicht gebraucht. Es war eines jener großen, inzwischen in einen vieldeutigen Schlaf versunkenen Wörter gewesen. Wörter, die in schlimmen Diensten waren, meidet man ganz von selbst. Jetzt brauchte ich das Wort. Rehabilitierung – ja. Aber das Fremdwort tat's nicht ganz. Die Ehre sollte vorkommen in der Erklärung, die wir von ihnen forderten. Mein Anwalt und ich. Franz Karl Moor hatte mir den empfohlen. Jung, grün, das hieß, er würde nichts bloß um des Geldes willen tun. Arbeitete den halben Tag im Büro, die andere Hälfte zu Hause, weil dann die Frau arbeitet. Jobsharing nannten sie das. Für mich klang das wie Glocken von einer Weide, auf die ich nicht mehr kommen würde.

Ermessensmißbrauch warfen wir der Staatskanzlei vor. Und zitierten aus dem Gesetz die hilfreichsten Fügungen, die von Erfahrungen glänzen, wie sie mir gerade beschert worden waren, Fügungen, die aber auch die Kraft ausstrahlen, die entstanden ist, weil Menschen, anstatt sich mißhandeln zu lassen, sich wehrten, und sei's mit der Sprachkraft der Gesetze.

Böse Absicht, Willkür im subjektiven Sinn, Befangenheit oder Parteilichkeit oder sonstige von der Rechtsordnung mißbilligte subjektive Motive oder Haltungen schließen grundsätzlich die Annahme aus, daß der getroffene Verwaltungsakt auf der gebotenen sachgemäßen Abwägung des Für und Wider aller für die Entscheidung einschlägigen Gesichtspunkte beruht.

Ja, wozu haben wir denn diese umsichtige Gelassenheit! Die Staatskanzlei, mein Arbeitgeber also, soll verurteilt werden, forderten wir, alle in den beiden Eilverfahren vorgetragenen ehrenrührigen Behauptungen über den Beamten Fink zu widerrufen. Und sie soll so etwas nie wieder behaupten dürfen. So. Und wenn es dann zur mündlichen Verhandlung kommt, werden Kirchenpräsident und Bischof endlich als Zeugen geladen und ebenso Kirchenrat Duft und Prälat Degen, dann dürfen und müssen sie endlich heraus mit ihrer Sprache: Beschwerden über Fink, wann, wo, wie, warum! Beweisaufnahme fällig, meine Herrn.

Aber das Verwaltungsgericht teilte mit: Die Klage wird ohne mündliche Verhandlung durch Gerichtsbescheid entschieden. Der Staatssekretär war glücklich. Mein Anwalt und ich protestierten. Ach ja, und mit Asylverfahren überlastet sei die Kammer auch!

Fink begann, sich in die Angelegenheit zu verbeißen, und die juristischen und publizistischen Fronten vermehrten sich:

Ich fing an, Leitzordner zu füllen. Auf allen Ordnern stand DGG: David Gegen Goliath.

Allmählich merkte ich, wie recht Max Willner gehabt hatte. Was nicht mit meinem Rechtsstreit zu tun hatte, interessierte mich nicht mehr. Auch an mir selbst interessierte mich nur, was mit meinem Rechtsstreit zu tun hatte. Meine Haare fielen aus, einige Zähne auch, ich wurde dicker, der Garten vor dem Häuschen in Bleidenstadt verwilderte, ich dachte: später, wenn alles vorbei ist, wenn du wieder jemand bist, dann ... Kein Holz mehr im Wald für unseren Ofen. Keine Ablenkung, bitte. Die ganze Kraft für die Wiederherstellung meiner Ehre, meiner Person. Daß ich für die Welt, für meine Kollegen, Bekannten, Verwandten zu einer Unperson geworden war, erlebte ich jeden Tag. Ja, auch für die Verwandtschaft. Für die in den kleinen Eifeldörfchen, zum Beispiel. Was macht denn der Stefan bloß! Das muß der doch einsehen! Jetzt sind da Neue dran, und die bringen dann eben ihre Leute mit! [...]

Was rechtlich zuerst so eindeutig war, zerfloß allmählich in der Fülle des Materials. Das Recht, das, wie ich fest glaubte, auf meiner Seite war, verlor sein eindeutiges Profil in einem Wust, in dem wirkliche und produzierte Fakten nicht mehr sofort unterscheidbar waren. Ich mußte also die wirklichen Fakten festigen, übersichtlich halten, verfügbar machen. Aus meinem Sammel- und Ordnungseifer fertigten mir die Gegner den Ruf, ein Pedant und Querulant zu sein, der alles, was ihm unterkommt, nur noch daraufhin prüft, ob er es in seinem Prozeß verwenden kann.

Neben den verwaltungsgerichtlichen Verfahren ging es auch um ein staatsanwaltschaftliches Ermittlungsverfahren gegen Tronkenburg wegen falscher eidesstattlicher Versicherung und um ein Verfahren vor dem Petitionsausschuss des Landtags. Zunächst aber schien Fink gesiegt zu haben, weil nach den Landtagswahlen eine rot-grüne Landesregierung gebildet und er rehabilitiert wurde; er erhielt nämlich seinen alten Dienstposten zurück. Doch wenige Tage später wurde bekannt, dass die Staatsanwaltschaft keine Anklage gegen Tronkenburg erheben würde, weil es Beschwerden der Vertreter der Kirchen- und Religionsgemeinschaften gegeben habe. Damit sah sich Fink „dümmer und elender dastehen als zuvor", und er kämpfte immer verbissener weiter um Gerechtigkeit, weil die falsche eidesstattliche Versicherung nur dazu diente, „eine Willkürmaßnahme vor dem Verwaltungsgericht durchzusetzen". Fink hielt sich an einen Satz aus dem berühmten Werk von Rudolf von Jhering „Der Kampf um's Recht" von 1872: „Sich gegen Unrecht

verteidigen ist eine Rechtsverpflichtung gegen sich selbst."
Also legte er Beschwerde gegen die Einstellungsverfügung
der Staatsanwaltschaft ein.

In der Folge rücken die Veränderungen in den Mittelpunkt
des Romans, die dieser „Krieg" Finks in ihm als Person
physisch und psychisch und in seinem Verhältnis zur Umwelt sozial bewirkt: Fink vereinsamte zunehmend, wurde
zum Außenseiter und zu einer regelrechten Unperson. Dieser Prozess wird sehr eindringlich, lebensnah mit vielen gesellschaftlichen, politischen, historischen und juristischen
Gegebenheiten und zugleich kunstvoll mit vielfältigen literarischen Mitteln und Anspielungen geschildert. Neben
Cervantes' „Don Quijote" und Dostojewskis „Der Idiot"
wird mehrfach „Michael Kohlhaas" erwähnt, den der
Feudalismus „zur Strecke gebracht hat". Dass demgegenüber im Rechtsstaat „Waffengleichheit herrsche", löste bei
Fink in diesem Stadium nur noch den Gedanken „Scheiß-
rechtsstaat" aus. Ein besonders effektvolles Stilmittel von
Walser ist die Aufteilung der Person Fink in zwei Personen, den Erzähler Stefan Fink (Ich-Fink) und den Beamten
Fink, über den in der dritten Person Einzahl geredet wird
(Er-Fink); einer der zunächst erwogenen Titel des Romans
lautete denn auch „Die Entzweiung".

Nach weiteren juristischen Niederlagen und vergeblichen
politischen und publizistischen Kämpfen, kurzfristigen
Selbstmordgedanken und vollständig zerrütteten Beziehungen zu fast allen Personen in seinem Umkreis nahm
Fink einen längeren Urlaub und fand im letzten der vier
Teile, überschrieben mit „Höhengewinn", doch noch seinen Frieden. Er zog sich in das Schweizer Kloster Melchtal
zurück und entwarf ein Schreiben an den Ministerpräsidenten mit einem „Tractatus skatologicus oder Cacata
Charta", indem er sich durch eine Schimpfkanonade, einer
„Flat- und Unflatexplosion" erleichterte. Am Ende erklärte Stefan Fink dem Beamten Fink, „wie wir den Kampf in
einem Sieg enden lassen können":

> Den Mächtigen dies und das vorzuwerfen, das ist der Versuch,
> sie mit ihren eigenen Mitteln zu schlagen. Anderen etwas vorzu-

werfen, darin sind die Mächtigen unschlagbar. So tun, als wisse man etwas besser als sie, das kann nicht gelingen, denn sie wissen immer alles besser als alle, über die sie mächtig sind. Das ist wirklich so. Sonst wären sie ja nicht mächtig geworden. Das kannst du nachprüfen in jeder Größenordnung, vom Kleinkotz bis zum Großkotz. Eine auf Herrschaft gegründete Welt hat nicht nur oben dran ein paar Mächtige und sonst nur Untertanen. Das, was du, trotz der Warnung deines Leibniz, das System genannt hast, ist vollkommen durchsetzt mit Herrschaft, also mit Machtausübung auf jeder Etage, an jedem noch so geringen Fleck. Einer muß herrschen über den anderen, sonst funktioniert das System nicht. Und an jedem Fleck herrscht einer, der es besser weiß, über einen anderen, der es nicht besser weiß. Die einzige Möglichkeit, die Mächtigen zu besiegen, ist, sie zu loben. Ihr wirksamstes Herrschaftsmittel, der wahre Ausweis ihrer Überlegenheit: sie können uns durch Tadel, Vorwurf und Absprechung kleinmachen, aber dadurch härten sie uns auch, durch und durch. Wenn sie uns aber loben, beherrschen sie uns wirklich. Das Lob ist die Besiegelung des Siegs über den Gelobten. Allerdings müssen wir es ernst meinen mit dem Loben. Jux hilft nichts. Und das heißt: Ich werde die Geschichte des Beamten Fink schreiben als ein Lob der Mächtigen. Alles, was dem Beamten Fink angetan worden ist, ist lobenswert. Was für eine weise Entscheidung, dem um seine Christenfraktion verdienten Moosbrugger gerade dieses Referat anzuvertrauen, die Verbindungsstelle zu den Kirchen und Religionsgemeinschaften. Die Zeiten, in denen das Staatskirchenrecht die Krone der Jurisprudenz war, sind gründlich vorbei. Heute arbeitet sich ein heller Kopf in diesen Bereich in drei Wochen ein. Selbst vom Sport muß man, will man ihn durch politische Entscheidungen fördern, mehr verstehen als, um das Religiöse zu fördern, vom Staatskirchenrecht. Daß jemand an einer so unlebendigen Stelle so kleben würde, konnte der damalige Staatssekretär nicht ahnen. Er konnte eher erwarten, der Beamte Fink werde ihm dankbar die Hand küssen, dafür, daß er von dieser Stelle erlöst wurde. Und so war es doch. Der Beamte Fink war über seine Ablösung nicht nur unglücklich, aber der Mächtige hatte einen Fehler gemacht, einen formalen Fehler, hatte sich schnell vertan, fand nachher nicht mehr heraus; handlungsschwach wie Hamlet, ließ der Anglokavalier die Zügel politisch-ästhetisch schleifen; mein Gott, wer Macht hat, dem passiert dergleichen tatsächlich im Handumdrehen; und der wird dann festgenagelt von einem, der seinen eigenen Schmerz maßlos überschätzt. Ja, nicht nur verglichen mit einem Indianer, nenn' ich den Beamten Fink jetzt einen Hypochonder. Nickt er? Ich weiter: Ein Rechtshypochonder ist der Beamte Fink gewesen! [...]

Also sage ich, sobald wir droben sind, der Mächtige vergriff sich in den Mitteln – man nennt das einen Lapsus –, danach verteidigte er seinen Lapsus mit dem falschen Mittel, was man als einen weiteren Lapsus bezeichnen könnte. Aber der Beamte Fink, dem das und das geschah, war dadurch plötzlich jemand. Endlich war er jemand! Ihm war Unrecht widerfahren! Nichts ist günstiger für einen bis dahin eher unscheinbar gebliebenen Mann, als daß ihm Unrecht widerfährt. In einem Rechtsstaat ungerecht behandelt zu werden, ist das Beste, was einem passieren kann. Zumal einem, der in zwanzig oder dreißig Arbeitsjahren das Gefühl gesammelt hat, er sei nie nach Verdienst angesehen und gelobt worden. Einen angejahrten Prestigebedarf hat so einer. Den hat jeder, der zu den Unmächtigen gehört. Bis ihnen dann, wenn sie Glück haben, Unrecht geschieht. Jetzt aber los! Der arme Mächtige, dem unter den tausend Handlungen, aus denen sein Alltag besteht, eine einzige so mißrät, daß ihr Effekt Unrecht heißen kann. Der wird seines Lebens nicht mehr froh. Eine doch wohl geil zu nennende Massenpresse, zu der auch hochlöbliche Magazine zu rechnen sind, wartet nur auf so einen Fall. Einem Mächtigen ans Bein pinkeln oder in die Waden beißen – da hat man doch wieder einmal das Gefühl, das Geld, das man reichlich einstreicht, sei auch verdient. Da blüht die Legitimität für jedes Privileg. Ob der Mächtige nun nachgibt oder sich wehrt – er kann nichts mehr retten. Dem Prestigehungrigen geht keine Rehabilitierung weit genug. Er verfolgt den Mächtigen mit moralisch getarnter Unerbittlichkeit. Mit Eifer und Geifer verfolgt der populistisch aufgeblasene Märtyrer nicht nur einen Mächtigen, sondern am liebsten gleich alle. Das System […]

Du siehst, sage ich zum Beamten Fink, es gibt Standpunkte, von denen aus man die Mächtigen nicht nur loben kann, sondern sogar loben muß. Ich bin dabei, diese Standpunkte zu erklettern. Du wolltest mit Hilfe von Paragraphen und Journalisten und Kopiermaschinen und Besserwissen siegen. Erinnerst du dich? Ich tue, als halte ich sein Blinzeln für Zustimmung, und fahre fort. Wir, du und ich, wir laufen nicht über, zu nichts und niemandem, aber wir loben die, die uns besiegt haben. Die dich und mich besiegt haben, die loben wir. Und das ist unser Sieg.

II. Der Autor und sein Werk

Martin Walser, geboren 1927, wuchs am Bodensee auf und besuchte die Oberschule in Lindau. 1943 wurde er Flakhelfer und meldete sich 1944 zu den Gebirgsjägern. Kurz vor Kriegsende desertierte er und kam in amerikanische Kriegsgefangenschaft. 1946 machte er das Abitur und studierte von 1947 bis 1951 in Regensburg und Tübingen, wo

er mit der Dissertation über Franz Kafka „Beschreibung
einer Form" promoviert wurde. Seit 1949 arbeitete er für
den Süddeutschen Rundfunk als Reporter und Redakteur,
später als Regisseur und Hörspielautor. 1957 wurde er in
die Gruppe 47 aufgenommen und gewann 1955 deren Preis
(nach Heinrich Böll und vor Günter Grass). Nach dem Erfolg seines ersten Romans „Ehen in Philippsburg" (1957),
wurde er freier Schriftsteller und kehrte zurück an den Bodensee, wo er seither, unterbrochen von vielen Reisen und
Gastprofessuren an amerikanischen Hochschulen, lebt.
Die Zahl seiner Veröffentlichungen ist Legion, darunter
ca. 30 Bücher mit Erzählungen und Romanen. Walser hat
eine Vielzahl von Preisen erhalten, ist Träger des Ordens
„Pour le mérite" und Offizier des Ordens „Arts et Lettres"
sowie Ehrendoktor der Universitäten Ulm (1972), Konstanz (1983), Dresden (1994) und Hildesheim (1995).

Der Roman beruht auf dem realen Fall des Leitenden Mi-
nisterialrats Rudolf Wirtz, dessen in eigener Sache gesam-
melten Aktenbestände Walser durchgearbeitet und exzer-
piert hat und dem der vorangegangene Roman Walsers
„Die Verteidigung der Kindheit" (1991) gewidmet ist. Auf
die Frage, wo die Dokumentation aufhöre und der Roman
beginne, hat Walser geantwortet: „In den Fakten akten-
treu, in dem was sie bewirken Roman." So werden denn
auch viele Personen der Zeitgeschichte wie Ignatz Bubis
und Joschka Fischer mit ihrem tatsächlichen Namen genannt, andere hingegen tragen literarische oder sprechende
Namen, z. B. Tronkenburg aus Kleists „Michael Kohlhaas"
und Franz Karl Moor aus Schillers „Die Räuber" oder der
Referent Kralle und der Kirchenrat Duft.

Eine andere Hauptfigur outete sich selbst: Alexander Gauland, der bis 1991 Staatssekretär der Hessischen Staatskanzlei gewesen war und heute Landesvorsitzender der
Partei „Alternative für Deutschland" ist, veröffentlichte
1996 einen Artikel mit dem Titel „Ich war Tronkenburg"
in der FAZ und versuchte nachzuweisen, dass er keinesfalls
der „Prototyp der Unterdrückung" gewesen sei, als der er
im Roman dargestellt würde. In der künstlerischen Bearbeitung des Stoffes sind auch viele Elemente des Lebens

und der Erfahrungen des Autors enthalten, der sich öffentlich zu einem autobiographischen Schreiben bekannt hat.

Der Roman fand ein großes aber sehr geteiltes Echo. Es war
groß, weil „Finks Krieg" als Schlüsselroman die mediale
Neugier anheizte und Potential für politische Empörung
bot („parteipolitischer Sündenpfuhl Hessen"). Der Verkaufserfolg war signifikanterweise in den ersten Wochen
am größten und ging danach schlagartig zurück. Die Kritiker teilten sich nicht nur wie gewohnt in Walser-Liebhaber
(„Meisterwerk der Sprache", „brillant") und Walser-Ver-
ächter („schwache psychopathologische Studie") auf, sondern angesichts der Thematik des Buches auch noch nach
dem politischen Rechts-Links-Schema. Beispielsweise ent-
deckte *Peter Glotz* „dumpfdeutsche Fieberphantasien" und
warf man Walser eine „Kehrtwendung vom linken Kämpfer zum CSU-Festredner der nationalen Einheit" vor; diese Kritiken bezogen sich allerdings nur auf eine marginale
Passage in Finks Schimpfkanonade. Hervorzuheben ist das
Urteil von *Frank Schirrmacher* in der FAZ, die in „Finks
Krieg" als „Edelmistblatt" vorkommt: „Seit Koeppens
‚Treibhaus' 1953 erschienen ist, hat es ein besseres Buch
über das leise Verhältnis von Macht und Wahn nicht gegeben."

III. Eine moderne Antwort

Dass gegen Rechtsverweigerung selbst Gewalt legitim sein
kann, konnte für ein Feudalsystem mit einem absolut herrschenden Monarchen und einer abhängigen Justiz bejaht
werden. Aber wie sieht das im modernen, rechtsstaatlichen
und demokratischen Verfassungsstaat aus? Einen Fall von
Rechtsverweigerung in den 1990er Jahren unter der Geltung des Grundgesetzes schildert auch Martin Walser in
diesem Roman. Er nimmt damit ein Thema auf, das allgemein als bezeichnend für viele Werke Walsers angesehen
wird: Kritik der Macht und der Mächtigen.

Auch hier steht am Anfang ein rechtswidriges Handeln der
staatlichen Organe. Gem. Art. 3 Abs. 3 S. 1 GG darf niemand u. a. wegen seiner politischen Anschauungen benach-
teiligt oder bevorzugt werden, und gem. Art. 33 Abs. 2 GG

dürfen für die Besetzung von öffentlichen Ämtern allein
die Eignung, die Befähigung und die fachliche Leistung
entscheidend sein. Ämterpatronage, d. h. die Ernennung,
Beförderung und Versetzung von Beamten aus parteipo-
litischen Gründen, ist ein klarer Verfassungsbruch. Einen
solchen hat Tronkenburg begangen, als er den Beamten
Fink allein aus dem Grund umgesetzt hat, seinen Par-
teifreund mit einem lukrativen Posten zu versorgen; sein
weiteres Handeln diente dann nur noch dazu, den Verfassungsbruch zu verschleiern. Dass Ämterpatronage auch
unter dem Grundgesetz häufig praktiziert wird, wird von
der Verfassungsrechtslehre seit langem kritisiert und verlangt auch deshalb dringend nach Remedur, weil es die
Politikverdrossenheit der Bevölkerung fördert und die Demokratie schwächt. So fasst auch *Rainer Wahl* die verfassungsrechtliche Relevanz des Romans wie folgt zusammen:
„Nüchtern betrachtet" handelt es sich „um eine kleine oder
mittlere politische Schweinerei, die häufig vorkommt".

Anders als bei Michael Kohlhaas liegt die Rechtsverweigerung hier komplizierter. Denn zunächst hat Fink ja Erfolg:
In zwei Eilverfahren beurteilt das Verwaltungsgericht die
Ämterpatronage durch den Staatssekretär als rechtswidrig. Dass Fink dann in der Berufungsinstanz unterliegt,
wird vom Gericht nicht damit begründet, dass die Ämterpatronage etwa rechtmäßig sei, sondern damit, dass durch
die Aussage des Staatssekretärs die Voraussetzung für das
Vorliegen von Ämterpatronage entfallen waren. Ob insoweit hundertprozentig richtig entschieden worden ist und
ob nicht eine intensivere Sachverhaltserforschung rechtlich
geboten gewesen wäre, kann hier dahinstehen. Es ist im Ergebnis jedenfalls die Falschaussage des staatlichen Organs,
die dazu geführt hat, dass Fink sein Recht verweigert wurde. Auch als er rehabilitiert wurde und seinen alten Dienstposten zurück erhielt, dauerte diese Rechtsverweigerung
insofern an, als die ehrverletzende Falschaussage nicht korrigiert wurde.

Dass Fink diese Rechtsverweigerung nicht hinnehmen
wollte und konnte, dass er seine Ehre in aller Öffentlichkeit wieder hergestellt sehen musste, dass er nicht rastete

und nicht ruhte, sondern geiferte und giftete, dass er sein gesamtes Dasein von diesem „Krieg" mit allen negativen Konsequenzen für sich, seine Familie, seine Freunde und Kollegen dominieren ließ bis hin zu Selbstmordgedanken – darin liegt seine Vergleichbarkeit mit Michael Kohlhaas. Nicht zufällig lautete ein weiterer ursprünglich erwogener Romantitel „Auf der Goldwaage"; mit einer solchen wurde das Rechtsempfinden von Kohlhaas in der Novelle von Kleist verglichen.

In ihren Mitteln des Kampfes gegen die Ungerechtigkeit, die in der Rechtsverweigerung liegt, unterscheiden sich beide Figuren dann wieder. Während Kohlhaas der Obrigkeit nicht nur den Krieg erklärte und mit brutaler Gewaltanwendung auch führte, beschränkte sich Fink auf juristische, politische und publizistische Mittel. Nicht nur verzichtete er auf jede Gewaltanwendung, er verwendete auch keine sonstigen gesetzwidrigen Mittel; er blieb in seinem „Krieg" ein gesetzestreuer Beamter und kämpfte nur mittels der Sprache. Unter den Auswirkungen dieses „Krieges" litt anders als bei Kohlhaas nicht die Umwelt, sondern am stärksten Fink selbst.

Stimmt also, was Fink empfand: „Daß das Gesundheit und Leben kosten kann, in einem Rechtsstaat sein Recht zu wollen"? Ist das ein unvermeidliches Risiko des Rechtsstaats? Oder ist die Verletzung von Gesundheit und Leben nicht doch mehr Fink selbst anzulasten? In einer Rede zur Examensfeier der Jurastudenten in Freiburg hat *Rainer Wahl* mehr objektive als subjektive Gründe für die Tragik des Beamten Fink gefunden: Ämterpatronage komme so häufig vor und werde so selten im Rechtsweg korrigiert, weil die Betroffenen „sich sagen und weil ihnen gesagt wird, daß sie keine Chance haben, sich gegen Instanzen zu wehren, die den Streit immer weiter ausdehnen lassen können und ihn so hoch politisieren können, daß ihnen viele Helfer erwachsen, gegen die der Einzelne keine Chance mehr hat". Dies sei auch nicht nur eine Frage individuellen Fehlverhaltens etwa wegen mangelhafter Zivilcourage oder fehlenden Rückgrats bei der Amtsführung, sondern ein institutionelles Versagen: „Was zählt denn in einem bis

auf die höchste Ebene eskalierten Spiel die Ehre eines Beamten, die tiefe Verletztheit eines Menschen im Verhältnis
zu den massiven Bestands- und Erhaltungsinteressen von
politischen wie kirchlichen Institutionen?" Gegen diese gesellschaftlichen Schranken der Rechtsdurchsetzung müsse
man kämpfen, selbst wenn man „verletzt aus diesem Kampf
herauskommt".

Dieser Interpretation scheint das Romanende mit Finks
„Höhengewinn" entgegenzustehen. Angesichts der vollständigen Vergeblichkeit seines „Kriegs" entschloss sich
Fink ja nicht nur zu einem Waffenstillstand mit seinen
Gegnern, sondern deutete dieses Ende in einen Sieg um.
Die Begründung, dass der Mächtige, der Unrecht tue, seines Lebens nicht mehr froh werde, ist allerdings so dünn,
dass die ganze Argumentation nur als ironisch verstanden
werden kann, wie ja der Roman insgesamt stark satirisch
geprägt ist. Als Warnung davor, allzu viel in dieses Romanende hinein zu interpretieren, kann auch die Erklärung dienen, die Walser selbst in einem Interview gegeben hat: „Je
tiefer ich mich in den Extremismus dieses Beamten Fink
hineingeschrieben hatte, desto mehr hatte ich die Notwendigkeit produziert, mich aus ihm herauszuschreiben, weil
das bei dem nicht auszuhalten war in dieser schwitzenden,
brüllenden, dampfenden polemischen Enge. Man wird als
Autor krank dabei. Dann schreibst du dich heraus, bis zum
Gegenteil, bis zum Lob der Feinde."

Unabhängig von der Frage, ob der Kampf gegen die
Rechtsverweigerung Finks Gesundheit gekostet hat oder
nicht (sein Leben hat es jedenfalls nicht gekostet), lautet
die moderne Antwort auf die Ausgangsfrage, dass Gewalt
gegen Rechtsverweigerung im modernen Rechtsstaat nicht
gerechtfertigt werden kann. Hier besteht, wie nunmehr
zu zeigen ist, ein hoch entwickeltes Rechtsschutzsystem,
das aber auch nicht jedes zwischenmenschliche und soziale
Problem beheben, insbesondere nicht jede „kleine oder
mittlere Schweinerei" der Mächtigen verhindern kann.

IV. Das geltende Recht

Die Ablösung der Fehde durch Landfrieden ist von *Max Weber* als der Beginn der Herausbildung des staatlichen Gewaltmonopols bezeichnet worden. „Staat ist diejenige menschliche Gemeinschaft, welche innerhalb eines bestimmten Gebietes … das Monopol legitimer physischer Gewaltsamkeit für sich (mit Erfolg) beansprucht." *Max Weber* hat den Begriff des staatlichen Gewaltmonopols als idealtypische Beschreibung und nicht als Rechtsnorm verwendet. Andere Verbände und Einzelpersonen dürfen dann Gewalt ausüben, wenn der Staat es zulässt. Die herrschende Meinung unter dem Grundgesetz hält das staatliche Gewaltmonopol demgegenüber für eine Norm des geltenden Verfassungsrechts. Sie kann sich dafür auf eine Entscheidung des Bundesverfassungsgerichts aus dem Jahr 1980 stützen, wo es heißt, es sei ein „zentraler Aspekt der Rechtsstaatlichkeit, die eigenmächtig gewaltsame Durchsetzung von Rechtsansprüchen zwischen Privaten grundsätzlich zu verwehren. Die Parteien werden auf den Weg vor die Gerichte gewiesen … In der Gerichtsbarkeit prägen sich innerstaatliches Gewaltverbot und staatliches Gewaltmonopol aus."

Zwar ist in allen Staaten, auch im Verfassungsstaat der Moderne, private Gewalt vorhanden, und sie wird in den verschiedenen zivilrechtlichen Vorschriften zur Selbsthilfe und in den strafrechtlichen Notwehr- und Notstandsbestimmungen auch gerechtfertigt. Aber sie soll Ausnahme bleiben, und wie Art. 19 Abs. 4 S. 1 GG jedem den Rechtsweg eröffnet, wenn er durch die öffentliche Gewalt in seinen Rechten verletzt wird, wird das Offenstehen des Rechtswegs in zivilrechtlichen Streitigkeiten, das nicht Inhalt von Art. 19 Abs. 4 GG ist, durch das Rechtsstaatsprinzip garantiert. Aus ihm folgt der allgemeine Justizgewährungsanspruch, mit dem eine Rechtsverweigerung wie im Fall des Michael Kohlhaas nicht vereinbar ist.

Nun ist Stefan Fink der Rechtsschutz nicht rundweg verweigert worden. Im Gegenteil haben sich verschiedene Organe der Rechtspflege mit seinen rechtlichen Begehren auseinandergesetzt und ihm mehrfach, wenn auch nicht endgültig, Recht gegeben. Die Rechtsschutzgarantie gem. Art. 19 Abs. 4 GG und der aus dem Rechtsstaatsprinzip des Art. 20 Abs. 3 GG abgeleitete allgemeine Justizgewährleistungsanspruch des Grundgesetzes gewähren lückenlosen und effektiven Rechtsschutz. Das heutige deutsche Rechtsschutzsystem mit seinen verschiedenen Gerichtsbarkeiten und mehreren Instanzen, mit einer großen Zahl von Gerichten und einer hohen Richterdichte, die nur in den USA und Italien übertroffen wird, ist im internationalen Vergleich hoch entwickelt. Die Rechtsschutzgarantie hat man daher als „Krönung" des Rechtsstaats, als „Schlußstein in dessen Gewölbe" gepriesen. Kritikern ging sie sogar zu weit; sie sprachen von einer Verengung des Rechtsstaats zu einem „Rechtswegestaat".

Dem effektiven Rechtsschutz dienen weitere grundrechtliche Gewährleistungen, namentlich das Recht auf den gesetzlichen Richter und das Verbot von Ausnahmegerichten gem. Art. 101 Abs. 1 GG, der Anspruch auf rechtliches Gehör gem. Art. 103 Abs. 1 GG und die rechtsstaatlichen Gebote der Öffentlichkeit und der Fairness des Verfahrens. Außerdem ist die verfassungsrechtliche Garantie der persönlichen und sachlichen Unabhängigkeit der Richter gem. Art. 97 GG von großer Bedeutung. Sie soll gerade das verhindern, was Kohlhaas passiert ist, dass nämlich seine Klage „auf eine höhere Insinuation, bei dem Dresdner Gerichtshofe, gänzlich niedergeschlagen worden" ist.

Aber Rechtsschutz bekommen heißt nicht zugleich Recht bekommen. Die Rechtsschutzgarantie ist ein Verfahrensgrundrecht und setzt die materiellen Rechte voraus bzw. verweist auf sie. Der Richter überprüft, ob das geltend gemachte materielle Recht besteht. Wenn er nach sorgfältiger Überprüfung unter Wahrung aller rechtsstaatlichen Verfahrensanforderungen zum Ergebnis kommt, dass es nicht besteht, hat man wohl Rechtsschutz aber nicht Recht bekommen.

Zu „Michael Kohlhaas" wird noch die Frage nach der Rechtfertigung von Widerstand diskutiert. Ein Recht zum Widerstand gegen Angriffe auf die Verfassungsordnung ist 1969 im Zusammenhang mit der Notstandsgesetzgebung

als Art. 20 Abs. 4 ins Grundgesetz aufgenommen worden:
„Gegen jeden, der es unternimmt, diese Ordnung zu beseitigen, haben alle Deutschen das Recht zum Widerstand,
wenn andere Abhilfe nicht möglich ist." Widerstandshandlungen, mit denen der Bürger um der Verteidigung der Verfassungsordnung willen rechtliche Gebote oder Verbote
überschreitet, sind danach rechtmäßig. Allerdings muss die
Widerstandshandlung sich gegen jemanden richten, der die
Verfassungsordnung zu beseitigen unternimmt. Das Recht
zum Widerstand aus Art. 20 Abs. 4 GG wird noch nicht
durch Rechtsverweigerung im einzelnen Fall ausgelöst,
selbst wenn mehrere korrupte Richter, Beamte und Politiker an ihr beteiligt sind und sie auch in letzter Instanz nicht
korrigiert, sondern bestätigt wird.

Die gegenwärtige Rechtsordnung trifft Vorkehrungen gegen Rechtsverweigerung. Sie trifft auch Vorkehrungen gegen das Versagen der Vorkehrungen. Aber auch die Vorkehrungen gegen das Versagen der Vorkehrungen können
versagen. Dann erwartet der demokratische Verfassungsstaat, dass die Rechtsunterworfenen das, wogegen es kein
Rechtsmittel mehr gibt, hinnehmen. Der gegenwärtige Präsident des Bundesverfassungsgerichts, *Andreas Voßkuhle*,
gibt dem modernen Michael Kohlhaas für diese Situation
den Rat, von der Vorstellung abzulassen, „dass sich ihm
eine wahre Bedeutung des geltenden Rechts erschlösse, die
allen anderen verborgen bleibt". Er bleibt also mit seiner
Empörung und seinem Bedürfnis nach Widerstand genauso allein wie der Michael Kohlhaas in Kleists Erzählung.

Kapitel 8.
Kann arm gegen reich Recht bekommen?

(a) Gerhart Hauptmann: Die Weber. Schauspiel aus den vierziger Jahren, 1892

I. Inhalt und Text

Das Stück spielt in Schlesien im Jahr 1844 und orientiert sich stark an dem tatsächlich dort vom 4. bis 6. Juni erfolgten und blutig niedergeschlagenen Aufstand der schlesischen Textilarbeiter. Die fortschreitende Mechanisierung der Textilverarbeitung, das „Maschinenwesen", hatte eine totale Verarmung der großen Zahl dortiger Lohnarbeiter zur Folge, die in einer amtlichen Untersuchung mit dem Titel „Not der Leinen-Arbeiter in Schlesien" dokumentiert ist. Tatsächlich mussten die Weber für den durchschnittlichen Tageslohn eines sonstigen Handwerksgesellen häufig mehr als eine Woche arbeiten. Der Aufstand hatte sogleich ein großes publizistisches, literarisches und künstlerisches Echo, aus dem Heinrich Heines Gedicht aus dem Jahr 1853 „Die schlesischen Weber" besonders hervorzuheben ist:

Im düstern Auge keine Träne,
sie sitzen am Webstuhl und fletschen die Zähne:
„Deutschland, wir weben dein Leichentuch,
wir weben hinein den dreifachen Fluch –
    Wir weben, wir weben !

Ein Fluch dem Gotte, zu dem wir gebeten
in Winterskälte und Hungersnöten;
wir haben vergebens gehofft und geharrt,
er hat uns geäfft und gefoppt und genarrt –
    Wir weben, wir weben !

Ein Fluch dem König, dem König der Reichen,
den unser Elend nicht konnte erweichen,
der den letzten Groschen von uns erpreßt
und uns wie Hunde erschießen läßt –
    Wir weben, wir weben !

Ein Fluch dem falschen Vaterlande,
wo nur gedeihn Schmach und Schande,
wo jede Blume früh geknickt,
wo Fäulnis und Moder den Wurm erquickt –
    Wir weben, wir weben!

Der erste Akt des Schauspiels demonstriert die Not dadurch, dass die Ablieferung der von den Webern hergestellten Ware in der Villa des Fabrikanten Dreißiger (die historische Figur hieß Zwanziger) dargestellt wird. Der leitende Angestellte des Fabrikanten legt die im wahrsten Sinne des Wortes Hungerlöhne ohne Rücksicht auf den unsäglichen Zustand der ausgemergelten Gestalten fest. In der ausführlichen Bühnenanweisung von Hauptmann heißt es dazu: „Die meisten der harrenden Webersleute gleichen Menschen, die vor die Schranken des Gerichts gestellt sind, wo sie in peinigender Gespanntheit eine Entscheidung über Tod und Leben zu erwarten haben." Als der junge Weber namens Becker gegen die Höhe der Auszahlung protestiert, erkennt Dreißiger in ihm einen aus der „Rotte halb Betrunkener", die am Tag vorher vor seinem Haus das aufrührerische Lied „Blutgericht" gesungen haben, und wirft ihn „auf der Stelle raus!" Dreißiger rechtfertigt sich mit dem auf dem Markt herrschenden Konkurrenzdruck („die Geschäfte gehen hundsmiserabel") und meint: „Ich denke mir halt: wenn sich ein Mensch täglich 'ne Quarkschnitte erarbeiten kann, so ist doch das immer besser, als wenn er überhaupt hungern muß." Als er ohne irgendein Zugeständnis gemacht zu haben geht, bricht „Bewegung unter den Webern, Flüstern und Murren" aus.

Im zweiten Akt wird das große Elend der Weber in ihren Wohn- und Lebensumständen gezeigt. Er spielt „in einem engen, von der sehr schadhaften Diele bis zur schwarz verräucherten Balkendecke nicht sechs Fuß hohen Raum", den die Familie Baumert im kleinen Haus des Korbflechters Ansorge gemietet hat. Die materielle Not geht soweit, dass der alte Baumert seinen Hund geschlachtet hat, um nach zwei Jahren mal wieder Fleisch zu essen, was er dann prompt nicht vertragen hat. Der junge Soldat Moritz Jäger kommt in sein Heimatdorf zurück und macht den Webern

Gerhart Hauptmann

ihre erbärmliche Lage bewusst, die noch weit schlechter ist als die des niedrigsten preußischen Soldaten. Als solcher bringt er überdies eine gehörige Portion Wut gegen Vorgesetzte und Reiche mit. Am Ende des Akts kommt es zum Vortrag des „Blutgerichts", eines in 25 Strophen überlieferten anonymen Gedichts, das nach der Bühnenanweisung von Hauptmann nach der Melodie: „Es liegt ein Schloß in Österreich" gesungen wird.

ANSORGE. Mir kenn d'r nich leben und nich sterben hier oben. Uns geht's leider beese, kannst's glooben. Eener wehrt sich bis ufs Blutt. Zuletzt muß man sich dreingeb'n. De Not frißt een's Dach ieberm Koppe und a Boden unter a Fießen. Frieher, da man noch am Stuhle arbeiten konnte, da hat man sich halbwegens mit Kummer und Not doch kunnt aso durchschlag'n. Heute kann ich m'r schonn ieber Jahr und Tag kee Stickl Arbeit mehr erobern. Mit der Korbflechterei is ooch ock, daß man sei bißl Leben aso hinfristen tutt. Ich flechte bis in de Nacht nein, und wenn ich ins Bette falle, da hab' ich an Beehmen und sechs Fenniche derschind't. Du hast doch Bildung, nu da sag amal selber, kann da woll a Auskommen sein bei der Teurung? Drei Taler muß ich hinschmeißen uf Haussteuer, een'n Taler uf Grundabgaben, drei Taler uf Hauszinse. Vierzehn Taler kann ich Verdienst rechen. Bleib'n fer mich sieben Taler ufs ganze Jahr. Dadervon soll ma sich nu bekochen, beheizen, bekleiden, beschuhn, ma soll sich bestricken und beflicken, a Quartier muß ma hab'n und was da noch alles kommt. – Is 's da a Wunder, wenn man de Zinse ni zahln kann?

DER ALTE BAUMERT. 's mißt amal eener hingehn nach Berlin und mißt's 'n Keeniche vorstelln, wie's uns aso geht.

JÄGER. Ooch nich aso viel nutzt das, Vater Baumert. 's sein er schonn genug in a Zeitungen druf zu sprechen gekommen. Aber die Reichen, die drehn und die wenden an Sache aso … die ieberteifeln a besten Christen.

DER ALTE BAUMERT, *kopfschüttelnd.* Daß se in Berlin den Pli nich hab'n!

ANSORGE. Sag du amal, Moritz, kann das woll meeglich sein? Is da gar kee Gesetze d'rfor? Wenn eens nu und schind't sich's Bast von a Händen und kann doch seine Zinse ni ufbringen, kann m'r d'r Pauer mei Häusl da wegnehmen? 's is halt a Pauer, der will sei Geld hab'n. Nu weeß ich gar nich, was de noch wern soll? – Wenn ich halt und ich muß aus dem Häusl nausgehn … *Durch Tränen hervorwürgend.* Hier bin ich geborn, hier hat mei Vater am Webstuhle gesessen, mehr wie virzig Jahr. Wie

oft hat a zu Muttern gesagt: Mutter, wenn's mit mir amal a
Ende nimmt, das Häusl halt feste. Das Häusl hab' ich errobert,
meent' a iebersche. Hie is jeder Nagel an durchwachte Nacht, a
jeder Balken a Jahr trocken Brot. Da mißt' ma doch denken ...

JÄGER. Die nehmen een's Letzte, die sein's kumpabel.

ANSORGE. Nu jaja! – nu nee nee! Kommt 's aber aso weit, da
wär' mirsch schonn lieber, se triegen mich naus, statts daß ich
uf meine alten Tage noch nauslaufen mißte. Das bißl Sterben
da! Mei Vater starb ooch gerne genug. – Ock ganz um de Letzte, da wollt'n a bißl angst wern. Wie ich aber zu 'n ins Bette
kroch, da wurd' a ooch wieder stille. – Wenn ma's aso bedenkt:
dazemal war ich a Jungl von dreizehn Jahrn. Miede war ich,
und da schlief ich halt ein, bei dem kranken Manne – ich verstand's doch nich besser –, und da ich halt ufwachte, war a
schonn kalt.

MUTTER BAUMERT, *nach einer Pause.* Greif amal ins Röhr,
Bertha, und reich Ansorgen de Suppe.

BERTHA. Dahier eßt, Vater Ansorge!

ANSORGE, *unter Tränen essend.* Nu nee nee – – nu jaja!
*Der alte Baumert hat angefangen, das Fleisch aus der Pfanne
zu essen.*

MUTTER BAUMERT. Nu, Vater, Vater, du wirscht dich doch
gedulen kenn'n. Laß ock Berthan vor richtich vorschirrn.

DER ALTE BAUMERT, *kauend.* Vor zwee Jahren war ich's
letzte Mal zum Abendmahle. Gleich dernach verkooft' ich a
Gottstischrock. Dadervon kooften m'r a Stickl Schweinernes.
Seitdem da hab' ich kee Fleesch ni mehr gessen bis heut abend.

JÄGER. Mir brauchen o erscht kee Fleesch, fer uns essen's de
Fabrikanten. Die waten im Fette rum bis hieher. Wer das ni
gloobt, der brauch ock nuntergehn nach Bielau und nach Pe-
terschwalde. Da kann ma sei Wunder sehn: immer e Fabrikan-
tenschloß hintern andern. Immer e Palast hintern andern. Mit
Spiegelscheiben und Türmeln und eisernen Zäunen. Nee, nee,
da spiert keener nischt von schlechten Zeiten. Da langt's uf
Gebratnes und Gebacknes, uf Eklipaschen und Kutschen, uf
Guvernanten und wer weeß was. Die sticht d'r Haber aso sehr!
Die wissen gar nich, was de schnell anstelln vor Reechtum und
Iebermut.

ANSORGE. In a alten Zeiten da war das ganz a ander Ding. Da
ließen de Fabrikanten a Weber mitleben. Heute da bringen
se alles alleene durch. Das kommt aber daher, sprech' ich: d'r
hohe Stand gloobt ni mehr a keen Herrgott und keen Teiwel
ooch nich. Da wissen se nischt von Geboten und Strafen. Da
stehln se uns halt a letzten Bissen Brot und schwächen und untergraben uns das bißl Nahrung, wo se kenn'n. Von den Leuten
kommt's ganze Unglicke. Wenn unsere Fabrikanten und wärn

gute Menschen, da wärn ooch fer uns keene schlechten Zeiten sein.

JÄGER. Da paßt amal uf, da wer ich euch amal was Scheenes vorlesen. *Er zieht einige Papierblättchen aus der Tasche.* Komm, August, renn in de Schelzerei und hol noch a Quart. Nu, August, du lachst ja in een Biegen fort.

MUTTER BAUMERT. Ich weeß nich, was mit dem Jungen is, dem geht's immer gutt. Der lacht sich de Hucke voll, mag's kommen, wie's will. Na, feder, feder! *August ab mit der leeren Schnapsflasche.* Gelt ock, Alter, du weeßt, was gutt schmeckt?

DER ALTE BAUMERT, *kauend, vom Essen und Trinken mutig erregt.* Moritz, du bist unser Mann. Du kannst lesen und schreiben. Du weeßt's, wie's um de Weberei bestellt is. Du hast a Herze fer de arme Weberbevelkerung. Du sollt'st unsere Sache amal in de Hand nehmen dahier.

JÄGER. Wenn's mehr ni is. Das sollte mir ni druf ankommen; dahier! den alten Fabrikanträudeln, den wollt' ich viel zu gerne amal a Liedl ufspielen. Ich tät' m'r nischt draus machen. Ich bin a umgänglicher Kerl, aber wenn ich amal falsch wer und ich krieg's mit der Wut, da nehm' ich Dreißichern in de eene, Dittrichen in de andre Hand und schlag' se mit a Keppen an'nander, daß'n 's Feuer aus a Augen springt. – Wenn mir und mer kennten's ufbringen, daß m'r zusammenhielten, da kennt m'r a Fabrikanten amal an solchen Krach machen … Da braucht m'r keen'n Keenich derzu und keene Regierung, da kennten m'r eenfach sagen: mir wolln das und das und aso und aso ni, und da werd's bald aus een'n ganz andern Loche feifen dahier. Wenn die ock sehn, daß ma Krien hat, da ziehn se bald Leine. Die Betbrieder kenn' ich! Das sein gar feige Luder.

MUTTER BAUMERT. 's is wirklich bald wahr. Ich bin gewiß ni schlecht. Ich bin gewiß immer diejenigte gewest, die gesagt hat, die reichen Leute missen ooch sein. Aber wenn's aso kommt …

JÄGER. Vor mir kennte d'r Teiwel alle holn, der Rasse vergennt' ich's.

BERTHA. Wo is denn Vater? *Der alte Baumert hat sich stillschweigend entfernt.*

MUTTER BAUMERT. Ich weeß nich, wo a mag hin sein.

BERTHA. Is etwan, daß a das Fleescherne ni mehr gewehnt is?!

MUTTER BAUMERT, *außer sich, weinend.* Nu da seht ihrsch, nu da seht ihrsch! Da bleibt's 'n noch ni amal. Da wird a das ganze bissel scheenes Essen wieder von sich geben.

DER ALTE BAUMERT *kommt wieder, weinend vor Ingrimm.* Nee, nee! mit mir is bald gar alle. Mich hab'n se bald aso weit! Hat man sich amal was Guttes dergattert, da kann ma's ni amal mehr bei sich behalt'n. *Er sitzt weinend nieder auf die Ofenbank.*

JÄGER, *in plötzlicher Aufwallung, fanatisch.* Und daderbei gibt's
   Leute, Gerichtsschulzen, gar nich weit von hier, Schmärwam-
   pen, die de's ganze Jahr nischt weiter zu tun haben, wie unsern
   Herrgott im Himmel a Tag abstehln. Die wolln behaupten, de
   Weber kennten gutt und gerne auskommen, se wärn bloß zu
   faul.
ANSORGE. Das sein gar keene Mensche. Das sein Unmensche
   sein das.
JÄGER. Nu laß ock gutt sein, a hat sei Fett. Ich und d'r rote Bä-
   cker, mir hab'n 's 'n eingetränkt, und bevor m'r abzogen zu
   guter Letzte, sangen m'r noch's „Bluttgerichte".
ANSORGE. O Jes's, Jes's, is das das Lied?
JÄGER. Ja, ja, hie hab' ich's.
ANSORGE. 's heißt doch, gloob' ich, 's Dreißicherlied oder wie.
JÄGER. Ich wersch amal vorlesen.
MUTTER BAUMERT. Wer hat denn das Lied derfund'n?
JÄGER. Das weeß kee Mensch nich. Nu heert amal druf. *Er liest,*
   schülerhaft buchstabierend, schlecht betonend, aber mit unver-
   kennbar starkem Gefühl. Alles klingt heraus: Verzweiflung,
   Schmerz, Wut, Haß, Rachedurst.

Hier im Ort ist ein Gericht,
noch schlimmer als die Femen,
wo man nicht erst ein Urteil spricht,
das Leben schnell zu nehmen.

Hier wird der Mensch langsam gequält,
hier ist die Folterkammer,
hier werden Seufzer viel gezählt
als Zeugen von dem Jammer.

DER ALTE BAUMERT *hat, von den Worten des Liedes gepackt*
   und im tiefsten aufgerüttelt, mehrmals nur mühsam der Versu-
   chung widerstanden, Jäger zu unterbrechen. Nun geht alles mit
   ihm durch; stammelnd, unter Lachen und Weinen, zu seiner
   Frau. Hier ist die Folterkammer. Der das geschrieben, Mutter,
   der sagt die Wahrheet. Das kannst du bezeugen ... Wie heeßt's?
   Hier werden Seufzer ... wie? hie wern se viel gezählt ...
JÄGER ...als Zeugen von dem Jammer.
DER ALTE BAUMERT. Du weeßt's, was mir aso seufz'n een'n
   Tag um a andern, ob m'r stehn oder liegen.
JÄGER, *während Ansorge, ohne weiterzuarbeiten, in tiefer Er-*
   schütterung zusammengesunken dasitzt, Mutter Baumert und
   Bertha fortwährend die Augen wischen, fährt fort zu lesen.

Die Herrn Dreißiger die Henker sind,
die Diener ihre Schergen,
davon ein jeder tapfer schind't,
anstatt was zu verbergen.

Ihr Schurken all, ihr Satansbrut ...

DER ALTE BAUMERT, *mit zitternder Wut den Boden stampfend.* Ja, Satansbrut!!!
JÄGER *liest.*
... ihr höllischen Kujone,
ihr freßt der Armen Hab und Gut,
und Fluch wird euch zum Lohne.

ANSORGE. Nu jaja, das is auch an Fluch wert.
DER ALTE BAUMERT, *die Faust ballend, drohend.* Ihr freßt
der Armen Hab und Gut –!
JÄGER *liest.*

Hier hilft kein Bitten und kein Flehn,
umsonst ist alles Klagen.
„Gefällt 's euch nicht, so könnt ihr gehn
am Hungertuche nagen."

DER ALTE BAUMERT. Wie steht's? Umsonst ist alles Klagen?
Jedes Wort ... jedes Wort ... da is all's aso richtig wie in d'r
Bibel. Hier hilft kein Bitten und kein Flehn!
ANSORGE. Nu jaja! nu nee nee! da tutt schonn nischt helfen.
JÄGER *liest.*

Nun denke man sich diese Not
und Elend dieser Armen,
zu Haus oft keinen Bissen Brot,
ist das nicht zum Erbarmen?

Erbarmen, ha! ein schön Gefühl,
euch Kannibalen fremde,
ein jedes kennt schon euer Ziel,
's ist der Armen Haut und Hemde.

DER ALTE BAUMERT *springt auf, hingerissen zu deliranter
Raserei.* Haut und Hemde. All's richtig, 's is der Armut Haut
und Hemde. Hier steh' ich, Robert Baumert, Webermeis-
ter von Kaschbach. Wer kann vortreten und sag'n ... Ich bin
ein braver Mensch gewest mei lebelang, und nu seht mich an!

Was hab' ich davon? Wie seh' ich aus? Was hab'n se aus mir gemacht? Hier wird der Mensch langsam gequält. *Er reckt seine Arme hin.* Dahier, greift amal an, Haut und Knochen. Ihr Schurken all, ihr Satansbrut!! *Er bricht weinend vor verzweifeltem Ingrimm auf einem Stuhl zusammen.*
ANSORGE *schleudert den Korb in die Ecke, erhebt sich, am ganzen Leibe zitternd vor Wut, stammelt hervor.* Und das muß anderscher wern, sprech' ich, jetzt uf der Stelle. Mir leiden's ni mehr! Mir leiden's ni mehr, mag kommen, was will.

Der dritte Akt spielt in einer Schenkstube und konfrontiert die Weber mit anderen sozialen Schichten und Gruppen, die gegenläufige Interessen haben. Ein Bauer erklärt, dass die Weber im Gegensatz zur produzierenden Agrarwirtschaft nutzlos seien, und der reisende Händler, der besonders unsympathisch erscheint, der Wirt und der Tischler profitieren von der Ausbeutung der Weber. Die Adeligenherrschaft (in der Schenkstube hängt das Porträt Friedrich Wilhelms IV.) wird von Ansorge angeprangert: „'s is halt aso: was uns d'r Fabrikante iebrichläßt, das holt uns d'r Edelmann vollens aus d'r Tasche." Als der Dorfpolizist bekanntmacht, dass der Polizeiverwalter verboten hat, das „Blutgericht" zu singen, widrigenfalls man „im Stockhause mehr Zeit und Ruhe kriegt", formiert sich der gemeinschaftliche Protest: Unter Absingen des Lieds ziehen die Weber vor die Villa des Fabrikanten Dreißiger.

Im vierten Akt wird eine Abendgesellschaft in Dreißigers Privaträumen gezeigt; das Ehepaar Dreißiger hat den Pastor Kittelhaus und seine Frau zu einer Partie Whist zu Gast. Der Geistliche stellt sich in den Gesprächen auf die Seite Dreißigers und des Gesetzes, obwohl er die Probleme sieht: „Ja, ja, ich gebe ja zu, wir haben ja Amtsbrüder, die in ziemlich vorgeschrittenem Alter noch recht jugendliche Streiche machen. Der eine predigt gegen die Branntweinpest und gründet Mäßigkeitsvereine, der andere verfaßt Aufrufe, die sich unleugbar recht ergreifend lesen. Aber was erreicht er damit? Die Not unter den Webern wird, wo sie vorhanden ist, nicht gemildert. Der soziale Frieden dagegen wird untergraben."

Als draußen das „Blutgericht" gesungen wird, wird Moritz
Jäger als Anführer festgenommen und vom herbeigerufe-
nen Polizeiverwalter verhört, ohne dass der Soldat sich ein-
schüchtern ließe. Für Dreißiger kommt der Aufstand nur
durch die Agitation der „Humanitätsdusler" zu Stande. Als
der vom Polizisten abgeführte Moritz Jäger von der aufge-
brachten Menge draußen befreit und der Polizist verprü-
gelt wird, bricht in der Villa Panik aus. Während Kittelhaus
noch zu schlichten versucht, fliehen die Dreißigers und die
Frau des Pastors durch das Hintertor. Am Ende des Akts
stürmen die Weber den Salon und plündern die Villa.

Der fünfte Akt spielt im benachbarten Ort im „Weberstüb-
chen des alten Hilse". In erregten Gesprächen verurteilt
dieser den Aufstand, dem sich auch sein Sohn Gottlieb und
seine Schwiegertochter Luise angeschlossen haben. Seine
Gründe ergeben sich aus folgenden Passagen:

DER ALTE HILSE, *ein bärtiger, starkknochiger, aber nun von
Alter, Arbeit, Krankheit und Strapazen gebeugter und ver-
fallener Mann. Veteran, einarmig. Er ist spitznasig, von fah-
ler Gesichtsfarbe, zittrig, scheinbar nur Haut, Knochen und
Sehne und hat die tiefliegenden, charakteristischen, gleichsam
wunden Weberaugen. – Nachdem er sich mit Sohn und Schwiegertochter erhoben, betet er.* Du lieber Herrgott, mir kenn dir
gar nich genug Dank bezeigen, daß du uns auch diese Nacht
in deiner Gnade und Giete … und hast dich unser erbarmt.
Daß mir auch diese Nacht nich han keen'n Schaden genommen. Herr, deine Giete reicht so weit, und mir sein arme, beese,
sindhafte Menschenkinder, ni wert, daß dei Fuß uns zertritt,
aso sindhaftich und ganz verderbt sein mir. Aber du, lieber
Vater, willst uns ansehn und annehmen um deines teuren Sohnes, unsers Herrn und Heilands Jesus Christus willen. Jesu
Blut und Gerechtigkeit, das is mein Schmuck und Ehrenkleid.
Und wenn auch mir und mer wern manchmal kleenmietig un-
der deiner Zuchtrute – wenn und der Owen d'r Läutrung und
brennt gar zu rasnich heiß –, da tech's uns ni zu hoch an, vergib
uns unsre Schuld. Gib uns Geduld, himmlischer Vater, daß mir
nach diesem Leeden und wern teilhaftig deiner ewigen Selich-
keet. Amen.
[…]

DER ALTE HILSE. Ich sag' dirsch, Gottlieb! zweifle nich an
dem eenzigten, was mir armen Menschen haben. Fer was hätt'

ich denn hier gesessen – und Schemel getreten uf Mord vierzig
und mehr Jahr? und hätte ruhig zugesehn, wie der dort drieben
in Hoffart und Schwelgerei lebt – und Gold macht aus mein'n
Hunger und Kummer. Fer was denn? Weil ich 'ne Hoffnung
hab'. Ich hab' was in aller der Not. *Durchs Fenster weisend.* Du
hast hier deine Parte – ich drieben in jener Welt: das hab' ich
gedacht. Und ich lass' mich vierteeln – ich hab' 'ne Gewißheet.
Es ist uns verheißen. Gericht wird gehalten, aber nich mir sein
Richter, sondern: mein is die Rache, spricht der Herr, unser
Gott.

Nachdem Militär sich den Aufständischen entgegengestellt
hat, endet das Schauspiel mit folgender Szene:

STIMMEN IM „HAUSE". Se laden wieder. – Se wern glei wieder
'ne Salve geb'n. – Vater Hilse, geht weg vom Fenster.
GOTTLIEB *rennt nach der Axt.* Was, was, was! Sein mir tolle
Hunde!? Solln mir Pulver und Blei fressen statts Brot? *Mit der
Axt in der Hand einen Moment lang zögernd, zum Alten.* Soll
mir mei Weib derschossen werd'n? Das soll nich geschehn! *Im
Fortstürmen.* Ufgepaßt, jetzt komm' ich! *Ab.*
DER ALTE HILSE. Gottlieb, Gottlieb!
MUTTER HILSE. Wo is denn Gottlieb?
DER ALTE HILSE. Beim Teiwel is a.
STIMME, *vom „Hause".* Geht vom Fenster weg, Vater Hilse!
DER ALTE HILSE. Ich nich! Und wenn ihr alle vollens drehnig
werd! *Zu Mutter Hilse mit wachsender Ekstase.* Hie hat mich
mei himmlischer Vater hergesetzt. Gell, Mutter? Hie bleiben
mer sitzen und tun, was mer schuldig sein, und wenn d'r ganze
Schnee verbrennt. *Er fängt an zu weben. Eine Salve kracht. Zu
Tode getroffen, richtet sich der alte Hilse hoch auf und plumpt
vornüber auf den Webstuhl. Zugleich erschallt verstärktes
Hurra-Rufen. Mit Hurra stürmen die Leute, welche bisher im
Hausflur gestanden, ebenfalls hinaus. Die alte Frau sagt mehrmals fragend.* Vater, Vater, was is denn mit dir? *Das ununter-
brochene Hurra-Rufen entfernt sich mehr und mehr. Plötzlich
und hastig kommt Mielchen ins Zimmer gerannt.*
MIELCHEN. Großvaterle, Großvaterle, se treiben de Soldaten
zum Dorfe naus, se haben Dittrichens Haus gestirmt, se machen's aso als wie drieben bei Dreißigern. Großvaterle!? *Das
Kind erschrickt, wird aufmerksam, steckt den Finger in den
Mund und tritt vorsichtig dem Toten näher.* Großvaterle!?
MUTTER HILSE. Nu mach ock, Mann, und sprich a Wort, 's
kann een'n ja orntlich angst werd'n.

II. Der Autor und sein Werk

Gerhart Hauptmann (1862–1946) war das jüngste von vier Kindern eines Hotelbesitzers in einem schlesischen Kurort. Seine Mutter war die Tochter des dortigen fürstlichen „Brunneninspektors", d. h. Kurdirektors. Hauptmann schloss die Realschule mit mäßigem Zeugnis ab, war ein Jahr lang Landwirtschaftslehrling, brach auch die Vorbereitung auf das Einjährigen-Examen in Breslau ab und besuchte von 1880 bis 1882 die Bildhauerklasse der Königlichen Kunst- und Gewerbeschule in Breslau, die er aber ebenfalls nicht abschloss. Stattdessen studierte er dort ein Semester lang Philosophie, Geschichte und Kunstgeschichte und unternahm eine Reise nach Italien, wo er in Rom als Bildhauer arbeitete, bis er an Typhus erkrankte. Danach besuchte er kurz die Zeichenklasse der Königlichen Akademie in Dresden, ging wieder nur kurz an die Universität in Berlin und nahm Schauspielunterricht.

Seit seiner Jugend schrieb Hauptmann Epen und Geschichtsdramen und entschied sich nach seiner Heirat 1885, die ihm finanzielle Sicherheit brachte, dazu, Schriftsteller zu werden. Seinen literarischen Durchbruch erlebte er mit der skandalumwitterten Aufführung des „sozialen Dramas" „Vor Sonnenaufgang". Danach erschienen weitere sozialkritische Schauspiele, darunter „Die Weber", und Erzählungen, für die er hoch geehrt wurde, auch wenn Kaiser Wilhelm II. 1896 die Entscheidung der Jury kassierte, ihm den Schillerpreis zu verleihen. Hauptmann wurde Ehrendoktor mehrerer auch ausländischer Universitäten und erhielt 1912, hauptsächlich für „Die Weber", den Literatur-Nobelpreis.

Nach anfänglicher Kriegsbegeisterung 1914 engagierte er sich ab 1918 für die Republik und war zeitweilig sogar als Kandidat für das Amt des Reichspräsidenten im Gespräch. Er wurde Mitglied in der Preußischen Akademie der Künste und erhielt den Orden „Pour le mérite". Nach der Machtübernahme der Nationalsozialisten 1933 unterschrieb er eine Loyalitätserklärung für das neue Regime und stimmte öffentlich dem Austritt Deutschlands aus dem Völkerbund zu, nahm aber im privaten Kreis Stellung gegen die neuen

Machthaber. Eine Emigration schied für ihn wegen seiner
Heimatverbundenheit aus. In seinen Werken engagierte er
sich für einen klassischen Humanismus. Nach dem Krieg
sagte er dem Dichter und späteren DDR-Kulturfunktionär
Johannes R. Becher zu, Ehrenpräsident des „Kulturbundes
zur demokratischen Erneuerung Deutschlands" zu werden, wozu es aber wegen des Todes von Hauptmann nicht
mehr kam.

Schon 1888 fasste Hauptmann den Plan zu einem We-
ber-Drama, das er Mitte 1890 auszuarbeiten begann. Unmittelbaren Anstoß gaben Zeitungsberichte über die Pe-
tition schlesischer Weber an den Kaiser, in der über ihre
unverändert schlechte Lage geklagt wurde. Hauptmann
studierte verschiedene Untersuchungen und historische
Darstellungen des Webers-Aufstands von 1844 und ver-
tiefte seine Kenntnisse auf zwei Reisen im Frühjahr 1891
zum Ort des Geschehens, wo er auch Gespräche mit noch
lebenden Augenzeugen führte. Eine erste Fassung des
Schauspiels im schlesischen Dialekt „De Waber" schrieb er
bis zum Jahresende. Danach überarbeitete er sie durch eine
Annäherung an das Hochdeutsche zu „Die Weber", um die
Spielbarkeit auf dem Theater zu erhöhen und ein größeres
Publikum zu erreichen.

Im Rahmen der damals in Preußen praktizierten Theaterzensur wurde dem Deutschen Theater die Erlaubnis zur
öffentlichen Aufführung des Schauspiels durch Verfügung
des Berliner Polizeipräsidenten vom 3. März 1892 „aus
ordnungspolizeilichen Gründen versagt". Dabei wurde
die künstlerische Qualität des Stücks durchaus erkannt:
„In lebensvollen Bildern, ohne die Handlung an einzelne
Personen zu knüpfen, wird das Elend der Handweber der
Gewinnsucht der Fabrikanten, die in freventlichem Aus-
saugesystem die ehrliche Arbeit der ersteren sich nutzbar
machen, gegenübergestellt und die aus diesem unnatürlichen Verhältniß entstehende gewaltsame Auflehnung der
Unterdrückten als eine gerechtfertigte, durch das im letzten
Akt geschilderte militärische Einschreiten nicht zu ban-
nende hingestellt." Gerade in der künstlerischen Qualität
sah der Polizeipräsident eine wesentliche Ursache für die

Gefahr der Störung der öffentlichen Ordnung: „Es steht zu befürchten, daß die kraftvollen Schilderungen des Dramas, die zweifellos durch die schauspielerische Darstellung erheblich an Leben und Eindruck gewinnen würden, in der Tagespresse mit Enthusiasmus besprochen, einen Anziehungspunkt für den zu Demonstrationen geneigten sozialdemokratischen Theil der Bevölkerung Berlins bieten würden, für deren Lehren und Klagen über die Unterdrückung und Ausbeutung des Arbeiters durch den Fabrikanten das Stück durch seine einseitige tendenziöse Charakterisierung hervorragende Propaganda macht."

Nachdem Anfang 1893 auch die hochdeutsche Fassung verboten worden war, beschritt Hauptmann den Rechtsweg über den Bezirksausschuss, der die Funktion eines Verwaltungsgerichts in der ersten Instanz hatte, zum Preußischen Oberverwaltungsgericht. Etwa zur gleichen Zeit fand die Uraufführung in einem privaten Theaterverein mit geschlossener Zuschauerschaft statt, worauf sich die polizeiliche Verbotsverfügung nicht erstreckte. Die Besprechung in einer sozialdemokratischen Zeitung bestätigte alle Befürchtungen des Polizeipräsidenten: „Hier athmet ein revolutionärer Geist, so ernst und entschieden, wie in den ‚Räubern' und in der ‚Kabale und Liebe', hier fließt der sozialdemokratische Ingrimm unserer Zeit … eine Aufführung der ‚Weber' in einer Versammlung von Arbeitslosen, vor dem ‚Lumpenproletariat' und den ‚Ballonmützen' würde aufreizender wirken, als die wildeste Anarchistenrede."

Dennoch hat das Preußische Oberverwaltungsgericht mit Urteil vom 2. Oktober 1893 das Verbot aus folgenden Gründen aufgehoben: Entscheidend ist, ob durch die Aufführung eine Gefahr für die öffentliche Ordnung besteht. Dafür kommt es nicht auf den Inhalt des Stücks, sondern auf die Wirkung seiner Aufführung an. Sodann liegt eine Gefahr für die öffentliche Ordnung nicht schon bei einer entfernten Möglichkeit einer Störung vor, sondern erst bei einer „wirklich drohenden, nahen Gefahr". Hierfür kommt es auf die konkreten Gegebenheiten des Orts und der Zeit der Aufführung an. Insoweit war von Bedeutung, dass das Deutsche Theater als besonders vornehmes Theater mit erlesenem

Stammpublikum galt; andere sprachen von den Neureichen des Berliner Westens. Das wird vom Gericht wie folgt näher ausgeführt:

„Mag, worüber die Parteien streiten, der letzte Platz im ‚Deutschen Theater‘ 1,50 Mk. oder 1 Mk. kosten, jedenfalls sind, wie bekannt, die Plätze im Allgemeinen so theuer und ist die Zahl der wenigen theueren Plätze verhältnißmäßig so gering, daß dieses Theater vorwiegend nur von Mitgliedern derjenigen Gesellschaftskreise besucht wird, die nicht zu Gewaltthätigkeiten oder anderweitiger Störung der öffentlichen Ordnung geneigt sind.“ Auch wenn das Recht nicht in der Lage war und ist, den Unterschied von arm und reich zu beseitigen, kann es, wie man an diesem Urteil sieht, doch einen Beitrag dazu leisten, sich mit dem Problem öffentlich auseinanderzusetzen.

Unmittelbar nach dem Urteil des Preußischen Oberverwaltungsgerichts wurde das Schauspiel auf mehreren Vereinsbühnen Berlins aufgeführt, Ende 1894 auch im Deutschen Theater, wo es vom Publikum begeistert aufgenommen wurde. Die konservative Presse kommentierte das mokant: „Mit Trampeln und Radau hat die Sozialdemokratie gestern Abend ihren Einzug in das Deutsche Theater gehalten … und das vornehme Haus in der Schumannstraße erdröhnte zum ersten Male seit seinem Bestehen von dem Gepolter schmutziger Stiefel.“ Aus Protest gegen die Aufführung kündigte Kaiser Wilhelm II. seine Königliche Loge im Deutschen Theater, nachdem der Preußische Innenminister der brieflichen Aufforderung des Kaisers, weitere Vorstellungen des Schauspiels zu verhindern, unter Hinweis auf die Rechtslage nicht nachgekommen war.

Der Präsident des Oberverwaltungsgerichts schrieb einen Brief an den Kaiser, in dem er sich für die Entscheidung des Dritten Senats seines Gerichts entschuldigte und versicherte, dass das Gericht „eifrig bestrebt ist, … die unveräußerlichen Rechte des Staats gegenüber den gegenwärtigen Umsturzbestrebungen … mit voller Kraft und Energie zu wahren“. Auch das konnte den Kaiser nicht besänftigen; er notierte an den Rand des Briefes: „Die Thatsache des Skandales bei der Premiere macht alle diese hohlen Phrasen zu nichte!" Es kam zu einer längeren Auseinandersetzung im Preußischen Abgeordnetenhaus über „Die Weber" und das Urteil des Preußischen Oberverwaltungsgerichts. Später soll sogar noch der verantwortliche Oberverwaltungsrichter gemaßregelt worden sein. Beim Publikum sowohl in Deutschland wie im Ausland war das Schauspiel von Hauptmann jedoch ein riesiger Erfolg. Es gilt heute als Deutschlands bedeutendstes soziales Drama.

Damals waren die Kritiker sehr uneins über die Aussage des Stücks: Auf der einen Seite hielt das tonangebende Bürgertum im Kaiserreich den Autor der „sozialen Dramen" für einen Sozialdemokraten, Wortführer der Arbeiterklasse, Umstürzler oder gar Anarchisten und das Schauspiel „Die Weber" für einen Aufruf zur Revolution; so sprach der Staatsrechtler *Philipp Zorn* von einer „die Leidenschaft bis zur Siedehitze steigernden Predigt der Revolution". Demgegenüber bemängelten linke und marxistische Intellektuelle die Unentschiedenheit des Stücks, die besonders im letzten Akt zum Ausdruck komme; ihnen konnte auch nicht gefallen, dass der Weberaufstand kein klar definiertes Ziel hatte, kein systematischer und geplanter Umsturzversuch war. Dazwischen gab es Stimmen, die eine politische Tendenz des Stücks und ein soziales Anliegen des Autors ganz in Abrede stellten und allein die humanitäre Gesinnung, das Mitleiden des Autors mit dem Elend armer Menschen betonten.

Die Belege für eine derartige Entpolitisierung des Schauspiels sind aber nicht überzeugend. Als Hauptmann im Prozess um die Aufführung vortragen ließ, dass er sich ausschließlich von der „christlichen und allgemein menschlichen Empfindung, die man Mitleiden nennt", habe leiten lassen, hatte das offensichtlich prozesstaktische Gründe; im Schauspiel ist das Mitleiden mit einer Anklage verknüpft. Und daraus, dass er in viel späteren Jahren tatsächlich eine „mythische Wende" (*Peter Sprengel*) vollzogen hat, kann man keine Rückschlüsse auf ein Frühwerk wie „Die Weber" ziehen.

Gegen eine damalige Politikferne des Autors spricht auch folgende Passage in seiner Autobiographie „Das Abenteuer meiner Jugend", wo er von den beiden sozialen Schauplätzen berichtet, die bereits seine Kindheit prägten: „Sie lagen auf zwei verschiedenen Hauptebenen, von denen die eine die bürgerliche, die andere zwar nicht die durchum proletarische, aber jedenfalls die der breiten Masse des Volkes war. Ich kann nicht bestreiten, daß ich mich im Bürgerbereich und in der Hut meiner Eltern geborgen fühlte. Aber nichtsdestoweniger tauchte ich Tag für Tag, meiner Neigung überlassen, in den Bereich des Hofes, der Straße, des Volkslebens. Nach unten zu wächst die Gemeinsamkeit, von unten nach oben die Einsamkeit. Die Freiheit nimmt zu von oben nach unten, von unten nach oben die Gebundenheit." Im Entwurf zu dieser Autobiographie fand sich noch der Satz: „Wir waren Ideologen des Vormärz." Und zur Motivation für „Die Weber" hat Hauptmann bemerkt, sie sei dem „Zwangsgedanken sozialer Gerechtigkeit" entsprungen. Dass er sich hierfür nicht auch jenseits der Schriftstellerei persönlich engagiert hat, ist ein unfairer Vorwurf von marxistischen Kritikern.

III. Das juristische Problem

Das juristische Problem lautet: Kann arm gegen reich Recht bekommen? Das Drama handelt von der Auseinandersetzung zwischen arm und reich, enthält aber keinerlei Rechtsdiskurse. Da ganz überwiegend die Weber und andere einfache Leute sprechen, ist das auch nicht zu erwarten. Doch selbst in deren Gesprächen untereinander und überdies in den Regieanweisungen von Hauptmann tauchen rechtliche Bezüge auf und ist immer wieder von „Gerechtigkeit" die Rede. Das Weberlied, das sich leitmotivisch durch das ganze Stück zieht – es wird im ersten Akt erwähnt, im zweiten rezitiert und im dritten auf der Bühne sowie im vierten und fünften Akt im Hintergrund gesungen – trägt den Begriff des Gerichts schon im Titel. Darüber hinaus stellt sich die Frage, ob sich aus einer eventuellen politischen Aussage des Stücks Folgerungen für das Recht ergeben.

Es beginnt mit der Beschreibung des Spielorts zum ersten Akt, in der die „Webersleute" mit Menschen vor den „Schranken des Gerichts" verglichen werden, die „eine

Entscheidung über Tod und Leben zu erwarten haben". Doch liegt dieser Gerichtsmetapher ein sehr weiter und unspezifischer Gerichtsbegriff zu Grunde. Das zeigt sich dann bei dem „Blutgericht", in dem der Fabrikant und nicht ein staatliches Gericht als Richter erscheint und mit dem mittelalterlichen Femegericht assoziiert wird, das in der Neuzeit als willkürlich und grausam in Erinnerung ist. Diese Assoziation bezieht auch nicht etwa ein gerichtliches Verfahren bis zum Urteil ein, sondern hebt die auch damals keineswegs normale Beweiserhebungsmethode der Folter heraus, überspringt dann das Urteil, um bei der Vollstreckung (Henker, Schergen, schinden) und den für die Menschen entsetzlichen Folgen, die als Kannibalismus bezeichnet werden, zu verweilen. Dass dieses Lied von der Polizei im Vormärz verboten wurde, ist kein Wunder, und auch dass sich Kaiser Wilhelm über es aufregen konnte.

Kurz wird im zweiten Akt angesprochen, dass der Staat durchaus etwas gegen das Elend der Weber hätte tun können. Der alte Baumert meint, man müsse den König über die Lage unterrichten, wogegen Moritz Jäger darauf hinweist, dass solche Informationen in Berlin zwar nicht fehlen aber keine Chance gegen den Einfluss der mächtigen Reichen haben. Ansorge weist überdies auf gesetzliche Maßnahmen gegen Ausbeutung und Wucher hin. Aber die Realität war damals eben, dass es nennenswerte Anstrengungen dieser Art (noch) nicht gegeben hat und auch von den „Gerichtsschulzen" nicht viel erwartet werden konnte.

Gibt es stattdessen einen anderen Gesetzgeber und andere Richter als die staatlichen Organe? Gibt es trotz deren Versagen Gerechtigkeit? Der alte Hilse findet sie im christlichen Glauben: „Jesu Blut und Gerechtigkeit, das ist mein Schmuck und Ehrenkleid." Und „Gericht wird gehalten, aber nich mir sein Richter, sondern: mein is die Rache, spricht der Herr, unser Gott." In seinem Gottvertrauen lehnt der alte Hilse den Aufstand rundweg ab. Dazu ist er deshalb in besonderer Weise legitimiert, weil er selber ein langes Leben lang das Elend ertragen und erduldet hat. An dieser Stelle „wird der Horizont passiven Erleidens und emotionalen Aufbegehrens erstmals in Richtung auf eine moralische Auseinandersetzung über das Problem politischer Gewalt durchbrochen" (*Peter Sprengel*). Ein anderer Interpret meint gar, das ganze Drama als „Gerichtsspiel" auffassen zu können.

Aber was ist das Ergebnis der Auseinandersetzung des alten Hilse mit seiner Familie bzw. das Urteil des Gerichts im Spiel? Darüber ist von den Interpreten viel gestritten worden, und der fünfte Akt ist als „die Crux der *Weber*-Deutung" (*Jürgen Jacobs*) bezeichnet worden. Lässt man literaturwissenschaftliche Überlegungen über dramaturgische Erforderlichkeiten des naturalistischen Dramas bei Seite, stehen sich zunächst die Tendenz des ersten bis vierten Akts, Verständnis und auch Sympathie für den Aufstand hervorzurufen, und die ebenfalls dem Zuschauer plausibel gemachte Ablehnung des Aufstands durch den alten Hilse im fünften Akt gegenüber. Das hat *Theodor Fontane* in seiner Rezension der Aufführung im Deutschen Theater im Juli 1894 zu dem Urteil geführt: „Es ist ein Drama der Volksauflehnung, das sich dann wieder, in seinem Ausgange, gegen die Auflehnung auflehnt", sowie noch zugespitzter: Das Stück ist „revolutionär und antirevolutionär zugleich".

Sodann kommt noch der Schlusseffekt hinzu, dass der alte Hilse dort, wo ihn sein „himmlischer Vater hergesetzt" hat, aus den Kämpfen zwischen Aufständischen und Militär heraus von einer verirrten Kugel tödlich getroffen wird. Das haben marxistische Interpreten so gedeutet, dass der alte Hilse als Repräsentant eines falschen Bewusstseins zu Recht untergeht, weil er sich dem historisch notwendigen Emanzipationskampf der Arbeiterklasse verweigert. Konservative Literaturwissenschaftler haben demgegenüber im Ausgang des Schauspiels die unabänderliche menschliche Tragik, das sich vom Kollektiv ablösende „Bekenntnis von innen her" und „eine Wendung ins Geistige, ins Geistliche" (*Kurt May*) gesehen. Beide Interpretationen sind nicht plausibel.

Vielmehr ist zu sagen, dass Hauptmann in dem Schauspiel zwischen Revolutionsbefürwortung und Revolutionsablehnung sowie menschlicher und göttlicher Gerechtigkeit schlicht unentschieden ist. Er wollte „ein Stück Leben" auf die Bühne bringen, ohne demonstrative Parteinahme und ohne dabei seine humanistischen und moralischen Überzeugungen zu unterdrücken. So kommt es, dass „sich die Bereitschaft zum Aufruhr wie dessen Verwerfung als perspektivisch bedingte Positionen gegenseitig neutralisieren" (*Dieter Borchmeyer*). Die Frage, ob arm gegen reich Recht bekommen kann, wird von Gerhart Hauptmann in seinem Schauspiel „Die Weber" nicht beantwortet.

(b) Bertolt Brecht: Der kaukasische Kreidekreis, 1954

I. Zusammenfassung des Inhalts

Das Vorspiel des Theaterstücks zeigt eine Versammlung zweier Kolchosdörfer im Kaukasus nach dem Rückzug der deutschen Besatzer und der Befreiung Georgiens im Jahr 1944. Die Bewohner des einen Dorfs, die Ziegen züchten, wollen in das Tal, aus dem sie geflohen waren, zurückkehren. Die Bewohner des anderen Dorfs, die Obst anbauen und geblieben waren, wollen mit modernen Bewässerungstechniken das ganze Tal für ihre Zwecke nutzen. Ein Sänger trägt der Versammlung ein Spiel vor, das den Inhalt der fünf Akte des Stücks bildet.

Die Ereignisse spielen in unbestimmter alter und blutiger Zeit. In den ersten drei Akten wird die Geschichte der Magd Grusche, die mit dem Soldaten Simon verlobt ist, und des Kindes der Gouverneursfrau, Michel, erzählt. Bei einem Aufstand der Fürsten gegen den Großfürsten wird dessen Gouverneur getötet. Seine Frau flieht und lässt aus Achtlosigkeit ihr Kind zurück. Grusche nimmt sich zunächst widerwillig Michels an, um es vor der zu erwartenden Tötung zu retten, und flieht mit ihm vor den Panzerreitern zu ihrem Bruder ins Gebirge. Als die das Kind des Gouverneurs suchenden Panzerreiter ihr Michel wegnehmen wollen, schlägt sie einen Panzerreiter nieder; fortan nimmt sie Michel an Kindesstatt.

Grusches Bruder will die beiden nicht aufnehmen und überredet seine Schwester zu einer Ehe mit einem angeblich todkranken Bauern. Nachdem der Krieg bald darauf zu Ende gegangen ist, stellt sich heraus, dass der Bauer die Krankheit nur simuliert hatte, um sich vor dem Kriegsdienst zu drücken. Als Simon zurückkommt und Grusche als Ehefrau und Mutter antrifft, verlässt er sie im Zorn. Inzwischen haben die Panzerreiter Michel ausfindig gemacht und nehmen ihn der Grusche weg.

Im vierten und fünften Akt geht es um den Richter Azdak und seine Rechtsprechung. Er war Dorfschreiber und
nur zufällig zum Richter gemacht worden, weil sich die
Panzerreiter, die sich stets in den Dienst der jeweils Herrschenden stellen, mit ihm einen Spaß machen wollten. Zunächst werden einige der Streitfälle dargestellt, die vor ihn
gebracht werden. Dabei erweisen sich seine Art und Weise,
die Prozesse zu führen und seine Entscheidungen zu begründen, als sehr ungewöhnlich, aber durchweg zum Vorteil der kleinen Leute, weswegen er als „Armeleuterichter"
bezeichnet wird. Sodann kommt es zum Prozess zwischen
Grusche und der Gouverneursfrau um Michel mit Azdak
als Richter. Grusche beruft sich darauf, dass sie das Kind
gerettet und aufgezogen hat, die Gouverneursfrau verweist
auf ihre biologische Mutterschaft. Zugleich wird deutlich,
dass es ihr in erster Linie um die Stellung Michels als Erben
geht.

Um herauszufinden, wer die wirkliche Mutter des Kindes
ist, lässt Azdak die Probe mit dem Kreidekreis machen:
Grusche und die Gouverneursfrau sollen das zwischen ihnen in einem mit Kreide gezogenen Kreis stehende Kind
zu sich herüber aus dem Kreis ziehen. Bei zwei Versuchen
lässt Grusche jeweils das Kind los, um ihm nicht weh zu
tun oder es gar zu verletzen. Daraufhin spricht Azdak der
Grusche das Kind zu, lässt dessen Erbe der Stadt zufallen
und scheidet auch noch die Ehe der Grusche, damit sie mit
Simon zusammenkommen kann. Am Ende berichtet der
Sänger, dass Azdak danach nicht mehr gesehen wurde, und
rät der Versammlung der Kolchosdörfer, das Tal um des
besseren Ertrags willen zu bewässern.

II. Der Autor und sein Werk

Bertolt (oder Bert) Brecht (1898–1956) stammte aus einer
bürgerlichen Familie in Süddeutschland. Mit ersten literarischen Versuchen trat er schon in der Schülerzeitschrift
seines Augsburger Realgymnasiums hervor und wäre für
einen kritischen Aufsatz beinahe von der Schule verwiesen
worden. Nach dem Abitur 1917 begann er ein Studium an
der Philosophischen Fakultät der Universität München, das

er aber nicht zu Ende führte, weil er sich ganz dem Schreiben widmete. 1924 zog er nach Berlin, arbeitete als Dramaturg und Regisseur und veröffentlichte Theaterstücke und Lyrik. 1926/27 wandte sich Brecht dem Marxismus zu, trat aber nie der KPD bei; später zählte *Hermann Klenner,* der bekannteste Rechtstheoretiker der DDR, ihn zu den „drei bedeutendsten Marxisten dieses Jahrhunderts". Sein erster großer Theatererfolg gelang ihm 1928 mit der „Dreigroschenoper"; es folgte eine Reihe von „Lehrstücken", die auf das soziale und politische Engagement der Zuschauer zielten.

Schon am 28. Februar 1933, einen Tag nach dem Reichstagsbrand, verließ Brecht Deutschland und fand auf Umwegen für sechs Jahre Asyl in Dänemark. Nach kürzeren Aufenthalten in Schweden und Finnland gelangte er 1941 in die USA, wo er es aber nicht schaffte, sich eine solide materielle Lebensgrundlage zu schaffen. Viele der in dieser Zeit entstandenen Theaterstücke waren von seiner Auseinandersetzung mit dem Faschismus geprägt. 1947 zog Brecht zurück nach Europa, zunächst nach Zürich und ab 1949 nach Ost-Berlin. 1950 nahm er, der im Dritten Reich ausgebürgert worden war, die österreichische Staatsbürgerschaft an. In der DDR erhielt er seine eigene Theatertruppe, das Berliner Ensemble, und 1954 auch ein eigenes Haus, das Theater am Schiffbauerdamm.

Brecht glaubte trotz mancher Konflikte mit den Partei- und Kulturfunktionären der SED an den Aufbau eines humanen Sozialismus in der DDR und verteidigte sogar, wenn auch unter selbstquälerischen Zweifeln, die Niederschlagung des Volksaufstandes vom 17. Juni 1953, weil er darin reaktionäre und faschistische Bestrebungen am Werk sah. Obwohl ihm an der – auch kulturellen – Einheit Deutschlands gelegen war, führte seine Parteinahme für das SED-Regime zu seiner massiven Ablehnung in der frühen Bundesrepublik Deutschland, wo sein Werk teilweise als Apologie des Stalinismus verstanden und als kommunistische Propaganda („bolschewistisches Einwickelpapier" hieß es in einer Besprechung) denunziert wurde. Es kam zu Boykottaufrufen, während Brecht seit 1954 auf der ganzen Welt Theatertriumphe fei-

erte. Die Initialzündung hierzu hatte die Aufführung des
„Kaukasischen Kreidekreises" durch das Berliner Ensemble
unter Brechts Leitung beim Internationalen Pariser Theater-
festival im Jahr 1955 gegeben.

Mit dem Kreidekreis-Stoff beschäftigte sich Brecht schon
in den 1930er Jahren. Ein so benanntes chinesisches Drama aus dem 13. Jahrhundert wurde durch den Schriftstel-
ler Klabund frei überarbeitet und hatte 1925 Premiere in
Deutschland. Eine ähnliche Geschichte enthält schon das
Alte Testament (1. Buch der Könige, Kap. 3, Vers 24–27):
Im Streit zweier Frauen um ein Kind fand der weise König
Salomo folgendes Urteil: „Holet mir ein Schwert her! Und
da das Schwert vor den König gebracht ward, sprach der
König: Teilet das lebendige Kind in zwei Teile und gebt
dieser die Hälfte und jener die Hälfte. Da sprach das
Weib, des Sohn lebte, zum König (denn ihr mütterliches
Herz entbrannte über ihren Sohn): Ach, mein Herr, gebt
ihr das Kind lebendig und tötet es nicht! Jene aber sprach:
Es sei weder mein noch dein; laßt es teilen! Da antwortete
der König und sprach: Gebet dieser das Kind lebendig
und tötet's nicht; die ist seine Mutter." Hier wie auch im
chinesischen Drama ist es also die leibliche Mutter, die im
Interesse des Kindes gehandelt und es gerettet hat.

Nachdem Brecht 1940 eine Erzählung mit dem Titel „Der
Augsburger Kreidekreis" geschrieben hatte, verfasste er
1944 eine erste Theaterfassung, die am Broadway aufgeführt werden sollte, wozu es dann aber nicht mehr kam:
Die Produzenten fanden das Stück schlecht, und Brecht
beschuldigte sie der künstlerischen Prostitution. Auf einer
nochmaligen Überarbeitung beruht der Erstdruck in der
Zeitschrift „Sinn und Form" 1949; dieses Stück war das
erste von Brecht aus der Zeit nach 1933, das in Deutschland
veröffentlicht wurde.

Im Zusammenhang mit den Proben zur Inszenierung
des Stücks durch das Berliner Ensemble am Theater am
Schiffbauerdamm nahm Brecht wiederum zahlreiche Veränderungen am Text vor; diese Fassung wurde 1954 veröffentlicht. Kurz vor seinem Tod vermerkte Brecht zwei
Änderungsabsichten für spätere Ausgaben. Deren wich-

tigste war, das Vorspiel zum ersten Akt zu machen, um zu verhindern, dass es von den Regisseuren einfach weggelassen wird, wie es unter dem Einfluss des Kalten Kriegs geschehen war. Realisiert hat die entsprechende Änderung aber erst Brechts Mitarbeiterin Elisabeth Hauptmann im Jahr 1957. Weil diese Fassung die Bedeutung des Vorspiels richtigerweise betont, halten manche Literaturwissenschaftler diese Fassung für die bessere. Weil sie aber nicht mehr unmittelbar vom Autor stammt, greift die jüngste Werk-Ausgabe, der hier gefolgt wird, auf die Fassung von 1954 zurück.

III. *Eine versuchte Antwort*

Während Gerhart Hauptmann das juristische Problem, ob arm gegen reich Recht bekommen kann, anreißt, aber keine Antwort gibt, versucht Bertolt Brecht eine Antwort. Hinter diesem juristischen Problem stehen natürlich fundamentale ökonomische Fragen. „Die Weber" spielen vor dem Hintergrund der Industrialisierung, des Übergangs vom Handwerks- zum Maschinenwesen und des Aufstiegs des Kapitalismus. Während die Gerechtigkeitsvorstellungen der Weber, die Hauptmann darstellt, noch an einem gerechten Lohn orientiert sind, der dem Wert der geleisteten Arbeit entspricht, bestimmt im Kapitalismus der Markt den Wert der Arbeit und den Lohn der Arbeiter. Dagegen zielen die Gerechtigkeitsvorstellungen von Brecht auf einen Übergang vom Kapitalismus zum Sozialismus nach marxistisch-leninistischem Muster, über das die Geschichte inzwischen ein Urteil gefällt hat. Aber die ökonomischen Probleme sollen hier nicht das Thema sein.

Im Mittelpunkt der juristischen Problematik steht der Richter Azdak. Diese Figur ist dermaßen schillernd, dass Brecht selbst ihn ganz entgegengesetzt charakterisiert hat. Einerseits notierte Brecht in seinem Arbeitsjournal 1944, Azdak müsse „selbstsüchtige, amoralische, parasitäre Züge" haben und „der niedrigste, verkommenste aller Richter" sein. Dagegen gab er 1953 folgenden „Rat für die Besetzung des Azdak": „Der Azdak ist ein völlig lauterer Mann, ein enttäuschter Revolutionär, der einen verlumpten

Menschen spielt, so wie beim Shakespeare die Weisen Narren spielen."

In den Rechtsfällen, die Azdak zu entscheiden hatte, erwies er sich jedenfalls als „Armeleuterichter": Recht gab er stets den Besitzlosen gegen die Besitzenden, denjenigen, die sich ihren Lebensunterhalt erarbeiten mussten, gegen diejenigen, die vom ihnen in den Schoß gefallenen Vermögen lebten; ihm ging es um die „Verurteilung der Unproduktiven" (*Harro Müller-Michaels*). Daher kann auch die Köchin zu Beginn des fünften Akts die Rechtsprechung des Azdak so zusammenfassen, dass „unsereiner", also die „Niederen und Gemeinen", „manchmal gut bei ihm weg(kommt)". Demgegenüber waren die Advokaten „Knechte der Herrschenden, mit Gesetzbüchern bewaffnet".

Dabei lässt Brecht keinen Zweifel daran aufkommen, dass die Rechtsprechung des Azdak nicht mit dem damals geltenden Recht vereinbar war: „so brach er die Gesetze", „maß er mit gefälschter Waage" und „teilte sein gezinktes Recht aus". Brecht hat diese Art und Weise Recht zu sprechen wie folgt zusammengefasst: „So übt er weiter bürgerliches Recht, nur verlumptes, sabotiertes, dem absoluten Eigennutz des Richtenden dienstbar gemachtes". Und ähnlich Elisabeth Hauptmann: „Damit sich die Armen und Unterdrückten den ungerechten Gesetzen der Unterdrücker nicht beugen müssen, beugt er die ungerechten Gesetze. So gleicht der Armeleuterichter Azdak in keiner Weise den korrekten Austeilern des Unrechts in der bürgerlichen Gesellschaft; er ist eher ein unkorrekter Austeiler des Rechts." Azdak erscheint auch im Übrigen keineswegs vorbildhaft und charaktervoll. Er hat keine Lust, „menschliche Größe zu zeigen", ergreift bei drohender Gewalt lieber die Flucht und gebärdet sich reichlich vulgär. Die Panzerreiter hatten seine Einsetzung wie folgt begründet: „Immer war der Richter ein Lump, so soll jetzt ein Lump der Richter sein."

Das steht der Intention Brechts, der stets für die Unterdrückten Partei ergriffen hat, deshalb nicht entgegen, weil seine Vorstellungen von Gerechtigkeit gar nicht an der Person und der richterlichen Tätigkeit des Azdak endgültig festgemacht werden sollen. Vielmehr wird mit dieser Figur gezeigt, dass die Rechtsordnung früher insgesamt verkommen war. Recht war nur Ausdruck von Macht. Unter solchen Gesetzen konnte auf regulärem Weg nur Unrecht produziert werden.

Vielmehr bedurfte es gerade eines irregulären Richters, um im Einzelfall doch noch Gerechtigkeit herzustellen. Weil Azdak „das Gesetzbuch nicht verstand", kommentierte Brecht 1956 seine Inszenierung, „wurden seine Urteilssprüche oft gerecht". Der Widerspruch zwischen falschem Gesetz und richtiger Rechtsprechung zeigt sich auch in der Bezeichnung des Azdak als „guter schlechter Richter". In den „finsteren Zeiten" der Unterdrückung konnte eben das Volk nur „auf des Rechtes Wrack" ans Ufer gebracht werden. Azdak ist der lebende Beweis dafür, dass die Verhältnisse geändert werden müssen (man müsse sie „zum Tanzen zwingen", hatte Karl Marx gesagt), und zwar im Sinne von Menschlichkeit und gerechter Güterverteilung.

Bei der Probe mit dem Kreidekreis steht die Menschlichkeit im Vordergrund. Durch ihren aufopferungsvollen Einsatz für das Kind ist Grusche die wahre Mutter geworden; Azdak honoriert das durch die Abweisung der Klage der Gouverneursfrau. Wie immer spielen aber auch hier andere Faktoren, Motive und Gefühle in die Rechtsfindung hinein. Die Gouverneursfrau wird als ziemlich widerwärtige Person dargestellt, die beim Volksaufstand nur noch an ihre Garderobe gedacht und ihr Kind einfach vergessen hat und die den Prozess in erster Linie deshalb führt, weil das Kind Erbe ist und sie nur so ihr Vermögen und Einkommen sichern kann. Ihre Arroganz gipfelt in der Bemerkung, dass sie vom Geruch des Volkes Migräne bekomme. Einmal will sie gegen Grusche sogar tätlich werden. Dass der Richter Azdak gegen sie voreingenommen war, ist also verständlich und wird auch im Text angedeutet, wenn er zur Schimpferei der Grusche zu strahlen beginnt und ihr den Takt schlägt und wenn er zu ihr sagt: „Ich glaub, ich versteh dich, Frau".

Um die gerechte Güterverteilung geht es insofern, als die reiche Gouverneursfrau gegen die arme Grusche klagt

und unterliegt. Brecht hat das selbst in einer Notiz zu den
Proben unterstrichen: „Grusche ist ihm sympathisch, die
Gouverneurin unsympathisch. Außerdem ist Grusche
arm, die Gouverneurin reich. Das genügt. Damit ist alles
schon entschieden." Der Gegensatz arm/reich zusätzlich
zum Gegensatz von guter Mutter/schlechter Mutter stärkt
zwar den dramatischen Effekt, schwächt aber die Entscheidung aus Gründen der Menschlichkeit: „Nach dieser
nämlich müßte die Grusche auch dann die wahre Mutter
des Kindes sein, wenn sie reich und die leibliche Mutter
arm und redlich wäre." (*Peter Badura*) Auch das ist aber
kein durchgreifender Einwand gegen die Stimmigkeit von
Brechts Konzeption. Denn in der angestrebten sozialisti-
schen Gesellschaftsordnung wird es mit der Abschaffung
des bürgerlichen Eigentums einen solchen Gegensatz von
arm und reich ja gar nicht mehr geben.

Ist Azdak auch ein korrupter Richter? Er beginnt seine
Verhandlungen regelmäßig mit der ausgestreckten offenen
Hand und dem Satz: „Ich nehme." Daraus wird häufig abgeleitet, dass Azdak sich bestechen ließe; auch Brecht selbst
verwendet dieses Wort. Bestechung oder Bestechlichkeit
im strafrechtlichen Sinn liegt vor, wenn der Richter seine
Dienstpflicht, unparteilich und nur nach dem Gesetz Recht
zu sprechen, verletzt. Da Azdak sich gar nicht am Gesetz
orientiert, sondern das Gesetzbuch nur als Sitzgelegenheit
benutzt, könnte man von Bestechung oder Bestechlichkeit
reden. Die Außerachtlassung des Gesetzes und die fehlen-
de Gesetzesbindung sind aber wie gezeigt den chaotischen
Zuständen geschuldet. In ihnen sollte man für die Annahme einer Bestechung verlangen, dass der Richter von der
Geldzahlung den Ausgang des Prozesses abhängig macht.
Das ist aber bei Azdak gerade nicht der Fall. Das Nehmen
von Geld lässt sich daher auch als Einforderung der ihm
ohne weiteres zustehenden Gerichtsgebühr verstehen. An
die Kosten der Einrichtung einer Gerichtsbarkeit erinnert
auch die polemische Frage des Azdak: „Ihr wollt eine Gerechtigkeit, aber wollt ihr zahlen?"

Auch wenn also Azdak wie der König Salomo ein weises
Urteil spricht, den Armen mit seiner Rechtsprechung hilft

und trotz (oder gerade wegen) vieler problematischer Charakterzüge Menschlichkeit repräsentiert, geht kein Weg daran vorbei, seine richterliche Tätigkeit als Kadijustiz zu bezeichnen. Aus rechtsstaatlicher Sicht ist daher das Urteil *Peter Baduras* gut nachvollziehbar: „Des Azdaks richterliche Tätigkeit ist nicht ‚fortschrittlich‘ und nicht ein Ausdruck der ‚Vernunft‘, sondern das Symptom für eine rechtlose Zeit und als Methode, um diese Rechtlosigkeit zu überwinden, eine Sackgasse. Der Azdak ist nicht der Vorreiter gerechter Zeiten und eines volksfreundlichen Rechts, er ist verrotteter Bestandteil einer verrotteten Zeit.“

Demgegenüber setzte der Marxist Brecht im Kampf gegen Faschismus und Kapitalismus und für eine revolutionäre Befreiung ganz auf das sowjetische Modell. Er erkannte zwar durchaus die Schwächen des Stalinismus, sah seine finsteren Seiten und nannte die Sowjetunion eine „Diktatur über das Proletariat“. Aber in der damaligen historischen Situation erschien ihm das als der unvermeidliche Preis für den gesellschaftlichen Fortschritt und gab es für ihn keine Alternative hierzu. So setzte er nicht auf eine verbesserte Justiz mit unabhängigen Richtern und rechtsstaatlichen Verfahren innerhalb einer bürgerlichen Rechtsordnung, sondern auf deren gänzliche Überwindung, namentlich durch die Vergesellschaftung des Eigentums. Den Weg dahin wies er dadurch, dass er die Nicht-Hinnehmbarkeit der Zustände in den „finsteren Zeiten“ anprangerte und Freundlichkeit und Güte sowie Arbeit als wesentlich für das gedeihliche menschliche Zusammenleben hervorhob.

In diesen Zusammenhang gehört auch der weitere Inhalt des Kreidekreis-Urteils, wonach die Güter des Gouverneurs an die Stadt fallen, „damit ein Garten für die Kinder draus gemacht wird“, statt dass allein das Gouverneurskind ihn benutzt. Das Anliegen der Gleichheit der Menschen wird in dem Dialog zwischen Azdak und Grusche demonstriert: Auf Azdaks Frage, ob das Kind „frühzeitig verfeinerte Züge gezeigt“ habe, antwortet Grusche: „Es hat eine Nase im Gesicht gezeigt“, was Azdak als „eine wichtige Antwort“ betrachtet. All diese Werte, die in dem Theaterstück von Brecht herausgestellt werden, sind nach wie vor gültig, reichen aber allein ganz offensichtlich nicht aus, das Ziel der Gerechtigkeit in einem Gemeinwesen zu verwirklichen. Auch Azdak und Grusche müssen nach dem Kreidekreis-Urteil aus der Stadt verschwinden.

Wie Brecht der Gerechtigkeit näher zu kommen meinte – es kann eh nur darum gehen, „beinahe" Gerechtigkeit zu erreichen, wie der Sänger es am Ende ausdrückt –, zeigt das Vorspiel mit dem Streit um das Tal. Die streitenden Parteien setzten sich zusammen und diskutierten so lange, bis sich das bessere Argument der höheren Produktivität (Umweltschutz gab es noch nicht) durchgesetzt hatte (auch das ökonomische Desaster der Kolchosenwirtschaft war noch nicht eingetreten). Ein staatlicher Delegierter war zwar anwesend, brauchte aber nicht streitentscheidend einzugreifen.

Das ist ein Musterbeispiel eines heute sogenannten herrschaftsfreien Diskurses und eine rationale und basisdemokratische Konfliktlösung. Oder wie die junge Traktoristin sagt: „Die Heimat des Sowjetvolkes soll auch die Heimat der Vernunft sein." Das Recht ist hier keine dem Menschen aufoktroyierte Zwangsordnung, sondern ein in das allgemeine Bewusstsein eingegangener Bestandteil des gesellschaftlichen Lebens. In einer solchen Gesellschafts- und Rechtsordnung benötigt man nicht eine bessere Justiz, sondern gar keine Justiz, und arm braucht von dieser Justiz auch nicht Recht gegen reich zu bekommen, weil der Gegensatz nicht mehr besteht und keine Güterverteilungskonflikte mehr entstehen.

Das Vorspiel spielt nicht nur vor dem Spiel, sondern spielt eine „goldene Zeit" vor, und das Spiel im Spiel zeigt Gerechtigkeit in künstlerischer Form. Natürlich ist das Utopie, aber doch eine schöne. Damit, dass sich Brechts Glaube, eine solche Gesellschafts- und Rechtsordnung lasse sich in der Sowjetunion verwirklichen, als grandioser und für entsetzlich viele Menschen fataler Irrtum herausgestellt hat, ist sein Ziel, eine humane gesellschaftliche Ordnung zu schaffen, nicht erledigt.

IV. Das geltende Recht

Entgegen Brechts Hoffnung aber in Übereinstimmung mit Hauptmanns liberal-bürgerlichen Anschauungen hat sich das sozialistische Gesellschaftsmodell bekanntlich in Westdeutschland gar nicht und in Ostdeutschland auch nur bis 1990 etablieren können. Zwar war es in der unmittelbaren Nachkriegszeit auch in den westlichen Besatzungszonen durchaus populär; davon zeugen die Sozialisierungsartikel in mehreren Landesverfassungen, und auch im Ahlener Wirtschaftsprogramm der CDU von 1947 hieß es: „Das kapitalistische Wirtschaftssystem ist den staatlichen und sozialen Lebensinteressen des deutschen Volkes nicht gerecht geworden. Nach dem furchtbaren, politischen, wirtschaftlichen und sozialen Zusammenbruch als Folge einer verbrecherischen Machtpolitik kann nur eine Neuordnung von Grund aus erfolgen." Im Grundgesetz findet sich dann nur noch der auf Druck der SPD aufgenommene Art. 15 GG, wonach Grund und Boden, Naturschätze und Produktionsmittel zum Zwecke der Vergesellschaftung in Gemeineigentum oder in andere Formen der Gemeinwirtschaft überführt werden können. Die Vorschrift hatte 60 Jahre lang überhaupt keine Bedeutung; während der Bankenkrise nach 2008 wurde zwar an sie erinnert, aber ebenfalls ohne praktische Konsequenzen. Bürgerliche Eigentumsordnung und freie Marktwirtschaft, wie sie im Grundgesetz teils festgeschrieben und jedenfalls ermöglicht werden, haben sich auf ganzer Linie durchgesetzt.

Als Korrektiv und damit zugleich Stabilisierungsfaktor fungiert das Sozialstaatsprinzip gem. Art. 20 Abs. 1 GG. Im Sozialstaat wird der Tatsache Rechnung getragen, dass Freiheitsausübung tatsächlicher Voraussetzungen bedarf. Im Zeitalter industrieller Arbeit stellt sich für viele eine menschenwürdige Existenz nicht von selbst ein. Insoweit ist der soziale Rechtsstaat die Gegenbewegung zum klassischen Liberalismus, wie er in dem berühmten Satz von *Anatole France* zum Ausdruck kommt: „Das Gesetz in seiner erhabenen Gleichheit verbietet den Reichen wie den Armen, unter den Brücken zu schlafen, auf den Straßen zu betteln und Brot zu stehlen." Der Sozialstaat übernimmt demgegenüber die Aufgabe, durch Planung, Lenkung, Leistung und Verteilung auf chancengleiche Freiheitsausübung durch möglichst alle hinzuwirken.

So verlangt das Sozialstaatsprinzp einerseits den aktiven Staat, der mit dem Ziel der Herstellung tatsächlicher Gleichheit und Freiheit auf die individuellen und sozialen Verhältnisse einwirkt, indem er Hilfsbedürftigen beisteht, soziale Sicherungssysteme gegen die Wechselfälle des Lebens (Krankheit, Unfälle, Alter, Pflegebedürftigkeit und Arbeitslosigkeit) mit Pflichtmitgliedschaft und solidarischer Finanzierung einrichtet, Schäden, die aus einem von der Gesamtheit zu tragenden Schicksal entstanden sind, ausgleicht, Arbeitsplätze, Wohnraum und Bildungsmöglichkeiten schafft und insgesamt mit den Worten des Bundesverfassungsgerichts für einen „Ausgleich der sozialen Gegensätze" sowie eine „gerechte Sozialordnung" sorgt. Deshalb und weil auch die Arbeitslosenversicherung zur Anwendung kommen würde, können unter dem Grundgesetz keine Zustände wie im Schauspiel „Die Weber" eintreten.

Andererseits ist das Sozialstaatsprinzip in eine freiheitliche Gesellschafts- und Wirtschaftsordnung eingebettet, in der Freiheit und Eigenverantwortlichkeit des Einzelnen nicht erstickt werden dürfen, weshalb man auch vom freiheitlichen Sozialstaat spricht. Wegen der damit gegebenen Spannungslage hat das Sozialstaatsprinzip weniger verfassungsrechtliche Wirkungen gezeigt als das Rechtsstaatsprinzip: Es ist auf Konkretisierung durch den Gesetzgeber angewiesen, dem hierbei ein großer Gestaltungsspielraum eingeräumt wird. Subjektive Rechte und Ansprüche auf bestimmte Leistungen entspringen daher dem Sozialstaatsprinzip regelmäßig nicht. Eine Ausnahme besteht mit Blick auf den Schutz der Menschenwürde gem. Art. 1 Abs. 1 GG für den jedermann zustehenden Anspruch auf Gewährleistung eines menschenwürdigen Existenzminimums.

Eine sozialstaatliche Fundierung haben auch die gesetzlichen Vorschriften über die Prozess- und Verfahrenskostenhilfe, für die noch konkretere Verfassungsnormen einschlägig sind: Aus dem Anspruch auf rechtliches Gehör gem.

Art. 103 Abs. 1 GG, der Rechtsschutzgarantie gem. Art. 19 Abs. 4 GG und dem Justizgewährungsanspruch, der aus dem Rechtsstaatsprinzip gem. Art. 20 Abs. 3 GG abgeleitet wird, ergibt sich ein grundsätzlicher Anspruch auf Gewährleistung von Prozesskostenhilfe in den Fällen, in denen der Betroffene zur Verfolgung seiner Rechte ohne finanzielle Hilfe des Staates nicht in der Lage ist. Das Bundesverfassungsgericht stützt sich für diesen Anspruch auch auf den allgemeinen Gleichheitssatz gem. Art. 3 Abs. 1 GG, woraus sich das Gebot der „weitgehenden Angleichung der Situation von Bemittelten und Unbemittelten bei der Verwirklichung des Rechtsschutzes" ergibt.

Die zentrale Vorschrift für den Zivilprozess ist § 114 Abs. 1 S. 1 ZPO: „Eine Partei, die nach ihren persönlichen und wirtschaftlichen Verhältnissen die Kosten der Prozessführung nicht, nur zum Teil oder nur in Raten aufbringen kann, erhält auf Antrag Prozesskostenhilfe, wenn die beabsichtigte Rechtsverfolgung oder Rechtsverteidigung hinreichende Aussicht auf Erfolg bietet und nicht mutwillig erscheint." Dasselbe gilt für die meisten anderen Gerichtsbarkeiten. Das Bundesverfassungsgericht hat überdies im Interesse der Unbemittelten immer wieder dafür gesorgt, dass die gesetzlichen Vorschriften nicht engherzig ausgelegt werden; so dürfen die Anforderungen an die Erfolgsaussichten nicht überspannt werden und darf durch die Führung eines Prozesses nicht das jedem zustehende menschenwürdige Existenzminimum unterschritten werden.

Auch die rechtlichen Möglichkeiten, sich mit dem Problem von arm und reich besonders in der Öffentlichkeit auseinanderzusetzen, sind unter dem Grundgesetz ganz andere als noch im Kaiserreich. So ist klar, dass von Art. 5 Abs. 1 S. 3 („Eine Zensur findet nicht statt.") auch die Theaterzensur erfasst ist. Seit der Weimarer Reichsverfassung steht die Kunst eigenständig unter verfassungsrechtlichem Schutz. Das gilt uneingeschränkt auch für das Grundgesetz, das in Art. 5 Abs. 3 S. 1 normiert: „Kunst und Wissenschaft, Forschung und Lehre sind frei." Das Bundesverfassungsgericht hat in einer beeindruckenden Reihe von Entscheidungen diesen Schutz bekräftigt und ausgebaut.

In einer Entscheidung hat das Gericht auch das eingangs dieses Kapitels zitierte Gedicht Heinrich Heines in folgendem Zusammenhang gewürdigt: Der Leiter einer Versammlung hatte das Lied „Deutschland muss sterben" der Punkrock-Band „Slime" abgespielt, das mit drastischen Worten Missstände der Politik und Fehlentwicklungen der Gesellschaft in Deutschland anprangert. Er wurde von den Strafgerichten wegen öffentlicher Beschimpfung und böswilliger Verächtlichmachung der Bundesrepublik Deutschland gem. § 90a Abs. 1 StGB zu einer Geldstrafe verurteilt. Seine Verfassungsbeschwerde hatte Erfolg, weil das Bundesverfassungsgericht in der Bestrafung eine Verletzung der Kunstfreiheit sah. Der Kunstcharakter des Lieds werde „durch ein – ungleich bedeutenderes – literarisches Vorbild verdeutlicht, das sowohl formal als auch im Ansatz und in der Metaphorik weit gehende Ähnlichkeit aufweist". Und es folgt Heinrich Heines Gedicht „Die schlesischen Weber" in voller Länge.

Kapitel 9.
Wie findet der Richter die Wahrheit?

E.T.A. Hoffmann: Das Fräulein von Scuderi.
Erzählung aus dem Zeitalter
Ludwig des Vierzehnten, 1819/1821

I. Inhalt und Text

Man schreibt das Jahr 1680. Der französische König Ludwig XIV., der „Sonnenkönig", ist auf dem Höhepunkt seiner absolutistischen Herrschaft, nachdem die Macht der Stände und Provinzen gebrochen, die letzten Aufstände der Hugenotten niedergeschlagen und die Revolte des französischen Hochadels, die Fronde, Mitte des 17. Jahrhunderts siegreich überwunden ist. Nunmehr kann Ludwig mit Fug und Recht sagen: „L'Etat c'est moi." Aber Paris wird von einer Serie von Giftmorden heimgesucht, nachdem es einem italienischen Alchimisten namens Exili gelungen war, ein nicht nachweisbares Gift zu entwickeln.

Der König, dem Unwesen, das immer mehr überhand nahm, zu steuern, ernannte einen eigenen Gerichtshof, dem er ausschließlich die Untersuchung und Bestrafung dieser heimlichen Verbrechen übertrug. Das war die sogenannte Chambre ardente, die ihre Sitzungen unfern der Bastille hielt, und welcher la Regnie als Präsident vorstand. Mehrere Zeit hindurch blieben Regnies Bemühungen, so eifrig sie auch sein mochten, fruchtlos, dem verschlagenen Desgrais war es vorbehalten, den geheimsten Schlupfwinkel des Verbrechens zu entdecken. – In der Vorstadt Saint Germain wohnte ein altes Weib, la Voisin geheißen, die sich mit Wahrsagen und Geisterbeschwören abgab, und mit Hülfe ihrer Spießgesellen, le Sage und le Vigoureux, auch selbst Personen, die eben nicht schwach und leichtgläubig zu nennen, in Furcht und Erstaunen zu setzen wußte. Aber sie tat mehr als dieses. Exilis Schülerin wie la Croix, bereitete sie wie dieser, das feine, spurlose Gift, und half auf diese Weise ruchlosen Söhnen zur frühen Erbschaft; entarteten Weibern zum andern jüngern Gemahl. Desgrais drang in ihr Geheimnis ein, sie gestand alles, die Chambre ardente verurteilte sie zum Feuertode, den sie auf dem Greveplatze erlitt. Man fand bei ihr eine Liste aller Personen, die sich ihrer Hülfe bedient hatten; und so kam es, daß nicht allein Hinrichtung auf Hinrichtung folgte, sondern auch schwerer Verdacht selbst auf Personen von hohem Ansehen lastete. So glaubte man, daß der Cardinal Bonzy bei der la Voisin das Mittel gefunden, alle Personen, denen er als Erzbischof von Narbonne Pensionen bezahlen mußte, in kurzer Zeit hinsterben zu lassen. So wurden die Herzogin von Bouillon, die Gräfin von Soissons, deren Namen man auf der Liste gefunden, der Verbindung mit dem teuflischen Weibe angeklagt, und selbst François Henri de Montmonrenci, Boudebelle, Herzog von Luxemburg, Pair und Marschall des Reichs, blieb nicht verschont. Auch ihn verfolgte die furchtbare Chambre ardente. Er stellte sich selbst zum Gefängnis in der Bastille, wo ihn Louvois und la Regnies Haß in ein sechs Fuß langes Loch einsperren ließ. Monate vergingen, ehe es sich vollkommen ausmittelte, daß des Herzogs Verbrechen keine Rüge verdienen konnte. Er hatte sich einmal von le Sage das Horoskop stellen lassen.

Gewiß ist es, daß blinder Eifer den Präsidenten la Regnie zu Gewaltstreichen und Grausamkeiten verleitete. Das Tribunal nahm ganz den Charakter der Inquisition an, der geringfügigste Verdacht reichte hin zu strenger Einkerkerung, und oft war es dem Zufall überlassen, die Unschuld des auf den Tod Angeklagten darzutun. Dabei war Regnie von garstigem Ansehen und heimtückischem Wesen, so daß er bald den Haß derer auf sich lud, deren Rächer oder Schützer zu sein er berufen wurde. Die Herzogin von Bouillon, von ihm im Verhöre gefragt, ob sie den Teufel gesehen? erwiderte: mich dünkt, ich sehe ihn in diesem Augenblick!

Während nun auf dem Greveplatz das Blut Schuldiger und Verdächtiger in Strömen floß, und endlich der heimliche Giftmord seltner und seltner wurde, zeigte sich ein Unheil andrer Art, welches neue Bestürzung verbreitete. Eine Gaunerbande schien es darauf angelegt zu haben, alle Juwelen in ihren Besitz zu bringen. Der reiche Schmuck, kaum gekauft, verschwand auf unbegreifliche Weise, mochte er verwahrt sein wie er wollte. Noch viel ärger war es aber, daß Jeder, der es wagte, zur Abendzeit Juwelen bei sich zu tragen, auf offener Straße oder in finstern Gängen der Häuser beraubt, ja wohl gar ermordet wurde. Die mit dem Leben davon gekommen, sagten aus, ein Faustschlag auf den Kopf habe sie wie ein Wetterstrahl niedergestürzt, und aus der Betäubung erwacht, hätten sie sich beraubt, und am ganz andern Orte als da, wo sie der Schlag getroffen, wieder gefunden. Die Ermordeten, wie sie beinahe jeden Morgen auf der Straße oder in den Häusern lagen, hatten alle dieselbe tödliche Wunde. Einen Dolchstich ins Herz, nach dem Urteil der Ärzte so schnell und sicher tötend, daß der Verwundete keines Lautes mächtig zu Boden sinken mußte.

Nach der eigenen Zeichnung Hoffmann's.

E.T.W. Hoffmann

geb. den 24ten Januar 1776.
gest. den 25ten Junius 1822.

E.T.A. Hoffmann

Wer war an dem üppigen Hofe Ludwig des XIV., der nicht in einen geheimen Liebeshandel verstrickt, spät zur Geliebten schlich, und manchmal ein reiches Geschenk bei sich trug? – Als stünden die Gauner mit Geistern im Bunde, wußten sie genau, wenn sich so etwas zutragen sollte. Oft erreichte der Unglückliche nicht das Haus, wo er Liebesglück zu genießen dachte, oft fiel er auf der Schwelle, ja vor dem Zimmer der Geliebten, die mit Entsetzen den blutigen Leichnam fand.

Vergebens ließ Argenson, der Polizeiminister, Alles aufgreifen in Paris, was von dem Volk nur irgend verdächtig schien, vergebens wütete la Regnie, und suchte Geständnisse zu erpressen, vergebens wurden Wachen, Patrouillen verstärkt, die Spur der Täter war nicht zu finden. Nur die Vorsicht, sich bis an die Zähne zu bewaffnen, und sich eine Leuchte vortragen zu lassen, half einigermaßen, und doch fanden sich Beispiele, daß der Diener mit Steinwürfen geängstet, und der Herr in demselben Augenblick ermordet und beraubt wurde.

Merkwürdig war es, daß aller Nachforschungen auf allen Plätzen, wo Juwelenhandel nur möglich war, unerachtet nicht das mindeste von den geraubten Kleinodien zum Vorschein kam, und also auch hier keine Spur sich zeigte, die hätte verfolgt werden können.

Desgrais schäumte vor Wut, daß selbst seiner List die Spitzbuben zu entgehen wußten. Das Viertel der Stadt, in dem er sich gerade befand, blieb verschont, während in dem andern, wo Keiner Böses geahnt, der Raubmord seine reichen Opfer erspähte.

Desgrais besann sich auf das Kunststück, mehrere Desgrais zu schaffen, sich untereinander so ähnlich an Gang, Stellung, Sprache, Figur, Gesicht, daß selbst die Häscher nicht wußten, wo der rechte Desgrais stecke. Unterdessen lauschte er, sein Leben wagend, allein in den geheimsten Schlupfwinkeln, und folgte von weitem diesem oder jenem, der auf seinen Anlaß einen reichen Schmuck bei sich trug. *Der* blieb unangefochten; also auch von *dieser* Maßregel waren die Gauner unterrichtet. Desgrais geriet in Verzweiflung. [...]

Argenson sah die Bemühungen der Chambre ardente scheitern, und ging den König an, für das neue Verbrechen einen Gerichtshof zu ernennen, der mit noch ausgedehnterer Macht den Tätern nachspüre und sie strafe. Der König, überzeugt, schon der Chambre ardente zu viel Gewalt gegeben zu haben, erschüttert von dem Greuel unzähliger Hinrichtungen, die der blutgierige la Regnie veranlaßt, wies den Vorschlag gänzlich von der Hand.

Die Erzählung handelt im Folgenden davon, wie die Aufklärung dieser Raubmorde gelingt und wie ein fälschlich Verdächtigter durch den Einsatz des Fräuleins von Scuderi gerettet wird. Dieses Fräulein ist eine würdige alte Dame von 73 Jahren; Fräulein war die standesgemäße Anrede für eine unverheiratete adelige Frau. Sie war, wie es im ersten Satz der Erzählung heißt, „bekannt durch ihre anmutigen Verse, durch die Gunst Ludwig des XIV. und der Maintenon", der einflussreichen Geliebten des Königs. Die Scuderi ist zugegen, als dem König ein Gedicht überreicht wird, in dem „im Namen der gefährdeten Liebhaber" um Hilfe gegen die Verbrecher gebeten wird. Dem tritt das Fräulein von Scuderi mit folgenden Worten entgegen:

Un amant qui craint les voleurs

n'est point digne d'amour.

(Ein Liebender, der die Diebe fürchtet,

ist der Liebe nicht würdig.)

Das überzeugt den König: „Ihr habt Recht, Fräulein! Keine blinde Maßregel, die den Unschuldigen trifft mit dem Schuldigen, soll die Feigheit schützen; mögen Argenson und la Regnie das Ihrige tun!"

Einige Zeit später wird der Scuderi unter dramatischen Umständen von einem jungen Mann ein Kästchen gebracht, in dem sich Schmuck und ein Zettel befindet, auf dem sich die „Unsichtbaren" für die Unterstützung durch den Vers der Scuderi bedanken. Das „köstliche Geschmeide" war von René Cardillac gefertigt. „René Cardillac war damals der geschickteste Goldarbeiter in Paris, einer der kunstreichsten und zugleich sonderbarsten Menschen seiner Zeit." Als das Fräulein von Scuderi ihm den Schmuck zurückgeben will, schenkt ihn Cardillac ihr.

Mehrere Monate später wird der Scuderi unter wiederum dramatischen Umständen von demselben jungen Mann wie vorher eine Botschaft überreicht, die die Scuderi beschwört, innerhalb von zwei Tagen den Schmuck Cardillac zurückzubringen. Als sie das, allerdings verspätet, tun will, erlebt sie, wie der junge Mann von dem Polizeileutnant Desgrais und seinen Leuten abgeführt wird, weil man ihn für den Mörder von Cardillac hält. Es stellt sich heraus, dass es sich um Olivier Brußon, den Gesellen von Cardillac, handelt. Die Scuderi nimmt sich der völlig verzweifelten Tochter Cardillacs und Geliebten Brußons, Madelon, an. Olivier beteuert vor der Chambre ardente seine Unschuld; Cardillac sei in seiner, Oliviers, Begleitung auf der Straße „angefallen und niedergestoßen" worden, und er habe den Sterbenden nach Hause geschleppt. Da die Scuderi von Madelon, die Olivier als Täter glaubhaft ausschließt, angetan ist, zieht sie Erkundigungen ein und stellt Nachforschungen an, findet aber „im Reich der Möglichkeit keinen Beweggrund zu der entsetzlichen Tat, die in jedem Fall Oliviers Glück zerstören mußte."

Mit der festen Überzeugung von Oliviers Unschuld faßte die Scuderi den Entschluß, den unschuldigen Jüngling zu retten, koste es, was es wolle.

Es schien ihr, ehe sie die Huld des Königs selbst vielleicht anrufe, am geratensten, sich an den Präsidenten la Regnie zu wenden, ihn auf alle Umstände, die für Oliviers Unschuld sprechen mußten, aufmerksam zu machen, und so vielleicht in des Präsidenten Seele eine innere, dem Angeklagten günstige Überzeugung zu erwecken, die sich wohltätig den Richtern mitteilen sollte.

La Regnie empfing die Scuderi mit der hohen Achtung, auf die die würdige Dame, von dem Könige selbst hoch geehrt, gerechten Anspruch machen konnte. Er hörte ruhig alles an, was sie über die entsetzliche Tat, über Oliviers Verhältnisse, über seinen Charakter vorbrachte. Ein feines, beinahe hämisches Lächeln war indessen Alles, womit er bewies, daß die Beteurungen, die von häufigen Tränen begleiteten Ermahnungen, wie jeder Richter nicht der Feind des Angeklagten sein, sondern auch auf Alles achten müsse, was zu seinen Gunsten spräche, nicht an gänzlich tauben Ohren vorüber glitten. Als das Fräulein nun endlich ganz erschöpft, die Tränen von den Augen wegtrocknend, schwieg, fing Regnie an: Es ist ganz Eures vortrefflichen Herzens würdig, mein Fräulein, daß Ihr, gerührt von den Tränen eines jungen, verliebten Mädchens, alles glaubt, was sie vorbringt, ja daß Ihr nicht fähig seid, den Gedanken einer entsetzlichen Untat zu fassen, aber anders ist es mit dem Richter, der gewohnt ist, frecher Heuchelei die Larve abzureißen. Wohl mag es nicht meines Amts sein, jedem, der mich frägt, den Gang eines Kriminalprozesses zu entwickeln. Fräulein! ich tue meine Pflicht, wenig kümmert mich das Urteil der Welt. Zittern sollen die Bösewichter vor der Chambre ardente, die keine Strafe kennt als Blut und Feuer. Aber vor Euch, mein würdiges Fräulein, möcht' ich nicht für ein Ungeheuer gehalten werden an Härte und Grausamkeit, darum vergönnt mir, daß ich Euch mit wenigen Worten die Blutschuld des jungen Bösewichts, der, dem

Himmel sei es gedankt! der Rache verfallen ist, klar vor Augen
lege. Euer scharfsinniger Geist wird dann selbst die Gutmütigkeit
verschmähen, die Euch Ehre macht, mir aber gar nicht anstehen
würde.

In der Tat sprechen alle Indizien gegen Olivier Brußon.
Durch Zeugenaussagen kann ausgeschlossen werden, dass
Cardillac das Haus in der Nacht verlassen hatte, und mit
der Verhaftung Oliviers haben die Raubmorde schlagartig
aufgehört. Doch „konnte sich die Scuderi von der Schuld
des jungen Menschen nicht überzeugen. Alles sprach wider ihn, ja kein Richter in der Welt hätte anders gehandelt,
wie la Regnie bei solch entscheidenden Tatsachen. Aber
das Glückbild häuslichen Glücks, wie es Madelon mit den
lebendigsten Zügen der Scuderi vor Augen gestellt, über-
strahlte jeden bösen Verdacht, und so mochte sie lieber ein
unerkärliches Geheimnis annehmen, als daran glauben,
wo gegen ihr ganzes Inneres sich empörte."

Bei einer persönlichen Begegnung und langen Unterredung zwischen der Scuderi und Olivier stellt sich folgendes
heraus: Dieser war der Sohn eines Pflegekinds der Scuderi, den sie seit 23 Jahren nicht mehr gesehen hatte. Zufällig
hatte er herausgefunden, dass Cardillac selbst es war, der
durch eine Geheimtür unbemerkt sein Haus, ein früheres
Kloster, verlassen konnte und seinen Kunden, von denen
er die Bestimmung des Schmuckgeschenks erfahren hatte,
dieses mit tödlicher Gewalt wieder wegnahm. Cardillac
war ein Getriebener, der seine Werke alle selbst behalten
wollte und in seinem „Juwelen-Kabinett" hortete. Um nicht
von Olivier angezeigt zu werden, hatte er in die Hoch-
zeit von Madelon und Olivier eingewilligt, der um seiner
künftigen Frau Willen die Täterschaft Cardillacs nicht der
Polizei meldete. Es war auch Cardillac gewesen, der Olivier mit dem Schmuck zur Scuderi geschickt hatte. Dieser
wiederum hatte die Scuderi gewarnt, als er bemerkte, dass
sich Cardillac den geschenkten Schmuck doch wieder zurückholen wollte, weshalb die Scuderi in tödlicher Gefahr
schwebte. Um den Überfall auf die Scuderi zu verhindern,
folgte Olivier Cardillac des Nachts und wurde Zeuge, wie
dieser selbst tödlich verwundet wurde, als es einem über-

fallenen Offizier, der gegen Cardillac Verdacht geschöpft hatte, gelang, sich mit seinem Dolch zu wehren.

Die dunklen Ahnungen, von denen der Scuderi Gemüt befangen seit Brußons erstem Eintritt in ihr Haus, hatten sich nun zum Leben gestaltet auf furchtbare Weise. Den Sohn ihrer geliebten Anne sah sie schuldlos verstrickt auf eine Art, daß ihn vom schmachvollen Tod zu retten kaum denkbar schien. Sie ehrte des Jünglings Heldensinn, der lieber schuldbeladen sterben, als ein Geheimnis verraten wollte, das seiner Madelon den Tod bringen mußte. Im ganzen Reiche der Möglichkeit fand sie kein Mittel, den Ärmsten dem grausamen Gerichtshofe zu entreißen. Und doch stand es fest in ihrer Seele, daß sie kein Opfer scheuen müsse, das himmelschreiende Unrecht abzuwenden, das man zu begehen im Begriffe war. – Sie quälte sich ab mit allerlei Entwürfen und Plänen, die bis an das Abenteuerliche streiften, und die sie eben so schnell verwarf als auffaßte. Immer mehr verschwand jeder Hoffnungsschimmer, so daß sie verzweifeln wollte. Aber Madelons unbedingtes frommes kindliches Vertrauen, die Verklärung, mit der sie von dem Geliebten sprach, der nun bald, freigesprochen von jeder Schuld, sie als Gattin umarmen werde, richtete die Scuderi eben dem Grad wieder auf, als sie davon bis tief ins Herz gerührt wurde.
Um nun endlich etwas zu tun, schrieb die Scuderi an La Regnie einen langen Brief, worin sie ihm sagte, daß Olivier Brußon ihr auf die glaubwürdigste Weise seine völlige Unschuld an Cardillacs Tode dargetan habe, und daß nur der heldenmütige Entschluß, ein Geheimnis in das Grab zu nehmen, dessen Enthüllung die Unschuld und Tugend selbst verderben würde, ihn zurückhalte, dem Gericht ein Geständnis abzulegen, das ihn von dem entsetzlichen Verdacht nicht allein, daß er Cardillac ermordet, sondern daß er auch zur Bande verruchter Mörder gehöre, befreien müsse. Alles was glühender Eifer, was geistvolle Beredsamkeit vermag, hatte die Scuderi aufgeboten, la Regnie(s) hartes Herz zu erweichen. Nach wenigen Stunden antwortete la Regnie, wie es ihn herzlich freue, wenn Olivier Brußon sich bei seiner hohen, würdigen Gönnerin gänzlich gerechtfertigt habe. Was Oliviers heldenmütigen Entschluß betreffe, ein Geheimnis, das sich auf die Tat beziehe, mit ins Grab nehmen zu wollen, so tue es ihm leid, daß die Chambre ardente dergleichen Heldenmut nicht ehren könne, denselben vielmehr durch die kräftigsten Mittel zu brechen suchen müsse. Nach drei Tagen hoffe er in dem Besitz des seltsamen Geheimnisses zu sein, das wahrscheinlich geschehene Wunder an den Tag bringen werde.

Nur zu gut wußte die Scuderi, was der fürchterliche la Regnie mit jenen Mitteln, die Brußons Heldenmut brechen sollen, meinte. Nun war es gewiß, daß die Tortur über den Unglücklichen verhängt war. In der Todesangst fiel der Scuderi endlich ein, daß, um nur Aufschub zu erlangen, der Rat eines Rechtsverständigen dienlich sein könne. Pierre Arnaud d'Andilly war damals der berühmteste Advokat von Paris. Seiner tiefen Wissenschaft, seinem umfassenden Verstande war seine Rechtschaffenheit, seine Tugend gleich. Zu dem begab sich die Scuderi und sagte ihm Alles, so weit es möglich war, ohne Brußons Geheimnis zu verletzen. Sie glaubte, daß d'Andilly mit Eifer sich des Unschuldigen annehmen werde, ihre Hoffnung wurde aber auf das bitterste getäuscht. D'Andilly hatte ruhig alles angehört und erwiderte dann lächelnd mit Boileaus Worten: Le vrai peut quelque fois n'être pas vraisemblable. – Er bewies der Scuderi, daß die auffallendsten Verdachtsgründe wider Brußon sprächen, daß la Regnies Verfahren keineswegs grausam und übereilt zu nennen, vielmehr ganz gesetzlich sei, ja daß er nicht anders handeln könne, ohne die Pflichten des Richters zu verletzen. Er, d'Andilly, selbst getraue sich nicht durch die geschickteste Verteidigung Brußon von der Tortur zu retten. Nur Brußon selbst könne das entweder durch aufrichtiges Geständnis oder wenigstens durch die genaueste Erzählung der Umstände bei dem Morde Cardillacs, die dann vielleicht erst zu neuen Ausmittelungen Anlaß geben würden. „So werfe ich mich dem Könige zu Füßen, und flehe um Gnade", sprach die Scuderi ganz außer sich mit von Tränen halb erstickter Stimme. „Tut das, rief d'Andilly, tut das um des Himmels willen nicht, mein Fräulein! – Spart Euch dieses letzte Hülfsmittel auf, das, schlug es einmal fehl, Euch für immer verloren ist. Der König wird nimmer einen Verbrecher *der* Art begnadigen, der bitterste Vorwurf des gefährdeten Volks würde ihn treffen. Möglich ist es, daß Brußon durch Entdeckung seines Geheimnisses oder sonst Mittel findet, den wider ihn streitenden Verdacht aufzuheben. Dann ist es Zeit, des Königs Gnade zu erflehen, der nicht darnach fragen, was vor Gericht bewiesen ist, oder nicht, sondern seine innere Überzeugung zu Rate ziehen wird." – Die Scuderi mußte dem tief erfahrnen d'Andilly notgedrungen beipflichten.

Da meldet sich der Offizier, Graf Miossens, der Cardillac in Notwehr getötet hat, bei der Scuderi. Er will ihr helfen, aber nicht zur Polizei gehen, weil er wegen des Ansehens, das Cardillac genießt, befürchtet, dass ihn eine solche Anzeige „wo nicht geradezu ins Verderben, doch in den abscheulichsten Prozeß verwickeln konnte". Auf Anraten des Advokaten, der von beiden sogleich aufgesucht wird, sagt

Miossens bei la Regnie aus, dass ein Dritter Cardillac getötet und Olivier Brußon diesen bloß begleitet habe. Dadurch wird die Anwendung der Folter zunächst verhindert.

Der Scuderi gelingt es sodann, durch ihre Wortgewandtheit und den klugen Schachzug, dem König von Madelon, die einer früheren Geliebten Ludwigs ähnelte, eine Bittschrift überreichen zu lassen, den König dazu zu bringen, weitere Ermittlungen zu veranlassen. Deren Ergebnis ist zwar kein Freispruch von Olivier Brußon, da er durch sein Schweigen gegenüber der Polizei weitere Morde Cardillacs ermöglicht hatte, wohl aber „Gnade" vom König. Der sichergestellte Schmuck wird den Eigentümern, soweit sie sich meldeten, zurückgegeben; der Rest „fiel dem Schatz der Kirche zu St. Eustache anheim." Mit diesen Worten endet die Erzählung.

II. Der Autor und sein Werk

Ernst Theodor Amadeus Hoffmann (1776–1822) war Sohn eines Hofgerichtsadvokaten in Königsberg und studierte dort aus Familientradition, aber ohne größere Begeisterung von 1792 bis 1795 Jura. Nach den vorgeschriebenen Stationen eines Auskultators und eines Referendars in Königsberg und Berlin sowie nach drei bestandenen juristischen Examina wurde er 1800 Assessor in Posen und Plog sowie Regierungsrat in Warschau, das damals zu Preußen gehörte. 1806 löste Napoleon dort die preußische Verwaltung auf, und Hoffmann führte unter schwierigen materiellen Bedingungen ein Leben als freischaffender Künstler und Musiker, mit kurzfristigen Engagements als Kapellmeister in Bamberg, Dresden und Leipzig. Neben musikalischen Werken veröffentlichte er von 1803 an auch Erzählungen.

1814 wurde er wieder in den preußischen Staatsdienst aufgenommen. Er arbeitete zunächst unbesoldet im Kriminalsenat des Kammergerichts in Berlin, wurde 1816 besoldeter Kammergerichtsrat und rückte 1821 in den Oberappellationssenat des Kammergerichts auf. In den Jahren 1819–1821 war Hoffmann nebenamtlich Mitglied in der preußischen „Immediat-Untersuchungskommission zur Ermittlung hochverräterischer Umtriebe". Dort setzte er sich für ein rechtsstaatliches Vorgehen auch gegen Demokraten und Nationalisten ein, indem er betonte, dass Handlungen und nicht Gesinnungen zu verfolgen seien. Zugleich mit dieser erfolgreichen juristischen Karriere schuf Hoffmann ein umfangreiches erzählerisches Werk.

Mit dem „Fräulein von Scuderi" wurde Hoffmann ein berühmter Autor. Er schrieb die Erzählung im Sommer 1818, und sie wurde 1819 im Almanach „Taschenbuch für das Jahr 1820. Der Liebe und Freundschaft gewidmet" im Verlag der Gebrüder Willmans in Frankfurt am Main veröffentlicht. Zwei Jahre später erschien es nochmals im dritten Band der „Serapions-Brüder", der vierbändigen Sammlung von Märchen und Erzählungen. In der dortigen Rahmenhandlung werden auch die wichtigsten Quellen für die Erzählung genannt, durch die sich Hoffmann hat inspirieren lassen: Reiseliteratur über Paris, das Geschichtswerk Voltaires über das Zeitalter Ludwigs XIV., die Sammlung berühmter und interessanter Rechtsfälle von Pitaval und Wagenseils „Nürnberger Chronik" von 1697.

Die Erzählung ist wie alle großen literarischen Werke vielschichtig. Schon gattungstypisch lässt sie sich nicht einfach zuordnen. Man hat in ihr eine Detektivgeschichte und Hoffmann als einen Vorläufer von Edgar Alan Poe gesehen, weil ein Mord mit unbekanntem Täter und Tathergang von einem Außenseiter aufgeklärt wird. Aber die Aufklärung durch das Fräulein von Scuderi erfolgt nicht rational, akribisch und analytisch, sondern emotional, intuitiv und zufällig; die Lösung ist nicht in erster Linie ihr, sondern der ihr in den Schoß gefallenen Aussage des Grafen Miossens zu verdanken. Es ist sicher eine Kriminalerzählung, ja sogar die „erste Kriminalgeschichte von Rang in unserer Literatur" (*Walter Müller-Seidel*), weil ein geheimnisvolles Verbrechen auf verschlungenen Wegen aufgeklärt und durch Andeutungen und Hinweise auf Täter und Tathergang Spannung erzeugt wird. Aber der Täter ist ab der Mitte der Erzählung bekannt, und danach geht es hauptsächlich darum, ob ein Justizmord verhindert werden kann, was eher auf ein Gerichtsdrama hindeutet.

Des Weiteren hat man die Erzählung als Künstlernovelle interpretiert, in der einerseits die angepasste, in der höfischen Gesellschaft verwurzelte Scuderi dem genialischen, seine Kunst bedingungs- und rücksichtslos auslebenden asozialen Cardillac gegenüber stünde, und andererseits die Kunst in Form der Poesie der Scuderi sich der Justiz als überlegen erweise. Aber das Goldschmiedehandwerk ist nicht gerade der Prototyp von Kunst, eine Mordserie stellt nicht den Höhepunkt von Künstlertum dar, und Cardillac kommt auch im Wesentlichen nur in der Binnenerzählung von Olivier Brußon vor. Randständig bleiben auch die Liebesgeschichte und die Geschichte der problematischen Abstammung Cardillacs, weshalb medizingeschichtliche Erörterungen über Zurechnungsfähigkeit und Schuld jedenfalls für dieses Werk unergiebig sind.

Schließlich wird die Erzählung als Justizsatire bezeichnet. Daran ist richtig, dass die Justiz im Mittelpunkt steht: „Rechtsfragen prägen das gesamte Werk." (*Hartmut Steineke*) Aber die Justiz wird keineswegs verspottet. Dagegen spricht schon, dass Hoffmann seit 1814 ein – wie aus den dienstlichen Bewertungen seiner Vorgesetzten und aus seinen umfangreichen erhalten gebliebenen Voten hervorgeht – pflichtgetreuer und gewissenhafter Kriminalrichter war. Strafprozessuale Grundlage für seine juristische Arbeit war die Criminalordnung für die preußischen Staaten von 1806. Zwar war anders als in der Erzählung die Folter in Preußen seit der Regierungszeit Friedrichs des Großen durch mehrere Kabinettordres zwischen 1740 und 1756 abgeschafft worden, aber in den Hauptzügen galt in Preußen Anfang des 19. Jahrhunderts noch wie in Frankreich anderthalb Jahrhunderte früher der schriftliche Inquisitionsprozess, bei dem Ankläger und Richter identisch sind. So hat *Rolf Meier* gezeigt, dass „Hoffmann die rechtlichen Gegebenheiten in seiner Erzählung denen des realen preußischen Rechts weitgehend nachgebildet hat". Eine Satire ist das „Fräulein von Scuderi" auch deshalb nicht, weil die Aussagen zur erzählten wie erlebten Justiz viel zu offen und interpretationsbedürftig sind; die Satire will dagegen unmittelbar treffen. Wohl kann man aus der Erzählung Kritik an der Justiz herauslesen; was genau Hoffmann am Strafverfahren kritisiert, soll im Folgenden untersucht werden.

III. Das juristische Problem

Das juristische Problem lautet: Wie findet der Richter die Wahrheit, speziell im Strafverfahren? Die offenkundigste Antwort, die die Erzählung „Das Fräulein von Scuderi" auf diese Frage gibt, ist: jedenfalls nicht auf die Art und Weise der Chambre ardente mit ihrem Präsidenten la Regnie. Die Chambre ardente, auf Deutsch brennende oder glühende Kammer, war ein „eigener Gerichtshof", der tatsächlich 1680 von Ludwig XIV. zur Aufklärung und Bestrafung der Giftmorde eingerichtet worden war. Er soll seinen Namen durch den Sitzungssaal im Arsenal bei der Bastille, der mit Fackeln beleuchtet wurde, erhalten haben. Nahe liegt aber auch eine Assoziation mit den Hexenverbrennungen, da bei Überführung des Täters die Todesstrafe die einzig vorgesehene Strafandrohung war („Blutgericht"), die häufig durch Verbrennen („Feuertod") vollzogen wurde. Das Gericht wird als „furchtbar" bezeichnet, sein Verfahren mit der Inquisition gleichgesetzt, und seinem Präsidenten attestiert Hoffmann ein „heimtückisches Wesen". Im Verlauf der Erzählung wird la Regnie noch mit folgenden Adjektiven bedacht: „blutgierig", „giftig", „widrig", „schrecklich" und „rasend".

Man könnte daran denken, diese sehr negative Beschreibung als Kritik daran aufzufassen, dass dieser Gerichtshof ein „eigener" war, d. h. neben und über der normalen Justiz stand, und speziell für Gift- und Raubmorde einschließlich der bereits begangenen zuständig war. In heutiger Terminologie war er ein Ausnahmegericht, das zur Entscheidung einzelner konkreter oder individuell bestimmter Fälle berufen ist. Ausnahmegerichte sind in einer rechtsstaatlichen Ordnung inakzeptabel und dürfen gem. Art. 101 Abs. 1 S. 1 GG, anders als Sondergerichte, d. h. Gerichte für besondere Sachgebiete, selbst durch Gesetz nicht errichtet werden. Allerdings heißt es in der Erzählung auch, dass „kein Richter in der Welt anders gehandelt (hätte), wie la Regnie bei solch entscheidenden Tatsachen". Eine Kritik Hoffmanns kann daher nicht an der Institution als solcher, sondern an dem Verhalten ihres Präsidenten festgemacht werden.

Um eine weitere rechtsstaatliche Institution ist es in der Erzählung schlecht bestellt: die richterliche Unabhängigkeit.

Sie wird heute als unabdingbare Voraussetzung für einen effektiven Rechtsschutz und damit auch für die Wahrheitsfindung im Strafverfahren betrachtet. Demgegenüber stand im absolutistischen Staat des 17. und 18. Jahrhunderts dem Landesherrn die gesamte Staatsgewalt zu, d. h. neben der Gesetzgebung (Legislative) und der vollziehenden Gewalt (Exekutive) auch die rechtsprechende Gewalt (Judikative). Da aber der Landesherr die Gerichtsgewalt nicht in jedem Fall selbst ausüben konnte, benötigte er die Richterschaft, die an seiner Stelle und in seinem Namen Recht sprach. Das schloss jedoch nicht aus, dass er für befugt gehalten wurde, kraft der ihm zustehenden höchsten Gewalt in jedes Gerichtsverfahren einzugreifen, den Richtern Anweisungen zu erteilen oder selbst die Entscheidung zu fällen. Man sprach insoweit auch von einem „Machtspruch" des Landesherrn, wobei der Begriff nicht aus moderner Sicht dahin missverstanden werden darf, dass hier die Macht im Gegensatz zum Recht triumphiert hätte. Der Eingriff des Landesherrn in die Rechtspflege erschien vielmehr dadurch gerechtfertigt, dass er Träger der gesamten Staatsgewalt war. Der Machtspruch war danach kein rechtswidriger Akt herrscherlicher Willkür, sondern Folge eines verfassungsrechtlichen Status. Natürlich ist die Machtfülle, die aus diesem Status entspringt, für uns heute inakzeptabel.

So kommt es, dass Olivier Brußon nicht durch das Gericht, sondern durch den König freigesprochen wird. Dieser Freispruch wird sowohl in der Erzählung als auch in der kommentierenden Literatur als ein Akt der Gnade bezeichnet. Nach heutigem Verständnis ist allerdings das Begnadigungsrecht des Staatsoberhaupts auf die Korrektur eines rechtskräftigen Gerichtsurteils beschränkt. Die Niederschlagung eines Verfahrens heißt dagegen Abolition; sie ist nach dem Grundgesetz unzulässig.

In Preußen hatte zwar Friedrich der Große in seinem „Politischen Testament" von 1752 folgendes erklärt: „Ich habe mich entschlossen, niemals in den Lauf des gerichtlichen Verfahrens einzugreifen; denn in den Gerichtshöfen sollen die Gesetze sprechen und der Herrscher soll schweigen." Aber er hat sich in seiner Regierungspraxis keineswegs immer daran gehalten; berühmt geworden ist sein Eingreifen in die Justiz zu Gunsten des Müllers Arnold. Ganz unangefochten war auch noch Anfang des 19. Jahrhunderts das Bestätigungsrechts des Königs. Nach der Criminalordnung von 1806 mussten Urteile über bestimmte schwere Delikte und bei hohen Strafen dem Justizminister bzw. dem König unmittelbar vorgelegt werden, der sie mildern oder verschärfen konnte. Ohne die Bestätigung erwuchsen die Urteile nicht in Rechtskraft.

Auch die Immediat-Untersuchungskommission, deren Mitglied Hoffmann war, konnte vom König an den ordentlichen Gerichten vorbei eingesetzt werden. Sie hatte alle Befugnisse eines Kriminalgerichts und unterlag ebenfalls dem königlichen Bestätigungsrecht. Dies musste Hoffmann selbst erfahren, als er mehrfach gegen die Verfolgungsmaßnahmen der preußischen Regierung gegen die sogenannten Demagogen rechtlich Stellung bezog, aber dann die gegenteilige „allerhöchste Kabinettsordre" Friedrich Wilhelms III. akzeptierte. Die umfassende Macht des Monarchen war noch nicht gebrochen.

Wenn es also nicht der Charakter der Chambre ardente als Ausnahmegericht und nicht das Fehlen der Unabhängigkeit ihrer Richter waren, die die Wahrheitsfindung im „Fräulein von Scuderi" verhinderten, was war es dann? Oder anders gefragt: Wie wurde die Wahrheit, dass nämlich Olivier Brußon nicht der gesuchte Raubmörder war, gefunden? Fraglos durch die Menschenkenntnis, das Mitgefühl und die Beharrlichkeit der Scuderi. Auch wenn die entscheidende Wendung zur Lösung des Falls erst mit der Zeugenaussage des Grafen Miossens eingeleitet wurde, offenbarte der sich doch nur, weil er gehört hatte, dass sich die Scuderi für Olivier einsetzte. Und auch das Interesse des Königs nochmals auf den Fall zu lenken, war das Verdienst eines geschickt inszenierten Auftritts der Scuderi. Erst dadurch hatte die Wahrheit seiner fehlenden Täterschaft auch die Freiheit des Angeklagten zur Folge.

Darin liegt natürlich eine Kritik am Rechtssystem, an der Polizei wie an der Justiz. Ohne den Einsatz der Scuderi und den Machtspruch des Königs wäre es zu einem Jus-

tizmord gekommen. Aus dieser Kritik hat man häufig eine
Entgegensetzung konstruiert: die Instanz des Ahnungs-
vollen und der Intuition gegen die kalte, phantasielose und
mechanische Justiz, oder noch abstrakter: die „unbewusste
Logik des Subjektinnenraums" gegen die bloßen „Indizien
der Außenwelt" (*Thomas Weitin*). Für diese Interpretation spricht, dass Hoffmann als Autor der Romantik deren generelle Eigenart teilt, das Tiefere (Innere) unter der
(äußeren) Oberfläche zu suchen und zu entdecken. Nicht
bei dem Wahrscheinlichen stehen zu bleiben, ist ja auch die
Botschaft des klugen Advokaten: Das Wahre muss nicht
immer das Wahrscheinliche sein. Es gilt also, den bloßen
Schein zu durchdringen.

Über die Kritik am Rechtssystem hinaus enthält die Erzählung eine positive Botschaft. Es ist allerdings nicht
die, dass – wie *Arthur Kaufmann* meinte – nur die Gnade
noch Gerechtigkeit zu schaffen vermöchte, wo das Recht
sie nicht mehr gewährleisten könnte. Denn zum Machtspruch des Königs kam es nur durch den Einsatz der Scuderi. Und wenn deren Menschenkenntnis, Mitgefühl und
Beharrlichkeit den Angeklagten vor der Hinrichtung gerettet haben, wäre das auch durch eine Justiz mit Richtern
möglich gewesen, die genau diese Eigenschaften besitzen.
Der Präsident la Regnie besitzt sie gerade nicht: Er ist voreingenommen, selbstherrlich, gefühlskalt und unfair, wenn
nicht gar bösartig. Ihn plagen keine Zweifel, er stellt sich
keine Fragen und gibt sich mit dem Wahrscheinlichen allzu schnell zufrieden. Die Antwort auf die Ausgangsfrage
lautet daher: Für die Wahrheitsfindung im Strafverfahren
bedarf es menschlicher, verständnisvoller und nicht vorschnell urteilender Richter.

IV. Das geltende Recht

Das Strafverfahrensrecht ist Gegenstand vieler verfas-
sungsrechtlicher Errungenschaften des 19. und 20. Jahrhunderts. Die Gewaltenteilung hat zur organisatorischen,
persönlichen und sachlichen Unabhängigkeit der Richter
(Art. 92, 97 GG) mit dem Verbot jeglicher Einflussnahme
durch Legislative und Exekutive und zur Einrichtung der

von den Gerichten getrennten Anklagebehörde (Staatsanwaltschaft) geführt. Die Normierung von Grund- und
Menschenrechten hat zur Folge, dass der Beschuldigte und
Angeklagte nicht nur Objekt, sondern Subjekt des Verfahrens ist, mit dem Recht auf Wahrung seiner Menschenwürde und Rechten im Verfahren, insbesondere das Recht auf
einen gesetzlichen Richter und das Verbot von Ausnahmegerichten (Art. 101 GG), der Anspruch auf rechtliches
Gehör (Art. 103 Abs. 1 GG) und auf eines faires Verfahren
einschließlich der Zuziehung und Auswahl eines Verteidigers (Art. 6 Abs. 1 EMRK) sowie der Geltung der Unschuldsvermutung (Art. 6 Abs. 2 EMRK) als Bestandteile
des Rechtsstaatsprinzip (Art. 20 Abs. 2 und 3 GG). Als
ein „Gebot der Rechtsstaatlichkeit" hat das Bundesverfassungsgericht auch die „Unvoreingenommenheit und Neutralität des Richters" bezeichnet. Das Demokratieprinzip
ist die Wurzel dafür, dass die Strafgesetze allein durch das
volksgewählte Parlament erlassen werden und statt des Königs ein auf Zeit gewähltes Staatsoberhaupt Begnadigungen
aussprechen darf, und zwar erst nachdem ein rechtskräfti-
ges Gerichtsurteil vorliegt. Diese Verfassungsrechtssätze
werden ausgestaltet und ergänzt durch das Gerichtsverfas-
sungsgesetz und die Strafprozessordnung.

Den Begriff der Inquisition findet man allerdings auch noch
im aktuellen Strafverfahrensrecht: Inquisitionsprinzip ist
der überkommene Begriff für den Ermittlungsgrundsatz,
wie er in folgenden beiden Normen geregelt ist: „Innerhalb
dieser (d. h. der durch die Klage gezogenen) Grenzen sind
die Gerichte zu einer selbständigen Tätigkeit berechtigt
und verpflichtet." (§ 155 Abs. 2 StPO) und: „Das Gericht
hat zur Erforschung der Wahrheit die Beweisaufnahme von
Amts wegen auf alle Tatsachen und Beweismittel zu erstre-
cken, die für die Entscheidung von Bedeutung sind." Die
auf diese Weise zu ermittelnde „materielle" Wahrheit ist das
primäre Ziel des Strafverfahrens. Das Bundesverfassungsgericht nimmt sogar eine „verfassungsrechtliche Pflicht zur
bestmöglichen Erforschung der materiellen Wahrheit" an.

Die Eigenart des deutschen Strafprozesses wird besonders
deutlich, wenn man ihn mit dem US-amerikanischen ver-

gleicht. In diesem sogenannten Parteiprozess haben die Parteien, also der Staatsanwalt und der Beschuldigte bzw. Angeklagte, wie im deutschen Zivilprozess eine weitgehende Dispositionsbefugnis über den Prozessgegenstand. Das Gericht ist hier auf die Beweismittel beschränkt, die die Parteien angeben. Daraus folgt auch, dass es einer Hauptverhandlung zur Ermittlung der Schuld dann nicht mehr bedarf, wenn sich der Beschuldigte bzw. Angeklagte selbst für schuldig erklärt („guilty plea"). Diese Erklärung ersetzt den richterlichen Schuldspruch, weshalb man von der „formellen" statt der „materiellen" Wahrheit spricht.

Für die Beweisaufnahme selbst gelten in Deutschland vornehmlich die folgenden drei Grundsätze: Der Grundsatz der Unmittelbarkeit verlangt, dass sich der Richter anders als im früheren Inquisitionsprozess nicht anhand der Akten, sondern nur durch die Hauptverhandlung sein Urteil bilden muss (vgl. §§ 261, 264 StPO). Der Grundsatz der freien Beweiswürdigung steht ebenfalls im Gegensatz zum Inquisitionsprozess, in dem der Richter an bestimmte Beweisregeln gebunden war; er beruht auf § 261 StPO: „Über das Ergebnis der Beweisaufnahme entscheidet das Gericht nach seiner freien, aus dem Inbegriff der Verhandlung geschöpften Überzeugung." Danach muss (subjektiv) eine persönliche Überzeugung des Richters und (objektiv) eine hohe Wahrscheinlichkeit des zu Grunde gelegten Sachverhalts bestehen. Der Indizienbeweis ist hiermit nicht nur vereinbar, sondern in der Praxis durchaus häufig.

Der dritte Grundsatz ist derjenige, den man im „Fräulein von Scuderi" am meisten vermisst: in dubio pro reo! Im Zweifel für den Angeklagten! Bleibt das Vorliegen von Tatsachen zweifelhaft, darf der Angeklagte nicht verurteilt werden; dagegen darf bei zweifelhaften Rechtsfragen auch eine dem Angeklagten ungünstige Auslegung des Gesetzes zur Verurteilung führen. Dieser Grundsatz ist in der Strafprozessordnung nicht ausdrücklich geregelt, lässt sich aber aus § 261 StPO in Verbindung mit dem Schuldprinzip des materiellen Strafrechts ableiten: Die Überzeugung von der Schuld schließt den Zweifel aus. Auch die verfassungsrechtlich gebotene Unschuldsvermutung umfasst den In-dubio-

Satz. Er ist in der Aufklärungszeit hauptsächlich gegen das gemeinrechtliche Institut der Verdachtsstrafe entwickelt und erst seit dem 19. Jahrhundert allgemein in Deutschland anerkannt worden. Es soll aber nicht verschwiegen werden, dass der Grundsatz in seinen konkreten Rechtswirkungen für unterschiedliche Fallgestaltungen durchaus „diffus" bleibt (*Hans-Heiner Kühne*).

In einem Punkt gibt es im Übrigen eine bemerkenswerte Kontinuität: „Das gegenwärtige Ermittlungsverfahren ist im Grunde identisch mit dem alten Inquisitionsprozess und leidet damit an allen seinen Einseitigkeiten und Gebrechen, die vor 200 Jahren zur Reform des Strafverfahrens in Europa geführt haben." (*Bernd Schünemann*) So wie Desgrais das Ermittlungsorgan der Chambre ardente ist, wird das Ermittlungsverfahren heute einseitig von der Polizei und allenfalls noch von der Staatsanwaltschaft geführt; in beiden Fällen wird die Verteidigung weitgehend ausgeschlossen. Um insoweit eine rechtsstaatliche Balance zu schaffen, wird unter anderem vorgeschlagen, sämtliche Zeugenvernehmungen von Anfang an per Video aufzuzeichnen und die Untersuchungshaft durch Nutzung der elektronischen Fußfessel zurückzudrängen.

Was in der Strafprozessordnung nicht geregelt und in den Lehrbüchern hierzu nicht behandelt wird, sind die Fragen des richterlichen Ethos, die mit der Vorbildhaftigkeit des Fräuleins von Scuderi angesprochen sind. Sie sind auch nur teilweise rechtlich ausgeformt. So gibt es in den Juristenausbildungsgesetzen Würdigkeitsklauseln, die Vorbestrafte vom juristischen Vorbereitungsdienst ausschließen, und Normen über das Prüfungsziel, die für die Befähigung zum Richteramt das „Gesamtbild der Persönlichkeit" mitentscheiden lassen. Über die Ernennung und teilweise auch über die Beförderung von Richtern gibt es umfangreiche Organisations- und Verfahrensregelungen, die aber kaum auf persönliche Qualitäten der zu Ernennenden eingehen. So prüft der Richterwahlausschuss für Bundesrichter gem. § 11 des Richterwahlgesetzes, ob die sachlichen und persönlichen Voraussetzungen für das Amt vorliegen. Welche das sind, ergibt sich aus § 9 des Richtergesetzes: Eigen-

schaft als Deutscher, Verfassungstreue, Befähigung zum
Richteramt, die durch ein rechtswissenschaftliches Studium, erste juristische Prüfung, Vorbereitungsdienst und
zweite juristische Prüfung erworben wird, und schließlich
„die erforderliche soziale Kompetenz". Das verweist im Ergebnis auf die aus je eigener Lebens- und Berufserfahrung
gewonnene Bewertung der Wählenden bzw., soweit keine
Richterwahlausschüsse existieren, was in etwa der Hälfte
der Länder der Fall ist, der Ernennenden.

Für die im Amt befindlichen Richter enthält das Richtergesetz einen eigenen Abschnitt über ihre besonderen Pflichten (§§ 38–43). Zu ihnen zählt die Pflicht, den Richtereid
zu leisten (die Gesetze zu wahren, nach bestem Wissen
und Gewissen ohne Ansehen der Person zu urteilen und
nur der Wahrheit und Gerechtigkeit zu dienen) und sich
so zu verhalten, dass das Vertrauen in die Unabhängigkeit
des Richters nicht gefährdet wird. Die Dienstaufsicht über
Richter hat, soweit dadurch seine Unabhängigkeit nicht
beeinträchtigt wird, die Befugnis, „die ordnungswidrige
Art der Ausführung eines Amtsgeschäfts vorzuhalten
und zu ordnungsgemäßer, unverzögerter Erledigung der
Amtsgeschäfte zu ermahnen" (§ 26). Ferner können durch
das – wenn auch mit Einschränkungen im Vergleich zu den
Beamten – auch für Richter geltende Disziplinarrecht die
Richterpflichten durchgesetzt und Fehlverhalten sanktioniert werden.

Darüber hinaus werden in letzter Zeit Fragen der richterlichen Ethik diskutiert. So hat der Deutsche Richterbund
nach intensiver verbandsinterner Debatte ein Papier zur
„Richterethik in Deutschland" vorgestellt, nach dem für
die richterliche Tätigkeit folgende „Werte" maßgeblich sein
sollen: Unabhängigkeit, Unparteilichkeit und Unvoreingenommenheit, Integrität, Verantwortungsbewusstsein, Mä-
ßigung und Zurückhaltung, Menschlichkeit, Mut, Gewis-
senhaftigkeit und Transparenz. Das ist gewiss ein schöner
Tugendkatalog, aber weder das Recht noch Verbandsemp-
fehlungen können umfassende Menschlichkeit gewährleisten; sie bleibt Aufgabe jedes einzelnen Richters.

Kapitel 10.
Wer ist zurechnungsfähig?

Robert Musil: Der Mann ohne Eigenschaften. Roman, 1930/1932

I. Inhalt und Text

Das als Jahrhundertroman gepriesene Werk schildert Leben, Gedanken und Gefühle der Hauptfigur Ulrich, Sohn eines emeritierten Professors für Strafrecht, und einer großen Zahl von Menschen, denen er begegnet und die eine Rolle in seinem Leben spielen. Zugleich spiegeln diese ihn, da sie durchweg bestimmte Facetten seines Wesens personifizieren. Der Roman setzt ein an einem „schönen Augusttag des Jahres 1913" und spielt bis in den Sommer vor Kriegsausbruch 1914. Auf den Namen der Stadt, wo sich das meiste ereignet, „soll kein besonderer Wert gelegt werden"; doch durch vielerlei Bezüge wird erkennbar, dass es sich um Wien handelt.

Ulrich nimmt nach dem Scheitern seiner bisherigen Anläufe, „ein bedeutender Mann zu werden", „Urlaub von seinem Leben", um die „Ursache und den Geheimmechanismus" der Wirklichkeit mit ihren vielfältigen Widersprüchen zu begreifen und eine „Ordnung des Ganzen" und eine authentische Existenz in ihr, eben seine „Eigenheit" zu finden. Bei dieser Suche lässt Musil das ganze Panorama der geistigen Auseinandersetzungen der Zeit in Politik und Geschichte, Philosophie und Soziologie, Medizin und Psychologie, Kultur und Technik einfließen, vielfach durch Hinweise und Anspielungen, häufig aber auch direkte Übernahmen von Aussagen, Argumenten und Diskursen aus der jeweiligen Fachliteratur. So nehmen viele Kapitel die Form von Essays an, in denen die Stilmittel der Analogie, des Vergleichs und des Gleichnisses („die gleitende Logik der Seele") vorherrschen. Die Wirklichkeit wird ständig mit der Möglichkeit konfrontiert.

Unter den vielen Handlungskomplexen des Romans do-
miniert in den ersten beiden Teilen die „Parallelaktion",
deren Generalsekretär Ulrich wird. Diese „vaterländische
Aktion" soll die geplante Feier des 70jährigen Regierungs-
jubiläums des österreichischen Kaisers Franz Joseph im
Jahr 1918 zugleich mit dem im selben Jahr anstehenden
30jährigen Regierungsjubiläum des deutschen Kaisers
Wilhelm II. vorbereiten. Die ironische und beinahe schon
makabre Pointe ist, dass dies auch das Jahr des Untergangs
der beiden Monarchien ist. Ein satirischer und sozialkri-
tischer, zugleich aber auch fatalistischer Ton durchzieht die
Schilderung der krisenhaften gesellschaftlichen Zustände
des Vielvölkerstaats des Habsburger Reichs, deren geläufige Kennzeichnung als k.u.k. (kaiserlich für Österreich
und königlich für Ungarn seit der Begründung der Dop-
pelmonarchie im Jahr 1867) von Musil zur Fäkalassoziati-
on „Kakanien" verballhornt wird. Dabei will Musil keinen
„Versuch" machen, „ein Historienbild zu malen und mit
der Wirklichkeit in Wettbewerb zu treten", sondern einen
„besonders deutlichen Fall der modernen Welt" vorführen
und „Beiträge zur geistigen Bewältigung der Welt geben".
Aus den ersten beiden Teilen stammen auch die folgenden
beiden Kapitel über den Frauenmörder Moosbrugger.

18

Moosbrugger

Zu dieser Zeit beschäftigte der Fall Moosbrugger die Öffentlichkeit.

Moosbrugger war ein Zimmermann, ein großer, breitschult-
riger Mensch ohne überflüssiges Fett, mit einem Kopfhaar wie
braunes Lammsfell und gutmütig starken Pranken. Gutmütige
Kraft und der Wille zum Rechten sprachen auch aus seinem Gesicht, und hätte man sie nicht gesehn, so hätte man sie doch ge-
rochen, an dem derben, biederen, trockenen Werktagsgeruch, der
zu dem Vierunddreißigjährigen gehörte und vom Umgang mit
Holz und einer Arbeit kam, die ebensoviel Bedachtsamkeit wie
Anstrengung fordert.

Man blieb wie eingewurzelt stehn, wenn man diesem von Gott
mit allen Zeichen der Güte gesegneten Gesicht zum erstenmal begegnete, denn Moosbrugger war gewöhnlich von zwei bewaffneten Justizsoldaten begleitet und hatte die eng aneinandergebunde-

Robert Musil

nen Hände vor dem Leib, an einem starken stählernen Kettchen, dessen Knebel einer seiner Begleiter hielt.

Wenn er bemerkte, daß man ihn ansah, zog über sein breites, gutmütiges Gesicht mit dem ungepflegten Haar und dem Schnurrbart samt dazugehöriger Fliege ein Lächeln; er hatte einen kurzen schwarzen Rock mit hellgrauen Beinkleidern an, seine Haltung war breitbeinig und militärisch, aber dieses Lächeln war es, das die Berichterstatter des Gerichtssaals am meisten beschäftigt hatte. Es mochte ein verlegenes Lächeln sein oder ein verschlagenes, ein ironisches, heimtückisches, schmerzliches, irres, blutrünstiges, unheimliches –: sie tasteten ersichtlich nach widersprechenden Ausdrücken und schienen in diesem Lächeln verzweifelt etwas zu suchen, das sie offenbar in der ganzen redlichen Erscheinung sonst nirgends fanden.

Denn Moosbrugger hatte eine Frauensperson, eine Prostituierte niedersten Ranges, in grauenerregender Weise getötet. Die Berichterstatter hatten genau eine vom Kehlkopf bis zum Genick reichende Halswunde, ebenso die zwei Stichwunden in der Brust, welche das Herz durchbohrten, die zwei in der linken Seite des Rückens und das Abschneiden der Brüste beschrieben, die man fast abheben konnte; sie hatten ihren Abscheu davor ausgedrückt, aber sie hörten nicht auf, bevor sie fünfunddreißig Stiche im Bauch gezählt und die fast vom Nabel bis zum Kreuzbein reichende Schnittwunde erklärt hatten, die sich in einer Unzahl kleinerer den Rücken hinauf fortsetzte, während der Hals Würgspuren trug. Sie fanden von solchen Schrecknissen den Weg zu Moosbruggers gutmütigem Gesicht nicht zurück, obgleich sie selbst gutmütige Menschen waren und trotzdem das Geschehene sachlich, fachkundig und sichtlich in atemloser Spannung beschrieben. Selbst von der nächstliegenden Erklärung, daß man einen Geisteskranken vor sich habe – denn Moosbrugger war wegen ähnlicher Verbrechen schon einigemal in Irrenhäusern gewesen – machten sie wenig Gebrauch, obgleich ein guter Berichterstatter sich heute in solchen Fragen trefflich auskennt; es sah so aus, als sträubten sie sich vorläufig noch, auf den Bösewicht zu verzichten und das Geschehnis aus der eigenen Welt in die der Kranken zu entlassen, worin sie mit den Psychiatern übereinstimmten, die ihn schon ebenso oft für gesund wie für unzurechnungsfähig erklärt hatten. Und es ereignete sich des weiteren auch das Merkwürdige, daß die krankhaften Ausschreitungen Moosbruggers, als sie noch kaum bekannt geworden waren, schon von tausenden Menschen, welche die Sensationsgier der Zeitungen tadeln, als „endlich einmal etwas Interessantes" empfunden wurden; von eiligen Beamten wie von vierzehnjährigen Söhnen und durch Haussorgen umwölkten Gattinnen. Man seufzte zwar über eine solche Ausgeburt, aber man wurde von ihr innerlicher beschäftigt

als vom eigenen Lebensberuf. Ja, es mochte sich ereignen, daß in
diesen Tagen beim Zubettgehen ein korrekter Herr Sektionschef
oder ein Bankprokurist zu seiner schläfrigen Gattin sagte: „Was
würdest du jetzt anfangen, wenn ich ein Moosbrugger wäre …"

Ulrich war, als sein Blick auf dieses Gesicht mit den Zeichen
der Gotteskindschaft über Handschellen traf, rasch umgekehrt,
hatte einem Wachsoldaten des nahegelegenen Landesgerichts einige Zigaretten geschenkt und nach dem Konvoi gefragt, der erst
vor kurzem das Tor verlassen haben mußte; so erfuhr er –: doch
so muß derartiges sich wohl früher abgespielt haben, da man es
oft in dieser Weise berichtet findet, und Ulrich glaubte beinahe
selbst daran, aber die zeitgenössische Wahrheit war, daß er alles
bloß in der Zeitung gelesen hatte. Es dauerte noch lange, ehe er
Moosbrugger persönlich kennenlernte, und ihn vorher leibhaft
zu sehn, gelang ihm nur einmal während der Verhandlung. Die
Wahrscheinlichkeit, etwas Ungewöhnliches durch die Zeitung zu
erfahren, ist weit größer als die, es zu erleben; mit anderen Worten, im Abstrakten ereignet sich heute das Wesentlichere, und das
Belanglosere im Wirklichen.

Was Ulrich auf diesem Wege von der Geschichte Moosbruggers erfuhr, war ungefähr das Folgende:

Moosbrugger war als Junge ein armer Teufel gewesen, ein Hü-
terbub in einer Gemeinde, die so klein war, daß sie nicht einmal
eine Dorfstraße hatte, und er war so arm, daß er niemals mit einem Mädel sprach. Er konnte Mädels immer nur sehn; auch später
in der Lehre und dann gar auf den Wanderungen. Nun braucht
man sich ja bloß vorzustellen, was das heißt. Etwas, wonach man
so natürlich begehrt wie nach Brot oder Wasser, darf man immer
nur sehn. Man begehrt es nach einiger Zeit unnatürlich. Es geht
vorüber, die Röcke schwanken um seine Waden. Es steigt über
einen Zaun und wird bis zum Knie sichtbar. Man blickt ihm in die
Augen, und sie werden undurchsichtig. Man hört es lachen, dreht
sich rasch um und sieht in ein Gesicht, das so reglos rund wie ein
Erdloch ist, in das eben eine Maus schlüpfte.

Man könnte also verstehn, daß Moosbrugger schon nach dem
ersten Mädchenmord sich damit verantwortete, daß er stets von
Geistern verfolgt werde, die ihn bei Tag und Nacht riefen. Sie
warfen ihn aus dem Bett, wenn er schlief, und störten ihn bei der
Arbeit; dann hörte er sie tags und nachts miteinander sprechen
und streiten. Das war keine Geisteskrankheit, und Moosbrugger
mochte es nicht leiden, wenn man derart davon sprach; er putzte
es freilich selbst manchmal mit Erinnerungen an geistliche Reden auf oder legte es nach den Ratschlägen des Simulierens an,
die man in den Gefängnissen erhält, aber das Material dazu war
immer bereit; bloß etwas verblaßt, wenn man nicht gerade darauf
achtete.

So war es auch auf den Wanderschaften gewesen. Im Winter ist für einen Zimmermann schwer Arbeit zu finden, und Moosbrugger lag oft wochenlang auf der Straße. Nun ist man tageweit gewandert, gelangt in den Ort und findet kein Unterkommen. Muß bis spät in die Nacht weitermarschieren. Für eine Mahlzeit hat man kein Geld, so trinkt man Schnaps, bis hinter den Augen zwei Kerzen leuchten und der Körper allein geht. In der „Station" will man nicht um ein Nachtlager bitten, trotz der warmen Suppe, teils wegen des Ungeziefers und teils wegen der kränkenden Schererei; so bettelt man lieber ein paar Kreuzer zusammen und kriecht einem Bauern ins Heu. Ohne ihn zu bitten, natürlich, denn was soll man erst lang fragen und sich doch nur beleidigen lassen. Am Morgen gibt das freilich oft Streit und Anzeigen wegen Gewalttätigkeit, Vagabondage und Bettelei, und schließlich ergibt es einen immer dicker werdenden Bund solcher Vorstrafen, den jeder neue Richter wichtigtuerisch aufmacht, als ob Moosbrugger darin erklärt wäre.

Und wer denkt daran, was es heißt, sich tage- und wochenlang nicht richtig waschen zu können. Die Haut wird so steif, daß sie nur grobe Bewegungen erlaubt, selbst wenn man zärtliche machen wollte, und unter einer solchen Kruste erstarrt die lebendige Seele. Der Verstand mag weniger davon berührt werden, das Notwendige wird man ganz vernünftig tun; er mag eben wie ein kleines Licht in einem riesigen wandelnden Leuchtturm brennen, der voll zerstampfter Regenwürmer und Heuschrecken ist, aber alles Persönliche ist darin zerquetscht, und es wandelt nur die gärende organische Substanz. Dann begegneten dem wandernden Moosbrugger, wenn er durch die Dörfer kam oder auch auf der einsamen Straße, ganze Prozessionen von Frauen. Jetzt eine, und eine halbe Stunde später zwar erst wieder eine Frau, aber wenn sie selbst in so großen Zwischenräumen kamen und gar nichts miteinander zu tun hatten, im ganzen waren es doch Prozessionen. Sie gingen von einem Dorf zum andern oder hatten nur soeben vors Haus gesehn, sie trugen dicke Tücher oder Jacken, die in einer steifen Schlangenlinie um die Hüften standen, sie traten in warme Stuben ein oder trieben ihre Kinder vor sich her oder waren auf der Straße so allein, daß man sie mit einem Stein hätte werfen können wie eine Krähe. Moosbrugger behauptete, daß er kein Lustmörder sein könne, weil ihn immer nur Gefühle der Abneigung gegen diese Frauenspersonen beseelt hätten, und das erscheint nicht unwahrscheinlich, denn man will doch auch eine Katze verstehn, die vor einem Bauer sitzt, in dem ein dicker blonder Kanarienvogel auf und nieder hüpft; oder eine Maus schlägt, ausläßt, wieder schlägt, nur um sie noch einmal fliehen zu sehn; und was ist ein Hund, der einem rollenden Rad nachläuft, nur noch im Spiel beißend, er, der Freund des Menschen?: da ist im

Verhalten zum Lebendigen, Bewegten, stumm vor sich hin Rollenden oder Huschenden eine geheime Abneigung gegen das sich seiner selbst freuende Mitgeschöpf berührt. Und was sollte man schließlich machen, wenn sie schrie? Man könnte nur zur Besinnung kommen oder, wenn man das eben nicht kann, ihr Gesicht zu Boden drücken und Erde ihr in den Mund stopfen.

Moosbrugger war nur ein Zimmermannsgeselle, ein ganz einsamer Mensch, und obgleich er auf allen Plätzen, wo er arbeitete, von den Kameraden gut gelitten war, hatte er keinen Freund. Der stärkste Trieb wendete von Zeit zu Zeit sein Wesen grausam nach außen; aber vielleicht hatte ihm wirklich, wie er sagte, nur die Erziehung und die Gelegenheit gefehlt, um etwas anderes daraus zu machen, einen Massenwürgengel oder Theaterbrandstifter, einen großen Anarchisten; denn die Anarchisten, die sich in Geheimbünden zusammentun, nannte er mit Verachtung die falschen. Er war ersichtlich krank; aber wenn auch offenbar seine krankhafte Natur den Grund für sein Verhalten abgab, die ihn von den anderen Menschen absonderte, ihm kam das wie ein stärkeres und höheres Gefühl von seinem Ich vor. Sein ganzes Leben war ein zum Lachen und Entsetzen unbeholfener Kampf, um Geltung dafür zu erzwingen. Er hatte schon als Bursche einem Brotherrn die Finger gebrochen, als dieser ihn züchtigen wollte. Einem andern verschwand er mit Geld; aus notwendiger Gerechtigkeit, wie er sagte. Er hielt es auf keinem Platz lange aus; solang er in seiner wortkarg mit freundlicher Ruhe und riesigen Schultern arbeitenden Art, wie es anfangs immer geschah, die Leute in Scheu hielt, blieb er; sobald sie vertraulich und respektlos mit ihm umzugehen begannen, als würden sie ihn nun erkannt haben, packte er sich fort, denn ein unheimliches Gefühl ergriff ihn dann, so als wäre er nicht fest in seiner Haut. Einmal hatte er es zu spät getan; da verschworen sich vier Maurer auf einem Bau, ihn ihre Überlegenheit fühlen zu lassen und vom obersten Stockwerk das Gerüst hinunterzustürzen; er hörte sie schon hinter seinem Rücken kichern und herankommen, da warf er sich mit seiner unermeßlichen ganzen Kraft auf sie, stürzte den einen zwei Treppen hinab und zerschnitt zwei andren alle Sehnen des Arms. Daß er dafür bestraft wurde, hatte sein Gemüt erschüttert, wie er sagte. Er wanderte aus. In die Türkei; und wieder zurück, denn die Welt hielt überall gegen ihn zusammen; kein Zauberwort kam gegen diese Verschwörung auf und keine Güte.

Solche Worte hatte er in den Irrenhäusern und Gefängnissen eifrig gelernt; französische und lateinische Scherben, die er an den unpassendsten Stellen in seine Reden steckte, seit er herausbekommen hatte, daß es der Besitz dieser Sprachen war, was den Herrschenden das Recht gab, über sein Schicksal zu „befinden". Aus dem gleichen Grund bemühte er sich auch in Verhandlungen, ein gewähltes Hochdeutsch zu sprechen, sagte etwa, „das muß als Grundlage meiner Brutalität dienen" oder „ich hatte sie mir noch grausamer vorgestellt, als ich derlei Weiber sonst einschätze"; wenn er aber sah, daß auch das den Eindruck verfehlte, schwang er sich nicht selten zu einer großen schauspielerischen Pose auf und erklärte sich höhnisch als „theoretischen Anarchisten", der sich von den Sozialdemokraten jederzeit retten lassen könnte, wenn er von diesen ärgsten jüdischen Ausbeutern des arbeitenden, unwissenden Volks etwas geschenkt nehmen wollte: Da hatte auch er eine „Wissenschaft", ein Gebiet, auf das ihm die gelehrte Anmaßung seiner Richter nicht folgen konnte.

Gewöhnlich trug ihm das die Gerichtssaalzensur der „bemerkenswerten Intelligenz", ehrenvolle Beachtung während der Verhandlung und strengere Strafen ein, aber im Grunde empfand seine geschmeichelte Eitelkeit diese Verhandlungen als die Ehrenzeiten seines Lebens. Deshalb haßte er auch niemand so inbrünstig wie die Psychiater, die glaubten, sein ganzes schwieriges Wesen mit ein paar Fremdworten abtun zu können, als wäre es für sie eine alltägliche Sache. Wie immer in solchen Fällen, schwankten unter dem Druck der sich ihnen überordnenden juristischen Vorstellungswelt die medizinischen Gutachten über seinen Geisteszustand, und Moosbrugger ließ sich keine dieser Gelegenheiten entgehn, um in öffentlicher Verhandlung seine Überlegenheit über die Psychiater zu beweisen und sie als aufgeblasene Tröpfe und Schwindler zu entlarven, die ganz unwissend seien und ihn, wenn er simuliere, ins Irrenhaus aufnehmen müßten, statt ihn ins Zuchthaus zu schicken, wohin er gehöre. Denn er leugnete seine Taten nicht, er wollte sie als Unglücksfälle einer großen Lebensauffassung verstanden wissen. Die kichernden Weiber waren vor allem gegen ihn verschworen; sie hatten alle ihre Schürzenbuben, und das gerade Wort eines ernsten Mannes achteten sie für nichts, wenn nicht gar für eine Beleidigung. Er ging ihnen aus dem Weg, solang er konnte, um sich nicht reizen zu lassen; aber nicht allezeit war das möglich. Es kommen Tage, wo man als Mann ganz dumm im Kopf wird und nichts mehr anpacken kann, weil die Hände vor Unruhe schwitzen. Und muß man dann nachgeben, so kann man sicher sein, daß schon beim ersten Schritt, fern über den Weg wie eine Vorpatrouille, welche die andren geschickt haben, solch ein wandelndes Gift kreuzt, eine Betrügerin, die den Mann heimlich auslacht, während sie ihn schwächt und ihm ihr Theater vormacht, wenn sie nicht noch viel Schlimmeres ihm in ihrer Gewissenlosigkeit antut!

Und so war das Ende jener Nacht gekommen, einer teilnahmslos durchzechten Nacht mit viel Lärm zur Beschwichtigung der inneren Unruhe. Es kann, auch ohne daß man betrunken ist, die Welt unsicher sein. Die Straßenwände wanken wie Kulissen,

hinter denen etwas auf das Stichwort wartet, um herauszutreten.
Am Rand der Stadt wird es ruhiger, wo man ins freie, vom Mond
erhellte Feld kommt. Dort mußte Moosbrugger umkehren, um
in einem Bogen nach Haus zu finden, und da, bei der eisernen
Brücke, sprach ihn das Mädchen an. Es war so ein Mädchen, wie
sie sich unten in den Auen an Männer vermieten, ein stellenloses,
davongelaufenes Dienstmädchen, eine kleine Person, von der man
nur zwei lockende Mausaugen unter dem Kopftuch sah. Moosbrugger wies sie ab und beschleunigte seinen Gang; aber sie bet-
telte, daß er sie mit nach Haus nehmen möge. Moosbrugger ging;
gradaus, um die Ecke, schließlich hilflos hin und her; er machte große Schritte, und sie lief neben ihm; er blieb stehn, und sie
stand wie ein Schatten. Er zog sie hinter sich drein, das war es. Da
machte er noch einen Versuch, sie zu verscheuchen; er drehte sich
um und spuckte ihr zweimal ins Gesicht. Aber es half nicht; sie
war unverwundbar.

Das geschah in dem stundenweiten Park, den sie an seiner
schmalsten Stelle durchqueren mußten. Da wurde es zunächst
Moosbrugger gewiß, daß ein Beschützer des Mädchens in der
Nähe sein müsse; denn woher hätte sie sonst den Mut nehmen
können, ihm trotz seines Unwillens zu folgen? Er griff nach dem
Steckmesser in die Hosentasche, denn man wollte ihn zum besten
haben; vielleicht wieder über ihn herfallen; immer steckt ja hinter
den Weibern der andere Mann, der einen verhöhnt. Überhaupt,
kam sie ihm nicht wie ein verkleideter Mann vor? Er sah Schatten
sich bewegen und hörte das Holz knacken, während die Schlei-
cherin neben ihm wie eine ganz weit ausschwingende Uhr immer
wieder nach einer Weile ihre Bitte wiederholte; aber es war nichts
zu finden, worauf sich seine Riesenkraft hätte stürzen können,
und er begann sich vor diesem unheimlichen Nichtgeschehen zu
fürchten.

Als sie in die erste, noch sehr düstere Straße kamen, stand
ihm der Schweiß auf der Stirn, und er zitterte. Er sah nicht zur
Seite und wandte sich in ein Kaffeehaus, das noch offenstand.
Er stürzte einen schwarzen Kaffee und drei Kognaks hinunter
und durfte ruhig sitzen, vielleicht eine Viertelstunde lang; als er
aber zahlte, war wieder der Gedanke da, was er beginnen werde,
wenn sie nun draußen gewartet habe? Es gibt solche Gedanken,
die wie Bindfaden sind und sich in endlosen Schlingen um Arme
und Beine legen. Und als er kaum ein paar Schritte in die dunkle Straße getan hatte, fühlte er das Mädchen an seiner Seite. Sie
war jetzt gar nicht mehr demütig, sondern frech und sicher; sie
bat auch nicht mehr, sondern schwieg nur. Da erkannte er, daß
er niemals von ihr loskommen werde, weil er es selbst war, der
sie hinter sich herzog. Ein weinerlicher Ekel füllte seinen Hals
aus. Er ging, und das, halb hinter ihm, war wiederum er. Genau

so, wie er auch immer Prozessionen begegnet war. Er hatte sich
einmal einen großen Holzsplitter selbst aus dem Bein geschnit-
ten, weil er zu ungeduldig war, um auf den Arzt zu warten; ganz
ähnlich fühlte er jetzt wieder sein Messer, lang und hart lag es in
seiner Tasche.

Aber Moosbrugger verfiel mit einer geradezu überirdischen
Anstrengung seiner Moral auf noch einen Ausweg. Hinter der
Planke, längs der jetzt der Weg führte, lag ein Sportplatz; da war
man ganz ungesehen, und er bog ein. In dem engen Kassenhäus-
chen legte er sich nieder und drängte den Kopf in die Ecke, wo
es am dunkelsten war; das weiche verfluchte zweite Ich legte sich
neben ihn. Er tat deshalb so, als ob er gleich einschliefe, um später davonschleichen zu können. Aber als er leise, mit den Füßen
voran, hinauskroch, war es wieder da und schlang die Arme um
seinen Hals. Da fühlte er etwas Hartes in ihrer oder seiner Tasche; er zerrte es hervor. Er wußte nicht recht, war es eine Schere
oder ein Messer; er stach damit zu. Sie hatte behauptet, es sei nur
eine Schere, aber es war sein Messer. Sie fiel mit dem Kopf in das
Häuschen; er schleppte sie ein Stück heraus, auf die weiche Erde,
und stach so lange auf sie ein, bis er sie ganz von sich losgetrennt
hatte. Dann stand er vielleicht noch eine Viertelstunde bei ihr und
betrachtete sie; während die Nacht wieder ruhiger und wunder-
sam glatt wurde. Nun konnte sie keinen Mann mehr beleidigen
und sich an ihn hängen. Schließlich trug er die Leiche über die
Straße und legte sie vor ein Gebüsch, damit sie leichter gefunden
und bestattet werden könne, wie er behauptete, denn nun konnte
sie ja nichts mehr dafür.

In der Verhandlung bereitete Moosbrugger seinem Verteidiger
die unvorhersehbarsten Schwierigkeiten. Er saß breit wie ein Zuschauer auf seiner Bank, rief dem Staatsanwalt Bravo zu, wenn
dieser etwas für seine Gemeingefährlichkeit vorbrachte, das ihm
seiner würdig erschien, und teilte lobende Zensuren an Zeugen
aus, die erklärten, niemals etwas an ihm bemerkt zu haben, was
auf Unzurechnungsfähigkeit schließen ließe. „Sie sind ein drolli-
ger Kauz" schmeichelte ihm von Zeit zu Zeit der die Verhandlung
leitende Richter und zog gewissenhaft die Schlingen zusammen,
die sich der Angeklagte gelegt hatte. Dann stand Moosbrugger
einen Augenblick lang erstaunt wie ein in der Arena gehetzter
Stier, ließ die Augen wandern und merkte an den Gesichtern der
Umsitzenden, was er nicht verstehen konnte, daß er sich abermals
eine Lage tiefer in seine Schuld hineingearbeitet hatte.

Es zog Ulrich besonders an, daß seiner Verteidigung offenbar
ein schattenhaft kenntlicher Plan zugrunde lag. Er war weder mit
der Absicht ausgegangen zu töten, noch durfte er seiner Würde
halber krank sein; von Lust konnte überhaupt nicht gesprochen
werden, sondern nur von Ekel und Verachtung: also mußte die

Tat ein Totschlag sein, zu dem ihn das verdächtige Benehmen des Weibes, „dieser Karikatur eines Weibes", wie er sich ausdrückte, verleitet hatte. Wenn man ihn recht verstand, verlangte er sogar, daß man seinen Mord für ein politisches Verbrechen ansehe, und machte manchmal den Eindruck, daß er gar nicht für sich, sondern für diese Rechtskonstruktion kämpfe. Die Taktik, die der Richter dagegen anwandte, war die übliche, in allem nur die plump listigen Anstrengungen eines Mörders zu sehn, der sich seiner Verantwortung entziehen will. „Warum haben Sie sich die blutigen Hände abgewischt? – Warum haben Sie das Messer weggeworfen? – Warum haben Sie nach der Tat frische Kleider und Wäsche angezogen? – Weil es Sonntag war? Nicht, weil sie blutig waren? – Weshalb sind Sie zu einer Unterhaltung gegangen? Die Tat hat Sie also nicht gehindert, das zu tun? Haben Sie überhaupt Reue empfunden?" Ulrich verstand gut die tiefe Entsagung, mit der Moosbrugger in solchen Augenblicken seine unzureichende Erziehung anklagte, die ihn verhinderte, dieses aus Unverständnis geflochtene Netz aufzuknoten, was aber in der Sprache des Richters mit strafendem Nachdruck hieß: „Sie wissen immer anderen die Schuld zu geben!" Dieser Richter faßte alles in eins zusammen, ausgehend von den Polizeiberichten und der Landstreicherei, und gab es als Schuld Moosbrugger; für den aber bestand es aus lauter einzelnen Vorfällen, die nichts miteinander zu tun hatten und jeder eine andere Ursache besaßen, die außerhalb Moosbruggers und irgendwo im Ganzen der Welt lag. In den Augen des Richters gingen seine Taten von ihm aus, in den seinen waren sie auf ihn zugekommen wie Vögel, die herbeifliegen. Für den Richter war Moosbrugger ein besonderer Fall; für sich war er eine Welt, und es ist sehr schwer, etwas Überzeugendes über eine Welt zu sagen. Es waren zwei Taktiken, die miteinander kämpften, zwei Einheiten und Folgerichtigkeiten; aber Moosbrugger hatte den ungünstigeren Stand, denn seine seltsamen Schattengründe hätte auch ein Klügerer nicht ausdrücken können. Sie kamen unmittelbar aus dem verwirrt Einsamen seines Lebens, und während alle anderen Leben hundertfach bestehen – in der gleichen Weise gesehn von denen, die sie führen, wie von allen anderen, die sie bestätigen – war sein wahres Leben nur für ihn vorhanden. Es war ein Hauch, der sich immerfort deformiert und die Gestalt wechselt. Freilich hätte er seine Richter fragen können, ob ihr Leben denn im Wesen anders sei? Aber so etwas dachte er gar nicht. Vor der Justiz lag alles, was nacheinander so natürlich gewesen war, sinnlos nebeneinander in ihm, und er bemühte sich mit den größten Anstrengungen, einen Sinn hineinzubringen, der der Würde seiner vornehmen Gegner in nichts nachstehen sollte. Der Richter wirkte beinahe gütig in seinem Bemühen, ihn dabei zu unterstützen und ihm Begriffe zur Verfügung zu stellen, selbst wenn es solche waren, die Moosbrugger den fürchterlichsten Folgen auslieferten.

Es war wie der Kampf eines Schattens mit der Wand, und zum Schluß flackerte Moosbruggers Schatten nur noch gräßlich. Bei dieser letzten Verhandlung war Ulrich dabei. Als der Vorsitzende das Gutachten vorlas, das ihn als verantwortlich erklärte, erhob sich Moosbrugger und tat dem Gerichtshof kund: „Ich bin damit zufrieden und habe meinen Zweck erreicht." Spöttischer Unglaube in den Augen rings umher antwortete ihm, und er fügte zornig hinzu: „Dadurch, daß ich die Anklage erzwungen habe, bin ich mit dem Beweisverfahren zufrieden!" Der Vorsitzende, der jetzt ganz Strenge und Strafe geworden war, verwies es ihm mit der Bemerkung, daß es dem Gerichtshof nicht auf seine Zufriedenheit ankomme. Dann las er ihm das Todesurteil vor, genau so, als ob der Unsinn, den Moosbrugger zum Vergnügen aller Anwesenden während der ganzen Verhandlung gesprochen hatte, nun auch einmal ernst beantwortet werden müßte. Da sagte Moosbrugger nichts, damit es nicht wie ein Schreck aussehe. Dann wurde die Verhandlung geschlossen, und alles war vorbei. Da aber wankte doch sein Geist; er wich zurück, ohnmächtig gegen den Hochmut der Verständnislosen; er drehte sich um, den schon die Justizsoldaten hinausführten, kämpfte um Worte, reckte die Hände empor und rief mit einer Stimme, welche die Stöße seiner Wächter abschüttelte: „Ich bin damit zufrieden, wenn ich Ihnen auch gestehen muß, daß Sie einen Irrsinnigen verurteilt haben!"

Das war eine Inkonsequenz; aber Ulrich saß atemlos. Das war deutlich Irrsinn, und ebenso deutlich bloß ein verzerrter Zusammenhang unsrer eignen Elemente des Seins. Zerstückt und durchdunkelt war es; aber Ulrich fiel irgendwie ein: wenn die Menschheit als Ganzes träumen könnte, müßte Moosbrugger entstehn. Er ernüchterte sich erst, als der „elende Hanswurst von Verteidiger", wie ihn Moosbruggers Undank einmal im Lauf der Verhandlung genannt hatte, wegen irgendwelcher Einzelheiten die Nichtigkeitsbeschwerde anmeldete, während ihrer beider riesiger Klient abgeführt wurde.

60

Ausflug ins logisch-sittliche Reich

Was über Moosbrugger von Rechts wegen zu sagen war, das hätte man in einem Satz vorbringen können. Moosbrugger war einer jener Grenzfälle, die aus der Jurisprudenz und Gerichtsmedizin auch den Laien als die Fälle der verminderten Zurechnungsfähigkeit bekannt sind.

Bezeichnend für diese Unglücklichen ist es, daß sie nicht nur eine minderwertige Gesundheit, sondern auch eine minderwertige Krankheit haben. Die Natur hat eine merkwürdige Vorliebe dafür, solche Personen in Hülle und Fülle hervorzubringen; natura non fecit saltus, sie macht keinen Sprung, sie liebt die Übergänge und hält auch im großen die Welt in einem Übergangszustand zwischen Schwachsinn und Gesundheit. Aber die Jurisprudenz nimmt nicht Notiz davon. Sie sagt: non datur tertium sive medium inter duo contradictoria, zu deutsch: der Mensch ist entweder imstande, rechtswidrig zu handeln, oder er ist es nicht, denn zwischen zwei Gegensätzen gibt es nichts Drittes oder Mittleres. Durch diese Fähigkeit wird er strafbar, durch diese seine Eigenschaft der Strafbarkeit wird er Rechtsperson, und als Rechtsperson hat er teil an der überpersönlichen Wohltat des Rechts. Wer das nicht gleich versteht, der denke an die Kavallerie. Wenn ein Pferd sich bei jedem Versuch, es zu reiten, wie toll benimmt, so wird es mit besonderer Sorgfalt gewartet, bekommt die weichsten Bandagen, die besten Reiter, das ausgewählteste Futter und die geduldigste Behandlung. Wenn sich dagegen ein Reiter etwas zuschulden kommen läßt, so steckt man ihn in einen von Flöhen besetzten Käfig, entzieht ihm das Essen und gibt ihm Eisenschellen. Die Begründung dieses Unterschieds liegt darin, daß das Pferd bloß dem tierisch empirischen Reich angehört, während der Dragoner an dem logisch-sittlichen teilhat. In diesem Sinne zeichnet es den Menschen vor dem Tiere, und man darf hinzufügen, auch vor dem Geisteskranken aus, daß er nach seinen geistigen und sittlichen Eigenschaften imstande ist, rechtswidrig zu handeln und ein Verbrechen zu begehn; und da also erst die Strafbarkeit jene Eigenschaft ist, die ihn zum sittlichen Menschen erhebt, wird es verständlich, daß der Jurist eisern an ihr festhalten muß.

Leider tritt noch hinzu, daß die Gerichtspsychiater, die berufen wären, sich dem entgegenzusetzen, gewöhnlich viel ängstlicher in ihrem Beruf sind als die Juristen; sie erklären nur solche Personen für wirklich krank, die sie nicht heilen können, was eine bescheidene Übertreibung ist, denn sie können die anderen auch nicht heilen. Sie unterscheiden zwischen unheilbaren Geisteskrankheiten, zwischen solchen, die mit Gottes Hilfe nach einiger Zeit von selbst besser werden, und endlich solchen, die der Arzt zwar auch nicht heilen kann, wohl aber der Patient vermeiden könnte, vorausgesetzt natürlich, daß durch höhere Fügung rechtzeitig die richtigen Einflüsse und Überlegungen auf ihn einwirken. Diese zweite und dritte Gruppe liefert jene nur minderwertigen Kranken, die der Engel der Medizin zwar als Kranke behandelt, wenn sie zu ihm in die Privatpraxis kommen, die er aber schüchtern dem Engel des Rechts überläßt, wenn er mit ihnen in der Gerichtspraxis zusammenstößt.

Ein solcher Fall war Moosbrugger. Man hatte ihn während seines von den Verbrechen eines unheimlichen Blutrausches unter-

brochenen ehrlichen Lebens ebenso oft in Irrenhäusern zurück-
gehalten wie entlassen, und er hatte als Paralytiker, Paranoiker,
Epileptiker und zirkulär Irrer gegolten, ehe ihm in der letzten
Verhandlung zwei besonders gewissenhafte Gerichtsärzte seine
Gesundheit wieder zurückgaben. Natürlich befand sich damals
in dem großen, menschenerfüllten Saal keine einzige Person, sie
inbegriffen, die nicht davon überzeugt gewesen wäre, daß Moosbrugger in irgendeiner Weise krank sei; aber es war keine Weise,
die den vom Gesetz gestellten Bedingungen entsprach und von
gewissenhaften Gehirnen anerkannt werden durfte. Denn wenn
man teilweise krank ist, ist man nach Ansicht der Rechtslehrer
auch teilweise gesund; ist man aber teilweise gesund, so ist man
wenigstens teilweise zurechnungsfähig; und ist man teilweise zurechnungsfähig, so ist man es ganz; denn Zurechnungsfähigkeit
ist, wie sie sagen, der Zustand des Menschen, in dem er die Kraft
besitzt, unabhängig von jeder ihn zwingenden Notwendigkeit
sich aus sich selbst für einen bestimmten Zweck zu bestimmen,
und eine solche Bestimmtheit kann man nicht gleichzeitig besitzen und entbehren.

Zwar schließt das nicht aus, daß es Personen gibt, deren Zustände und Anlagen es ihnen erschweren, „unsittlichen Antrieben" zu
widerstehn und den „Ausschlag zum Guten" zu finden, wie die
Juristen das nennen, und eine solche Person, in der Umstände, die
einen anderen noch gar nicht berühren, schon den „Entschluß"
zu einer Straftat hervorrufen, war Moosbrugger. Aber erstens
waren seine Geistes- und Verstandeskräfte nach Ansicht des
Gerichts soweit unbeschädigt, daß bei ihrer Anwendung die Tat
ebensogut unausgeführt hätte bleiben können, und es bestand so-
nach kein Grund, ihn von dem sittlichen Gut der Verantwortung
auszuschließen. Zweitens fordert es eine geordnete Rechtspflege,
daß jede schuldige Handlung bestraft wird, wenn sie mit Wissen
und Willen vollendet wurde. Und drittens nimmt die juristische
Logik an, daß in allen Geisteskranken – mit Ausnahme jener ganz
unglücklichen, welche die Zunge herausstrecken, wenn man sie
fragt, wieviel sieben mal sieben ist, oder „Ich" sagen, wenn sie
den Namen Sr. Kaiser- und Königlichen Majestät angeben sollen
– ein Minimum von Unterscheidungs- und Selbstbestimmungs-
fähigkeit noch vorhanden sei, und es hätte bloß einer besonderen
Anspannung der Intelligenz und Willenskraft bedurft, um den
verbrecherischen Charakter der Tat zu erkennen und den verbrecherischen Antrieben zu widerstehn. Das ist aber wohl das mindeste, was man von so gefährlichen Personen verlangen darf!

Gerichtshöfe gleichen Kellern, in denen die Weisheit der Vor-
vordern in Flaschen liegt; man öffnet diese und möchte darüber
weinen, wie ungenießbar der höchste, ausgegorenste Grad menschlicher Genauigkeitsanstrengung wird, ehe er vollkommen ist. Den-

noch scheint er unabgehärtete Personen zu berauschen. Es ist eine bekannte Erscheinung, daß der Engel der Medizin, wenn er längere Zeit den Ausführungen der Juristen zugehört hat, sehr oft seine eigene Sendung vergißt. Er schlägt dann klirrend die Flügel zusammen und benimmt sich im Gerichtssaal wie ein Reserveengel der Jurisprudenz.

Im dritten Teil treten Ulrichs Beziehungen zu seiner Schwester Agathe in den Vordergrund. Nach einer Reihe von Enttäuschungen in verschiedenen erotischen Beziehungen, die ausführlich aber subtil geschildert werden, sucht Ulrich in einer weithin platonischen Liebe, die sich erst am Schluss zum Inzest entwickelt, den „anderen Zustand" zu verwirklichen, eine kontemplative und emotionale Vereinigung von Ratio und Gefühl jenseits der alltäglichen Wirklichkeit. In ihren „heiligen Gesprächen" geht es um die Tradition alteuropäischer Mythen und die Schriften der Mystiker. Vor allem Gedanken Meister Eckharts aus dem 13./14. Jahrhundert werden rezipiert, von dem auch die Wendung „ohne Eigenschaften" stammt. Eigenschaft ist das deutsche Wort für lateinisch proprietas, womit die Mystiker alles Irdische des Menschen meinten, das von der Beziehung zu Gott ablenkt. Der Mann ohne Eigenschaften bedeutet dann „die höchste Form des Menschseins" (*Jochen Schmidt*).

Musil hatte für den weiteren Fortgang des Romans geplant, den Weg in die Katastrophe des Ersten Weltkriegs zu reflektieren. Das kommende Unglück scheint aber schon in den veröffentlichten Teilen auf. So prophezeit ein General: „Irgendwann geht Ordnung in das Bedürfnis nach Totschlag über." Jedenfalls sollte die Fortsetzung des Romans, das zeigen die nachgelassenen Skizzen, nach dem missglückten Versuch eines entrückten rein privaten Lebens wieder zurück ins gesellschaftliche Leben führen.

II. Der Autor und sein Werk

Robert Musil (1880–1942) entstammte dem österreichischen gebildeten Bürgertum. Er wurde in Klagenfurt geboren und wuchs in verschiedenen Städten Österreichs und Mährens auf. 1897 trat er in die Technische Militärakade-

mie Wien ein, wechselte aber schon 1898 zu einem Ma-
schinenbaustudium an die Technische Hochschule Brünn.
Nach der zweiten Staatsprüfung 1901 und einem anschließenden Freiwilligenjahr, das er als Leutnant beendete, war
er 1902/1903 Volontärassistent – heute würde man sagen:
Praktikant – in der Materialprüfanstalt Stuttgart. Anschließend studierte er in Berlin Philosophie, Psychologie,
Mathematik und Physik und wurde 1908 mit einer Arbeit
über Ernst Mach, den bekannten Vertreter des naturwis-
senschaftlichen Positivismus, zum Doktor phil. promoviert. Das Angebot einer Assistentenstelle für Psychologie
an der Universität Graz schlug er aus, um freier Schriftsteller zu werden. Er war nämlich durch den 1906 erschienenen
Roman „Die Verwirrungen des Zöglings Törleß“ bekannt
geworden.

Nach der Eheschließung 1911 arbeitete Robert Musil als
Bibliothekar an der Technischen Hochschule Wien und
ab 1914 als Redakteur im S. Fischer-Verlag in Berlin. Den
Kriegsdienst leistete er als Landsturmoffizier an der Front
in Südtirol, in verschiedenen Heeresstäben und als Redakteur von Soldatenzeitungen. Nach weiteren Jahren im Archiv des Pressedienstes des Bundesministeriums für Äußeres und im Staatsamt für Heerwesen arbeitete er von 1922
bis 1938 als freier Theaterkritiker, Essayist und Schriftsteller vornehmlich in Wien und von 1931 bis 1933 in Berlin. Er
reiste viel durch Europa, war allerdings auch häufig krank
und litt an längeren Schreibblockaden.

Schon 1923 auf Vorschlag von Alfred Döblin mit dem
Kleist-Preis ausgezeichnet, galt er nach der Veröffentlichung der ersten beiden Teile des Romans „Der Mann
ohne Eigenschaften“ Anfang der 1930er Jahre nach vielen
geradezu hymnischen Reaktionen als Autor der Weltliteratur. Der 1932 veröffentlichte dritte Teil trägt den Titel „Ins
Tausendjährige Reich (Die Verbrecher)“, was u.a. dazu
führte, dass der Roman 1938 im nunmehr auch Österreich
umfassenden Deutschen Reich verboten wurde. Im selben
Jahr emigrierte Musil in die Schweiz und arbeitete unter
schwierigsten materiellen Bedingungen an der Fortsetzung
des Romans, den zu vollenden ihm – auch wegen einer

geradezu neurotischen unaufhörlichen Umarbeitung des Textes – nicht mehr gelang. An seinem Lebensende war er fast vergessen; bei seiner Trauerfeier waren gerade einmal acht Personen anwesend.

Musils Frau Marthe gab zwanzig Kapitel, die als Druckfahnen vorlagen, 1942 im Selbstverlag heraus. Ein Teil des umfangreichen Nachlasses mit verschiedenen Entwürfen zur Fortsetzung des Romans wurde von *Adolf Frisé* 1952 zum ersten Mal und in verbesserter Form 1978 herausgegeben. Danach umfasst der Roman fünf Bände mit über 2000 Seiten. Mehrere tausend weitere Seiten befinden sich noch unveröffentlicht im Nachlass. Seit den 1960er Jahren wächst Musils Berühmtheit kontinuierlich, aber nicht unbedingt die Schar seiner Leser.

Robert Musil hat die Eigenart seines Schreibens wie folgt charakterisiert: „Was schließlich entstand: Eine sorgfältig ausgeführte Schrift, die unter dem Vergrößerungsglas (aufmerksamer, bedachtsamer, jedes Wort prüfender Aufnahme) das Mehrfache ihres scheinbaren Inhalts enthält." Dies hat sich in einer überwältigenden Fülle von Interpretationen seines Werks bestätigt (*Marcel Reich-Ranicki* hat über die „beträchtliche Anzahl nicht immer nützlicher wissenschaftlicher Arbeiten" gespottet). Das umfassende Epochenpanorama des Romans eröffnet literatur- und kulturwissenschaftliche, historische und soziale, medizinische und juristische Perspektiven, und seine Zusammenhänge mit dem Zeitgeist reichen bis zur Parallelisierung der Eigenschaftslosigkeit mit der zur Zeit Robert Musils in Blüte stehenden abstrakten Kunst. So hat man auch über 75 psychoanalytische Arbeiten zu seinem Werk gezählt, das für derartige Deutungen reiches Material enthält, auch weil Musil selbst sich intensiv mit der Psychoanalyse auseinandergesetzt und bei einem Schüler des Begründers der Individualpsychologie, Alfred Adlers, in Behandlung war. Der „andere Zustand" zum Beispiel kann mit Sigmund Freud als Regression analysiert werden, während er sich für die Anhänger C.G. Jungs als Progression darstellt.

Die psychoanalytische Ergiebigkeit des Romans liegt auch an seiner „sexuellen Prosa" (*Oliver Pfohlmann*) und an der

breiten Palette von häufig anormalem Sexualverhalten, als
dessen Extrem der geisteskranke Frauenmörder Moosbrugger erscheint. Die Figur und Geschichte des Moosbrugger
ist dem realen Fall des Zimmermanns Christian Voigt
nachgebildet, der 1911 von einem Wiener Schwurgericht
wegen Mordes an einer Gelegenheitsprostituierten zum
Tode verurteilt worden ist. Musil hat die Zeitungsberichte
über die Gerichtsverhandlungen ausgewertet und in einer
„Art Collage-Verfahren" (*Karl Corino*) viele Einzelheiten
des Lebens des Täters und der Umstände der Tat direkt, bis
hin zu einzelnen sprachlichen Wendungen übernommen.
Der literarische Mehrwert entstand hier zum einen durch
die Metaphern und Vergleiche des Erzählers und zum anderen durch die Übersetzung der direkten Rede der Zei-
tungsartikel „in die pronominale Form eines ‚man'" (*Inka
Mülder-Bach*), d. h. durch eine Verallgemeinerung.

Auch die Moosbrugger-Figur ist vielfältig interpretiert
worden. Mit *Barbara Neymeyr* kann man hauptsächlich
folgende Aspekte unterscheiden: Moosbrugger als Sinn-
bild einer Zeitkrankheit, die in den Wahnsinn des Krieges
führt; als Gegenstand von entlarvenden gesellschaftlichen
Reaktionen; als Spiegel (Alter Ego) von Ulrich in puncto
„wildes Denken" und „anderer Zustand"; als Objekt von
Obsessionen anderer Personen im Roman; als durch ein ne-
gatives Sozialisationsschicksal pathologisch entstellte Persönlichkeit; als Konzentrat abgespaltener oder verdrängter
eigener Persönlichkeitsteile der Mitglieder der Gesellschaft
und als Repräsentant außerordentlicher menschlicher Möglichkeiten. Jüngst hat *Inka Mülder-Bach* in Moosbrugger
„die anthropologische Verkörperung der kakanischen Paradoxie des ‚Sowohl als auch u. des Weder noch'" gesehen;
er verdeutliche damit zugleich „die Paradoxie eines Rechts-
systems, das durch den Grenzfall verminderter Zurechnungsfähigkeit an seine eigenen Grenzen gerät". Dass hier
die Brüchigkeit und Fragwürdigkeit wissenschaftlicher
Erkenntnis gezeigt wird, meint auch *Heinz Müller-Dietz*,
wenn er von einer „in Literatur gefaßten ‚Negativen Dialektik' einer Strafrechtsphilosophie" spricht.

III. Das juristische Problem

Das juristische Problem lautet: Wer ist zurechnungsfähig? In der geschilderten Gerichtsverhandlung über die Strafbarkeit von Moosbrugger geht es zentral um die Frage, ob dieser zurechnungsfähig, für seine Tat verantwortlich, schuldig ist und daher bestraft werden kann oder nicht. Sein Fall wird als ein Grenzfall dargestellt. Das beginnt damit, dass er nach seiner Erscheinung und seinem Verhalten ein sympathischer Mensch zu sein scheint. Die nach den Umständen seiner Tat und nach seinem Vorleben „nächstliegende Erklärung, dass man einen Geisteskranken vor sich habe," wird in Zweifel gezogen, haben doch auch die Psychiater „ihn schon ebenso oft für gesund wie für unzurechnungsfähig erklärt". Hinweisen im Text, die für eine Geisteskrankheit sprechen, werden zum einen das Selbstverständnis Moosbruggers, gesund zu sein, und zum anderen die Reflexionen Ulrichs entgegengesetzt: „Das war deutlich Irrsinn, und ebenso deutlich bloß ein verzerrter Zusammenhang unsrer eigenen Elemente des Seins." Allerdings ist das Schwanken Moosbruggers nach der Verkündung des Urteils zwischen einerseits Zufriedenheit über das gerichtliche Anerkenntnis seiner Zurechnungsfähigkeit und andererseits dem eigenen Bekenntnis, doch ein Irrsinniger zu sein, als solches wiederum ein Indiz für seine Geisteskrankheit. Welche psychische Störung genau bei Moosbrugger vorliegt, wird im Roman nicht gesagt und kann auch aus heutiger Sicht nicht verlässlich gesagt werden, weil Musil Beschreibungen unterschiedlicher Krankheitsfälle aus einem Lehrbuch der Psychiatrie zusammengetragen hat.

Der Grenzfall wird bei dem satirischen „Ausflug ins logisch-sittliche Reich" als Fall der verminderten Zurechnungsfähigkeit bezeichnet. Dieses Mittelding zwischen Zurechnungsfähigkeit und Unzurechnungsfähigkeit resultiert aus der Wirklichkeit von „Übergängen" in der Natur, wie auch „im großen die Welt in einem Übergangszustand zwischen Schwachsinn und Gesundheit" ist. Das Recht nimmt nach Musil jedoch von dieser Wirklichkeit „nicht Notiz" und zwingt die Gerichtspsychiater zu einem Entweder-Oder, dem diese sich auch unterwerfen, weil sie „gewöhnlich viel ängstlicher in ihrem Beruf sind als die Juristen". So benimmt sich der „Engel der Medizin ... im Gerichtssaal wie der Reserveengel der Jurisprudenz". Die Gerichtspsychiater haben Moosbrugger einerseits „als Paralytiker, Paranoiker, Epileptiker und zirkulär Irren" eingestuft, „ehe ihm in der letzten Verhandlung zwei besonders gewissenhafte Gerichtsärzte seine Gesundheit wieder zurückgaben". Musil kritisiert hier das starre Schubladendenken der Juristen, ihre einseitige Ausrichtung auf die „binäre Schematisierung", d.h. auf eine Ja/Nein-Alternative, die gleitende Übergänge negiert. Seine satirische Absicht zeigt sich auch an der in Anführungszeichen gesetzten Wiedergabe schwerfälliger bzw. nichtssagender juristische Wendungen. Vor diesem Hintergrund entpuppt sich das Verhalten der Richter von Moosbrugger in der Tat als „gelehrte Anmaßung".

Auf allgemeinerer Ebene wird das Problem der verminderten Zurechnungsfähigkeit noch in den Kapiteln 74 und 111 behandelt. In Briefen seines Vaters an Ulrich werden die rechtspolitischen Auseinandersetzungen um die Reform der einschlägigen Bestimmungen im Strafgesetzbuch geschildert. Entsprechende rechtspolitische Debatten haben tatsächlich seit dem Ende des 19. Jahrhunderts und besonders in der Weimarer Republik stattgefunden. Auch in diesen Kapiteln dominieren die Stilmittel der Ironie, Parodie und Satire, die gelegentlich sich bis zur Karikatur steigern. Zwischen Ulrichs Vater und seinem früheren Freund und jetzigen Kontrahenten Professor Schwung wird um zwei Fassungen der Vorschrift über die Unzurechnungsfähigkeit gestritten. Professor Schwungs Vorschlag deckt sich fast wörtlich mit der in Deutschland von 1871 bis 1933 geltenden Fassung des § 51 StGB: „Eine strafbare Handlung ist nicht vorhanden, wenn der Täter zur Zeit der Begehung der Handlung sich in einem Zustande von Bewusstlosigkeit oder krankhafter Störung der Geistestätigkeit befand, durch welche seine freie Willensbestimmung ausgeschlossen war."

Der Vorschlag von Ulrichs Vater, den letzten Halbsatz wie folgt zu fassen: „so daß er nicht die Fähigkeit besaß, das

Unrecht seiner Handlung einzusehen", entspricht Entwürfen zur Strafrechtsreform in der Weimarer Republik und dem heute in Deutschland geltenden Recht. Die Differenzen reflektieren den alten philosophischen Streit um die Willensfreiheit, der bis heute nicht als entschieden und gelöst gelten kann und dessen Lösbarkeit überdies aus erkenntnistheoretischen Gründen bestritten wird, sowie die damit zusammenhängende Frage, ob bei der Zurechnungsfähigkeit mehr auf die Einsicht (den Intellekt) oder auf das Wollen abgestellt werden soll, ob also das kognitive oder das voluntative Element des Handelns entscheidender ist.

Außerdem geht es in dem Streit um Kriminalpolitik, um die Austarierung des Verhältnisses zwischen dem Schutz der Gesellschaft und den Grundrechten des Straftäters, kurz um Sicherheit und Freiheit. Das wird schon eingangs des ersten diesbezüglichen Briefes des Vaters deutlich, wenn dieser von der „höchst gefährlichen Bewegung" spricht, die „bei der Neufassung unseres Strafrechts gewisse vermeintliche Verbesserungen und Milderungen" erzielen will, und wenn er vor der „unheilvollen Verweichlichung der Rechtspflege" sowie einer „Rechtsunsicherheit" warnt. Bei den Argumentationen über den Wortlaut der Vorschrift über die Zurechnungsfähigkeit geht es ausgesprochen und unausgesprochen um die Folge einer Ausweitung oder Begrenzung der Strafbarkeit. Beispielsweise würde der spätere Kompromissvorschlag des Vaters zur Kumulation der kognitiven und der voluntativen Voraussetzung die Zahl der Fälle von Unzurechnungsfähigkeit verringern und damit zur Ausweitung der Strafbarkeit führen.

Die am Ende des zweiten einschlägigen Briefs des Vaters ins Spiel gebrachte „soziale Schule" bzw. „soziale Auffassung" wird ebenfalls argumentativ für den Umfang der Strafbarkeit eingesetzt. Die Bezeichnung spielt auf den Strafrechtslehrer Friedrich von Liszt an, der in der Tat die Strafe als „soziale Maßnahme" bezeichnet hat. Das von ihm in seiner Antrittsrede von 1882 begründete Marburger Programm will den Zweck der Strafe nicht in der Vergeltung, sondern in der Spezialprävention, namentlich der Sicherung (der Gesellschaft) und der Besserung (des Täters) sehen. Die für

diese Zwecke notwendige Strafe ist dann auch die gerechte
Strafe: „Gerechtigkeit im Strafrecht ist die Einhaltung des
durch den Zweckgedanken erforderten Strafmaßes."

Politisch in der Fortschrittspartei aktiv strebte Liszt die
Verbesserung der bestehenden Verhältnisse an und forderte einen auf die Resozialisierung des Täters ausgerichteten
Strafvollzug. Allerdings sollten nicht besserungsfähige
Verbrecher unschädlich gemacht werden. Auch unzurech-
nungsfähige Täter, die dauerhaft gefährlich waren, sollten
dauerhaft verwahrt werden. Damit lieferte Liszt erste An-
sätze zur Zweispurigkeit von Strafen und Maßnahmen der
Sicherung und Besserung. Er propagierte gerade auch die
Anerkennung der verminderten Zurechnungsfähigkeit für
die „ungezählten Übergänge", die „von der geistigen Un-
reife zur vollen Reife der Entwicklung, von der ungebro-
chenen Gesundheit des Seelenlebens zur ausgesprochenen
Geisteskrankheit, von der Tagesklarheit des Bewusstseins
zur gänzlichen Umnachtung des Geistes" führen. Die Be-
hauptung des Erzählers im Roman, dass nach dieser Lehre die Geisteskranken „mit den härtesten Strafen bedroht
werden", ist eine grobe Verzeichnung jedenfalls der Auffassungen und des Programms von Franz von Liszt.

IV. Das geltende Recht

Die Fragen der Zurechnungsfähigkeit werden im geltenden Recht als solche der Schuldfähigkeit bezeichnet. Wie
die im Roman thematisierte Zurechnungsfähigkeit fragt
die Schuldfähigkeit danach, ob und inwieweit der Täter
auf Grund seiner Psyche die Fähigkeit hat, sich selbstbe-
stimmt für oder gegen die Begehung der Straftat zu entscheiden. Die Vorschriften des Strafgesetzbuches lauten:
„§ 20 Schuldunfähigkeit wegen seelischer Störungen. Ohne
Schuld handelt, wer bei Begehung der Tat wegen einer
krankhaften seelischen Störung, wegen einer tiefgreifen-
den Bewusstseinsstörung oder wegen Schwachsinns oder
einer schweren anderen seelischen Abartigkeit unfähig ist,
das Unrecht der Tat einzusehen oder nach dieser Einsicht
zu handeln. § 21 Verminderte Schuldfähigkeit. Ist die Fähigkeit des Täters, das Unrecht der Tat einzusehen oder

nach dieser Einsicht zu handeln, aus einem der in § 20 be-
zeichneten Gründe bei Begehung der Tat erheblich vermin-
dert, so kann die Strafe nach § 49 Abs. 1 gemildert werden."
Während der Täter bei Unzurechnungsfähigkeit nicht bestraft, sondern nur mit Maßnahmen der Besserung und
Sicherung sanktioniert werden kann, sind bei verminderter Schuldfähigkeit beide Sanktionen möglich, wobei eine
Strafmilderung vorgesehen ist. Der jeweilige Vollzug muss
aber deutlich unterschiedlich (sog. Abstandsgebot) ausgestaltet sein. Die in § 20 StGB enthaltenen Voraussetzungen
des Schwachsinns und der Abartigkeit werden wegen ihrer
pejorativen Bedeutung heute in der Psychiatrie zwar nicht
mehr verwendet, dienen aber nach wie vor der juristischen
Subsumtion.

Unter einer krankhaften seelischen Störung werden die
psychischen Beeinträchtigungen verstanden, die eine organische Ursache haben, d. h. sowohl Gehirnschädigungen als
auch Psychosen (Schizophrenie, Manie und Depression).
Tiefgreifende Bewusstseinsstörungen sind hochgradige
Erregungszustände (Affekte), nicht bloße Wut- oder Pa-
nikanfälle. Dem Schwachsinn unterfallen schwerwiegende
Intelligenzdefizite. Die schwere andere seelische Abartigkeit umfasst alle diejenigen psychischen Anomalitäten,
die von den anderen Merkmalen nicht abgedeckt werden,
insbesondere schwerwiegende Persönlichkeitsstörungen,
nicht allerdings bloße Charaktermängel.

Die weitere Voraussetzung der Unfähigkeit, „das Unrecht
der Tat einzusehen oder nach dieser Einsicht zu handeln",
wird als Einsichts- und Steuerungsfähigkeit bezeichnet.
Hierüber werden auch heute noch ähnliche Debatten wie
in „Der Mann ohne Eigenschaften" geführt. Fest steht nur
so viel, dass das verfassungsrechtliche Schuldprinzip verlangt, dass dem Menschen nur ein selbstbestimmtes Verhalten vorgeworfen und mit Strafe sanktioniert werden darf.
Ob die Selbstbestimmung bei einer bestimmten Handlung
fehlt, hängt von Kriterien ab, zu denen sich die hochdiffe-
renzierten und -spezialisieren Wissenschaften der Psychologie und Psychoanalyse, der Psychiatrie und Neurologie

entwickelt haben. Das wirft die Frage nach dem Verhältnis von Richter und Sachverständigem auf.

Auch wenn der Sachverständige das „erweiterte Gehirn des Richters" (*Karl Peters*) ist, bleibt er rechtlich doch dessen Gehilfe. Er stellt zwar sein besonderes Fachwissen dem Richter zur Verfügung, die daraus zu ziehenden rechtlichen Folgerungen hat aber allein der Richter zu verantworten. Wenn zum Beispiel in einem Strafverfahren die Schuldfähigkeit des Angeklagten in Frage steht, hat der in einem solchen Fall auch regelmäßig hinzuzuziehende Sachverständige vor Gericht darzulegen, aus welchen Gründen eine „krankhafte seelische Störung" vorliegt oder nicht; er darf aber nicht von sich aus die Feststellung treffen, dass der Angeklagte schuldunfähig im Sinn des § 20 StGB ist. Das darf nur der Richter, nachdem er das Sachverständigengutachten selbstständig auf seine Überzeugungskraft hin überprüft hat. Um dem Revisionsgericht eine rechtliche Überprüfungsmöglichkeit einzuräumen, wird zudem verlangt, dass die Urteilsgründe diese selbstständige richterliche Beweiswürdigung erkennen lassen, in besonderem Maße dann, wenn der Richter von der Auffassung des Sachverständigen abgewichen ist.

Diese klare gesetzliche Aufgabenverteilung zwischen Richter und Sachverständigem verschwimmt häufig in der Praxis. Denn wenn der Sachverständige auf Grund seines überlegenen Fachwissens sowohl die „krankhafte seelische Störung" als auch die mangelnde Einsichts- und Steuerungsfähigkeit bejaht hat, scheint sich die rechtliche Folgerung der Schuldunfähigkeit von selbst, d. h. ohne entscheidenden Beitrag des Richters zu ergeben. Und wenn zwei oder mehr sich widersprechende Sachverständigengutachten erstattet worden sind, fragt sich, wie der Richter die Richtigkeit des einen oder des anderen oder keines von beiden erkennen soll.

Die Abhängigkeit des Richters vom Sachverständigen, wie sie heute anders als im Roman als Gefahr gesehen wird, ist gleichwohl sachlich zwingend und unvermeidlich und muss nicht nur beklagt werden. Zum einen ist sie nicht vollständig: Dem Richter verbleibt die „Kontrolle der Methodik logisch einwandfreier Darstellung von Argumentation und

Schlussfolgerung" (*Hans-Heiner Kühne*). Außerdem gibt
es Gebiete, in denen die wissenschaftlichen Erkenntnisse
so ungesichert sind, was etwa in sich widersprechenden
Gutachten zum Ausdruck kommen kann, dass der Richter
gewissermaßen auf Augenhöhe mitreden und zu einer ei-
genständigen auch außerjuristischen Bewertung kommen
kann. Zum anderen ist die Abhängigkeit insofern nicht von
Übel, als sie dem eigentlichen Ziel des Strafverfahrens, der
Findung der „materiellen Wahrheit" dienlich ist.

Kapitel 11.
Welche Tat ist zurechenbar?

Friedrich Dürrenmatt: Die Panne. Eine noch mögliche Geschichte, 1956

I. Zusammenfassung des Inhalts

Alfredo Traps, Textilreisender und seit kurzem Generalvertreter der Hephaiston-Kunststoffe hat eine Panne. Da sein Studebaker erst am nächsten Morgen wieder fahrbereit ist und die Gasthöfe in dem kleinen Ort ausgebucht sind, wird er in eine Villa verwiesen, wo drei pensionierte Juristen (Richter, Staatsanwalt und Rechtsanwalt) sowie ein früherer Henker ihn zu ihrem Herrenabend, einem Abendessen und einem Spiel, einladen. Die Greise vertreiben sich die Zeit damit, ihre alten Berufe zu spielen, mal anhand berühmter historischer Prozesse (Sokrates, Jesus, Jeanne d'Arc, Dreyfus, Reichstagsbrand, und einmal habe man Friedrich den Großen für unzurechnungsfähig erklärt), mal mit zufälligen Gästen wie Alfredo Traps, der als einfach und wenig intelligent dargestellt wird. Traps akzeptiert, an diesem Abend den Angeklagten zu spielen. Er ist sich keiner Schuld bewusst, aber der Staatsanwalt meint, dass sich ein Verbrechen immer finden lasse. Auch der Rechtsanwalt, sein Verteidiger, drängt ihn, sich eines Verbrechens zu bezichtigen, weil es zwar schwierig, aber nicht unmöglich sei, die Unschuld zu erweisen; dagegen sei es hoffnungslos, von vornherein als unschuldig angesehen werden zu wollen.

Im Verlauf des weiteren Gesprächs bei opulentem Essen und Trinken, währenddessen Traps erst spät merkt, dass er verhört wird, stellt sich Folgendes heraus: Traps verdankt seinen Aufstieg aus bescheidenen Verhältnissen zum Generalvertreter dem Tod seines früheren verhassten Chefs Gygax, der an einem Herzinfarkt gestorben war. Traps hatte ein Verhältnis mit dessen Frau, durch die er von früheren Herzinfarkten des Gygax und der Wiederholungsgefahr

bei Aufregungen erfuhr. Nach dem Tod des Gygax hatte
Traps das Verhältnis mit dessen Frau beendet. Daher meint
der Staatsanwalt, es liege dolus, also Vorsatz zur Tötung
bei Traps vor, und hält eine Anklagerede.

Angesichts des ihm gemachten Mordvorwurfs protestiert
Traps zunächst; doch lässt er sich immer weiter in das Spiel
hineinziehen. Der Staatsanwalt schmeichelt ihm, verbrü-
dert sich mit ihm und bezeichnet seine Anklagerede als
Würdigung von Traps, die ihm zu Bewußtsein bringt, dass
er zur Erkenntnis gelangen muss, um der Gerechtigkeit
zu dienen. So ist Traps gerührt; er weiß aber immer noch
nicht, wie er Gygax getötet haben soll.

Der Staatsanwalt versteht es nunmehr intuitiv, den Charakter des Gygax und die Umstände des Verhältnisses
zwischen dessen Frau und Traps so treffend zu rekon-
struieren, dass Traps zum Entsetzen seines Verteidigers
begeistert zustimmt, samt der Schlussfolgerung, dass es
Gygax hart getroffen hätte, wenn er von der Untreue seiner
Frau erfahren hätte. So gelingt es dem Staatsanwalt auch,
von Traps die Information zu erhalten, dass dieser einem
Geschäftsfreund von seinem Verhältnis mit Gygax' Frau
erzählt hat. Überdies räumt Traps ein, dass er wusste, dass
der Geschäftsfreund dem Gygax feindlich gesinnt und es
ihm gleichgültig war, ob Gygax davon erfahren hätte oder
nicht. Das hält der Staatsanwalt für ein Geständnis, und es
bricht Tumult und Jubel aus.

Sodann befasst sich der Staatsanwalt näher mit dem Verhältnis zwischen Traps und Gygax' Frau. Traps räumt ein,
dass er Gygax einen bösen Streich gespielt und sich darüber
geschämt hat. Erst jetzt fühle er sich verstanden und verstehe sich auch erst selbst richtig. Dem Staatsanwalt gelingt
es, die Umstände der Einweihung des Geschäftsfreunds so
einfühlsam auszumalen, dass Traps aus dem Staunen nicht
herauskommt und nur noch eine Reihe von Einzelheiten
richtig stellen muss. So findet Traps den Abend aufs beste
gelungen. Zwar sei er über den Mordvorwurf bestürzt, aber
auch nachdenklich geworden.

Während das Gelage mit dem soundsovielten Gang und
reichlichst Alkohol weitergeht, kommt der Staatsanwalt

zur Schlussfolgerung und zum Strafantrag. Weil Traps nicht nur dolo indirecto, sondern dolo malo gehandelt habe, wobei er sich der Ehefrau von Gygax ausschließlich als Werkzeug bedient habe, liege ein Mord vor, den dieser ja auch eingestanden habe. Daher fordert er vom Richter die Todesstrafe für Alfredo Traps.

Die anschließende Rede des Verteidigers, der Traps als unschuldig an der Tötung des Gygax darstellt, wird immer wieder von Zwischenrufen des Traps konterkariert. Am Ende erklärt dieser, dass er dem Staatsanwalt zustimme, weil ihm klar geworden sei, dass er einen Mord begangen habe. Daraufhin fällt der Richter das Todesurteil, das er nur damit begründet, dass der Angeklagte gestanden hat. Völlig betrunken schleppt sich Traps ins Bett. Als die Alten ihm das Pergament mit dem Todesurteil bringen, finden sie Traps tot im Fensterrahmen hängend.

II. Der Autor und sein Werk

Friedrich Dürrenmatt (1921–1990) war der Sohn eines protestantischen Pfarrers und wuchs in einem Dorf und in der Hauptstadt des Kantons Bern auf. Dort studierte er Germanistik, Philosophie und Kunstgeschichte. Von 1944 bis 1945 leistete er militärischen Hilfsdienst. 1946 brach er sein Studium ab, heiratete und entschied sich für den Beruf des freien Schriftstellers. Für diese gab es in jener Zeit nur zwei einträgliche Verdienstmöglichkeiten: Rundfunkaufträge und Unterhaltungsliteratur. So entstanden zunächst mehrere Hörspiele und die beiden Kriminalromane „Der Richter und sein Henker" (1951) und „Der Verdacht" (1953), die auch finanziellen Erfolg brachten. Den internationalen Durchbruch schaffte Dürrenmatt 1956 mit dem Theaterstück „Der Besuch der alten Dame".

Die Erzählung „Die Panne" ist gleichzeitig mit der Hörspielfassung geschrieben worden, die Ende 1955 erstmals gesendet wurde. In den folgenden Jahren entstanden aus diesem Stoff ein Fernsehspiel, eine italienische und amerikanische Theateradaption, eine Bearbeitung für das ungarische Fernsehen und 1972 der italienische Film von Ettore Scola „La più bella serata della mia vita" mit den berühm-

ten Schauspielern Michel Simon, Pierre Brasseur, Charles
Vanel und Alberto Sordi. 1977 machte sich Dürrenmatt auf
Drängen seines Theaterverlegers an eine eigene Komödien-
fassung mit einigen deutlichen Veränderungen gegenüber
der Erzählung. So sind die pensionierten Juristen durch
Korruption reich geworden; sie pöbeln am Ende die Götter
als die einzig Schuldigen an; das Gericht spricht zwei Urteile aus, ein juristisches und ein metaphysisches, die dazu
noch auf jeweils unterschiedlichen Sachverhaltsannahmen
beruhen und sich gegenseitig aufheben, und Traps erhängt
sich, „um seine Würde zu beweisen". In der Literaturwissenschaft wird überwiegend die Erzählung als die gelun-
genste Fassung angesehen und als „eine von Dürrenmatts
vollkommensten künstlerischen Schöpfungen" (*W. Wolfgang Holdheim*) bezeichnet.

Es gibt zwei grundsätzlich unterschiedliche Interpretationen der Erzählung. Die eine kann man als moralistisch
bezeichnen: Das Gericht der pensionierten Juristen verhilft
dem fehlbaren Menschen zur Einsicht in seine Schuld und
zum Wunsch nach Sühne, ja „zur Erkenntnis seiner wahren menschlichen Verfassung, seiner wahren Menschenwürde, die darauf beruht, daß er nicht gedankenlos in einer
‚Welt der Pannen' herumwurstelt, sondern sich in eigener
Verantwortung zur Schuld und zur Sühne fähig weiß" (*Peter Spycher*). Auf diese Weise stünde das private Gericht im
Dienst der Gerechtigkeit und erschiene der Angeklagte als
ihr „Mitschöpfer" *(Thomas Berger)*.

Es ist nicht zu leugnen, dass diese Interpretation starke
Stützen im Text hat. So bekommt Traps durch die Anklagerede des Staatsanwalts „eine Ahnung von höheren Dingen,
von Gerechtigkeit, von Schuld und Sühne". Das Todesurteil wird als „Ritterschlag der Gerechtigkeit" bezeichnet.
Und in dem der eigentlichen Erzählung vorgeschalteten
kurzen Ersten Teil, der eine theoretische Reflexion über
das Schreiben von Geschichten in einer „Welt der Pannen"
enthält, als deren Exemplifizierung dann die Erzählung
erscheint, heißt es für die „noch mögliche Geschichte" (so
der Untertitel), dass „Gericht und Gerechtigkeit sichtbar
werden".

Dem ist *Hans Mayer* mit Entschiedenheit entgegenge-
treten: „Man könnte Dürrenmatt nicht unsinniger miß-
verstehen als durch die Annahme, er habe als Moralist am
Fall des Generalvertreters der Hephaiston demonstrieren
wollen, ein Mensch begehe in seinem Leben oft wirkliche Verbrechen, selbst wenn diese nach dem Buchstaben
des Strafgesetzbuches nicht geahndet würden. … Nicht
die Schuld oder Sühne des Herrn Traps soll gezeigt werden, sondern die Struktur einer ‚menschlichen Gemeinschaft‘ von heute“, oder auf gut marxistisch: „die Abgrün-
de der bürgerlichen Rechtsordnung“ (*Hermann Kant*).
Marcel Reich-Ranicki geht so weit zu sagen, Dürrenmatt
„glaubt keinen Augenblick an Gerechtigkeit und Menschlichkeit“.

Diese Interpretation, der heute überwiegend gefolgt wird,
liest „Die Panne“ also sozialkritisch. Auch dafür gibt es
viele Anhaltspunkte im Text. Die immer wieder betonte
Durchschnittlichkeit des Traps lässt ihn als folgerichtiges
Produkt der Gesellschaft erscheinen, in der Gedanken-
und Rücksichtslosigkeit, Unverantwortlichkeit und Belie-
bigkeit vorherrschen. „Mit ethischen und moralischen Kriterien ist einer total kommerzialisierten Welt nicht mehr
beizukommen.“ (*Gunter E. Grimm*) In dieser Welt verkommen auch die öffentliche zur privaten Gerichtsbarkeit,
die Gesetzmäßigkeit zum Richten ohne „Formeln, Protokolle, Schreibereien, Gesetze und was für Kram sonst noch
unsere Gerichtssäle belasten“ und die Gerechtigkeit zu einer „grotesken, schrulligen pensionierten Gerechtigkeit“.
Der Prozess wird zum dramatischen Spiel, und das Recht
wird zur Farce.

Für diese Interpretation spricht auch die Tatsache, dass
Dürrenmatt der Hörspiel- und der Schauspielfassung bei
im Wesentlichen gleicher Haupthandlung jeweils unterschiedliche Enden gegeben hat. Das ist besonders auffällig
beim Hörspiel, das ja zeitgleich mit der Erzählung entstanden ist: Traps nimmt sich das Geschehen nicht zu Herzen
und setzt am nächsten Morgen seine Geschäftsreise unbe-
kümmert fort; seine Gedanken kreisen nur darum, wie er
dem nächsten Geschäftspartner begegnet: „Rücksichtslos

gehe ich nun vor, rücksichtslos. Dem drehe ich den Hals um. Unnachsichtlich!!"

Der Blick auf das übrige Werk zeigt darüber hinaus Dürrenmatts Lust an Ironie, auch Selbstironie, Parodie und Satire, wozu auch das Legen von falschen Fährten im Text und die bewusste Absage an künstlerische Stimmigkeit und Abgeschlossenheit gehören. „Die Panne" ist im Ergebnis keine Erziehungsgeschichte, sondern eine Groteske. Diese zeigt sich in einem plötzlichen, unvermuteten Zusammenstoß der Gegensätze: den Umschlag von übermütigem Spiel in blutigen Ernst. Grotesk sind die Bezeichnung des Todesurteils „als Belohnung für ein Verbrechen, das Bewunderung, Staunen, Respekt verdiene," und der Ausruf des Staatsanwalts am Ende der Erzählung: „Alfredo, mein guter Alfredo! Was hast du dir denn um Gotteswillen gedacht? Du verteufelst uns ja den schönsten Herrenabend!" Gleichwohl hat die Erzählung das Potential, zu rechtlichen Überlegungen anzuregen.

III. Das juristische Problem

Das juristische Problem lautet: Welche Tat ist zurechenbar? Alle Interpreten von Dürrenmatt sind sich darin einig, dass das Thema des Rechts und der Gerechtigkeit sein gesamtes Werk durchzieht. Im Verhältnis zwischen dem Staat und dem Einzelnen stellt sich dieses Thema vor allem bei der gerichtlichen Verhängung von Strafen für begangene Straftaten. Strafbar ist im modernen Rechtsdenken nur, wer sich schuldig macht. Und Schuld ist auch das zentrale Thema der Erzählung. Aber was bedeutet hier Schuld? Dürrenmatt selbst hat am Ende des Schauspiels den Richter ein „juristisches" und ein „metaphysisches" Urteil fällen lassen. Betrachten wir zunächst die Schuld im juristischen Sinn.

Ob Traps schuldig ist und sich damit strafbar gemacht hat, soll am Maßstab des geltenden deutschen Strafrechts überprüft werden; ob das Ergebnis nach dem in den 50er Jahren des vorigen Jahrhunderts geltenden Schweizer Strafrecht ein anderes gewesen wäre, kann hier dahinstehen. Das moderne rechtsstaatliche Strafrecht beruht auf dem Gedanken

der Einzeltatschuld, d.h. dass die Menschen für ganz bestimmte vom Gesetz mit Strafe bedrohte Verhaltensweisen
(Handeln und Unterlassen) bestraft werden, also weder
für ihre Lebensführung insgesamt noch für ihr Denken
und ihre Gesinnungen, die zu keinem Handeln oder Unterlassen führen. Auch ein Geständnis einer Straftat allein
begründet keine Strafbarkeit und darf daher vom Gericht
nicht geahndet werden. Das in der Erzählung gesprochene
Urteil ist schon aus diesem Grund rechtlich unhaltbar.

Als vom Gesetz mit Strafe bedrohte Handlung wird Mord
genannt. Mord ist gem. § 211 StGB eine unter bestimmten
erschwerenden Umständen begangene Tötung eines Menschen. Hat Traps den Gygax getötet? Als Verhaltensweisen,
die zum Tod des Gygax geführt haben, kommen einmal
das Verhältnis des Traps mit der Ehefrau des Gygax und
zum anderen die Mitteilung dieses Verhaltens an den dem
Traps feindlich gesonnenen Geschäftsfreund in Betracht.
Außer Betracht bleiben muss bei dieser Prüfung des objektiven Tatbestandes der Tötungshandlung der subjektive
Tatbestand der Vorstellungen und des Wollens des Traps.
Dass dieser den Gygax beschädigt oder gar beseitigt sehen
wollte, kann strafrechtlich nur relevant werden, wenn der
objektive Tatbestand vorliegt.

Dieser verlangt zunächst, dass die Handlung des Traps
kausal für den Erfolg, d.h. den Tod des Gygax, geworden
ist. Nach der von der Rechtsprechung hierfür herangezogenen condicio-sine-qua-non-Formel ist eine Handlung
kausal für den tatbestandlichen Erfolg, wenn sie nicht hinweggedacht werden kann, ohne dass dieser Erfolg entfiele.
Ohne das Verhältnis des Traps mit der Ehefrau des Gygax
und ohne dessen Aufregung hierüber nach Kenntnisnahme
von dem Verhältnis wäre es nicht zu dem erneuten Herzinfarkt gerade zu diesem Zeitpunkt gekommen, so dass die
Kausalität zu bejahen ist.

Der objektive Tatbestand verlangt sodann, dass der Tod
des Gygax auch dem Verhalten des Traps objektiv zurechenbar ist. Denn es gibt unendlich viele Handlungen, die
nicht hinweggedacht werden können, ohne dass der Tod
des Gygax entfiele. Viele dieser Handlungen sind aber ih-

rerseits durch die Rechtsordnung, insbesondere die verfassungsrechtlich verbürgten Freiheitsrechte des Menschen, geschützt. Es muss daher eine Abwägung zwischen dem Freiheitsinteresse und dem Interesse der Verhinderung von Verletzungen der strafrechtlich geschützten Güter erfolgen. Daher verlangt die objektive Zurechnung, dass der tatbestandliche Erfolg in rechtlich missbilligter Weise verursacht wird. Es ist also zu fragen, ob die Handlung wegen ihrer Eignung, den Erfolg auf diese Weise herbeizuführen, rechtlich missbilligt ist.

Der einverständliche Ehebruch ist seit langem nicht mehr strafbar und wird auch dann nicht rechtlich missbilligt, wenn der gehörnte Ehemann sich, was die übliche Reaktionsweise darstellen dürfte, darüber aufregt; auch Krankheiten wie die Herzschwäche des Gygax fallen in dessen normales Lebensrisiko. Schließlich ist auch das Reden über den Ehebruch mit anderen eine Freiheitsausübung, die nicht allein deshalb rechtlich missbilligt wird, weil man mit der erwarteten Verbreitung der zutreffenden Information jemanden schaden möchte. Damit fehlt es bei beiden Verhaltensweisen des Traps an der objektiven Zurechenbarkeit für den Tod des Gygax und liegt schon objektiv keine Tötung im Sinn des § 211 StGB vor. Konsequenterweise lautet auch das „juristische Urteil" in der Theaterfassung auf Freispruch.

Wie es im Recht allgemein und eben auch im Strafrecht nicht selten vorkommt, wird aber auch das gegenteilige Ergebnis vertreten: Nach *Gunther Arzt* liegt Mord in mittelbarer Täterschaft vor, weil Traps „die akzeptierte, alltägliche mörderische Gemeinheit geringfügig überschreitet". Verneint man aber richtigerweise die objektive Zurechenbarkeit, kommt es auf die Vorstellungen und das Wollen des Traps (er „ermorde recht eigentlich seinen Chef", er „mache ihm kaltblütig den Garaus") gar nicht mehr an. Daher sind die Ausführungen der Greise zum dolus (Vorsatz) oder gar dolus malus (böse Absicht) juristisch verfehlt.

Schuld kann aber auch in einem weiteren Sinn verstanden werden. Am verbreitetsten ist ein religiöses, insbesondere christliches Verständnis von Schuld: Der sündig lebende

und immer auch schuldige Mensch sucht Vergebung bei
Gott: „Und vergib uns unsere Schuld, wie auch wir vergeben unsern Schuldigern." In der Psychoanalyse spielt das
Schuldgefühl des Ich gegenüber dem Über-Ich eine zentrale Rolle bei der Aufdeckung psychischer Störungen. Allgemein philosophisch betrachtet ist Schuld die Erfahrung des
Verfehlens des nach eigener Einsicht Gebotenen und die
Begründung einer Verantwortlichkeit. Es ist schon darge-
legt worden, dass es in der „Panne" nicht um eine derartige
Schuld geht: Traps bekennt sich nicht aus Einsicht in eigenes Fehlverhalten zu Schuld und Sühne. Sein Selbstmord
ist vielmehr „die Folge besoffen sentimentaler Großmanns-
sucht" (*Peter Rüedi*). Eben eine weitere Panne.

Wenn es also weder um juristische noch um sonstige
Schuld geht, das Thema der Erzählung aber Schuld sein
soll, kann es nur die Verneinung von Schuld sein. In einer Welt der allgemeinen Verantwortungslosigkeit gibt es
keine persönliche Schuld mehr. Wir stehen dann am „Ende
einer Ära der freien Individuen, persönlicher Bewährung,
der Fähigkeit zur wirklicher Schuld" (*Hans Mayer*). Oder
mit den Worten Dürrenmatts am Ende des Ersten Teils
der „Panne": „So droht kein Gott mehr, keine Gerechtigkeit, kein Fatum wie in der fünften Symphonie, sondern
Verkehrsunfälle, Deichbrüche infolge Fehlkonstruktion,
Explosion einer Atombombenfabrik, hervorgerufen durch
einen zerstreuten Laboranten, falsch eingestellte Brutma-
schinen. In diese Welt der Pannen führt unser Weg." Es sei
auch nochmals an das Ende der Schauspielfassung erinnert,
wo die Götter als die einzig Schuldigen erscheinen. Auch
wenn Traps nicht schuldig ist, hat die „noch mögliche Geschichte" eine „Moral": Dürrenmatt warnt vor dem Weg
in die allgemeine Verantwortungslosigkeit der Menschen.

IV. Das geltende Recht

Das Schuldprinzip bedeutet, dass staatliche Strafe Schuld
des Täters voraussetzt und in der Höhe das Maß der Schuld
nicht überschreiten darf: nulla poena sine culpa. Die staatliche Strafe knüpft nicht an die Unrechtmäßigkeit des
Handelns und nicht an die Verletzung von Rechtsgütern,

sondern an die individuelle Vorwerfbarkeit an. Dieser Grundsatz hat Verfassungsrang aus zwei Gründen: Zum einen folgt aus der Garantie der Menschenwürde gem. Art. 1 Abs. 1 GG und aus dem Recht auf freie Entfaltung der Persönlichkeit gem. Art. 2 Abs. 1 GG, dass der Staat den Menschen als sein Leben selbst bestimmendes Wesen zu achten und zu schützen hat; Strafe setzt daher ein dem Einzelnen vorwerfbares Verhalten voraus. Dieses Erfordernis selbstbestimmten Verhaltens wird auch als formelles Schuldprinzip bezeichnet. Hierin ist die Unzulässigkeit von Sippenhaft und der Verdachtsstrafe sowie die Straflosigkeit der Handlungen von Kindern und Geisteskranken begründet.

Als zweite normative Wurzel für den Verfassungsrang des Schuldprinzips gilt das Rechtsstaatsprinzip gem. Art. 20 Abs. 2 und 3 GG. Nach der ständigen Rechtsprechung des Bundesverfassungsgerichts enthält dieser Grundsatz auch das Gebot materieller Gerechtigkeit. Es bedeutet für das Strafrecht Folgendes: Straftatbestand und Rechtsfolge müssen sachgerecht aufeinander abgestimmt sein, und die Strafe muss in einem gerechten Verhältnis zur Schwere der Tat und zum Verschulden des Täters stehen. So hat die Strafe die Bestimmung, einen gerechten Schuldausgleich herbeizuführen. Bei der Setzung von Straftatbeständen, d. h. der Bestimmung des strafwürdigen Unrechts, hat der Gesetzgeber zwar einen großen Entscheidungsspielraum, ist aber insoweit gebunden, als er nicht den Wesensgehalt menschlicher Freiheit und Gleichheit antasten darf (vgl. Art. 19 Abs. 2 GG).

Für die Strafbarkeit eines Menschen ist seine Schuld allerdings nicht die einzige Voraussetzung: Er muss auch einen Straftat begangen haben, die nicht gerechtfertigt werden kann. Die Prüfung der Strafbarkeit erfolgt daher heute üblicherweise in drei Schritten: Erfüllt das zu beurteilende Verhalten die Voraussetzungen oder Merkmale eines gesetzlichen Straftatbestandes? Entfällt für das Verhalten die Strafbarkeit durch einen gesetzlichen Rechtfertigungsgrund? Kann dem Täter für sein Verhalten ein persönlicher Vorwurf gemacht werden? In diesem dritten Schritt geht es also um die Schuld. Im Einzelnen ist dabei Folgendes zu prüfen: Ist der Täter schuldfähig? Daran fehlt es beispielsweise bei Kindern und Geisteskranken (vgl. §§ 19 f. StGB). Hat der Täter Schuldbewusstsein oder hätte er es haben können? Daran fehlt es, wenn er nicht erkennen konnte, dass die Rechtsordnung sein Verhalten verbietet (vgl. § 17 StGB). Ist dem Täter der Verzicht auf sein tatbestandliches und nicht gerechtfertigtes Verhalten zumutbar? Daran fehlt es insbesondere, wenn das unrechte Verhalten die einzige Möglichkeit zur Abwendung einer existenziellen Gefährdung seiner eigenen Person oder naher Angehöriger war (vgl. § 35 StGB).

Bibliographischer Anhang

Einleitung

Andreas von Arnauld, „Was war, was ist – und was sein soll": Erzählen im juristischen Diskurs, in: Christian Klein/Matías Martínez (Hg.), Wirklichkeitserzählungen: Felder, Formen und Funktionen nicht-literarischen Erzählens, Stuttgart 2009, S. 14–50; *Arnold Bergstraesser,* Staat und Dichtung, Freiburg im Breisgau 1967; *Hartmut Bleumer*, Einleitung, in: ders. (Hg.), Recht und Literatur, Stuttgart/Weimar 2011, S. 5–17; *Paul Bockelmann*, Das Problem der Kriminalstrafe in der deutschen Dichtung, Karlsruhe 1967; *Jerome Seymour Bruner*, Making Stories. Law, Literature, Life, New York 2002; *Erich Fechner*, Recht und Politik in Adalbert Stifters Witiko, 1952; *Hans Fehr*, Das Recht in der Dichtung, Bern 1931; *ders.*, Rechtsprobleme in der deutschen Dichtung der Gegenwart, in: Zeitschrift für Schweizerisches Recht 1933, S. 49–77; *ders.*, Die Dichtung im Recht, Bern 1936; *Bernhard Greiner*, Das Forschungsfeld „Recht und Literatur", in: ders./Barbara Thums/Wolfgang Graf Vitzthum (Hg.), Recht und Literatur. Interdisziplinäre Bezüge, Heidelberg 2010, S. 7–25; *Jacob Grimm*, Von der Poesie im Recht, in: Zeitschrift für geschichtliche Rechtswissenschaft, Band 2, 1816, S. 25–99; *Peter Häberle,* Das Grundgesetz der Literaten. Der Verfassungsstaat im (Zerr?)Spiegel der Schönen Literatur, Baden-Baden 1983; *Heinz Holzhauer*, Annette von Droste-Hülshoff und das Recht, in: Festschrift für Bernhard Großfeld zum 65. Geburtstag, Heidelberg 1999, S. 423–442; *Ernst Rudolf Huber,* Goethe und der Staat, Straßburg 1944; *Georg Jellinek*, Die Idee des Rechts im Drama in ihrer historischen Entwicklung, in: *ders.*, Ausgewählte Schriften und Reden, I. Band, Berlin 1911, S. 208–233; *Rudolf von Jhering*, Scherz und Ernst in der Jurisprudenz, 13. Aufl., Leipzig 1924; *Klaus Kästner,* Literatur und Wandel im Rechtsdenken, Stuttgart u. a. 1993; *ders.*, Literatur und Recht – eine unendliche Geschichte, in: Neue Juristische Wochenschrift

2003, S. 609–615; *Arthur Kaufmann*, Beziehungen zwischen Recht und Novellistik, Stuttgart u. a. 1987; *Andreas Kilcher/Matthias Mahlmann/Daniel Müller Nielaba* (Hg.), „Fechtschulen und phantastische Gärten" – Recht und Literatur, Zürich 2013; *Michael Kilian*, Das Bild des Richters in der schönen Literatur, in: ders. (Hg.), Jenseits von Bologna – Jurisprudentia literarisch. Von Woyzeck bis Weimar, von Hoffmann bis Luhmann, Berlin 2006, S. 525–589; *Michael Kloepfer*, Dichtung und Recht, Berlin 2008; *Josef Kohler*, Shakespeare vor dem Forum der Jurisprudenz, 2. Aufl., Berlin u. a. 1919; *Maria Lachenmaier*, Die „Law as Literature"-Bewegung. Entstehung, Entwicklung und Nutzen, Berlin 2008; *Sanford Levinson/Steven Mailloux* (Hg.), Interpreting Law and Literature, Evanston 1988; *Klaus Lüderssen*, Produktive Spiegelungen. Recht und Kriminalität in der Literatur, 2. Aufl., Frankfurt am Main 2002; *ders.*, Produktive Spiegelungen. Recht in Literatur, Theater und Film, 2. Aufl., Baden-Baden 2002; Bd. II, Berlin 2007; Bd. III, Berlin/Boston 2014; *Klaus Lüderssen/Thomas-Michael Seibert* (Hg.), Autor und Täter, Frankfurt am Main 1978; *Peter von Matt*, Recht, Gerechtigkeit und Sympathie. Über die Gerichtsbarkeit der Literatur und ihre Strategien, Zürich/St. Gallen 2013; *Robert von Mohl*, Die Staats-Romane. Ein Beitrag zur Literatur-Geschichte der Staats-Wissenschaften, in: Zeitschrift für die gesamte Staatswissenschaft, Band 2, 1845, S. 24–74; *Georg Müller*, Recht und Staat in unserer Dichtung. Flüchtige Bilder für nachdenkliche Leute, Hannover/Leipzig 1924; *Heinz Müller-Dietz*, Grenzüberschreitungen. Beiträge zur Beziehung zwischen Literatur und Recht, Baden-Baden 1990; *ders.*, Recht und Kriminalität im literarischen Widerschein. Gesammelte Aufsätze, Baden-Baden 1999; *ders.*, Recht und Kriminalität in literarischen Spiegelungen, Berlin 2007; *François Ost*, The Law as mirrored in literature, in: SubStance. A Review of Theory and Literary Criticism, Band 35, 2006, Nr. 1, S. 3–19 (Kurzfassung von *dems.*, Raconter la loi. Aux sources de l'imagination juridique, Paris 2004); *Richard A. Posner*, Law and Literature. A Misunderstood Relation, 3. Aufl., Cambridge, Massachusetts 2009; *Gustav Radbruch*, Gestalten und Gedanken. Zehn Studien, 2. Aufl., Stuttgart 1954; *Albert von Schirnding*, Recht und Richter im Spiegel der Literatur, München u. a. 1990; *Bernhard Schlink*, Das Bilderbuch des Rechts, in: *Richard Weisberg*, Rechtsgeschichten. Über die Gerechtigkeit in der Literatur, Berlin 2013, S. 275–289; *Eberhard Schmidhäuser,* Verbrechen und Strafe. Ein Streifzug durch die Weltliteratur von Sophokles bis Dürrenmatt, 2. Aufl., München 1996; *Carl Schmitt*, Hamlet oder Hekuba. Der Einbruch der Zeit in das Spiel, Düsseldorf 1956; *ders.*, Theodor Däublers „Nordlicht". Drei Studien über die Elemente, den Geist und die Aktualität des Werkes, 2. Aufl., Berlin 1991; *Peter Schneider*, „… ein einzig Volk von Brüdern". Recht und Staat in der Literatur, Frankfurt am Main 1987; *Jörg Schönert*, Die Begleitstimme der „schönen Literatur" zur Strafrechtsentwicklung, in: Dieter Simon (Hg.), Akten des 26. Deutschen Rechtshistorikertages, Frankfurt am Main 1987, S. 211–229; *ders.* (Hg.), Erzählte Kriminalität. Zur Typologie und Funktion von narrativen Darstellungen in Strafrechtspflege, Publizistik und Literatur zwischen 1770 und 1920, Tübingen 1991; *Edward Schramm*, Law and Literature, in: Juristische Arbeitsblätter 2007, S. 581–585; *Gerhard Sprenger,* Literarische Wege zum Recht, Baden-Baden 2012; *Michael Stolleis*, Literatur und Recht (Neuzeit), in: Handwörterbuch zur deutschen Rechtsgeschichte, 2. Aufl., Band 3, Berlin 2015, Sp. 1015–1018; *Alfred Verdross*, Recht, Staat und Reich in der Dichtung Grillparzers, in: Österreichische Zeitschrift für öffentliches Recht 1961, S. 518–530; *Thomas Vormbaum*, Die Produktivität der Spiegelung von Recht und Literatur, in: *Klaus Lüderssen*, Produktive Spiegelungen. Recht in Literatur, Theater und Film, 2. Aufl., Baden-Baden 2002, S. XI–XXVII; *Cornelia Vismann/Thomas Weitin* (Hg.), Urteilen/Entscheiden, München 2006; *Andreas Voßkuhle/Johannes Gerberding, Michael Kohlhaas* und der Kampf ums Recht, in: Werner Frick (Hg.), Heinrich von Kleist. Neue Ansichten eines rebellischen Klassikers, Freiburg 2014, S. 231–255; *Ian Ward*, Law and Literature. Possibilities and Perspectives, Cambridge 1995; *Hermann Weber,* Annäherungen an das Thema „Literatur und Recht" (oder „Recht und Literatur"), in: ders. (Hg.), Annäherungen an das Thema „Recht und Literatur".

Recht, Literatur und Kunst in der Neuen Juristischen Wochenschrift (1), Baden-Baden 2002, S. 1–15; *Bernhard Weck*, „Sichere Wahrheit erkannte kein Mensch und wird keiner erkennen …" – Die Ungewissheit juristischer Entscheidungen im Spiegel belletristischer Texte, Metaphern und Parabeln –, in: Ulrich Hösch (Hg.), Zeit und Ungewissheit im Recht, Stuttgart u. a. 2011, S. 434–455; *Richard H. Weisberg*, Poethics, and Other Strategies of Law and Literature, New York 1992; *Thomas Weitin*, Recht und Literatur, Münster 2010; *Eugen Wohlhaupter*, Dichterjuristen, hg. von H.G. Seifert, 3 Bände, Tübingen 1953–1957; *Erik Wolf*, Vom Wesen des Rechts in deutscher Dichtung. Hölderlin, Stifter, Hebel, Droste, Frankfurt am Main 1946; *Thomas Würtenberger*, Die deutsche Kriminalerzählung, Erlangen 1941; *Ulrike Zeuch*, Recht und Literatur um 1800 im Kontext des *law and literature movement*, in: Internationales Archiv für Sozialgeschichte der deutschen Literatur 2006, S. 77–84; *Theodore Ziolkowski*, The Mirror of Justice. Literary Reflections of Legal Crises, Princeton/NJ 1997.

Kapitel 1

Der Text folgt der von Otto Dann u. a. herausgegebenen Ausgabe des Deutschen Klassikerverlags: Friedrich Schiller. Werke und Briefe in 12 Bänden, Frankfurt am Main 1988–2004, Band IV, hg. von Matthias Luserke, 1996, S. 426–438, 478–480. Derselbe Text liegt der Einzelausgabe von „Wilhelm Tell" in der Suhrkamp BasisBibliothek, 2002, mit einem Kommentar von *Wilhelm Große* zu Grunde.

Biographien: *Peter-André Alt*, Schiller. Leben – Werk – Zeit, Band I, II, München 2000, 2004; *Axel Gellhaus/Norbert Oellers* (Hg.), Schiller. Bilder und Texte zu seinem Leben, Köln u. a. 1999; *Claudia Pilling/Diana Schilling/Mirjam Springer*, Friedrich Schiller, Reinbek bei Hamburg 2002; *Benno von Wiese*, Friedrich Schiller, Stuttgart 1959.

Zu Schillers Gesamtwerk: *Susanne Aigner*, Friedrich Schiller und die Politik. Schillers politisches Denken im Wandel der Zeit, Marburg 2012; *Hermann Blaese*, Schillers Staats- und Rechtsdenken, in: Kunst und Recht. Festgabe für Hans Fehr, Karlsruhe 1948, S. 47–70; *Götz-Lothar*

Darsow, Friedrich Schiller, Stuttgart, Weimar 2000; *Udo Ebert*, Schiller und das Recht, in: Klaus Manger/Gottfried Willems (Hg.), Schiller im Gespräch der Wissenschaften, Heidelberg 2005, S.139–170; *Karl S. Guthke*, Schillers Dramen. Idealismus und Skepsis, Tübingen 1994; *Gerhard Haney,* Recht und Gerechtigkeit bei Schiller, in: Archiv für Rechts- und Sozialphilosophie 2005, S.307–332; *Michael Hofmann*, Schiller. Epoche – Werk – Wirkung, München 2003; *Helmut Koopmann* (Hg.), Schiller-Handbuch, 2.Aufl., Stuttgart 2011; *Adolf Merkl,* Friedrich Schiller und der Staat, in: Zeitschrift für öffentliches Recht, Band XVII (1939), S.67–101; *Walter Müller-Seidel*, Friedrich Schiller und die Politik, München 2009; *Norbert Oellers*, Schiller. Elend der Geschichte, Glanz der Kunst, 2.Aufl., Stuttgart 2005; *Dirk Oschmann*, Friedrich Schiller, Köln u.a. 2009; *Matthias Luserke-Jaqui/Grit Dommes* (Hg.), Schiller-Handbuch. Leben – Werk – Wirkung, Stuttgart, Weimar 2005; *Helmut Schmiedt*, Friedrich Schiller, Marburg 2013; *Wolfgang Wittkowski/Stephanie Kufner,* Schiller. Ethik, Politik und Nemesis im Drama, Frankfut am Main 2012; *Rüdiger Zymner*, Friedrich Schiller. Dramen, Berlin 2002.

Zur Interpretation von „Wilhelm Tell": *Jean-François Bergier*, Wilhelm Tell – Realität und Mythos, Zürich 2012; *Peter André Bloch*, Schillers Schauspiel „Wilhelm Tell" oder Die Begründung eines natürlichen Rechtsstaats als dramaturgisches Experiment, in: Georg Braungart/Bernhard Greiner (Hg.), Schillers Natur. Leben, Denken und literarisches Schaffen, Hamburg 2005, S.255–266; *Dieter Borchmeyer*, Altes Recht und Revolution – Schillers „Wilhelm Tell", in: Wolfgang Wittkowski (Hg.), Friedrich Schiller. Kunst, Humanität und Politik in der späten Aufklärung, Tübingen 1982, S.69–111; *Gonthier-Louis Fink*, Schillers Wilhelm Tell, ein antijakobinisches Schauspiel, in: Matthias Luserke-Jaqui (Hg.), Friedrich Schiller. Dramen, Darmstadt 2009, S.211–240; *Maria Carolina Foi*, Schillers „Wilhelm Tell". Menschenrechte, Menschenwürde und die Würde der Frauen, in: Jahrbuch der Deutschen Schillergesellschaft 2005, S.199–227; *Walter Hinderer,* Jenseits von Eden: Schillers *Wilhelm Tell,* in: Walter Hinck (Hg.), Geschichte als Schauspiel. Deutsche Geschichtsdramen. Interpretationen, Frankfurt am Main 1981, S. 133–146; *Thomas Höhle*, Die Helvetische Republik (1789–1803) als zeitgeschichtlicher Hintergrund der Entstehung und Problematik von Schillers „Wilhelm Tell", in: Helmut Brandt (Hg.), Friedrich Schiller. Angebot und Diskurs. Zugänge, Dichtung, Zeitgenossenschaft, Berlin, Weimar 1987, S. 320–328; *Michael Hofmann*, Schillers Reaktion auf die Französische Revolution und die Geschichtsauffassung des Spätwerks, in: ders./Jörn Rüsen/Mirjam Springer (Hg.), Schiller und die Geschichte, München 2006, S. 180–194; *Ulrich Karthaus*, Schiller und die Französische Revolution, in: Jahrbuch der Deutschen Schillergesellschaft 1989, S. 210–239; *Albrecht Koschorke*, Brüderbund und Bann. Das Drama der politischen Inklusion in Schillers *Tell*, in: Uwe Hebekus/Ethel Matala de Mazza/Albrecht Koschorke (Hg.), Das Politische. Figurenlehren des sozialen Körpers nach der Romantik, München 2003, S. 106–122; *Gert Ueding*, Wilhelm Tell, in: Walter Hinderer (Hg.), Schillers Dramen, Stuttgart 1992, S. 385–425; *Rosmarie Zeller,* Schiller-Rezeption in der Schweiz. Das Beispiel *Wilhelm Tell* oder wie *Wilhelm Tell* zum schweizerischen Nationaldrama wird, in: Anne Feler/Raymond Heitz/Gilles Darras (Hg.), Friedrich Schiller in Europa, Heidelberg 2013, S. 103–120.

Zum juristischen Problem: *Iring Fetscher*, Philister, Terrorist oder Reaktionär? Schillers Tell und seine linken Kritiker, in: *ders.,* Die Wirksamkeit der Träume. Literarische Skizzen eines Sozialwissenschaftlers, Frankfurt am Main 1987, S. 141–163; *Hasso Hofmann*, Schiller und der Rechtsstaat, in: Politisches Denken 2013, S. 147–162; *Michael Kloepfer*, „Wilhelm Tell" und das Recht, in: Ferdinand Kirchhof/Hans-Jürgen Papier/Heinz Schäffer (Hg.), Rechtsstaat und Grundrechte. Festschrift für Detlef Merten, Heidelberg 2007, S. 331–346; *Klaus Lüderssen*, „… daß nicht der Nutzen des Staats Euch als Gerechtigkeit erscheine". Schiller und das Recht, Frankfurt am Main, Leipzig 2005; *Jörg Paul Müller*, Perspektiven der Demokratie. Vom Nationalmythos Wilhelm Tell zur Weltsicht Immanuel Kants, Bern 2012; *Yvonne Nilges,* Schiller und das Recht, Göttingen 2012; *Peter Schneider*, Wilhelm Tell: Der Bürgerstaat, in: *ders.,* „… ein einzig Volk von Brüdern". Recht und Staat in der Literatur, Frankfurt am Main 1987, S. 102–137; *Matthias Tresselt,* Friedrich Schiller und die Demokratie, Berlin 2009.

Zum geltenden Recht: *Wolfgang Benz,* Der deutsche Widerstand gegen Hitler, München 2014; *Hermann-Josef Brodesser/Bernd Josef Fehn/Thilo Franosch/Wilfried Wirth,* Wiedergutmachung und Kriegsfolgenliquidation. Geschichte – Regelungen – Zahlungen, München 2000; *Walter Brunn/ Hans Giessler/Heinz Klee/Willibald Maier/Karl Weiss,* Das Bundesentschädigungsgesetz. Erster Teil (§§ 1 bis 50 BEG), München 1981; *Joachim Fest,* Staatsstreich. Der lange Weg zum 20. Juli, Berlin 1994; *Constantin Goschler,* Schuld und Schulden. Die Politik der Wiedergutmachung für NS-Verfolgte seit 1945, Göttingen 2005; *Harald Maihold,* „Ein rechter Schütze hilft sich selbst" – Nothilfe, Freiheit und Solidarität in Schillers Wilhelm Tell, in: ius.full 2008, S. 106–116; *Christian Proß,* Wiedergutmachung. Der Kleinkrieg gegen die Opfer, Frankfurt am Main 1988; *Arnim Ramm,* Der 20. Juli vor dem Volksgerichtshof, Berlin 2007; *Günter Spendel,* Schillers „Wilhelm Tell" und das Recht, in: Schweizerische Zeitschrift für Strafrecht 1990, S. 154–167; *Rüdiger von Voss,* Der Staatsstreich vom 20. Juli 1944. Politische Rezeption und Traditionsbildung in der Bundesrepublik Deutschland, Berlin 2011.

Die zitierte Entscheidung des Bundesverfassungsgerichts ist BVerfGE 72, 330 (398). Die zitierte Rechtsprechung des Bundesgerichtshofs findet sich in: Rechtsprechung zum Wiedergutmachungsrecht 1958/183 Nr. 25; 1959/280, 282; 1959/386 Nr. 27; 1962/68 Nr. 13; 1963/218.

Kapitel 2
(a) Büchner

Der Text folgt der emendierten Fassung in der von Burghard Dedner und Thomas Michael Mayer herausgegebenen Marburger Ausgabe: Georg Büchner, Sämtliche Werke und Schriften. Historisch-kritische Ausgabe mit Quellendokumentation und Kommentar, Darmstadt, 2000–2012, Teilband 3.2, 2000, S. 13–17, 24–29. Teilband 3.4 enthält umfangreiche Erläuterungen.

Biographien: *Franz-Josef Görtz*, Georg Büchner: Revolutionär und Schriftsteller, in: Walter Hinderer (Hg.), Literarische Portraits. Deutsche Dichter von Grimmelshausen bis Brecht, Frankfurt am Main 1987, S. 159–171; *Jan-Christoph Hauschild*, Georg Büchner. Verschwörung für die Gleichheit, Hamburg 2013; *Hermann Kurzke*, Georg Büchner. Geschichte eines Genies, München 2013.

Zu Büchners Gesamtwerk: *Arnd Beise*, Einführung in das Werk Georg Büchners, Darmstadt 2010; *Roland Bogards/Harald Neumeyer* (Hg.), Büchner-Handbuch. Leben – Werk – Wirkung, Stuttgart 2009; *Dietmar Goltschnigg* (Hg.), Georg Büchner und die Moderne. Texte, Analysen, Kommentar, 3 Bände, Berlin 2001–2004; *Michael Hofmann/Julian Kanning*, Georg Büchner. Epoche – Werk – Wirkung, München 2013; *Gerhard P. Knapp*, Georg Büchner, 3. Aufl., Stuttgart 2000; *Ariane Martin* (Hg.), Georg Büchner 1835 bis 1845. Dokumente zur frühen Wirkungsgeschichte, Bielefeld 2014; *Hans Mayer*, Georg Büchner und seine Zeit, 8. Aufl., Frankfurt am Main 1992; *Christian Neuhuber*, Georg Büchner. Das literarische Werk, Berlin 2009.

Zur Interpretation von „Danton's Tod": *Hans Adler*, Georg Büchner: Dantons Tod, in: Harro Müller-Michaels (Hg.), Deutsche Dramen. Interpretationen zu Werken von der Aufklärung bis zur Gegenwart, Band I, 3. Aufl., Weinheim 1994, S. 145–169; *Alfred Behrmann/Joachim Wohlleben*, Büchner: Dantons Tod. Eine Dramenanalyse, Stuttgart 1980; *Claude David*, Danton von Büchner aus gesehen, in: Wolfgang Martens (Hg.), Georg Büchner, 3. Aufl., Darmstadt 1965, S. 323–333; *Burghard Dedner*, Legitimationen des Schreckens in Büchners Revolutionsdrama, in: Jahrbuch der Deutschen Schillergesellschaft 1985, S. 343–380; *Brigitte Forßbohm*, Von Hütten und Palästen. Georg Büchner und sein politisches Umfeld in Hessen, Wiesbaden 2013; *Patrick Fortmann*, Autopsie von Revolution und Restauration. Georg Büchner und die politische Imagination, Freiburg i. Br. 2013; *Werner Frizen*, Georg Büchner:

Dantons Tod, München 1990; *Hans H. Hiebel*, Republikanische Motive in Georg Büchners *Danton's Tod*, in: Georg Büchner Jahrbuch 10, 2000–04, S. 65–82; *Gerhard P. Knapp*, Georg Büchner: Danton's Tod, 3. Aufl., 1990; *Gerhard Kurz*, Guillotinenromantik. Zu Büchners *Dantons Tod*, in: Zeitschrift für deutsche Philologie, Band 110, 1991, S. 550–574; *Bodo Morawe*, Faszinosum Saint-Just. Zur programmatischen Bedeutung der Konventsrede in „Danton's Tod" (II,7) von Georg Büchner, Bielefeld 2012; *Heinz Müller-Dietz*, Naturrecht und Menschenwürde. Anmerkungen zum Werk Georg Büchners, in: *ders.*, Grenzüberschreitungen. Beiträge zur Beziehung zwischen Literatur und Recht, Baden-Baden 1990, S. 259–279; *Bodo Pieroth*, Dramatisches Labor der Politik. Verfassungsgeschichtlicher Kommentar zu Georg Büchners Danton's Tod, in: Georg Büchner, Danton's Tod, Berlin 2007, S. 125–138; *Cornelie Ueding*, Dantons Tod – Drama der unmenschlichen Geschichte, in: Walter Hinck (Hg.), Geschichte als Schauspiel. Deutsche Geschichtsdramen. Interpretationen, Frankfurt am Main 1981, S. 210–239.

Zum juristischen Problem: *Gerhard Anschütz*, Die Verfassung des Deutschen Reichs vom 11. August 1919, 14. Aufl., Berlin 1933; *Kurt Griewank*, Der neuzeitliche Revolutionsbegriff. Entstehung und Geschichte, Frankfurt am Main 1973; *Horst Günther,* Revolution, in: Joachim Ritter (Hg.), Historisches Wörterbuch der Philosophie, Band 8, Darmstadt 1992, Sp. 957–973; *Georg Jellinek*, Allgemeine Staatslehre, 3. Aufl. 7. Neudruck, Bad Homburg 1960, S. 337–364; *Dieter Langewiesche*, Recht und Revolution. Verfassungsstiftung durch Verfassungsbruch, in: Christian Starck (Hg.), Recht und Willkür, Tübingen 2012, S. 27–45; *Robert Redslob*, Die Staatstheorien der französischen Nationalversammlung von 1789, ihre Grundlagen in der Staatslehre der Aufklärungszeit und in den englischen und amerikanischen Verfassungsgedanken, Leipzig 1912; *Peter Schneider*, Revolution, in: Roman Herzog u. a. (Hg.), Evangelisches Staatslexikon, 3. Aufl., Stuttgart 1987, Sp. 2993–3004; *Ekkart Zimmermann,* Krisen, Staatsstreiche und Revolutionen. Theorien, Daten und neuere Forschungsansätze, Opladen 1981; *Egon Zweig*, Die Lehre vom pouvoir constituant. Ein Beitrag zum Staatsrecht der Französischen Revolution, Tübingen 1909.

Die zitierte Rechtsprechung zur deutschen Revolution von 1918 ist RGZ 99, 287 und PrOVGE 77, 497.

(b) Eichendorff

Der Text folgt Joseph von Eichendorff, Werke in 6 Bänden, hg. von Wolfgang Frühwald, Brigitte Schillbach und Hartwig Schultz, Band 3: Dichter und ihre Gesellen. Erzählungen II, hg. von Brigitte Schillbach und Hartwig Schultz, Frankfurt am Main 1993, S. 438–445, 452–454, 464 f.; Kommentar von *Hartwig Schultz*, S. 821–845.

Biographien: *Veronika Beci,* Joseph von Eichendorff. Biographie, Düsseldorf 2007; *Anne Bohnenkamp/Ursula Regener,* Eichendorff wiederfinden. Joseph von Eichendorff 1788–1857, Frankfurt am Main 2007; *Wolfgang Frühwald,* Eichendorff-Chronik. Daten zu Leben und Werk, München/Wien 1977; *Hermann Korte,* Joseph von Eichendorff, 2. Aufl., Reinbek bei Hamburg 2007; *Günther Schiwy,* Eichendorff. Der Dichter in seiner Zeit. Eine Biographie, München 2000; *Hartwig Schultz,* Joseph von Eichendorff. Eine Biographie, Frankfurt am Main 2007; *Sibylle von Steinsdorff/Eckehard Grunewald* (Hg.), Joseph von Eichendorff. Ich bin mit der Revolution geboren …, Düsseldorf 1988.

Zu Eichendorffs Gesamtwerk: *Theodor W. Adorno,* Zum Gedächtnis Eichendorffs, in: *ders.,* Gesammelte Schriften, hg. von Rolf Tiedemann, Band 11, Frankfurt am Main 1974, S. 69–94; *Ansgar Hillach/Klaus-Dieter Krabiel,* Eichendorff-Kommentar, 2 Bände, München 1971 f.; *Helmut Koopmann,* Joseph von Eichendorff, in: Benno von Wiese (Hg.), Deutsche Dichter der Romantik. Ihr Leben und Werk, 2. Aufl., Berlin 1983, S. 505–531; *Klaus Lüderssen,* Eichendorff und das Recht, Frankfurt am Main/Leipzig 2007; *Franz Xaver Ries,* Zeitkritik bei Joseph von Eichendorff, Berlin 1997; *Reinhard Siegert,* Politische Schriften Eichendorffs. Zur Rechts- und Staatsphilosophie der späten Romantik, Paderborn 2007; *Eugen Wohlhaupter,* Joseph Freiherr von Eichendorff, in: *ders.,* Dichterjuristen, hg. von H.G. Seifert, Tübingen 1955, Band II, S. 99–190.

Zur Interpretation von „Das Schloß Dürande": *Hans Eichner,* Joseph von Eichendorff, in: Karl Konrad Polheim (Hg.), Handbuch der deutschen Erzählung, Düsseldorf 1981, S. 172–191; *Regina Hartmann,* Eichendorffs Novelle „Das Schloß Dürande". Eine gescheiterte Kommunikation, in: Weimarer Beiträge 1986, S. 1850–1867; *Dieter Heimböckel,* Eichendorff mit Kleist. *Das Schloß Dürande* als Dichtung umgestürzter Ordnung, in: Aurora 2005, S. 65–81; *Klaus Köhnke,* Liebesgeschichte oder politisches Bekenntnis? – „Das Schloß Dürande", in: *ders.,* „Hieroglyphenschrift". Untersuchungen zu Eichendorffs Erzählungen, Sigmaringen 1986, S. 133–158; *Helmut Koopmann,* Eichendorff, Das Schloß Dürande und die Revolution, in: Zeitschrift für deutsche Philologie 1970, S. 180–207; *Josef Kunz,* Das Schloß Dürande, in: *ders.,* Eichendorff. Höhepunkt und Krise der Spätromantik, Darmstadt 1980, S. 9–32; *Klaus Lindemann,* Eichendorffs Schloß Dürande. Zur konservativen Rezeption der Französischen Revolution. Entstehung – Struktur – Rezeption – Didaktik, Paderborn u. a. 1980; *Alfred Riemen,* Freiheit und gewachsene Ordnung statt liberté und égalité. Deutschland und romantische Staatstheorie in Eichendorffs Denken, in: Aurora 1994, S. 18–35; *Sibylle von Steinsdorff,* Joseph von Eichendorffs „Das Schloß Dürande", in: Joachim Horn u. a. (Hg.), Deutsche Erzählungen des 19. Jahrhunderts. Von Kleist bis Hauptmann, 3. Aufl., München 1987, S. 542–552.

(c) Das geltende Recht

Erläuterungen zur Präambel und zu Art. 146 in den Kommentaren zum Grundgesetz für die Bundesrepublik Deutschland. – *Klaus von Beyme,* Die verfassunggebende Gewalt des Volkes. Demokratische Doktrin und politische Wirklichkeit, Tübingen 1968; *Ernst-Wolfgang Böckenförde,* Die verfassunggebende Gewalt des Volkes – ein Grenzbegriff des Verfassungsrechts, Frankfurt am Main 1986; *Horst Dreier,* Gilt das Grundgesetz ewig? Fünf Kapitel zum modernen Verfassungsstaat, München 2009; *Hasso Hofmann,* Über Volkssouveränität, in: Juristenzeitung 2014, S. 861–868; *Dietrich Murswiek*, Die verfassunggebende Gewalt nach dem Grundgesetz für die Bundesrepublik Deutschland, Berlin 1978; *Theodor Schilling*, Eine neue Verfassung für Deutschland. Art. 146 GG und die Rolle des Bundesverfassungsgerichts, in: Der Staat 2014, S. 95–119; *Hans-Peter Schneider*, Verfassunggebende Gewalt, in: Josef Isensee/Paul Kirchhof (Hg.), Handbuch des Staatsrechts der Bundesrepublik Deutschland, 3. Aufl., Band XII, Heidelberg 2014, § 255, S. 53–84.

Kapitel 3

Der Text folgt Franz Kafka, Der Proceß, hg. von Malcolm Pasley, 1990, S. 292–303; dieser Band ist Teil der von Jürgen Born, Gerhard Neumann, Malcolm Pasley und Jost Schillemeit herausgegebenen Kritischen Ausgabe der Schriften Tagebücher Briefe, Frankfurt am Main, 1982–2005.

Biographien: *Peter-André Alt*, Franz Kafka. Der ewige Sohn. Eine Biographie, München 2005; *Hartmut Binder*, Kafkas Welt. Eine Lebenschronik in Bildern, Reinbek bei Hamburg 2008; *Ronald Haymann*, Kafka. Sein Leben, seine Welt, sein Werk, München 1983; *Ernst Pawel*, Das Leben Franz Kafkas, München 1986; *Reiner Stach*, Franz Kafka. Die Jahre der Entscheidungen, Frankfurt am Main 2002; *Klaus Wagenbach* (Hg.), Franz Kafka. Bilder aus seinem Leben, Berlin 2008.

Zu Kafkas Gesamtwerk: *Ulf Abraham*, Der verhörte Held. Verhöre, Urteile und die Rede von Recht und Schuld im Werk Franz Kafkas, München 1985; *Theodor W. Adorno*, Aufzeichnungen zu Kafka, in: *ders.*, Gesammelte Schriften, Band 10,1 hg. von Rolf Tiedemann, Kulturkritik und Gesellschaft I. Prismen. Ohne Leitbild, Frankfurt a. M. 1977, S. 254–287; *Thomas Anz*, Franz Kafka. Leben und Werk, München 2009; *Hartmut Binder* (Hg.), Kafka-Handbuch. Band 2: Das Werk und seine Wirkung, Stuttgart 1979; *Manfred Engel/Bernd Auerochs*, Kafka-Handbuch. Leben – Werk – Wirkung, Stuttgart 2010; *Sabrina Ebitsch*, Die größten Experten der Macht. Machtbegriffe bei Franz Kafka und Kurt Tucholsky, Marburg 2012; *Markus Grafenburg*, Gemeinschaft vor dem Gesetz: Jüdische Identität bei Franz Kafka, Ev.-Theol. Diss. Tübingen 2013; *Peter Heller,* On Not Understanding Kafka, in: The German Quarterly, Band 47, 1974, S. 373–393; *Hans H. Hiebel,* Die Zeichen des Gesetzes. Recht und Macht bei Franz Kafka, München 1983; *Oliver Jahraus*, Kafka. Leben, Schreiben, Machtapparate, Stuttgart 2006; *Susanne Kaul*, Einführung in das Werk Frank Kafkas, Darmstadt 2010; *Detlef Kremer*, Kafka. Die Erotik des Schreibens, 2. Aufl., Bodenheim bei Mainz 1989; *François Ost*, Raconter la loi. Aux sources de l'imagination juridique, Paris 2004, S. 332–405; *Peter Pernthaler,* Das Bild des Rechts in drei Werken von Franz Kafka („Amerika", „Strafkolonie", „Prozeß"), in: Michael Fischer u. a. (Hg.), Dimensionen des Rechts. Gedächtnisschrift für René Marcic, Berlin 1974, Band I, S. 259–281; *Ulrich Plass,* Franz Kafka, Wien u. a. 2009; *Christian Schärf,* Franz Kafka. Poetischer Text und heilige Schrift, Göttingen 2000; *Monika Schmitz-Ehmanns*, Franz Kafka. Epoche – Werk – Wirkung, München 2010.

Zur Interpretation von „Der Process" und „Vor dem Gesetz": *Martin Beckmann,* Franz Kafkas Romanfragment *Der Prozeß.* Verzweiflung als „Selbst"-Gericht, in: Colloquia Germanica, Band 24, 1991, S. 203–236; *Peter Beicken,* Franz Kafka. Der Proceß, München 1995; *Hartmut Binder,* „Vor dem Gesetz". Einführung in Kafkas Welt, Stuttgart und Weimar 1993; *Klaus-Michael Bogdal* (Hg.), Neue Literaturtheorien in der Praxis. Textanalysen von Kafkas „Vor dem Gesetz", 2. Aufl., Göttingen 2005; *Elias Canetti*, Der andere Prozeß. Kafkas Briefe an Felice, München 1969; *Jaques Derrida*, Préjugés. Vor dem Gesetz, Wien 1992; *Aage A. Hansen-Löve*, Vor dem Gesetz, in: Michael Müller (Hg.), Franz Kafka. Romane und Erzählungen, Stuttgart 2003, S. 146–157; *Claus Hebell,* Rechtstheoretische und geistesgeschichtliche Voraussetzungen für das Werk Franz Kafkas, analysiert an dem Roman „Der Proceß", Frankfurt/M. 1993; *Klaus Jeziorkowski*, „Bei dieser Sinnlosigkeit des Ganzen". Zu Franz Kafkas Roman „Der Proceß", in: Heinz Ludwig Arnold (Hg.), Franz Kafka, 2. Aufl., München 2006, S. 200–217; *Andreas B. Kilcher*, „Vor dem Gesetz": Literatur und Recht gemäss Kafka, in: ders./Matthias Mahlmann/Daniel Müller Nielaba (Hg.),

„Fechtschulen und phantastische Gärten": Recht und Literatur, Zürich 2013, S. 213–230; *Wolf Kittler,* Heimlichkeit und Schriftlichkeit: Das österreichische Strafprozessrecht in Franz Kafkas Roman *Der Proceß,* in: The Germanic Review, Vol. 78, 2003, S. 194–222; *Eberhard Lämmert,* Der Bürger und seine höheren Instanzen. Heinrich Mann, *Der Untertan,* und Franz Kafka, *Der Proceß,* in: ders./Barbara Naumann (Hg.), Wer sind wir? Europäische Phänotypen im Roman des zwanzigsten Jahrhunderts, München 1996, S. 41–59; *Klaus Lüderssen,* Die düstere Poesie des Paradoxen im Recht. Kafkas Roman „Der Proceß" und verwandte Texte, in: *ders.,* Produktive Spiegelungen. Recht in Literatur, Theater und Film, Band II, Berlin 2007, S. 141–149; *Michael Müller,* Franz Kafka. Der Proceß, Stuttgart 1993; *Klaus-Peter Philippi,* „K. lebte doch in einem Rechtsstaat …" Franz Kafkas *Der Proceß* – ein Prozeß des Mißverstehens, in: Werner Frick u. a. (Hg.), Aufklärungen: zur Literaturgeschichte der Moderne. Festschrift für Klaus-Detlef Müller zum 65. Geburtstag, Tübingen 2003, S. 259–282; *Ritchie Robertson,* Der Proceß, in: Michael Müller (Hg.), Franz Kafka. Romane und Erzählungen, Stuttgart 2003, S. 98–145; *Frank Schirrmacher,* Verteidigung der Schrift, in: ders. (Hg.), Verteidigung der Schrift: Kafkas Proceß, Frankfurt am Main 1987, S. 138–221; *Eberhard Schmidhäuser,* Kafkas Der Proceß. Ein Versuch aus der Sicht des Juristen, in: Ulrich Mölk (Hg.), Literatur und Recht. Literarische Rechtsfälle von der Antike bis in die Gegenwart, Göttingen 1996, S. 341–355; *Friedrich Schmidt,* Text und Interpretation. Zur Deutungsproblematik bei Franz Kafka. Dargestellt in einer kritischen Analyse der Türhüterlegende, Würzburg 2007; *Rolf Selbmann,* Der Prozeß ohne Gesetz. Eine neue Deutung von Kafkas *Vor dem Gesetz* oder nur das alte Dilemma der Interpretation?, in: Wirkendes Wort, Band 51, 2001, S. 42–47; *Jörg Tenckhoff,* Leiden am Recht. Franz Kafka, Dichter und Jurist, in: Franz Kafka, Der Proceß. Roman (1925), Berlin 2006, S. 223–247; *Niels Werber,* Bürokratische Kommunikation: Franz Kafkas Roman *Der Proceß,* in: The Germanic Review, Vol. 73, 1998, S. 309–326. – Zur amerikanischen Diskussion: *Richard Posner,* Law and Literature: A Misunderstood Relation, Cambridge, Massachusetts/London, England 1988, S. 119–128.

Zum juristischen Problem: *Dieter Grimm*, Stufen der Rechtsstaatlichkeit, in: Juristenzeitung 2009, S. 596–600; *Karl Larenz/Claus-Wilhelm Canaris*, Methodenlehre der Rechtswissenschaft, 4. Aufl., München 2014; *Friedrich Müller*, Recht – Sprache – Gewalt. Elemente einer Verfassungstheorie I, 2. Aufl., Berlin 2008; *Bodo Pieroth*, Historische Etappen des Rechtsstaats in Deutschland, in: Juristische Ausbildung 2011, S. 729–735; *Klaus F. Röhl/Hans Christian Röhl*, Allgemeine Rechtslehre, 3. Aufl., Köln/München 2008; *Bernd Rüthers/Christian Fischer/Axel Birk*, Rechtstheorie, 7. Aufl., München 2013.

Zum geltenden Recht: Erläuterungen zu Art. 20 (Rechtsstaat) und Art. 103 Abs. 2 GG in den Kommentaren zum Grundgesetz für die Bundesrepublik Deutschland. – *Andreas von Arnauld*, Rechtssicherheit, Tübingen 2006; *Philip Kunig*, Das Rechtsstaatsprinzip, Tübingen 1986; *Friedrich Müller/Ralph Christensen*, Juristische Methodik, Band I: Grundlegung für die Arbeitsmethoden der Rechtspraxis, 11. Aufl., Berlin 2013; *Eberhard Schmidt-Aßmann*, Der Rechtsstaat, in: Josef Isensee/Paul Kirchhof (Hg.), Handbuch des Staatsrechts der Bundesrepublik Deutschland, 3. Aufl., Band II, Karlsruhe 2004, § 26, S. 541–612; *Arnd Uhle*, Rechtsstaatliche Prozeßgrundrechte und -grundsätze, in: Detlef Merten/Hans-Jürgen Papier (Hg.), Handbuch der Grundrechte in Deutschland und Europa, Band V, Heidelberg 2013, § 129, S. 1087–1160; *Rita Zimmermann*, Die Relevanz einer herrschenden Meinung für Anwendung, Fortbildung und wissenschaftliche Erforschung des Rechts, Berlin 1983.

Die zitierte Rechtsprechung zum rechtsstaatlichen Bestimmtheitsgrundsatz ist BVerfGE 56, 1 (12); 108, 52 (75); 110, 33 (53 f.); zu Art. 103 Abs. 2 GG: BVerfGE 71, 108 (115); 73, 206 (235); 85, 69 (72 f.); 87, 363 (391 f.); 92, 1 (12); zur Rechtsfortbildung BVerfGE 113, 88 (104).

Kapitel 4

Werner Bergengruen, Der Großtyrann und das Gericht. Roman, 7. Aufl., München 2009.

Biographien: *Werner Bergengruen*, Privilegien des Dichters, 2. Aufl., Zürich 1962; *Carl J. Burckhardt*, Über Werner Bergengruen, Zürich 1968; *Frank-Lothar Kroll*, Der Lebensweg, in: Dichtung als Kulturvermittlung. Der Schriftsteller Werner Bergengruen, Stuttgart 1997, S. 12–23; *Werner Wilk*, Werner Bergengruen, Berlin 1968.

Zu Bergengruens Gesamtwerk: *Hans Bänziger*, Werner Bergengruen. Weg und Werk, 4. Aufl., Bern 1983; *Christine Bourbeck*, Schöpfung und Menschenbild in deutscher Dichtung um 1940. Hausmann – Peters – Bergengruen, Berlin 1947; *Günter Friedrich*, Recht und Gesetz bei Werner Bergengruen, Diss. jur. Köln 1964; *Wilhelm Grenzmann*, Werner Bergengruen Offenbarmacher ewiger Ordnungen, in: *ders.*, Dichtung und Glaube. Probleme und Gestalten der deutschen Gegenwartsliteratur, 5. Aufl., Frankfurt/M., Bonn 1964, S. 239–257; *Theoderich Kampmann*, Das verhüllte Dreigestirn. Werner Bergengruen, Gertrud von le Fort, Reinhold Schneider, Paderborn 1973; *Günther Klemm*, Werner Bergengruen, Wuppertal 1949; *Peter Meier*, Die Romane Werner Bergengruens, Bern 1967; *Elisabeth Sobota*, Das Menschenbild bei Bergengruen. Einführung in das Werk des Dichters, Zürich 1962; *Hans-Jürgen Wipfelder*, Werner Bergengruen – ein Dichter des Rechts, in: Neue Juristische Wochenschrift 1984, S. 1079–1083.

Zur Interpretation von „Der Großtyrann und das Gericht": *Werner Bergengruen*, Schreibtischerinnerungen, Zürich 1961 (kürzere Fassung unter dem Titel „Rückblick auf einen Roman", in: Akademie der Wissenschaften und der Literatur. Abhandlungen der Klasse der Literatur, Jg. 1961, Nr. 2); *Karl Brinkmann*, Erläuterungen zu Werner Bergengruens Roman Der Großtyrann und das Gericht, 2. Aufl., Hollfeld o.J.; *Friedrich Denk*, Die Zensur der Nachgeborenen. Zur regimekritischen Literatur im Dritten Reich, Weilheim 1995, S. 296–302; *Annette Schmollinger*, „Intra muros et extra". Deutsche Literatur im Exil und in der Inneren Emigration. Ein exemplarischer Vergleich,

Heidelberg 1999, S. 114–122; *Ralf Schnell*, Literarische Innere Emigration 1933–1945, Stuttgart 1976; *Benno von Wiese*, Gegen den Hitler in uns selbst, in: Marcel Reich-Ranicki (Hg.), Romane von gestern – heute gelesen, Band 3, 1933–1945, Frankfurt am Main 1990, S. 61–68.

Zum juristischen Problem: *Gerhard Funke*, Fiat iustitia, ne pereat mundus. Vernunftrecht der Freiheit, Vernunftstaat der Freiheit, Vernunftzweck der Freiheit im kritischen Idealismus, in: Akademie der Wissenschaften und der Literatur. Abhandlungen der geistes- und sozialwissenschaftlichen Klasse, Jg. 1979, Nr. 7; *Otfried Höffe*, Gerechtigkeit. Eine philosophische Einführung, 4. Aufl., München 2010; *Hasso Hofmann,* Einführung in die Rechts- und Staatsphilosophie, Darmstadt 2000; *Detlef Liebs*, Lateinische Rechtsregeln und Rechtssprichwörter, Darmstadt 1983, S. 73 f.; *John Rawls*, Eine Theorie der Gerechtigkeit, 3. Aufl., Berlin 2013; *Heinrich Rommen,* Die ewige Wiederkehr des Naturrechts, 2. Aufl., München 1947; *Bernd Rüthers/Christian Fischer/Axel Birk*, Rechtstheorie mit juristischer Methodenlehre, 7. Aufl., München 2013; *Hans Welzel*, Naturrecht und materiale Gerechtigkeit, 4. Aufl., Göttingen 1962 (unveränderter Nachdruck 1990).

Zum geltenden Recht: Erläuterungen zu Art. 20 Abs. 3 und 103 Abs. 2 in den Kommentaren zum Grundgesetz für die Bundesrepublik Deutschland. – *Birgit Hoffmann*, Das Verhältnis von Gesetz und Recht, Berlin 2003; *Josef Franz Lindner,* Das BVerfG, der Länderfinanzausgleich und der „Schleier des Nichtwissens" – Anmerkungen zu einem staatsfundamentalphilosophischen Rückgriff des BVerfG, in: Neue Juristische Wochenschrift 2000, S. 3757–3760; *Bodo Pieroth*, (Wie) Schafft Recht Generationengerechtigkeit?, in: Veronika Jüttemann (Hg.), Mehr recht als schlecht. Eine interdisziplinäre Auseinandersetzung mit der Gerechtigkeit, Münster u. a. 2008, S. 55–73; *Gerhard Robbers*, Gerechtigkeit als Rechtsprechung. Über den Begriff der Gerechtigkeit in der Rechtsprechung des Bundesverfassungsgerichts, Baden-Baden 1980.

Die zitierte Entscheidung des Bundesverfassungsgerichts ist BVerfGE 95, 96 (133).

Kapitel 5

Der Text folgt Arnold Zweig, Der Streit um den Sergeanten Grischa. Roman, Aufbau Taschenbuch Berlin 2004, S. 109–111, 303–309.

Biographien: *Jost Hermand*, Arnold Zweig in Selbstzeugnissen und Bilddokumenten, Reinbeck bei Hamburg 1990; *Eberhard Hilscher*, Arnold Zweig, Berlin/DDR 1985; *Wilhelm von Sternburg*, „Um Deutschland geht es uns" Arnold Zweig. Die Biographie, Berlin 1998; *Georg Wenzel (*Hg.), Arnold Zweig 1887–1968. Werk und Leben in Dokumenten und Bildern, Berlin und Weimar 1978; *Manuel Wiznitzer*, Arnold Zweig. Das Leben eines deutsch-jüdischen Schriftstellers, Frankfurt am Main 1987.

Zu Zweigs Gesamtwerk: *David R. Midgley*, Arnold Zweig. Eine Einführung in Leben und Werk, Frankfurt am Main 1987; *ders./Hans-Harald Müller/Geoffrey Davis* (Hg.), Arnold Zweig – Poetik, Judentum und Politik, Bern 1989; *Marcel Reich-Ranicki,* Der preußische Jude Arnold Zweig, in: *ders.*, Deutsche Literatur in West und Ost, Neuausgabe Stuttgart 1983, S. 253–288.

Zur Interpretation von „Der Streit um den Sergeanten Grischa": *Bertolt Brecht*, Werke. Große kommentierte Berliner und Frankfurter Ausgabe, Band 21, Berlin u.a. 1992, S. 248 f.; *Jost Hermand*, Arnold Zweig: *Der Streit um den Sergeanten Grischa* (1927). Eine „systemkritische" Analyse, in: Thomas F. Schneider/Hans Wagener (Hg.), Von Richthofen bis Remarque: Deutschsprachige Prosa zum I. Weltkrieg, Amsterdam – New York 2003, S. 195–205; *Eva Kaufmann*, Arnold Zweigs Weg zum Roman. Vorgeschichte und Analyse des Grischaromans, Berlin/DDR 1967; *Hans-Harald Müller,* Der Krieg und die Schriftsteller. Der Kriegsroman der Weimarer Republik, Stuttgart 1986, S. 162–186; *Reiner Scheel*, Literarische Justizkritik bei Feuchtwanger, Musil, Wassermann und A. Zweig, Essen 2008, S. 23–60; *Jörg Schönert*, „… mehr als die Juden weiß von Gott und der Welt doch niemand". Zu Arnold Zweigs Roman „Der Streit um den Sergeanten Grischa", in: Günter Grimm/Hans-Peter Bayerdörfer (Hg.), Im Zeichen Hiobs. Jüdische Schriftsteller und deutsche Literatur im 20. Jahrhundert, Königstein 1985, S. 223–232; *Rudolf Wolff* (Hg.), Arnold Zweig. „Der Streit um den Sergeanten Grischa", Bonn 1986 (mit Beiträgen von *Georg Lukacs, Hans Mayer, Friedrich Carl Scheibe, Kurt Tucholsky, Hans-Albert Walter* und *Joachim Fest*).

Zum juristischen Problem: *Manfred Messerschmidt*, Völkerrecht und „Kriegsnotwendigkeit" in der deutschen militärischen Tradition seit den Einigungskriegen, in: German Studies Review 6, 1983, S. 237–269; *Jörg Manfred Mössner*, Hague Peace Conferences of 1899 and 1907, in: Rudolf Bernhardt (Hg.), Encyclopedia of Public International Law, Vol. Two, Amsterdam u. a. 1995, S. 671–677; *Abba Strazhas*, Deutsche Ostpolitik im Ersten Weltkrieg. Der Fall Ober-Ost 1915–1917, Wiesbaden 1993; *Andreas Toppe*, Militär und Kriegsvölkerrecht. Rechtsnorm, Fachdiskurs und Kriegspraxis in Deutschland 1899–1940, München 2008; *Gerd R. Ueberschär/Wolfram Wette* (Hg.), Kriegsverbrechen im 20. Jahrhundert als Problem der Geschichtsschreibung, Darmstadt 2001; *Karl-Heinz Ziegler*, Zur Entwicklung von Kriegsrecht und Kriegsverhütung im Völkerrecht des 19. und frühen 20. Jahrhunderts, in: Archiv des Völkerrechts 42, 2004, S. 271–293.

Zum geltenden Recht: *Karl Doehring*, Zur Ratio der Spionenbestrafung – Völkerrecht und nationales Recht, in: Zeitschrift für Rechtspolitik 1995, S. 293–297; *Bardo Fassbender*, Militärische Einsätze der Bundeswehr, in: Josef Isensee/ Paul Kirchhof (Hg.), Handbuch des Staatsrechts der Bundesrepublik Deutschland, 3. Aufl., Band XI, Heidelberg 2013, § 244, S. 643–726; *Matthias Herdegen*, Völkerrecht, 12. Aufl., München 2013; *Knut Ipsen* (Hg.), Völkerrecht, 6. Aufl., München 2013; *Ferdinand Kirchhof*, Verteidigung und Bundeswehr, in: Josef Isensee/Paul Kirchhof (Hg.), Handbuch des Staatsrechts der Bundesrepublik Deutschland, 3. Aufl., Band IV, Heidelberg 2006, § 84, S. 633–669; *Alexander Proelß*, Das Friedensgebot des Grundgesetzes, in: Josef Isensee/Paul Kirchhof (Hg.), Handbuch des Staatsrechts der Bundesrepublik Deutschland, 3. Aufl., Band XI, Heidelberg 2013, § 227, S. 63–89; *Wolfgang Graf Vitzthum* (Hg.), Völkerrecht, 5. Aufl., Berlin/New York 2010.

Kapitel 6

Der Text folgt Wolfgang Koeppen, Werk Band 5: Das Treibhaus, Frankfurt am Main 2010, S. 24, 152–157, 162–165.

Biographien: *Jörg Döring*, „… ich stellte mich unter, ich
machte mich klein …" Wolfgang Koeppen 1933–1948,
Frankfurt am Main 2001; *Hiltrud und Günter Häntzschel*, „Ich wurde eine Romanfigur". Wolfang Koeppen
1906–1996, Frankfurt am Main 2006; *Hans-Ulrich Treichel*
(Hg.), Wolfgang Koeppen. „Einer der schreibt". Gespräche
und Interviews, Frankfurt am Main 1995.

Zu Koeppens Gesamtwerk: *Stefan Eggert*, Wolfgang Koeppen, Berlin 1998; *Walter Erhart*, Wolfgang Koeppen. Das
Scheiten moderner Literatur, Konstanz 2012; *Ulrich Greiner* (Hg.), Über Wolfgang Koeppen, Frankfurt am Main
1976; *Günter und Hiltrud Häntzschel*, Wolfgang Koeppen, Frankfurt am Main 2006; *Martin Hielscher*, Wolfgang
Koeppen, München 1998; *Marcel Reich-Ranicki*, Wolfgang
Koeppen. Aufsätze und Reden, Zürich 1996; *Eckart Oeh-
lenschläger* (Hg.), Wolfgang Koeppen, Frankfurt am Main
1987; *Josef Quack*, Wolfgang Koeppen. Erzähler der Zeit,
Würzburg 1997.

Zur Interpretation von „Das Treibhaus": *Hartmut Buch-
holz*, Eine eigene Wahrheit: Über Wolfgang Koeppens
Romantrilogie *Tauben im Gras, Das Treibhaus* und *Der
Tod in Rom*, Frankfurt am Main 1982, S. 105–148; *Dominik
Andreas Eberl*, „Es geht um Kopf und Kragen." Die Auseinandersetzung mit der jungen Bundesrepublik zu Beginn
der fünfziger Jahre in Wolfgang Koeppens „Tauben im
Gras" und „Das Treibhaus", Augsburg 2010; *Karl-Heinz
Goetze*, Wolfgang Koeppen: „Das Treibhaus", München
1985; *Christiane Kern*, Im Spannungsfeld der Wiederho-
lung. *Das Treibhaus* von Wolfgang Koeppen, in: Jahrbuch
der Internationalen Wolfgang-Koeppen-Gesellschaft,
Band 1, 2001, S. 45–64; *Hans Maier*, Adenauer in der Nach-
kriegsliteratur, in: Die Politische Meinung, Heft 446, 2007,
S. 38–44; *Anastasia Manola*, Der Dichter-Seher als Dich-
ter-Warner. Wandel eines mythischen Modells bei Koeppen, Wolf und Grass, Würzburg 2010, S. 223–286; *Edgard
Platen*, Bild oder Abbild? Überlegungen zur Frage der

„poetischen Wahrheit" in Wolfgang Koeppens „Treibhaus",
in: Studia Neophilologica, Band 71, 1999, S. 196–205; *Kurt
Sontheimer*, Die Adenauer-Ära. Grundlegung der Bundesrepublik, 2. Aufl., München 1996, S. 19–25; *Theo Stammen*,
Erfahrungen und Vorurteile – Zu Wolfgang Koeppens
früher Parlamentarismus- und Demokratiekritik, in: Jahrbuch der Internationalen Wolfgang Koeppen-Gesellschaft,
Band 2, München 2003, S. 335–344.

Zum juristischen Problem: *Wolfram Bayer*, Pazifismus und
Antimilitarismus. Eine Einführung in die Ideengeschichte,
Stuttgart 2012; *Manfred Görtemaker*, Geschichte der Bundesrepublik Deutschland. Von der Gründung bis zur Gegenwart, München 1999; Institut für Staatslehre und Politik
e.V. (Hg.), Der Kampf um den Wehrbeitrag, 2 Bände, München 1952; *Jörn Ipsen*, Der Staat der Mitte. Verfassungsge-
schichte der Bundesrepublik Deutschland, München 2009;
Hartmut Maurer, Staatsrecht I. Grundlagen Verfassungs-
organe Staatsfunktionen, 6. Aufl., München 2010; *Michael
Wild*, BVerfGE 2, 79 – Wiederbewaffnung III. BVerfG
und „Hohe Politik" – Streit um das „letzte Wort" im politischen System der Bundesrepublik, in: Jörg Menzel/Ralf
Müller-Terpitz (Hg.), Verfassungsrechtsprechung, 2. Aufl.,
München 2011, S. 69–73.

Zum geltenden Recht: Erläuterungen zu Art. 4 Abs. 3,
12a, 17a, 45a, 45b, 53a, 65a, 73 Abs. 1 Nr. 1, 80a, 87a, 87b,
91, 115a-l in den Kommentaren zum Grundgesetz für die
Bundesrepublik Deutschland. – *Ferdinand Kirchhof*, Verteidigung und Bundeswehr, in: Josef Isensee/Paul Kirchhof (Hg.), Handbuch des Staatsrechts der Bundesrepublik
Deutschland, 3. Aufl., Band IV, Heidelberg 2006, § 84,
S. 633–669.

Die zitierte Entscheidung ist BVerfGE 121, 135 (153 f.).

Kapitel 7
(a) Kleist

Der Text folgt der von Ilse-Marie Barth, Klaus Müller-Salget, Stefan Ormanns und Hinrich C. Seeba herausgegebenen Ausgabe des Deutschen Klassikerverlags: Heinrich von
Kleist, Sämtliche Werke und Briefe in vier Bänden, Frank-

furt am Main 1990, Band 3, hg. von Klaus Müller-Salget, S. 74–82, 139–142 mit Kommentar S. 705–768. Derselbe Text liegt der Einzelausgabe von „Michael Kohlhaas" in der Suhrkamp BasisBibliothek, 2013, mit einem Kommentar von *Axel Schmitt* zu Grunde.

Biographien: *Jens Bisky*, Kleist. Eine Biographie, Berlin 2007; *Günter Blamberger*, Heinrich von Kleist. Biographie, Frankfurt am Main 2011; *Gerhard Schulz*, Kleist. Eine Biographie, München 2007; *Helmut Sembdner* (Hg.), Heinrich von Kleists Lebensspuren. Dokumente und Berichte von Zeitgenossen, Frankfurt a. M./Leipzig 1992; *Eberhard Siebert*, Heinrich von Kleist. Eine Bildbiographie, Heilbronn 2009; *Peter Staengle*, Heinrich von Kleist. Sein Leben, 3. Aufl., Heilbronn 2007.

Zu Kleists Gesamtwerk: *Wilhelm Amann*, Heinrich von Kleist, Berlin 2011; *Ingo Breuer* (Hg.), Kleist-Handbuch. Leben – Werk – Wirkung, Stuttgart 2009; *Franz M. Eybl*, Kleist-Lektüren, Wien 2007; *Marie Haller-Nevermann/ Dieter Rehwinkel* (Hg.), Kleist – ein moderner Aufklärer?, Göttingen 2005; *Walter Hinderer,* Vom Gesetz des Widerspruchs. Über Heinrich von Kleist, Würzburg 2011; *Wolf Kittler*, Die Geburt des Partisanen aus dem Geist der Poesie. Heinrich von Kleist und die Strategie der Befreiungskriege, Freiburg 1987; *Hans Joachim Kreutzer*, Heinrich von Kleist, München 2011; *Tim Mehigan* (Hg.), Heinrich von Kleist und die Aufklärung, Rochester NY 2000; *Klaus Müller-Salget*, Heinrich von Kleist, Stuttgart 2002; *Jochen Schmitt*, Heinrich von Kleist. Die Dramen und Erzählungen in ihrer Epoche, 3. Aufl., Darmstadt 2011; *Georgia Stefanopoulou*, Heinrich von Kleist (1777–1811): Ein kritischer Rechtsdenker, in: Juristenzeitung 2011, S. 1154–1157; *Wolfgang Wittkowski,* Kleist. Wert-Ethik, Wahrheit, Widerstand und Wieder-Auf-Er-Stehung, Frankfurt am Main 2013; *Eugen Wohlhaupter,* Heinrich von Kleist, in: *ders.,* Dichterjuristen, hg. von H.G. Seifert, Band I, Tübingen 1953, S. 467–563.

Zur Interpretation von „Michael Kohlhaas": *Klaus-Michael Bogdal*, Heinrich von Kleist: Michael Kohlhaas, 1981 (unveränderter Nachdruck 1991); *Hartmut Boockmann*, Mittelalterliches Recht bei Kleist. Ein Beitrag zum Verständnis des Michael Kohlhaas, in: Kleist-Jahrbuch 1985, S. 84–108; *Monika Frommel*, Die Paradoxie vertraglicher Sicherung bürgerlicher Rechte, in: Kleist-Jahrbuch 1988/89, S. 357–374; *Catharina Silke Grassau*, Recht und Rache. Eine Betrachtung der inneren Wendepunkte in Kleists „Michael Kohlhaas", in: Wolfgang Barthel/Rolf P. Janz (Hg.), Kleist – Musik und Literatur in der Romantik, Würzburg 2002, S. 239–258; *Bernhard Greiner*, Rechtschaffen und Entsetzen des Rechts bei Heinrich von Kleist, in: Andreas Kilcher/Matthias Mahlmann/Daniel Müller Nielaba (Hg.), „Fechtschulen und phantastische Gärten": Recht und Literatur, Zürich 2013, S. 197–212; *Bernd Hamacher*, Schrift, Recht und Moral: Kontroversen um Kleists Erzählen anhand der neueren Forschung zu Michael Kohlhaas, in: Anton-Philipp Knittel/Inka Kording (Hg.), Heinrich von Kleist. Neue Wege der Forschung, 2. Aufl., Darmstadt 2009, S. 254–278; *Bernd Hesse,* Querulatorischer Terrorist oder Kämpfer um's Recht? – Heinrich v. Kleists „Michael Kohlhaas", in: Neue Juristische Wochenschrift 2003, S. 621–626; *Rudolf von Jhering*, Der Kampf um's Recht, 8. Aufl., Frankfurt am Main 2003; *Susanne Kaul*, Radikale Rechtskritik bei Kleist, in: Internationales Archiv für Sozialgeschichte der deutschen Literatur, Band 31, 2006, S. 212–222; *Wolf Kittler*, Der ewige Friede und die Staatsverfassung, in: Heinz Ludwig Arnold (Hg.), Heinrich von Kleist, München 1993, S. 134–150; *Klaus Lüderssen*, „Auf ein tüchtiges Element in der Brust des Mordbrenners bauend". Anmerkungen zu Kleists „Michael Kohlhaas", in: *ders.*, Produktive Spiegelungen III. Recht im künstlerischen Kontext, Berlin/Boston 2014, S. 87–105; *Paul Michael Lützeler*, Heinrich von Kleist: Michael Kohlhaas (1810), in: ders. (Hg.), Romane und Erzählungen der deutschen Romantik. Neue Interpretationen, Stuttgart 1981, S. 213–239; *Wolfgang Naucke*, Die Michael-Kohlhaas-Situation. Ein juristischer Kommentar, in: Heinrich von Kleist, Michael Kohlhaas (1810), Baden-Baden 2000, S. 111–129; *Hartmut Reinhardt*, Das Unrecht des Rechtskämpfers. Zum Problem des Widerstandes in Kleists Erzählung „Michael Kohlhaas", in: Jahrbuch der Deutschen Schillergesellschaft 1987, S. 199–226; *Joachim*

Rückert, „… der Welt in der Pflicht verfallen …" Kleists ‚Kohlhaas' als moral- und rechtsphilosophische Stellungnahme, in: Kleist-Jahrbuch 1988/89, S. 375–403; *Eberhard Schmidhäuser,* Verbrechen und Strafe. Ein Streifzug durch die Weltliteratur von Sophokles bis Dürrenmatt, 2. Aufl., München 1996, S. 19–42; *Günter Scholdt,* Kleists „Michael Kohlhaas" als Modell eines Aufruhrs, in: Heike Jung (Hg.), Das Recht und die schönen Künste. Heinz Müller-Dietz zum 65. Geburtstag, Baden-Baden 1998, S. 115–131; *Horst Sendler,* Über Michael Kohlhaas – damals und heute, Berlin/New York 1985; *Andreas Voßkuhle/Johannes Gerberding, Michael Kohlhaas* und der Kampf ums Recht, in: Werner Frick (Hg.), Heinrich von Kleist. Neue Ansichten eines rebellischen Klassikers, Freiburg 2014, S. 231–255.

Zum juristischen Problem: *Arthur Kaufmann/Leonhard E. Backmann* (Hg.), Widerstandsrecht, Darmstadt 1972; *Wolfgang Kersting,* Die politische Philosophie des Gesellschaftsvertrags, Darmstadt 1994; *Diethelm Klippel,* Politische Freiheit und Freiheitsrechte im deutschen Naturrecht des 18. Jahrhunderts, Paderborn 1976; *Michael Stolleis,* Staatsraison, Recht und Moral in philosophischen Texten des späten 18. Jahrhunderts, Meisenheim 1972; *Hans Welzel,* Naturrecht und materiale Gerechtigkeit, 4. Aufl., Göttingen 1962 (unveränderter Nachdruck 1990); *Kurt Wolzendorff,* Staatsrecht und Naturrecht in der Lehre vom Widerstandsrecht des Volkes gegen rechtswidrige Ausübung der Staatsgewalt, Breslau 1916 (unveränderter Nachdruck Ahlen 1968).

(b) Walser

Der Text folgt Martin Walser, Finks Krieg. Roman, Frankfurt am Main 1998 (suhrkamp taschenbuch 2900), S. 26 f., 30–33, 37, 38 f., 302–305, 307–309.

Biographie: *Jörg Magenau,* Martin Walser. Eine Biographie, Reinbek bei Hamburg 2005.

Zu Walsers Gesamtwerk: *Frank Barsch,* Ansichten einer Figur. Die Darstellung der Intellektuellen in Martin Walsers Prosa, Heidelberg 2000; *Martin Reinhold Engler,* Identitäts- und Rollenproblematik in Martin Walsers Romanen und Novellen, München 2001; *Gerald A. Fetz*, Martin Walser, Stuttgart 1997; *Matthias N. Lorenz*, Martin Walser in Kritik und Forschung. Eine Bibliographie, Bielefeld 2002.

Zur Interpretation von „Finks Krieg": *Michel Cadot*, *Finks Krieg* von Martin Walser: eine Metamorphose des *Doppelgängers* von Dostojevskij, in: Horst-Jürgen Gerigk (Hg.), Literarische Avantgarde. Festschrift für Rudolf Neuhäuser, Heidelberg 2001, S. 29–37; *Franz Josef Görtz/Volker Hage/Hubert Winkels* (Hg.), Deutsche Literatur 1996. Jahresüberblick, Stuttgart 1997, S. 21 f., 40 f., 50, 54, 246–253; *Karin Ockert*, Finks Krieg oder das Kohlhaas-Syndrom. Formalisierung des Vokabulars und Subjektivität der Sprache, in: Frank Degler/ Christian Kohlroß (Hg.), Epochen/ Krankheiten. Konstellationen von Literatur und Pathologie, St. Ingbert 2006, S. 159–168; *Maurizio Pirro*, Beschimpfungsausbrüche als Ausdruck der ambivalenten Beziehung zur Macht in einigen Romanen Walsers, in: Stuart Parkes/ Fritz Wefelmeyer (ed.), Seelenarbeit an Deutschland. Martin Walser in Perspective, Amsterdam, New York 1994, S. 207–223; *Rainer Wahl*, Kann es die Gesundheit und das Leben kosten, in einem Rechtsstaat sein Recht zu wollen? Überlegungen zu Martin Walser: „Finks Krieg", in: Neue Juristische Wochenschrift 1999, 1920–1925.

(c) Das geltende Recht

Erläuterungen zu Art. 19 Abs. 4 und Art. 20 Abs. 4 in den Kommentaren zum Grundgesetz für die Bundesrepublik Deutschland. – *Ralf Dreier*, Widerstandsrecht im Rechtsstaat? Bemerkungen zum zivilen Ungehorsam, in: Norbert Achterberg/Werner Krawietz/Dieter Wyduckel (Hg.), Recht und Staat im sozialen Wandel. Festschrift für Hans Ulrich Scupin zum 80. Geburtstag, Berlin 1983, S. 573–599; *Günter Dürig*, Gesammelte Schriften 1952–1983, Berlin 1984; *Christoph Enders*, Bürgerrecht auf Ungehorsam? Von den Grundlagen und Grenzen bürgerlicher Freiheit, in: Der Staat 1986, S. 351–372; *Josef Isensee*, Das legalisierte Widerstandsrecht, Bad Homburg 1969; *Bodo Pieroth*, Das staatliche Gewaltmonopol – ein Verfassungsrechtssatz?, in: Thomas Gutmann/ Bodo Pieroth (Hg.), Baden-Baden 2011, S. 53–62; *Stefanie Schmahl*, Rechtsstaat und Widerstandsrecht, in: Jahrbuch des öffentlichen Rechts der Gegenwart, N.F. Band 55, 2007, S. 99–122.

Die zitierte Entscheidung des Bundesverfassungsgerichts ist BVerfGE 54, 277 (292).

Kapitel 8

(a) Hauptmann

Der Text folgt Gerhart Hauptmann, Sämtliche Werke, hg. von Hans-Egon Hass, Band I Dramen, Berlin 1966 (Centenar-Ausgabe), S. 386–392, 429 f., 439, 448.

Biographien: *Rüdiger Bernhardt*, Gerhart Hauptmann. Eine Biografie, Fischerhude 2007; *Wolfgang Leppmann*, Gerhart Hauptmann. Eine Biographie, München 2007; *Klaus Scharfen*, Gerhart Hauptmann im Spannungsfeld von Kultur und Politik 1880 bis 1919, Bristol, Berlin 2005; *Peter Sprengel*, Gerhart Hauptmann: Bürgerlichkeit und großer Traum, München 2012.

Zu Hauptmanns Gesamtwerk: *Dieter Borchmeyer*, Hellsicht des Schmerzes: Gerhart Hauptmann, in: Walter Hinderer (Hg.), Literarische Profile. Deutsche Dichter von Grimmeshausen bis Brecht, Königsstein/Ts. 1982, S. 184–201; *Roy C. Cowen*, Hauptmann-Kommentar. Zum dramatischen Werk, München 1980; *Sigfrid Hoefert*, Gerhart Hauptmann, 2. Aufl., Stuttgart 1982; *Friedhelm Marx*, Gerhart Hauptmann, Stuttgart 1998; *Hans Mayer*, Über Gerhart Hauptmann, in: *ders.*, Zur deutschen Literatur der Zeit. Zusammenhänge Schriftsteller Bücher, Reinbek bei Hamburg 1967, S. 9–25; *Hans Joachim Schrimpf* (Hg.), Gerhart Hauptmann, Darmstadt 1976; *Peter Sprengel*, Gerhart Hauptmann. Epoche – Werk – Wirkung, München 1984.

Zur Interpretation von „Die Weber": *Manfred Brauneck*, Literatur und Öffentlichkeit im ausgehenden 19. Jahrhundert. Studien zur Rezeption des naturalistischen Theaters in Deutschland, Stuttgart 1974; *Karin Gafert*, Die soziale Frage in Literatur und Kunst des 19. Jahrhunderts. Ästhetische Politisierung des Weberstoffes, Kronberg/Ts. 1973, S. 216–261; *Peter Huber*, *Die Weber*: Ein Gerichtsspiel als Rechtsfall, in: Harro Müller-Michaels (Hg.), Deutsche Dramen. Interpretationen zu Werken von der Aufklärung bis zur Gegenwart, Band II, 3. Aufl., Weinheim 1996, S. 3–21; *Jürgen Jacobs*, Gerhart Hauptmanns *Weber*: Historien- und Zeitstück, in: Walter Hinck (Hg.), Geschichte als Schauspiel. Deutsche Geschichtsdramen. Interpretationen, Frankfurt am Main 1981, S. 227–239; *Kurt May*, Hauptmann. Die Weber, in: Benno von Wiese (Hg.), Das deutsche Drama. Vom Barock bis zur Gegenwart. Interpretationen, Düsseldorf 1968, Band II, S. 158–166; *Martin Pagenkopf*, Das preußische OVG und Hauptmanns „Weber". Ein Nachtrag zum 125. Geburtstag von Gerhart Hauptmann, Bonn 1988; *Reiner Poppe*, Gerhart Hauptmann. Die Weber, 14. Aufl., Hollfeld/Ofr. 1982; *Helmut Praschek* (Hg.), Gerhart Hauptmanns „Weber". Eine Dokumentation, Berlin 1981; *Gerhard Schildberg-Schroth*, Gerhart Hauptmann: *Die Weber*, Münster 2004; *Peter Sprengel,* Gerhart Hauptmann: *Die Weber* (1892), in: Dramen des Naturalismus, Stuttgart 1988, S. 107–145.

(b) Brecht

Bertolt Brecht, Werke. Große kommentierte Berliner und Frankfurter Ausgabe, hg. von Werner Hecht/Jan Knopf/ Werner Mittenzwei/Klaus-Detlef Müller, Stücke 8, Berlin u. a. 1992; Kommentar von *Klaus-Detlef Müller*, Stücke 8, S. 449–487. Derselbe Text liegt der Einzelausgabe von „Der kaukasische Kreidekreis" in der Suhrkamp BasisBibliothek, 2003, mit einem Kommentar von *Ana Kugli* zu Grunde.

Biographien: *Werner Hecht*, Brecht-Chronik. 1898–1956, Frankfurt a. M. 1997; *Marianne Kesting*, Bertolt Brecht mit Selbstzeugnissen und Bilddokumenten, Reinbek bei Hamburg 1963; *Werner Mittenzwei*, Das Leben des Bertolt Brecht oder der Umgang mit den Welträtseln, 2 Bände, Berlin 1987; *Stephen Parker*, Bertolt Brecht. A Literary Life, London u. a. 2014; *Klaus Tudyka,* Bertolt Brecht. „In mir habt ihr einen, auf den könnt ihr nicht bauen", Warendorf 2013; *Klaus Völker*, Bertolt Brecht. Eine Biographie, München 1976.

Zu Brechts Gesamtwerk: *Iring Fetscher,* Bertolt Brecht, in: Walter Hinderer (Hg.), Literarische Profile. Deutsche Dichter von Grimmelshausen bis Brecht, Königstein/Ts. 1982,

S. 365–379; *Günter Berg/Wolfgang Jeske*, Bertolt Brecht, Stuttgart 1998; *Helmut Jendreiek*, Bertolt Brecht. Drama der Veränderung, Düsseldorf 1969; *Ulrich Kittstein*, Bertolt Brecht, Paderborn 2008; *Jan Knopf* (Hg.), Brecht Handbuch in fünf Bänden, Stuttgart 2001–2003; *Klaus-Detlef Müller*, Bertolt Brecht. Epoche – Werk – Wirkung, München 2009; *Klaus Völker/Hans-Jürgen Pullem*, Brecht-Kommentar. Zum dramatischen Werk, München 1983.

Zur Interpretation von „Der kaukasische Kreidekreis": *Peter Badura*, Die Gerechtigkeit des Azdak, in: Heinz Ludwig Arnold (Hg.), Bertolt Brecht I, München 1972, S. 100–106; *Theo Buck*, Der kaukasische Kreidekreis. Der Garten des Azdak. Von der Ästhetik gesellschaftlicher Produktivität, in: Walter Hinderer (Hg.), Brechts Dramen, Stuttgart 1995, S. 146–183; *Michael Duchardt*, Bertolt Brecht. Der kaukasische Kreidekreis, Stuttgart 1998; *Rolf Geißler*, Versuch über Brechts „Kaukasischer Kreidekreis". Klassische Elemente in seinem Drama, in: Theo Buck (Hg.), Zu Bertolt Brecht. Parabel und episches Theater, 2. Aufl., Stuttgart 1983, S. 192–199; *Werner Hecht* (Hg.), Brechts „Kaukasischer Kreidekreis", Frankfurt am Main 1985; *Sylke Holtz*, Die Rechtsauffassung in der Dichtung von Bertolt Brecht, Jur. Diss. Würzburg 1977; *Lothar van Laak*, Gerechtigkeit als soziologisches und als ästhetisches Experiment bei Brecht, in: Susanne Kaul/Rüdiger Bittner (Hg.), Fiktionen der Gerechtigkeit. Literatur – Film – Philosophie – Recht, Baden-Baden 2005, S. 181–191; *Siegfried Mews*, Der kaukasische Kreidekreis, in: Jan Knopf (Hg.), Brecht Handbuch, Band 1, Stuttgart 2001, S. 512–531; *Peter Michelsen*, „Und das Tal den Bewässerern". Über das Vorspiel im Kaukasischen Kreidekreis, in: Hans Dieter Irmscher/Werner Keller (Hg.), Drama und Theater im 20. Jahrhundert. Festschrift für Walter Hinck, Göttingen 1983, S. 190–203; *Harro Müller-Michaels*, Bertolt Brecht: Der kaukasische Kreidekreis, in: ders. (Hg.), Deutsche Dramen. Interpretationen zu Werken von der Aufklärung bis zur Gegenwart, Band II, 3. Aufl., Weinheim 1996, S. 66–82; *Therese Poser*, Bertolt Brecht. Der kaukasische Kreidekreis. Interpretation, 4. Aufl., München 1988.

(c) Das geltende Recht

Erläuterungen zu Art. 1 GG (Menschenwürde), Art. 3 Abs. 1 GG (Prozesskostenhilfe) und Art. 20 Abs. 1 GG (Sozialstaatsprinzip) in den Kommentaren zum Grundgesetz für die Bundesrepublik Deutschland. – *Elmar Kalthoehner* u. a., Prozess- und Verfahrenskostenhilfe, Beratungshilfe, 7. Aufl., München 2014; *Stefan Poller/Joachim Teubel* (Hg.), Gesamtes Kostenhilferecht, Baden-Baden 2012; *Armin Schoreit/Jürgen Dehn/Ingo Michael Groß*, Beratungshilfe, Prozesskostenhilfe, Verfahrenskostenhilfe, 11. Aufl., Heidelberg 2012.

Die zitierten Entscheidungen zum Sozialstaatsprinzip sind BVerfGE 22, 180 (204); 69, 272 (314); 94, 241 (263); 100, 271 (284); 110, 412 (445); zur Prozesskostenhilfe BVerfGE 81, 347 (356); 117, 163 (187); 112, 39 (51); zur Kunstfreiheit NJW 2001, 596–598.

Kapitel 9

Der Text folgt E.T.A. Hoffmann, Die Serapions-Brüder, hg. von Wulf Segebrecht, 2001, S. 788–791, 793, 813 f., 840–842; dieser Band ist Band 4 der von Hartmut Steinecke und Wulf Segebrecht herausgegebenen Sämtlichen Werke in sechs Bänden, Frankfurt am Main, 1988–2004

Biographien: *Alfred Hoffmann*, E.T.A. Hoffmann. Leben und Arbeit eines preußischen Richters, Baden-Baden 1990; *Eckart Kleßmann*, E.T.A. Hoffmann oder die Tiefe zwischen Stern und Erde, Stuttgart 1988; *Rüdiger Safranski*, E.T.A. Hoffmann. Das Leben eines skeptischen Phantasten, München/Wien 1984; *Hartmut Steinecke*, Die Kunst der Fantasie. E.T.A. Hoffmanns Leben und Werk, Frankfurt am Main/Leipzig 2004.

Zu Hoffmanns Gesamtwerk: *Petra Buck*, Wo der Richter strafen muß – Die Welten des E.T.A. Hoffmann, in: Michael Kilian (Hg.), Jurisprudenz zwischen Techne und Kunst, Tübingen 1987, S. 96–115; *Klaus Deterding*, E.T.A. Hoffmanns Leben und Werk. Überblick und Einführung, Würzburg 2010; *Brigitte Feldges/Ulrich Stadler*, E.T.A. Hoffmann. Epoche – Werk – Wirkung, München 1986; *Marek Jaroszewski*, Zum Verhältnis von Literatur und

Justiz bei E.T.A. Hoffmann, in: Hans-Albrecht Koch/Gabriella Rovagnati/Bernd H. Oppermann (Hg.), Grenzfrevel. Rechtskultur und literarische Kultur, Bonn 1988, S. 47–57; *Gerhard R. Kaiser*, E.T.A. Hoffmann, Stuttgart 1988; *Detlef Kremer* (Hg.), E.T.A. Hoffmann. Leben – Werk – Wirkung, 2. Aufl., Berlin/New York 2010; *Hartmut Mangold,* Gerechtigkeit durch Poesie. Rechtliche Konfliktsituationen und ihre literarische Gestaltung bei E.T.A. Hoffmann, Wiesbaden 1989; *Uwe Schadwill*, Poeta Judex. Eine Studie zum Leben und Werk des Dichterjuristen E.T.A. Hoffmann, Münster/Hamburg 1993; *Wulf Segebrecht*, Heterogenität und Integration. Studien zu Leben, Werk und Wirkung E.T.A. Hoffmanns, Frankfurt/M. 1996; *Eugen Wohlhaupter,* E.T.A. Hoffmann, in: *ders.,* Dichterjuristen, hg. von H.G. Seifert, Band II, Tübingen 1955, S. 35–98.

Zur Interpretation von „Das Fräulein von Scuderi": *Richard Alewyn*, Die Anfänge des Detektivromans, in: Viktor Zmegac (Hg.), Der wohltemperierte Mord. Zur Theorie und Geschichte des Detektivromans, Frankfurt/M. 1971, S. 185–202; *Winfried Freund*, Die deutsche Kriminalnovelle von Schiller bis Hauptmann, 2. Aufl., Paderborn 1980, S. 43–53; *Gisela Gorski, Das Fräulein von Scuderi* als Detektivgeschichte, in: Mitteilungen der E.T.A. Hoffmann-Gesellschaft e.V., 27. Heft, 1981, S. 1–15; *Henriette Herwig*, Das Fräulein von Scuderi. Zum Verhältnis von Gattungspoetik, Medizingeschichte und Rechtshistorie in Hoffmanns Erzählung, in: Günter Saße (Hg.), E.T.A. Hoffmann. Romane und Erzählungen, Stuttgart 2004, S. 199–211; *Bernd Hesse*, Die Kriminalerzählung „Das Fräulein von Scuderi" als Spiegel des Richteramts E.T.A. Hoffmanns, in: Neue Juristische Wochenschrift 2008, S. 698–704; *Helmuth Himmel*, Schuld und Sühne der Scuderi. Zu Hoffmanns Novelle, in: Mitteilungen der E.T.A. Hoffmann-Gesellschaft 1960, S. 1–15; *Klaus Kanzog*, E.T.A. Hoffmanns Erzählung „Das Fräulein von Scuderi" als Kriminalgeschichte, in: Helmut Prang (Hg.), E.T.A. Hoffmann, Darmstadt 1976, S. 307–321; *Arthur Kaufmann,* Beziehungen zwischen Recht und Novellistik, Stuttgart u.a. 1987, S. 13–18; *Hans Ulrich Lindken*, E.T.A. Hoffmann: Das Fräulein von Scuderi. Erläuterungen und Dokumente, Stuttgart 1982; *Rolf*

Meier, Dialog zwischen Jurisprudenz und Literatur: Richterliche Unabhängigkeit und Rechtsabbildung in E.T.A. Hoffmanns „Das Fräulein von Scuderi", Baden-Baden 1994; *Heinz Müller-Dietz*, E.T.A. Hoffmanns Erzählung „Das Fräulein von Scuderi" im (straf-)rechtsgeschichtlichen und kriminologischen Kontext, in: E.T.A. Hoffmann, Das Fräulein von Scuderi, Berlin/New York 2010, S.69–96; *Walter Müller-Seidel*, Nachwort, in: E.T.A. Hoffmann, Die Serapions-Brüder. Gesammelte Werke Band 3, München 1963, S.999–1026; *Lothar Pikulik*, E.T.A. Hoffmann als Erzähler. Ein Kommentar zu den „Serapions-Brüdern", Göttingen 1987; *ders.*, Das Verbrechen aus Obsession. E.T.A. Hoffmann: „Das Fräulein von Scuderi" (1819), in: Winfried Freund (Hg.), Deutsche Novellen. Von der Klassik bis zur Gegenwart, München 1993, S.47–57; *Klaus D. Post*, Kriminalgeschichte als Heilsgeschichte. Zu E.T.A. Hoffmanns Erzählung „Das Fräulein von Scuderi", in: Zeitschrift für deutsche Philologie, Sonderheft 1976, S.132–156; *Thomas Weitin*, Das Fräulein von Scuderi, in: Detlef Kremer (Hg.), E.T.A. Hoffmann. Leben – Werk – Wirkung, 2.Aufl., Berlin/New York 2010, S.316–324.

Zum juristischen Problem: *Hermann Conrad*, Richter und Gesetz im Übergang vom Absolutismus zum Verfassungsstaat, 1971; *Malte Diesselhorst*, Die Prozesse des Müllers Arnold und das Eingreifen Friedrichs des Großen, 1984; *Michael Kotulla*, Machtsprüche, strafgerichtliche Bestätigungsvorbehalte und richterliche Unabhängigkeit, in: Ferdinand Kirchhof/Hans-Jürgen Papier/Heinz Schäffer (Hg.), Rechtsstaat und Grundrechte. Festschrift für Detlef Merten, Heidelberg 2007, S.199–221; *Eberhard Schmidt*, Einführung in die Geschichte der deutschen Strafrechtspflege, Nachdruck der 3.Aufl., Göttingen 1983; *Ulrike Seif*, Recht und Gerechtigkeit: Die Garantie des gesetzlichen Richters und die Gewaltenteilungskonzeptionen des 17.–19.Jahrhunderts, in: Der Staat 2003, S.110–140; *Thomas Vormbaum*, Einführung in die moderne Strafrechtsgeschichte, Berlin, Heidelberg 2009.

Zum geltenden Recht: *Michael Heghmanns/Uwe Scheffler* (Hg.), Handbuch zum Strafverfahren, München 2008;

Hans-Heiner Kühne, Strafprozessrecht. Eine systematische Darstellung des deutschen und europäischen Strafverfahrensrechts, 8. Aufl., Heidelberg 2010; *Tido Park*, Die Wahrheitsermittlung im Ermittlungsverfahren, 2003; *Karl Peters*, Strafprozeß. Ein Lehrbuch, 4. Aufl., Heidelberg 1985; *Claus Roxin/Bernd Schünemann*, Strafverfahrensrecht. Ein Studienbuch, 28. Aufl., München 2014; *Günther/Jürgen Schmidt-Ränsch*, Deutsches Richtergesetz. Kommentar, 6. Aufl., München 2009; *Klaus Volk/Armin Engländer*, Grundkurs StPO, 8. Aufl., München 2013; *Fabian Wittreck,* Funktionen und Leistungen richterlicher Ethik, in: 17. Verwaltungsgerichtstag, Stuttgart 2014, S. 271–299. Die zitierte Entscheidung ist BVerfGE 133, 168 (201, 203).

Kapitel 10

Der Text folgt Robert Musil, Gesammelte Werke, hg. von Adolf Frisé, Reinbek bei Hamburg 1978, Band 1: Der Mann ohne Eigenschaften, S. 67–76, 242–244.

Biographien: *Karl Corino*, Robert Musil. Eine Biographie, 2. Aufl., Reinbek bei Hamburg 2005; *Karl Dinklage* (Hg.), Robert Musil. Leben – Werk – Bedeutung, Klagenfurt 1980; *Tim Mehigan*, Robert Musil, Stuttgart 2001; *Oliver Pfohlmann*, Robert Musil, Reinbek bei Hamburg 2012; *Roger Willemsen*, Robert Musil. Vom intellektuellen Eros, München 1985.

Zu Musils Gesamtwerk: *Helmut Arntzen*, Musil-Kommentar zu dem Roman „Der Mann ohne Eigenschaften", München 1982; *Walter Fanta*, Die Entstehungsgeschichte des „Mann ohne Eigenschaften" von Robert Musil, Wien 2000; *Kordula Glander*, „Leben, wie man liest". Strukturen der Erfahrung erzählter Wirklichkeit in Robert Musils Roman „Der Mann ohne Eigenschaften", St. Ingbert 2005; *Eckhard Heftrich*, Musil. Eine Einführung, München und Zürich 1986; *Herbert Kraft*, Musil, Wien 2003; *Mathias Luserke*, Robert Musil, Stuttgart 1995; *Inka Mülder-Bach*, Robert Musil. Der Mann ohne Eigenschaften. Ein Versuch über den Roman, München 2013; *Barbara Neymeyr*, Psychologie als Kulturdiagnose. Musils Epochenroman Der Mann ohne Eigenschaften, Heidelberg 2005; *Birgit Nübel*,

Robert Musil. Essayismus als Selbstreflexion der Moderne, Berlin 2006; *Thomas Pekar*, Die Sprache der Liebe bei Robert Musil, München 1989; *Oliver Pfohlmann*, Eine finster drohende und lockende Nachbarmacht? Untersuchungen zu psychoanalytischen Literaturdeutungen am Beispiel von Robert Musil, München 2003; *Marcel Reich-Ranicki*, Robert Musil. Der Zusammenbruch eines großen Erzählers, in: *ders.*, Sieben Wegbereiter. Schriftsteller des zwanzigsten Jahrhunderts, Stuttgart München 2002, S.155–202; *Norbert Christian Wolf*, Kakanien als Gesellschaftskonstruktion. Robert Musils Sozioanalyse des 20.Jahrhunderts, Wien u.a. 2011.

Zur Interpretation der Moosbrugger-Kapitel: *Hildegard Emmel*, Das Problem des Verbrechens: Hermann Broch und Robert Musil, in: *dies.*, Das Gericht in der deutschen Literatur des 20.Jahrhunderts, Bern 1963, S.56–81; *Arne Höcker*, Der Mann der Möglichkeiten: Musils Moosbrugger, in: *ders.*, Epistemologie des Extremen. Lustmord in Kriminologie und Literatur um 1900, München 2012, S.189–203; *Heinz Müller-Dietz*, Moosbrugger, ein Mann mit Eigenschaften oder: Strafrecht und Psychiatrie in Musils „Mann ohne Eigenschaften", in: Neue Juristische Wochenschrift 1992, S.1276–1284; *ders.*, (Ich-)Identität und Verbrechen. Zur literarischen Rekonstruktion psychiatrischen und juristischen Wissens von der Zurechnungsfähigkeit in Texten Döblins und Musils, in: *ders.*, Recht und Kriminalität im literarischen Widerschein. Gesammelte Aufsätze, Baden-Baden 1999, S.155–175; *Reiner Scheel*, Literarische Justizkritik bei Feuchtwanger, Musil, Wassermann und A. Zweig, Essen 2008, S.161–231.

Zum juristischen Problem: *Monika Frommel*, Liszt, Franz Ritter von, in: Neue Deutsche Biographie, Band 14, Berlin 1985, S.704f.; *Herbert Jäger* (Hg.), Kriminologie im Strafprozess. Zur Bedeutung psychologischer, soziologischer und kriminologischer Erkenntnisse für die Strafrechtspraxis, Frankfurt am Main 1980; *Reinhard Merkel*, Willensfreiheit und rechtliche Schuld. Eine strafrechtsphilosophische Untersuchung, 2.Aufl., Baden-Baden 2014; *E.C. Rautenberg*, Verminderte Schuldfähigkeit. Ein besonderer, fakultativer Strafmilderungsgrund?, Heidelberg 1984; *Thomas Vormbaum*, Einführung in die moderne Strafrechtsgeschichte, Berlin, Heidelberg 2009.

Zum geltenden Recht: Vgl. die Lehrbücher zum Strafverfahrensrecht in Kapitel 9 und zum Strafrecht in Kapitel 11.

Kapitel 11

Friedrich Dürrenmatt, Werkausgabe in siebenunddreißig Bänden und einem Registerband, Band 21: Der Hund/Der Tunnel/Die Panne, Zürich 1998.

Biographien: *Elisabeth Brock-Sulzer*, Friedrich Dürrenmatt. Stationen seines Werkes, 4. Aufl., Zürich 1973; *Heinrich Goertz*, Friedrich Dürrenmatt. Mit Selbstzeugnissen und Bilddokumenten, 10. Aufl., Reinbek bei Hamburg 2003; *Anna von Planta u. a.* (Hg.), Dürrenmatt. Sein Leben in Bildern, Zürich 2011; *Peter Rüedi*, Dürrenmatt oder Die Ahnung vom Ganzen. Biographie, Zürich 2011; *Lutz Tantow*, Friedrich Dürrenmatt. Moralist und Komödiant, München 1992.

Zu Dürrenmatts Gesamtwerk: *Gunter E. Grimm*, Friedrich Dürrenmatt, Marburg 2013; *Gerhard P. Knapp*, Friedrich Dürrenmatt, 2. Aufl., Stuttgart 1993; *Mona und Gerhard P. Knapp*, Recht – Gerechtigkeit – Politik. Zur Genese der Begriffe im Werk Friedrich Dürrenmatts, in: Heinz Ludwig Arnold (Hg.), Friedrich Dürrenmatt II, München 1977, S. 23–40; *Jan Knopf*, Friedrich Dürrenmatt, 4. Aufl., München 1988; *Bernhard Losch*, Friedrich Dürrenmatt – „Die Gerechtigkeit ist etwas Fürchterliches", in: Neue Juristische Wochenschrift 1998, S. 343–349; *Ulfrid Neumann*, Gerechtigkeit durch kompensierende Ungerechtigkeit – das Rechtsprinzip der „Negation der Negation" in Werken von Friedrich Dürrenmatt, in: Heike Jung (Hg.), Das Recht und die schönen Künste. Heinz Müller-Dietz zum 65. Geburtstag, Baden-Baden 1998, S. 161–169; *Marcel Reich-Ranicki*, Friedrich Dürrenmatt, der makabre Possenreißer, in: *ders.*, Deutsche Literatur in West und Ost. Neuausgabe Stuttgart 1983, S. 171–177; *Peter Schneider*, Die Fragwürdigkeit des Rechts im Werk von Friedrich Dürrenmatt, Karlsruhe 1967; *Peter Spycher*, Friedrich Dürrenmatt. Das erzählerische Werk, Frauenfeld 1972; *Martin W. J. Tegelkamp*, Recht und Gerechtigkeit in Dürrenmatts Dramen und Prosa, Baden-Baden 2013; *Ulrich Weber*, Friedrich Dürrenmatt oder Von der Lust, die Welt nochmals zu erdenken, Bern u. a. 2006.

Zur Interpretation von „Die Panne": *Gunther Arzt,* Bemerkungen zu Friedrich Dürrenmatt: „Die Panne" – aus strafrechtlicher Sicht, in: Schweizerische Zeitschrift für Strafrecht 1989, S. 1–14; *Thomas Berger,* Friedrich Dürrenmatt Der Verdacht Die Panne. Interpretationen und Materialien, Hollfeld/Ofr. 1990; *Reinhold Grimm*, Parodie und Groteske im Werk Dürrenmatts, in: Der unbequeme Dürrenmatt, Basel 1962, S. 71–96; *W. Wolfgang Holdheim*, Der Justizirrtum als literarische Problematik. Vergleichende Analyse eines erzählerischen Themas, Berlin 1969, S. 81–105; *Ernst W.B. Hess-Lüttich,* Pannen vor Gericht. Sprache, Literatur und Recht in einem frühen Hörspiel von Friedrich Dürrenmatt, in: Elke Gilson/Barbara Hahn/ Holly Liu (Hg.), Literatur im Jahrhundert des Totalitarismus. Festschrift für Dieter Sevin, Hildesheim 2008, S. 149–169; *Hermann Kant,* Nachwort, in: Friedrich Dürrenmatt, Der Richter und sein Henker. Die Panne, 2. Aufl., Berlin 1965, S. 235–243; *Hans Mayer*, Die Panne, in: *ders.*, Über Friedrich Dürrenmatt und Max Frisch, Pfullingen 1977, S. 35–47; *Eberhard Schmidhäuser,* Verbrechen und Strafe heute: – nur noch Reflexe des Phantoms „Gerechtigkeit"? Friedrich Dürrenmatt. Die Panne – Erzählung, Hörspiel, Komödie –, in: *ders.*, Verbrechen und Strafe. Ein Streifzug durch die Weltliteratur von Sophokles bis Dürrenmatt, 2. Aufl., München 1996, S. 209–230.

Zum juristischen Problem und zum geltenden Recht: *Ivo Appel,* Verfassung und Strafe. Zu den verfassungsrechtlichen Grenzen staatlichen Strafens, Berlin 1998; *Susanne Beck*, Die Schuld im Strafrecht, in: Ad Legendum 2015, S. 102–108; *Helmut Frister*, Strafrecht. Allgemeiner Teil, 6. Aufl., München 2013; *Günther Jakobs*, Strafrecht. Allgemeiner Teil. Die Grundlagen und die Zurechnungslehre, 2. Aufl., München 1993; *Otto Lagodny*, Strafrecht vor den Schranken der Grundrechte, Tübingen 1996; *Claus Roxin*,

Strafrecht. Allgemeiner Teil. Band I: Grundlagen. Der Aufbau der Verbrechenslehre, 4. Aufl., München 2006; *Albert Stein/Claus Roxin*, Artikel „Schuld", in: Roman Herzog u. a. (Hg.), Evangelisches Staatslexikon, 3. Aufl., Stuttgart 1987, Sp. 3058–3066.

Die zitierte Entscheidung ist BVerfGE 133, 168 (197 f.).

Textnachweis

Seite 114–122: © Aufbau Verlag Berlin 1949.
Alle Rechte bei und vorbehalten durch Aufbau Verlag, Berlin.

Seite 136–142: © Suhrkamp Verlag Frankfurt am Main 1996.
Alle Rechte bei und vorbehalten durch Suhrkamp Verlag, Berlin.

Seite 177–183: © Suhrkamp Verlag Frankfurt am Main 1996.
Alle Rechte bei und vorbehalten durch Suhrkamp Verlag, Berlin.

Bildnachweis

Seite 5, 35, 55, 115, 157, 195, 229: © akg-images
Seite 77:   © akg-images/
                                Archiv K. Wagenbach
Seite 249:   © akg-images/Imagno

Personen- und Sachregister

(Daten aus dem Bibliographischen Anhang sind nicht erfasst.)

Abolition 240
Absolutismus 240
Adenauer, Konrad 144, 146, 148
Adler, Alfred 263
Adolf von Nassau, König 3
Adorno, Theodor W. 69, 88
Ahlener Programm 223
Albrecht I., König 3
Alt, Peter-André 26, 27
Amnestie 173 f.
Ämterpatronage 185–187
Ämterzugang, gleicher 185 f.
Analogieverbot 96
Anschütz, Gerhard 47, 51
Arnold, Müller 241
Arzt, Gunther 280
Aufklärung 20, 23, 25, 68, 111, 167, 170, 244
Augustin 105
Ausnahmegericht 190, 239, 241
Austin, John XI

Badura, Peter 220
Bänziger, Hans 104
Bauer, Felice 85
Becher, Johannes R. 205
Befehls- und Kommandogewalt 150
Bergengruen, Werner 99, 101–108
Berger, Thomas 276
Besatzungsstatut 148
Beschimpfung, öffentliche 226
Bestätigungsrecht des Königs 241 f.
Bestechung 220

Bestimmtheitsgebot 95 f.
Bethmann-Hollweg, Theobald von 127
Beumelburg, Werner 125
Beweiswürdigung 244
Bismarck, Otto von 129
Bleumer, Hartmut XIII
Bloch, Peter André 20
Böll, Heinrich 184
Borchmeyer, Dieter 28, 212
Börne, Ludwig 27
Bourbeck, Christine 104
Brasseur, Pierre 276
Brecht, Bertolt 124, 130, 213–223
Briand–Kellog–Pakt 131
Brockhaus, F.A. 64
Brod, Max 85
Brüderlichkeit 25
Brutus 19
Bubis, Ignatz 184
„Buch der Könige" 216
Büchner, Georg 33, 35, 44–51
Bundeswehr 132 f., 150 f.

Camus, Albert 94
Canetti, Elias 88
Cervantes, Miguel de 181
Corino, Karl 264
Criminalordnung von 1806 238, 241
Critical Legal Studies X

Dahn, Felix IX
„Danton's Tod" 33–52
Darwin, Charles 129
„Das Fräulein von Scuderi" 227–242

„Das Schloß Dürande" 53–70
„Das Treibhaus" 135–150, 185
Demokratieprinzip 46, 243
Denk, Friedrich 104
„Der Großtyrann und das
  Gericht" 99–108
„Der kaukasische Kreide-
  kreis" 213–222
„Der Mann ohne Eigenschaf-
  ten" 247–268
„Der Process" XV, 75–94
„Der Streit um den Sergeanten
  Grischa" 113–123
Derrida, Jacques 87
Dichterjurist XV, 84
„Die Panne" 273–281
„Die Weber" 193–212, 224
Diskriminierungsverbot 111,
  185
Döblin, Alfred 124, 262
Doppelbestrafungsverbot 95
Dostojewskij, Fjodor M. 181
Dürrenmatt, Friedrich 273,
  275–281

Eckhart, Meister 261
Ehebruch 280
*Eichendorff, Joseph Freiherr
  von* IX, 53, 55, 63–70
Engels, Friedrich 26
Entschädigung für Verfolgte
  30
Ermittlungsgrundsatz 243,
  245
Europäische Verteidigungsge-
  meinschaft 135 f., 146, 148 f.
Ewiger Landfriede 174
Existenzminimum 224 f.

Faires Verfahren 95, 190, 243
Federn, Karl 125
Fehderecht 174, 189
Fehr, Hans IX
Femegericht 210
Feuchtwanger, Lion 124
„Finks Krieg" 177–190
Fischer, Joschka 184

Folter 210, 238
Fontane, Theodor 211
France, Anatole 223
Franz Joseph, Kaiser 248
Freiheit der Person 95
Freiheit und Eigentum 4
Freiheit und Gleichheit 25,
  33, 64, 111
Freud, Sigmund 263
Frey, Alexander Moritz 125
Friedensgebot 131, 148
Friedrich II., Kaiser 3
Friedrich II., König 129, 238,
  240
Friedrich Wilhelm III., König
  241
Friedrich Wilhelm IV., König
  201
Frisch, Max 26
Frisé, Adolf 263
Frühwald, Wolfgang 69

Gauland, Alexander 184
Gaulle, Charles de 149
Gehör, rechtliches 95, 190,
  225, 243
Gemeineigentum 223
Genfer Abkommen 132
Gerechtigkeit bei Dürren-
  matt 276–280
Gerechtigkeit, göttliche 108,
  111, 129, 211
Gerechtigkeit im Verfassungs-
  staat 111
Gerechtigkeit, materielle 109,
  282
Gerechtigkeit, soziale 209 f.,
  217 f., 222
Gerechtigkeit und Naturrecht
  95, 110 f.
Gerechtigkeit und staatliches
  Recht 105–111
Gerichtsöffentlichkeit 95, 190
Gesellschaftsvertrag 23, 25,
  167, 170–174
Gesetzesauslegung s. Inter-
  pretation

Gewaltenteilung 33, 242 f.
Gewaltmonopol, staatliches 108, 174, 189
Gewohnheitsrecht 52, 96
Glaeser, Ernst 125
Gleichheitssatz, allgemeiner 225
Glotz, Peter 185
Gnade 240, 242, 243
Goethe, Johann Wolfgang IX, 19
Goote, Thor 125
Görres, Joseph 68
Goverts, Henry 143
Grabbe, Christian Dietrich IX
Grass, Günter 184
Grillparzer, Franz IX
Grimm, Gunter E. 277
Grimm, Hans 125
Grimm, Jacob IX, XI
Grundgesetz, Annahme 72
Grundgesetz-Präambel 72, 148
Grundrechtskonkretisie-rung 111
Guthke, Karl S. 27

Haager Landkriegsord-nung 126 f., 132
Habsburger 3 f., 21–23, 248
Hadrian VI., Kaiser 106
Haeckel, Ernst 129
Hansen-Löve, Aage A. 91
Hartmann, Regina 65
Hauptmann, Elisabeth 217, 218
Hauptmann, Gerhart 193, 195, 204–212, 223
Hebbel, Friedrich IX
Hébert, Jacques-René 34
Heiliges Römisches Reich 23, 175
Heimböckel, Dieter 65
Heine, Heinrich IX, 193, 226
Helvetische Republik 19 f., 25
Hermand, Jost 125
Heuss, Theodor 144

Hitler, Adolf 30, 102 f.
Hobbes, Thomas 170 f., 172
Hochverrat 29
Hoffmann, E.T.A. IX, 227, 229, 236–242
Hofmann, Hasso 73
Hoheitsrechtsübertragung 131
Holdheim, W. Wolfgang 276
Huber, Ernst Rudolf IX
Humboldt, Wilhelm von 19

Immediat-Untersuchungs-kommission 236, 241
Immermann, Karl IX
Immunität 135
In dubio pro reo 244 f.
Innere Emigration 103 f.
Inquisitionsprinzip s. Ermitt-lungsgrundsatz
Inquisitionsprozess 238, 244, 245
Interpretation 91–94, 96

Jacobs, Jürgen 211
Jahraus, Oliver 88
Jakob, Ludwig Heinrich 171
Jellinek, Georg IX
Jhering, Rudolf von IX, 173, 180
Johann von Schwaben, Her-zog 3, 18
Johannsen, Ernst 125
Jung, C.G. 263
Juristenausbildung XIV f., 245
Justizgewährungsanspruch 190, 225

Kafka, Franz XV, 75, 77, 84–94, 184
Kant, Hermann 273
Kant, Immanuel 20, 106, 167
Karl August, Herzog 18
Kaufmann, Arthur IX, 242
Keller, Gottfried IX
Kittler, Wolf 175

Klabund 216
Kleist, Heinrich von IX, 67 f.,
    155, 157, 166–176
Klenner, Hermann 215
Koeppen, Wolfgang 135,
    142–145
Kohler, Josef IX
Konflikt, bewaffneter 132
Koopmann, Helmut 65, 70
Köppen, Edlef 125
Körner, Carl Theodor 19
Koschorke, Albrecht 26
Kremer, Detlef 89
Krieg und Recht 125–133
Kriegsdienstverweigerung
    147 f.
Kriegsgericht 128, 133
Kriminalpolitik 267 f.
Kröger, Timm IX
Kühne, Hans-Heiner 241, 271
Kunstfreiheit 225 f.
Kurz, Gerhard 46

Lämmert, Eberhard 89
Landesverrat 133
Law and Literature Mo-
    vement X f., XIV f.
Law as Literature XI
Law as Narrative XI f.
Law in Literature X, XII
Law of Literature X f.
Leben, Recht auf 4
Liszt, Friedrich von 267 f.
Literature as Law XI
Literature in Law X
Locke, John 172
Luckner, Felix Graf von 125
Ludendorff, Erich 113
Lüderssen, Klaus 29, 94, 173
Ludwig XIV., König 227,
    230, 231, 237
Ludwig XVI., König 19, 34
Luhmann, Niklas XII
Luther, Martin 156, 158–163,
    168–175

Mach, Ernst 262
Macht und Recht 88–97, 102,
    107 f., 129 f., 219
Machtspruch 240 f.
Madihn, Ludwig Gottfried
    167
Mann, Heinrich 124
Mann, Thomas 173
Marat, Jean Paul 19
Maria Theresia, Kaiserin 129
Marktwirtschaft 223 f.
Marx, Karl 219
Mauerschützen 109
May, Kurt 211
Mayer, Hans 277, 281
Meier, Rolf 238
Menschenrechtserklärung 23,
    33, 71
Menschenwürde 4, 111, 224,
    243, 282
Menschlichkeit 219
„Michael Kohlhaas" XV, 67
    f., 102, 155–176, 181, 184,
    186 f., 190 f.
Mohl, Robert von IX
Morawe, Bodo 45
Mordtatbestand 279 f.
Mülder-Bach, Inka 264
Müller, Adam 68, 168
Müller, Friedrich 94, 96
Müller, Johannes von 20
Müller-Dietz, Heinz 264
Müller-Michaels, Harro 218
Müller-Seidel, Walter 237
Musil, Robert 247 f., 249,
    261–266

Napoleon 19, 167
NATO 149
Naturrecht 71, 95, 105–108,
    170
Neutralität des Richters 243
Neutralität des Staates 111
Neymeyr, Barbara 264
Nilges, Yvonne 26
Noske, Gustav 147

Notstand, strafrechtlicher 29,
189, 283
Notstandsverfassung 151, 190
Notwehr 22, 28 f., 189
Oellers, Norbert 27
Osterhammel, Jürgen 46
Parlamentarischer Rat 71 f.
Parlamentarismus 19, 33
Parlamentsvorbehalt 96, 151
Parteiprozess, amerikani-
scher 244
Pazifismus 150–152
Peinliche Halsgerichtsord-
nung 174
Persönlichkeitsentfaltung,
freie 50, 282

Pfohlmann, Oliver 263
Pitaval, François G. de 237
Platen, Edgar 145
Plivier, Theodor 125
Poe, Edgar Allen 237
Politik und Recht s. Macht
und Recht
Polizeirecht 206 f.
Pressefreiheit 64
Prozesskostenhilfe 225

Quack, Josef 150

Radbruch, Gustav IX
Rawls, John 110
Rechtsanschauung XIV
Rechtsschutz 90, 94 f.,
189–191, 225, 240
Rechtssicherheit 97, 111
Rechtsstaatsprinzip im
Grundgesetz 94–97
Rechtsstaatsprinzip, Merk-
male 90 f.
Rechtsstaatsprinzip und Ge-
rechtigkeit 109 f., 282
Rechtsstaatsprinzip und ge-
schriebene Verfassung 46
Rechtsstaatsprinzip und
Rechtsschutz 189–191, 225,
243

Rechtsverweigerung 168–175,
185–191
Reformpartei in Preußen 167,
175
Reich-Ranicki, Marcel 124,
263, 277
Reichskammergericht 169
Religions- und Weltanschau-
ungsfreiheit 111
Remarque, Erich Maria 125
Renn, Ludwig 125
Reuter, Fritz IX
Revolution, Französische
19–21, 23, 25 f., 33–71, 166 f.
Revolution, Nordamerikani-
sche 21, 23, 46
Revolution, soziale 48 f.
Revolution und Recht 46–52,
64–73
Revolution von 1830 64
Revolution von 1918 51, 147
Richter, gesetzlicher 95, 190,
243
Richterethik 246
Richterrecht 96
Richterstatus 246
Richterwahl 245 f.
Robespierre, Maximilien 19,
34–51, 65
Rot-Kreuz-Abkommen s.
Genfer Abkommen
Rousseau, Jean-Jacques 23,
48, 49, 167, 170 f.
Rückwirkungsverbot 109
Rudolf I., König 3
Rüedi, Peter 281

Sachverständiger 270 f.
Salomo, König 216, 220
Scharrer, Adam 125
Scheffel, Joseph Viktor von IX
Schiller, Friedrich XII, 3, 5,
18–28, 184
Schirrmacher, Frank 86, 185
Schlegel, Friedrich 68
Schleier des Nichtwissens 110

Schlink, Bernhard XII, XIII, XIV
Schmid, Carlo 144
Schmidt, Jochen 175, 261
Schmitt, Carl IX
Schneider, Peter IX, XIV, 27
Schuldfähigkeit 268–271
Schuldprinzip 95, 244, 281–283
Schumacher, Kurt 144
Schünemann, Bernd 245
Schweiz 3–28
Searle, John XI
Seghers, Anna 124
Selbsthilfe 189
Shakespeare, William 218
Sieyès, Abbé 71
Simon, Michel 276
Sondergericht 239
Sontheimer, Kurt 144
Sordi, Alberto 276
Sozialismus 217–223
Sozialstaatsprinzip 223 f.
Spendel, Günter 29
Spionage 126–128, 132 f.
Sprechakttheorie XI
Sprengel, Peter 208, 211
Spycher, Peter 276
St. Just, Louis Antoine 19, 38, 41–44
Stein-/Hardenbergsche Reformen 167
Steineke, Hartmut 238
Stolleis, Michael XII
Storm, Theodor IX
Strafbarkeitsprüfung 282 f.
Strafverfahren 239–245
Strafvollzug 268
Strafzwecke 267 f.
Streitkräfte und Recht 145–151

„Tausend und eine Nacht" 101
Theaterzensur 205–208, 225
Todesstrafe 95, 164–166, 173, 175, 239
Toppe, Andreas 128

Truppendienstgericht 133
Tschudi, Aegidius 20
Tucholsky, Kurt 124
Tyrannenmord 21–31

Ueding, Cornelie 50
Ueding, Gert 27, 28
Uhland, Ludwig IX
Unabhängigkeit, richterliche 190, 239–242, 246
UN–Charta 131
Unmittelbarkeitsgrundsatz 244
Unschuldsvermutung 95, 243 f.

Vanel, Charles 276
Verfassunggebende Gewalt 71–73
Verfassungsänderung 71, 94, 149
Verfassungsstaat 46, 111
Verhältnismäßigkeitsgrundsatz 23 f., 111
Vernunftrecht s. Naturrecht
Verteidigerwahl 243
Verteidigungsausschuss 150
Verteidigungsfall 151
Verteidigungskompetenz 150
Vesper, Will 125
Voigt, Christian 264
Völkerrecht 127 f., 130, 131 f.
Volkssouveränität 33, 52, 71, 107
Voltaire, François Marie Aronet 167, 170
Voßkuhle, Andreas XIV, 191
Vring, Georg von 125

Wagenseil, Johann Christoph 237
Wahl, Rainer 186, 187
Wahlrecht 19, 24, 33
Wahrheitsfindung 239–246
Wallmann, Walter 177
Walser, Martin 177, 183–188
Weber, Max 189
Weberaufstand 193, 205, 208

Wehner, Josef Magnus 125
Wehrbeauftragter 151
Wehrstrafgesetz 133
Wehrverfassung 148, 150 f.
Weidig, Friedrich Ludwig 44
Weitin, Thomas 242
Werner, Zacharias IX
Westfälischer Frieden 4
Widerstandsrecht 23, 25, 28 f.,
    70, 167, 170, 174, 190 f.
Wiechert, Ernst 103
Wiederbewaffnung 135, 149
Wiedergutmachung 30 f.
Wiedervereinigung 71 f., 146 f.
Wiese, Benno von 103
Wilhelm II., Kaiser 204, 207,
    210, 248

„Wilhelm Tell" 3–29, 142
Willmans, Gebrüder 237
Wirtz, Rudolf 184
Wohlhaupter, Eugen IX
Wolf, Erik IX

Zensurverbot 225
Zivilprozess 244
Zöberlein, Hans 125
Zorn, Philipp 208
Zurechenbarkeit 278–283
Zurechnungsfähigkeit 265–
    271
Zweig, Arnold 113, 115,
    123–130